과학으로 보는
삼국지

과학으로 보는
삼국지

이종호 지음

북카라반
CARAVAN

왜 다시 『삼국지』인가?

『삼국지』의 열기가 뜨겁다. 『삼국지』를 경영전략과 연계하는 책들은 그 수를 헤아릴 수 없을 정도로 많이 출간되었고, 소설가 L씨가 평역한 『삼국지』 역시 1000만 부 이상 판매되었다고 알려져 있다. 그 방대한 이야기의 규모 때문에 불가능할 것이라던 영화제작도 결국 실현되었다. 중국을 넘어 한국과 일본에서도 숱한 재해석과 평설, 외전 등으로 재생산되고 있는 『삼국지』는 이제 '동양의 문화 콘텐츠'로 승화한 지 오래다. 수백 년 전에 편찬된 이야기의 열기가 이처럼 이어지고 있다니 놀라울 따름이지만 굳이 이유를 찾자면 복잡할 것도 없다. 『삼국지』가 우리에게 주는 영향력이 필설로 설명하기 불가능할 정도로 크기 때문이다.

『삼국지』는 무용담뿐만 아니라 정치·군사·외교·행정은 물론 재무·인사·과학기술까지 망라하는 이야기이다. 덕분에 연령, 직업, 처한 위치에 따라 매우 다른 이야기로 받아들여지기도 한다. 정치인은 『삼국지』에서 치국의 리더십을 발견하고, 기업 CEO는 경영의 영감을 얻으며, 학생은 『삼국지』에 등장하는 영웅의 활약상을 보며 호연지기를 키운다.

특히 『삼국지』가 보여주는 천시(天時)·지리(地利)·인화(人和)의 중요성은
현대 경영에 있어서도 조금도 다를 바 없다는 설명도 있다.[1]

중국을 셋으로 나누다

기원전 202년 유방이 건립한 한(漢) 제국은 기원후 8년 왕망에게 찬탈 당
하기 전까지, 고조부터 평제까지 약 211년간 총 11명의 황제를 유지하였
다. 이 시기를 역사에서는 서한 또는 전한이라 부른다. 왕망이 건립한 신
(新)나라는 18년 후 한 제국의 종실인 광무제 유수에 의해 멸망되고 다시
한실의 정권이 수립된다. 이를 역사상 동한 또는 후한이라 하며, 총 196년
동안 13명의 황제가 있었고, 기원 후 220년 헌제에 이르러 멸망하였다.

　전한과 후한은 권력의 흥망성쇠과정에서 큰 차이를 보이는데, 전한시
대 전기는 중국의 오랜 역사 속에서도 매우 강성했다고 알려져 있다. 특
히 무제 때 절정에 이르러 멀리 돈황(敦煌) 지역까지 점령했다. 반면 후한
은 초창기 일시적으로 강성함을 유지했지만 곧바로 통일정부의 쇠퇴기로
들어섰다. 후한 왕실의 쇠망 요인은 황제 자신과 그를 둘러싼 외척 및 환
관의 권력투쟁 때문이다. 후한의 황제들은 대체로 어린 나이에 즉위하여
요절하거나 자손을 남기지 못했다. 왕이 자손을 남기지 못해 자신의 직계
에게 왕위를 물려줄 수 없다는 것은 방계의 혈족 내에서 황제를 옹립해야
한다는 것을 의미한다. 이 과정에서 방계 내의 어린 황족이 황제로 추대
되기 마련인데, 대체로 선황제의 황태후가 수렴청정을 했고 그에 따라 황
태후의 외척이 득세를 했다. 여기에 환관까지 가세하면 어린 황제가 정사
에 관여하거나 이를 돌보는 것은 거의 불가능해진다. 심지어 어린 황제가
장성해 태후의 수렴청정을 끝내고 친정(親政)을 할 때가 되면 환관들은 똘

똘 뭉쳐 자신들의 말을 잘 듣지 않는 황제를 폐위하고 새로운 황제를 옹립하기 일쑤였다. 이런 과정이 거듭되자 후한의 황제들은 오직 외척과 환관 사이에서 자신의 안위에만 신경을 쓸 뿐 정사를 돌보지 않았다. 이것이 후한 통일제국이 몰락의 길을 걷게 된 원인이다.

정통 역사적 분류에 의하면 삼국시대는 조조의 아들인 조비가 황제라 자칭할 때부터 시작된다. 그것이 한헌제 건안 25년(220년)으로 그 다음해에 유비가 황제에 올랐으며, 손권이 정식으로 황위에 오른 것은 더욱 늦다(229년). 삼국시대의 법통은 이때부터라는 설명이다.

그러나 통설에 따르면 『삼국지』는 후한 말기 영제가 등극하는 168년부터 시작한다. 환제가 환관에 의해 살해된 후 영제가 등극하자 외척 하진이 대장군이 되었는데 때마침 황건적이 반란을 일으킨다. 외척 하진은 정치에 관여하는 환관들을 제거하려다 오히려 환관에게 살해당하고 후한은 걷잡을 수 없는 혼란에 빠진다. 바로 이 혼란기에 원소, 동탁을 거쳐 조조, 유비, 손권이 중국 패권을 걸고 혈투를 벌였는데, 결국 조조의 아들 조비, 유비, 손권이 후한을 세 나라로 분리하여 통치하면서 후한은 멸망하고 삼국시대로 들어서게 된다.

조금 다른 의견을 제시하는 학자들도 있다. 삼국시대를 황건적의 난이 일어난 184년, 또는 헌제 초평 원년(190년)부터 진(晉)무제 태강 원년(280년)까지로 간주하기도 한다. 184년 설도 많이 인정되는데 이때는 조조의 나이 30세, 손견 27세, 유비 24세인데 이들이 황건적을 토벌하면서 중국사에서 두각을 나타내기 시작한다. 나관중의 『삼국지연의』는 바로 이때를 출발로 삼아 총 97년간의 이야기를 다룬다.

『삼국지』의 주인공은 조조, 유비, 손권이다. 조조가 위나라를 세우고 황제가 된 것은 아니지만 그의 아들 조비가 위나라의 황제가 될 수 있었던 이유는 바로 조조가 권력을 장악했기 때문이다. 그래서 조비가 아닌 조조를 주인공의 한 사람으로 다루는 데 이견이 없다. 촉나라는 234년 공명 제갈량이 오장원(五丈原)에서 사망한 뒤 국운이 쇠퇴해 기원후 263년 위나라에게 멸망당하면서 제일 먼저 사라진다. 위나라 역시 265년 조조의 참모였던 사마의의 손자 사마염이 위의 원제 조환을 협박하여 선위를 받아 진나라를 세우면서 46년간의 짧은 국운을 마감하였다. 마지막으로 280년 진나라가 오나라의 손호로부터 항복을 받으면서 위·촉·오 세 나라는 역사에서 사라진다. 삼국통일은 『삼국지』의 주인공들이 아니라 엉뚱하게도 위나라 제후 사마염에 의해 이루어졌던 것이다.

정사와 소설의 혼합

일반적으로 『삼국지』에는 세 가지가 있다. 첫 번째는 중국의 정사로 진나라의 진수가 편찬하고 송나라의 배송지가 주석을 단 것이다. 『위지(魏志)』 30권, 『촉지(蜀志)』 15권, 『오지(吳志)』 20권 도합 65권으로 이루어져 있다. 진수는 촉의 이름난 학자 초주로부터 학문을 배웠으나 장군주부, 황문시랑 등의 낮은 벼슬을 했다. 인사권을 쥐고 있는 환관에게 아첨하지 않아 승진이 되지 않았기 때문이다. 촉이 망하고 진나라가 서자 장화가 그의 재주를 아껴 역사를 쓰는 좌저작랑으로 추천했고 저작랑으로 승진했다가 평양후의 재상이 되었다. 진수는 삼국시대의 역사를 기록하면서 위나라만 정통으로 인정하여 위지에만 본기(本紀)가 있고 촉과 오는 열전(列傳)에서 다루었다. 이는 진수가 위나라로부터 선위를 받아 건립된 진나라의 관리로서 위나라를 법통으로 인식하여 역사를 기록했기 때문으로 보인다.

진수의 『삼국지』는 한국사의 중요한 사료이기도 하다. 『위지』의 「동이전」에서 부여전, 고구려전, 옥저, 읍루, 예(濊), 삼한전(三韓傳) 등을 기록하여 우리나라 상고사와 국문학 연구에 없어서는 안 될 좋은 자료로 활용되고 있다.

진수의 『삼국지』에 주해를 한 배송지는 남송의 역사학자로 동진시대에 전중장군, 사주주부 등을 맡았고 송나라 때 황제를 모시는 중서시랑이 되었으며 사주와 기주의 대중정, 태중대부 벼슬도 했다. 423~453년 송(宋, 동진을 멸망시킨 유유가 세운 나라)의 문제가 진수의 『삼국지』가 너무 간단한 것을 아쉽게 여겨 내용을 보충하라고 명했는데, 배송지는 원문을 설명하는 데 그치지 않고 역사적 사실을 보충하고 잘못된 부분을 바로잡아 주해를 붙이는 새로운 형식의 역사책을 만들었다. 문제는 배송지의 주해를 읽고 불후의 저작이라고 칭찬했는데 배송지가 인용한 100종이 훨씬 넘는 책들은 후세에 거의 다 사라졌지만 그의 주해로 기록되어 그 모습을 드러내고 있다. 실제로 나관중의 『삼국지연의』는 진수의 설명보다 배송지의 주해에 더 많이 의존하고 있다.[2]

두 번째는 나관중의 『삼국지연의』가 나오기 전에 많이 읽힌 『삼국지평화(三國志平話)』이다. 『삼국지평화』는 원나라 영종 때에 전래되던 화본(話本)들을 바탕으로 건양(建陽)의 출판업자 우씨가 간행한 책으로 원래 이름은 『전상삼국지평화』였다. 모두 3권으로 되어 있으며 그림과 글로 위아래를 나누어 구성하고 있는데 『삼국지』의 10분의 1 정도 분량이다. 문장이 세련되지 못하며 허황된 내용이 많지만 그동안 설화(說話)로서 전승되던 이야기들을 독서물로 정착시켰다는 점에서 중요한 역할을 했다.

세 번째가 원·명시대 나관중이 『삼국지평화』의 줄거리를 참조하고 진수의『삼국지』, 배송지의 각주와 사마광의『자치통감』을 토대로 소설화한『삼국지연의』로 등장인물이 무려 1191명에 달하는 대서사시이다.『삼국지연의』의 현존본으로는 명나라 홍치갑인(1494년)에 24권 240회로 간행된 것이 가장 오래되었으며, 이후『삼국지연의』가 큰 인기를 끌면서 여러 문인들에 의해 계속 속본(俗本)으로 출간되었다. 청나라 순치갑신(1644년) 때 모종강이 쓴『삼국지연의』제일재자본(第一才子本)이 간행되자 이것이 『삼국지연의』의 정본(定本)이 되었고 모든 속본은 자취를 감추게 되었다.[3] 한국에서도『삼국지연의』는 수많은 작가에 의해 출간(박태원, 정비석, 박종화, 김길형, 이문열, 황석영, 장정일, 리동혁 등 70여 종)되었다. 그러나 한국에서는 『삼국지연의』라는 제목보다는 주로 소설『삼국지』또는 원본『삼국지』 등으로 소개되고 있다. 이 책에서 사용되는『삼국지』라는 단어 또한 기본적으로 나관중의『삼국지연의』를 모본(母本)으로 하고 있으며, 정사인 진수의『삼국지』를 설명할 때는 '진수의『삼국지』'라고 기록하여 혼동되지 않도록 했다.

이 책의 목표는『삼국지』를 수학·물리 등과 접목시키는 것이 아니라 『삼국지』안에 숨어 있는 과학을 찾아내는 것이다. 여기에는 독자들이 가볍게 넘길 수도 있는 고고학적 발견도 있고, 잘 알려지지 않은 역사적인 사실도 있다. 그리고 통속적으로 알려진 전설에 대한 분석과 반론의 제기도 있다. 예컨대,『삼국지』에는 북방 기마민족에 대해 비하적인 내용이 많이 나오는데 이는 나관중이『삼국지』를 작성하면서 북방 기마민족을 포함한 오랑캐(남만 등)와 중국인을 이분법으로 구별하는 대립적인 기준으로 설명하였기 때문이다. 나관중이 북방 기마민족에 대해 편견 어린 시각을 가지고『삼국지』를 작성했으므로『삼국지』를 재해석해야 한다는 일각의 주장도 있지만, 이 책에서는 이런 문제를 민족적 틀에서 다루는 것보다 과학으로 풀어서 설명하는 것에 역점을 두었다.

중국의 삼국시대를 다룰 때 계속 문제가 되는 것은 정사의 기록인 진수의 『삼국지』와 각색된 나관중의 『삼국지연의』의 내용이 서로 다른 경우, 어떻게 할 것인가 하는 부분이다. 원칙적으로 진수가 적은 『삼국지』는 중국의 정사로써 역사적인 사실을 다루고 있으므로 나관중의 소설과 서로 다르게 설명된 내용이 있다면 진수가 적은 것을 진실로 보는 것이 타당하다. 『삼국지연의』는 어디까지나 소설이기 때문이다. 그러므로 이 글에서는 나관중의 설명이 진수의 설명과 명백하게 다른 경우, 정사에 기록된 내용을 부가적으로 설명하여 역사적 사실과 혼동하지 않도록 했다.

마지막으로 이 책에서 다루는 내용 중에는 필자의 다른 책에서도 설명된 것이 있지만 상당 부분을 보완하여 설명했다.

자, 이제 『삼국지』에 숨어 있는 과학도 파악하고 우리 역사도 알 수 있는 일거양득의 과학여행에 동참해보자.

2009년 4월

이종호

| 차례 |

장비의 주량은
얼마나 될까?

三國志

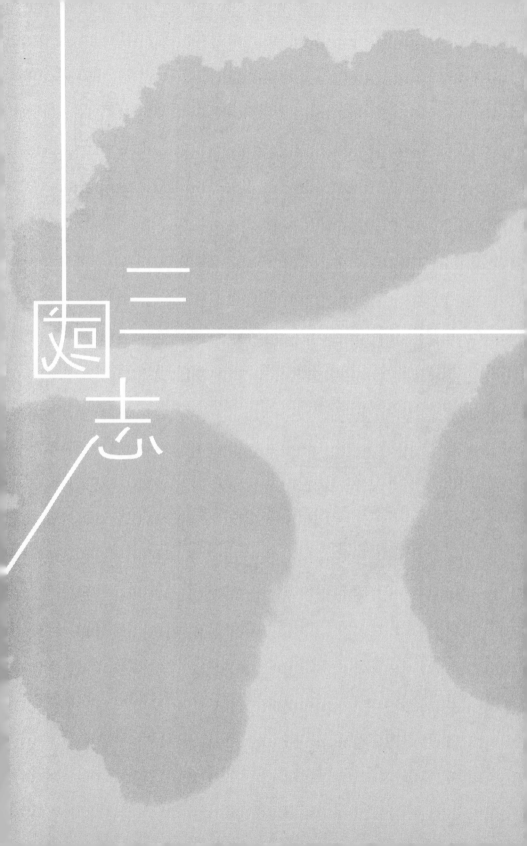

三國志

수많은 영웅호걸이 등장하는 『삼국지』에는 유난히 술 이야기가 많이 등장한다. 특히 한국에서도 인기가 높은 호걸 장비의 술탐은 유난했던 것으로 알려져 있다. 용맹함으로 이름이 높은 장비는 술에 관한 한 『삼국지』에 등장하는 어느 누구도 당할 수 없을 만큼 많이 마시는 주당이다. 술을 안 마실 때는 가끔 명석한 두뇌를 사용하여 유비와 관우로부터 칭찬을 받기도 하지만 과음은 계속 그를 따라다니는 문제였다. 심지어 죽음 역시 술탐에 의한 엉뚱한 사건 때문에 일어난다. 술을 적절히 자제하지 못했기 때문에 결국 초나라가 멸망하게 되는 빌미를 제공했다는 평가마저 있다. 대체 장비는 얼마나 많은 술을 마셨기에 목숨을 잃고 나라를 멸망시킨 것일까?

부하들과 술을 나누어 마신다

불경의 『사분율(四分律)』에 음주의 열 가지 잘못이 적혀 있다.

"얼굴빛이 악(惡)해지고, 기력이 약해지며 눈이 침침해지고, 서로 화을 내고 노려보게 되며, 쓸 데 없는 지출만 늘어나고, 질병을 더 악화시킨다. 이익을 다투어 소송을 하게 되고, 나쁜 소문이 널리 퍼져나가며, 지혜는 감소하고, 몸이 상하여 생명이 다하고, 만악(萬惡)의 길로 떨어진다." [1]

이쯤되면 술이 지구상에서 가장 나쁜 것이라고 해도 될 것 같다. 그러나 술이 지상에서 사라질 것이라고 생각하는 사람은 없을 것이다. 단점도 있지만 단점을 상쇄할 장점도 그에 못지않기 때문이다. 술에는 인간에게 위안을 주는 특별한 요소가 있기에 사람들은 기쁠 때도 슬플 때도 술을 마신다.

고대 중국은 술을 정치의 한 도구로 삼았던 나라라고 해도 과언이 아니다. 중국의 역대 왕조들은 술을 제조하고 연회를 준비·거행하는 전문기구를 설립하여 운영했다. 주나라 때에는 주정(酒正)이라는 곳에서 술의 제조와 주연을 관리했는데 이곳 관리의 직급은 장관급에 해당했다. 대체로 술은 문인 관료들로 하여금 격식을 갖추도록 하는 작용을 했으며 예의나 성은을 표시하는 것으로 인식됐다. 술이 가장 많이 사용된 곳은 병영이었다. 장수와 병사 간의 유대가 전투력 증진에 결정적인 영향을 끼친다고 보았기 때문이다.

병사들에게 있어서 술은 병영생활의 큰 즐거움 중의 하나였다. 흥분제 역할을 하여 나약한 자를 용맹하게 만들고 지친 자들을 분발하게 하는 술은 병사의 사기를 진작시키는 최고의 명약이었다. 때문에 역대 통치자들은 술로써 병사들을 위로하고 포상했다. 출정할 때는 술을 하사했으며 개선한 후에도 술을 내려 전공을 치하했다. 병사들에게 상으로 술을 내리지 않으면 바로 사기가 떨어지고 일을 그르치게 될 수도 있다고 믿었다. 술이 군사작전에서 얼마나 중요하게 생각되었는지는 『좌전(左傳)』의 다음이야기로도 알 수 있다.

"진(秦) 목공이 진(晉)을 공격할 때 공교롭게도 수중에는 술이 한 단지밖에 남지 않았다. 이에 건숙이 나서서 그에게 남은 술을 모두 강물에 붓도록 진언하여 모든 병사가 그 강물을 마시고 취했다."

모든 병사가 군주인 목공과 함께 술을 나누어 마셨다고 느끼게 하려는 목적이었다. 이러한 일화는 시대에 걸쳐 다양하게 등장하는데, 한 무제 때도 『좌전』과 비슷한 일화가 전한다. 무제는 기원전 129년부터 기원전 119년까지 10년 동안 여섯 차례에 걸쳐 감숙(甘肅)지방 하서주랑*에 있던 흉노를 공격했다. 무제는 장병들을 격려하기 위해 전투의 현장으로 술을 보냈는데 그 양이 모두 나누어 마시기에는 너무나 부족했다. 그 순간 고사를 떠올린 곽거병이 오아시스의 물에 술을 부어 모든 장병들이 마시게 했다. 이 오아시스가 중국 전통 술로 유명한 주천(酒泉)이다. 주천은 한 무제가 곽거병에 하사했던 고사에서 유래한 한무어(漢武御) 술의 생산지로, 현지인들은 그곳에 술의 신이 살고 있다고 말한다.

술이 전쟁의 승패를 좌우

전쟁에 관한 대하드라마인 『삼국지』에는 술에 대한 이야기가 유난히 많

---

* 이 지역은 추후 『삼국지』에서 대활약하는 마초 등이 태어난 고향이다.

한무어를 마시는 병사들을 형상화한 동상. 중국 문화에서 술은 매우 각별한 위치를 점했다. 특히 술은 전투에 나간 병사들의 사기 진작과 병영 내의 화합을 위해 없어서는 안되는 것이었다.

이 나온다. 전투의 승패를 이야기할 때 술이 빠지는 법은 거의 없다. 그것은 아마 앞서 이야기한 중국 술 문화의 특이성 때문인 듯하다. 『삼국지』속에서 술은 전투의 긴장감을 고조 또는 이완시키며 심지어 전쟁의 승패를 좌우하기도 했다.

용맹함과 우직함으로 이름난 관우 또한 술과 관련되 유명한 일화가 있다. 특히 관우가 술이 식기 전 화웅의 목을 베었다는 고사는 『삼국지』를 읽지 않은 사람들도 알고 있을 정도다. 관우가 잠시 조조에게 몸을 의탁하던 시절, 화웅을 맞아 싸움에 나가기에 앞서 긴장된 분위기 속에서 조조가 관우에게 술을 따라주자 관우는 술을 받아 바로 마시지 않고 자리에서 일어섰다. "술이 식기 전에 화웅의 목을 베어 돌아오겠노라." 말을 남기고 그대로 말을 달려 싸움에 뛰어든 관우는 장담대로 화웅의 목을 베고 돌아와서 술을 마셨고 그때까지도 술은 따뜻했다고 한다. 물론 이 대목은 사실이 아니다. 『삼국지』에서 화웅은 관우가 청룡도로 벤 두 번째 장수로 나오는데 중국의 정사인 『자치통감』에 의하면 그는 관우가 아니라 손견과 싸우다 죽었다.*

오나라의 감녕이 백 명의 기병을 데리고 위나라 진영을 급습하는 장면에서도 술은 큰 효과를 발휘한다. 감녕이 모두에게 술 한 병씩을 나누어 주자 이를 마시며 서로 격려하고 분발한 장병들은 위나라의 진영을 야간에 급습하여 혼란 상태를 만든 뒤 모두 무사히 귀환하였다.

술에 취한 척하여 이간책을 펼쳐 승리했다는 기록도 있다. 오나라의 주유는 술에 취한 척하며 고의로 장간에게 채모와 장윤의 가짜 항복문서를 노출시킴으로써 조조의 충실한 수군 장수 두 명을 힘들이지 않고 해치운다.

술로 인해 해를 입은 예도 있다. 조조는 한나라의 헌제를 허창(許昌)으로 데려와 옹립한 후 매사를 본인이 직접 확인을 하고 나서야 마음을 놓았는데 그 중에서 단 두 사람만 조정에서 믿을 만하다고 말했다. 공융과 양수이다. 공자의 20대 손 공융은 술과 손님접대를 좋아하여 "자리엔 손님이 언제나 가득 차 있고 술잔은 언제나 빌 틈이 없으니 난 더 이상 부러울 것이 없다"라고 자주 말했다. 조조가 금주령을 내렸을 때 공융은 조조에게 다음과 같은 편지를 보내어 금주령에 반대했다.

"하늘의 별은 주기(酒旗)로 명명하고 땅의 군은 주천(酒泉)으로 명명하니 이는

---

* 나관중의 『삼국지』에 역사적인 사실을 오도한 부분이 많이 있다고 거론될 때 항상 나오는 대목이다.

바로 인간 세상이 음주를 덕으로 숭상하기 때문입니다. 요임금이 만약 천 잔
의 술을 마시지 않았더라면 성군이 되지 못했을 것입니다."

그는 또한 하나라의 걸왕과 상나라의 주왕 모두 색(色)으로 멸망한 것
이지 술로 나라를 망친 것이 아니므로 음주는 결혼과 마찬가지로 금해서
는 안 된다고 말했을 정도로 술을 사랑했다. 조조는 공융이 자주 자신을
비꼬아 말함에도 공융의 재주를 생각하여 관용하는 태도를 보였으나 그
의 무례함을 항상 심중에 두고 있었다. 결국 조조는 공융이 오나라의 사
자를 접대할 때조차 자신을 비방하는 말을 하자 그 죄를 물어서 처형했
다.[2]

'계륵(鷄肋)'이라는 고사*로 유명한 양수 또한 술을 사랑했던 사람이었
다. 어느 날, 어떤 사람이 조조에게 낙(酪)이라는 술을 한 병 선물하자 조
조는 그것을 한 모금 마시고 병에 합(合)이라는 글자를 써 옆의 신하들에
게 돌렸다. 글자를 본 신하들은 그 뜻을 헤아리지 못해 의아해했으나 양
수는 "합(合)자를 나눠 풀이해보면 일인일구(一人一口), 즉 한 사람당 한 모
금이라는 뜻이오" 하고는 낙을 한 모금 마셨다고 한다.

『삼국지』에서 술 때문에 가장 손해를 본 사람은 조조의 셋째 아들인 조
식이다. 그에 대한 평가는 여러 가지인데 수많은 공에도 불구하고 조조의

---

* 조조와 유비가 한중(漢中)을 놓고 치열한 공방전을 펼치던 당시, 유비에게 번번이 패한 조조는 식량마저 떨어져
더욱 초조해졌다. 그러던 중 저녁상에 닭갈비탕이 올랐다. 하후돈이 들어와 암호를 묻자 조조는 먹고 있던 닭갈
비탕을 보면서 "계륵, 계륵이다"라고 되뇌었다. 하후돈은 밖의 병사들에게 이를 전했는데 양수가 나서서 그 뜻
을 풀이했으니, '닭의 갈비는 버리기는 아까우나 먹을 것이 없는 것, 즉 승상께서는 이 한중을 '유비에게 내주기
는 아깝지만 이득이 없으니 철수하라' 라는 뜻으로 암호를 계륵이라 정한 것이오"라 말했다. 그 말은 적중하여
이튿날 철수 명령이 내려졌는데, 조조는 이를 알고 자신의 속마음이 드러난 것이 두려워 양수를 참하고 말았다.

후계자가 되지 못한 것은 '타고난 성질이 제멋대로여서 스스로 노력하지 않았으며 술도 절제하지 않았다' 라는 글로 짐작할 수 있다. 조식은 본래 재주가 뛰어나고 학문에도 박식하여 조조도 총애했으며 여러 차례 태자로 삼으려 했다. 그러나 그는 술을 끊지 않고 여러 번 실수를 했고 왕권은 결국 첫째 아들인 조비에게로 넘어간다. 결정적 이유는 건안 24년에 벌

조식. 조조의 셋째 아들인 그는 수많은 공을 세웠음에도 결국 후계자가 될 수 없었는데 그 이유 중의 하나가 술이었다.

어진 일 때문이다. 관우의 공격으로 조인이 포위되자 조조는 조식을 남중랑장으로 임명하여 우군을 구해오도록 명하고자 했다. 그런데 하필 그때 조식은 술에 취해 조조의 명을 받을 수 없었고 결국 파면당하고 만다. 이와 관련하여 배송지는 『위씨춘추(魏氏春秋)』를 인용하여 그의 형 조비가 일부러 그를 잡고 강제로 술을 먹여 취하게 했다고 설명했다. 조비가 그를 함정에 빠뜨렸다는 것이다. 그러나 배송지는 또한 조식이 남다르게 술을 좋아하지 않았다면 그처럼 긴박하고 중요한 시기에 당연히 자신을 절제하고 기회를 포착했을 것이라고 지적했다.

조비는 황제가 된 후에도 계속 조식을 박해했다. 조비는 재주와 문재(文才)가 뛰어난 조식이 잠재적인 적이라고 생각했기 때문이다. 조비는 조식을 죽일 요량으로 일곱 걸음을 걷는 사이에 시를 한 수 지으면 죽음을

면해준다고 했다. 이때 조식은 잠깐 생각하더니 바로 시를 지었다.

'콩을 삶아 국을 끓이고 체로 걸러서 즙을 받는데, 콩대는 솥 밑에서 불타오르고 콩은 솥 안에서 흐느껴 운다. 본래는 한 뿌리에서 태어났건만 어찌해 이다지도 괴롭히는가.'

조식의 시를 들은 조비도 감동을 받아 눈물을 흘렸고 조식을 살려두었다. 그러나 그에 대한 박해를 거두지 않았고, 조식을 임치왕에서 안향후로 낮춰 봉했다. 조식은 더욱 술에 빠져 마음을 달래다 '항상 술을 마셔도 즐겁지 않고 마침내 꽃피는 시절에 병들어 죽는구나' 라고 읊은 후 41세를 일기로 생을 마쳤다.[3]

여포도 술 때문에 화를 재촉한 경우다. 당시 온 성에 금주령이 내려지자 그의 부장 후성이 잃어버린 명마를 다시 찾은 것을 축하하기 위해 여포에게 장수들과 함께 술을 마셨으면 좋겠다고 말했다. 그러자 여포가 불같이 화를 내며 "네 놈들이 술을 빌려 날 배신하려는 거냐"고 후성을 크게 나무랐다. 이에 앙심을 품은 후성은 장수들과 모의하여 여포의 책사인 진궁, 고순을 잡아 조조에게 바쳤고, 결국 여포는 조조에게 사로잡혀 처형되었다.[4]

눈 뜨고 살해된 장비
장비의 술탐 이야기로 돌아가자. 장비가 살해되는 장면도 극적이다. 장비는 관우의 죽음을 복수하기 위해 손권을 치려고 준비하던 중 범강과 장달에 의해 살해되는데 그 이유가 술이다.

장비가 부하들에게 사흘 안에 병사들을 위한 흰 기(白旗)와 갑옷(白甲)을 만들라고 명령하자 범강과 장달은 시간이 촉박하다며 말미를 달라고 했다. 그러나 장비는 급히 원수를 갚아야 한다며 자신의 명령을 듣지 않는다는 이유로 두 사람을 나무에 매달아 채찍으로 때리면서 기한 내에 반드시 백기와 백갑을 만들라고 했다. 범강과 장달은 어차피 기한 내에 백기와 백갑을 만드는 것이 불가능하니 이왕 죽을 바에는 먼저

술에 곯아떨어져 살해당하는 장비. 그의 엄청난 주사는 결국 죽음을 부르고 말았으니, 예나 지금이나 술은 적당히 마실 일이다.

장비를 죽이는 것이 낫겠다고 생각했다. 장비가 술을 마시고 대취한 것을 안 두 사람은 몰래 장비의 침소로 들어가 단도로 장비를 찔러 살해한다.

장비가 죽은 후 각지에서 많은 장비 사당이 세워졌는데 그 중 가장 유명한 것이 사천 낭중의 '장환후사'이다. 장비의 묘와 후원으로 구성된 사당은 낭중 성내에 위치하는데 장비가 낭중을 수비하고 또 낭중에서 피살되었으므로 낭중의 장비 묘는 모든 장비 묘 중 가장 의미있는 장소로 여겨진다. 그러나 실제로 장비의 묘는 사천성 운양현(雲陽縣) 장강 남안, 즉 삼협 중에 하나인 구당협의 비봉산(飛鳳山) 기슭에 있다고 알려진다. 이 묘는 장비의 사망으로부터 1700년의 역사를 갖고 있으며 '파촉 제1명승'으

당양 2교 근처의 장비사당 유적. 장비를 죽인 범강과 장달이 장비의 수급을 장강에 버리자 한 어부의 그물에 걸렸더라는 일화를 재현해놓았다. 앞에 보이는 것이 어부의 모형, 뒤에 보이는 것이 장팔비각 모형이다.

로 불리는데 장비의 묘가 운양에 있는 이유는 설화와 관련이 있다.

전설에 의하면 장비를 죽인 범강과 장달이 장비의 수급을 가지고 오나라로 가던 중, 손권이 유비에게 화친을 청했다는 소식을 듣는다. 결론은 유비가 손권의 제안을 거절하고 대군을 동원하지만 이런 소식을 몰랐던 이들은 장비의 머리를 장강에 버리고 도망쳤다. 장비의 머리는 물살을 따라 흘러 내려오다 운양의 한 어부의 그물에 걸렸는데 당황한 어부가 다시 강물에 버렸지만 떠내려가지 않았다. 장비는 그 어부의 꿈에 나타나 원수인 오나라로 흘러갈 수 없으니 머리를 건져 촉나라 땅에 묻어줄 것을 애원했다. 어부가 장비의 머리를 건져 비봉산에 묻어주고 마을 사람들과 사당을 지어 장비를 모셨는데, 오랜 세월이 흐르면서 커다란 사당이 되었다고 한다.[5]

장비가 술에 곯아떨어져 살해되었다는 것은 사실로 보인다. 살해를 당하게 되어도 몰랐을 정도로 취했다니, 삼국시대 사람들을 포함하여 과거의 주당들은 대체 얼마나 많이 마셨을까 하는 궁금증이 생긴다. 원말 명초(元末明初) 시내암이 쓰고 나관중이 손질한 중국 4대 기서(奇書) 중의 하나인『수호지』에는 다음과 같은 글이 있다.

'무송이 장문신을 치러가는 도중에 지나치는 각 술집마다 술 세 사발을 마셔야 한다는 조건을 걸고 있다.'

이는 맹주의 귀양지에서 출발하여 쾌활림까지 가는 도중 술집을 지날 때마다 반드시 큰 사발로 세 잔의 술을 마시고 지나가야 한다는 것이다. 사발의 크기에 따라 다르겠지만 '큰 사발'에 담기는 양을 현재 막걸리의 절반으로 계산하더라도 세 잔이면 한 병 반 정도가 된다. 지나가는 길에 모두 십여 군데의 술집이 있으므로 이를 모두 계산하면 최소한 막걸리 20여 병이 된다. 그 엄청난 양을 단기간에 마시면 배가 남산만큼이나 불렀을 텐데 그 상태로 싸움을 할 수 있었을지 궁금하다. 경양강(景陽崗) 산기슭에서도 '세 잔을 마시면 언덕을 넘지 못한다'는 투병향(透甁香, 술의 향기가 병을 뚫고 나온다는 술)을 무송은 혼자 열 잔 정도를 마셨다. 원나라 말기는 증류주가 중국에서 생산되던 시기이므로 투병향도 성격상 증류주, 즉 고량주의 일종일 가능성이 있다. 그러므로 무송이 마신 술잔을 큰 사발로 보고, 투병향을 알코올 농도 40~50도의 고량주라고 생각해보면 막걸리 병으로 5병이 되었다고 추정할 수 있다. 이렇게 마실 경우 아무리 주당 중에 주당인 무송이라고 해도 인사불성이 되는 것은 물론이고 걸을 수 있었을지조차 의문이다. 그러나『수호지』에는 무송이 잔뜩 취한 상태에서 호랑이를 때려잡았다고 묘사된다. 보통 실력의 무예였다면 호랑이를 잡기는커녕 술에 취한 무송을 호랑이가 쉽게 잡아먹었을 테니, 대단한 무예의 소유자였음을 드러내는 일화라 할 수 있겠다.

흔히 술 실력은 체력에 비례하며 '술 먹는 배가 따로 있다'는 말도 한다. 그러나 어디든 한계는 있다. 술 한두 잔은 사람이 술을 마시지만 서너 잔부터는 술이 술을 마시고 아홉, 열 잔째는 술이 사람을 마신다고 하지 않는가. 술이 사람을 마실 정도라면 아무리 장비와 같은 장사라 하더라도 더 이상 제 몸을 지탱하기 어려운 것이 당연하다.

중국인들이 주당의 기준으로 설명되는 술 10말을 마신다는 것은 현실적으로 불가능해 보인다. 하지만 고대의 술그릇은 모양이나 용량이 엄격하게 정해져 있지 않았고 고대와 현대의 도량형 제도는 크게 다르다는 점을 고려한다면 아주 불가능한 것만은 아니다. 고대의 주당들이 말하는 10말이 시대와 나라에 따라 같은 양이 아닐 수 있는 것이다. 실제로 도량형 제도는 시대별로 상당한 차이가 있었다. 한(漢)나라 때의 10말이 120근(斤)에 달한다고 하는데 현대 기준으로 1근은 대략 0.5리터이므로 10말은 대체로 60킬로그램(약 60리터)에 달한다. 성인 한 명의 몸무게에 해당하므로 인간이 마실 수 있는 양은 아니다.[6]

중국 술의 역사

장비가 마신 술의 양이 얼마나 되었을까를 설명하려면 먼저 장비가 마셨을 만한 술이 무엇인가를 파악해야 한다. 당대의 중국에서 생산되었던 술이 무엇인가를 알아야 한다는 얘기다. 그러기 위해 술의 역사를 잠시 살펴보자.

중국에 현존하는 진나라 이전의 고서(古書) 중에서 술에 대한 언급이 없는 책은 거의 없다. 중국의 갑골문자와 금문(金文, 청동그릇에 새긴 글)에는 모두 '주(酒)' 자가 있다. 당시의 문자는 비교적 간단하여 술 '주(酒)' 자를 '유(酉)' 자로 표기하였으며 표기방법 또한 모두 항아리 모양의 관과 같은 형태로 썼다. 술과 관련한 유적의 연대도 매우 높아 서안의 반파촌(半坡村) 유적에서 발견된 7000년 전의 도기 중에도 갑골문과 금문의 술을 의미하는 '유(酉)' 자 형상으로 된 항아리가 있고, 4000여 년 전의 산동 대문구(大汶口) 유적에서도 주기(尊), 제기(斗), 가(斝, 다리가 셋인 옥으로 된 술잔) 등 술을 담을 수 있는 대량의 도기가 발굴되었다.

일반적으로 중국의 술은 원숭이가 발견했다고 한다. 원숭이가 술을 만드는 이야기는 많은 책에 기재되어 있다. 청나라 문인 이조원은 '경주(瓊州, 해남도)에는 원숭이가 많아 (……) 한번은 돌 더미 사이에서 원숭이의 술을 얻었는데 아마도 원숭이가 벼와 꽃으로 만든 것 같다. 맛이 신랄하며 얻기 힘들다'라고 기록했다. 청나라 때의 필기소설 중에도 '월서평악(粤西平樂, 서장족 자치구 동쪽 서강지류 계강(桂江)중류) 등 지역에는 산속에 원숭이가 많아 꽃을 채집해 술을 만들 줄 안다. 나무꾼이 산에 들어갈 때 그 거처까지 찾아가 술을 마시니 향긋하고 맛이 있어 이름을 원주(猿酒)라고 하였다'라는 기록이 있다. 이를 보면 광동과 광서지역에서 원숭이가 술을 만든 것을 발견했다는 걸 알 수 있다. 명나라 문인 이일화(李日華)도 다음과 같이 적었다.

'황산에는 원숭이가 많아 봄, 여름에 꽃과 과일을 따서 돌 웅덩이 안에 빠뜨려 술을 만드니 향기가 아름다워 백 보 거리에서도 맡을 수 있다. 나무꾼이 산 깊

이 들어갈 때 마실 수 있지만, 많이 마시면 흔적이 남아 원숭이에게 잡혀 농락
당해 죽을 수도 있다.'

인간이 언제부터 술을 만들게 되었는가에 대해서는 두 가지의 설이 있
다. 하나는 농경생활 이전이고 다른 하나는 농경생활 이후이다. 한나라의
유안은 『회남자(淮南子)』 중에서 '맑은 술의 아름다움은 농사를 지으며 시
작했다'고 적었다. 농경생활 이후에 비로소 술을 만들 수 있었다는 뜻으
로 현대의 많은 학자들 역시 같은 관점을 가지고 있다. 심지어는 농업이
어느 정도 발전하고 잉여곡식이 생기게 된 이후에야 술 제조가 시작되었
다고 생각하는 사람도 있다. 그러나 곡물양조가 농경보다 먼저 시작됐다
는 이야기에도 상당한 설득력이 있다. 1937년 중국의 고고학자 오기창은
다음과 같이 말했다.

'우리 조상이 곡물을 심기 시작한 이유는 술을 만들기 위한 것이지 밥을 짓기
위한 것이 아니다. 밥을 먹는 것은 술을 마시다가 생겨난 것이다.'

사실 이런 관점의 가설은 학자들 간에 매우 오래전부터 제시되어 온 것
이다. 미국 펜실베이니아대학의 인류학자 솔로먼 카츠도 인류가 처음 곡
식을 재배한 목적은 맥주를 만들기 위한 것이라고 주장했다. 채집해온 곡
물로 술을 만들 수 있는 것을 알고 의식적으로 곡물을 재배해 술의 원료
를 확보했다는 것이다. 일반인들이 생각하는 것과 다소 차이가 나는 이와
같은 주장은 고대인들의 주식은 육류였지 곡물이 아니라는 생각 때문이
다. 인류의 생존에 절대로 필요한 주식이 곡물이 아니라면 인류가 곡물을

재배한 이유는 따로 있다는 것이다. 실제로 1만여 년 전에 곡물로 술을 만든 흔적이 발견되었는데 그 술을 만든 사람들은 유목민이었다.

중국의 전통 학설에 의하면 중국에서 술을 처음으로 만든 사람은 두 명이다. 『설문해자(說文解字)』에는 '옛날 의적이 술을 만들어 우임금에게 바쳤다'와 '두강이 술을 만들었다'라는 기록이 있다.

의적은 중국 전설 속 인물 후예의 아내인 항아로, 동이족의 수장 치우와 혈투를 벌인 황제의 딸로도 알려져 있다. 어느 날 의적이 물에 담근 기장에서 향긋하고 달콤한 냄새가 나 맛을 보니 그때까지 맛보지 못한 고상한 맛이 났다. 그는 여기서 곡식으로 술을 담그는 법을 발명했는데 그야말로 천하진미였다. 그는 맛있는 것을 혼자서 마실 수 없다는 생각에 우임금에게 이 술을 바쳤다. 우임금이 술을 마시는 동안 황홀경에 빠져 마침내 잠이 들었는데 깨고 나서 보니 자신은 몇 시간 자지 않았다고 생각했는데 이틀 밤낮이 지나 있었다. 너무 놀란 우임금은 술이 맛있다 생각하면서도 "후세에 술을 마셔 나라를 망칠 사람이 있을 것이다"라며 의적에게 술을 만들지 못하게 하고 다시는 술을 입에 대지 않았다고 전해진다.[7]

두강은 황제 휘하에서 양식을 보관하는 대신으로 알려져 있다. 당시에는 창고가 없어서 두강은 추수한 곡식들을 동굴 안에 숨겨두었다. 그러나 얼마 지나지 않아 습기 찬 동굴 안에 숨겨둔 곡식들이 모두 썩어 먹을 수 없게 되었다. 황제가 이를 알고 크게 화가 나서 두강에게 벌을 내리며 또다시 이런 일이 있다면 그를 사형시키겠다고 말했다. 두강은 어떻게 해야 할지 고민하다가 숲속 말라 죽은 나무를 보고 나무에 구멍을 내어 곡식을 넣었다. 그런데 얼마 후 나무 구멍 속에 숨겨둔 곡식들이 비바람을 거쳐 발효되었고 그 안에서 냄새 좋은 물이 흘러나왔다. 두강이 한 모금 마셔 보니 맛이 아름다웠고 몇 모금 더 마시자 머리가 어지러워졌다. 두강은 곡식을 보관하는 데는 실패했지만 향기 나는 물을 발견하였다고 황제에게 보고했다. 황제는 신하들을 모아 상의하였는데, 신하들은 양식이 정화된 것을 볼 때 마셔도 독이 되지는 않을 것이라고 말했다. 황제는 이를 술(酒)이라고 부르게 했다. 일반적으로 황제와 치우의 '탁록 전투'가 기원전 2700여 년 전경에 벌어졌다고 생각하므로 두강이 술을 만들었다는 이야기는 술 제조의 기술이 매우 일찍 발견되었다는 것을 의미한다.[8]

인간이 술을 만들기 시작한 것이 농경생활의 전이든 후이든 간에 매우 오래되었다는 것만은 사실이다. 인류가 처음 곡물주를 양조한 것은 발명이 아닌 발견이었다. 의적과 두강의 일화에서 보듯이 농경시대에는 곡물을 저장하는 방식이 거칠어 곡물에 습기가 차서 변질되었고 먹고 남은 밥에도 곰팡이가 끼기 일쑤였다. 이 천연적인 누룩을 물에 넣고 발효시킨 것이 천연적인 술이다. 우연적 결과물을 본 인간들은 임의적으로 술을 만들 수 있는가 연구하였고 결국 인공으로 누룩을 개발하여 필요하면 언제든지 술을 만들 수 있게 된 것이다. 현대 과학에서는 남은 밥 중의 전분이 자연계의 미생물이 분비한 효소에 의해 당분과 알코올로 분해되면서 자연적으로 술이 된다고 설명한다. 고대인들이 채집한 야생과일의 당분 함유량이 높기 때문에 액화나 당화를 거치지 않고도 술로 발효될 수 있었다는 것이다. 이때 말하는 술은 천연적인 과일주다.

시간이 흘러 사람들은 인위적으로 술을 만들기 시작했는데, 중국에서 인공으로 만들기 시작한 술은 곡주다. 곡물이 술이 되려면 두 가지 과정을 거쳐야 한다. 첫 번째는 전분에서 당으로 변환하는 과정, 즉 당화과정이다. 두 번째는 당에서 술로 되는 과정으로 주화과정이다. 첫 번째 과정은 촉매제 없이 불가능하지만, 두 번째 과정은 미생물이 참여하여 쉽게 발효될 수 있다. 그러므로 술을 만드는 과정에서 가장 우선되는 것은 촉매제인 효소를 어떻게 확보하느냐이다. 효소를 만드는 방법은 두 가지가 있다. 한 가지는 사람 타액의 아밀라제를 이용하는 것으로 곡물을 입으로 씹은 후 놓아두면 천연상태에서 쉽게 발효된다. 실제로 일본에서는 여자 아이가 곡물을 씹어 술을 만드는 방법이 전승되고 있다. 다른 한 가지로는 식물체 안의 글루코아밀라제를 이용하는 것이 있는데 고대 바빌론에서 이런 방법으로 맥주를 만들었다고 한다.

중국에서는 상나라 때부터 맥아를 이용해 술을 만들었다고 전해진다. 『상서(尙書)』에는 "술을 만들려면 반드시 '곡' 과 '얼' 을 사용해야 한다"고 적혀 있는데, 여기서 얼은 바로 곡물의 싹이며 곡은 미생물을 이용해 발효시키는 누룩을 말한다. 누룩을 사용하면 당화과정과 주화과정을 동시에 진행시킬 수 있다. 그러므로 상나라 때 사용한 누룩은 사실상 싹이 난 곡물이나 곰팡이가 난 곡물로 볼 수 있다. 기록에 의하면 상나라 때는 곡과 얼을 모두 사용했고 서주시기에는 곡만 사용했다.[9]

삼국시대는 막걸리 천국

2003년, 서안(西安)시 북문 부근에서 전한시대의 묘지가 발견되었는데 이곳에서 발굴된 청동기에서 세계를 놀라게 하는 것이 나왔다. 묘지는 이미 도굴되어 내부구조와 부장품의 상황을 자세히 알 수 없었지만 묘실 속에서 101개의 옥편, 측실에서 청동종(靑銅鐘) 2개와 청동기 15개가 발견되었다. 청동종 중 하나는 중간 부분이 파열되었고 나머지 하나는 보존 상태

2003년 서안시에서 발굴된 전한시대 묘지의 유물 중에는 청동기에 담긴 술도 있었다.

가 좋았다. 발굴팀이 상태가 양호한 청동종 위에 붙은 흙과 녹, 뚜껑을 봉한 생칠을 제거한 후 뚜껑을 열었더니 초록색 액체에서 술 냄새가 났다. 발굴팀은 술 향기가 나는 초록색 액체를 유리 용기 안으로 옮겼는데 분량은 모두 25리터나 되었다. 2000여 년간 보존된 전한시대의 술이었다. 학자들은 전한시대의 술이 어떻게 현재까지 보존될 수 있었는가에 주목했다. 휘발성이 높아 보존 자체가 힘든 알코올을 2000년이나 보존하는 것은 쉽지 않은 일이다. 하지만 장기간 술이 보관될 수 있는 특수한 환경이 만들어진 덕분에 이런 일이 가능했다. 학자들은 청동종의 뚜껑을 막고 있던 흙과 녹, 뚜껑을 막은 생칠이 밀폐된 환경을 만들어 술의 보존에 결정적인 역할을 했다고 추정한다. 술이 초록색을 띤 것은 청동종 안에 담겨 청동기의 산화반응에 영향을 받았기 때문이다.

곧바로 이 술이 어떤 술이냐에 관심이 모아졌다. 중국황주협회 회장 모조현은 '술의 냄새를 맡아보니 황주(黃酒)가 틀림없다. 현대 황주에 대한 정의는 벼쌀, 조쌀 등 농작물을 증류 발효과정을 거쳐 걸러내어 생긴 것이다. 전한의 술은 이 정의에 부합하고, 보통 말하는 미주(米酒) 역시 황주의 한 부분이다'라고 말하였다. 다른 일부 학자들은 과일주일 가능성도 제시하였다. 서안시문보소 손복희 소장은 문헌상으로 볼 때 전한시기의 술은 대개 과일주로 발효시킨 것이 틀림없다고 주장했다. 『사기』에서도 서역의 대월씨(大月氏)국에서 포도주가 나타났다고 한다. 포도주를 대표로 하는 과일주는 전한 말기에 나타나기 시작했는데 일반적으로 장건이 서역을 다녀온 이후 도입된 것으로 추정한다.

중국에서 가장 오래된 술은 1974년에 발견되었다. 일부 학자들이 기자조선의 기자(箕子) 후예가 설립한 것으로 추정하는 중산국(中山國)의 유적인 하북성(河北省) 평안(平安) 삼급현(三汲縣)에서 기원전 4세기경의 중산국 왕릉과 성터가 발견되었다. 이곳에서 천자를 뜻하는 구정(九鼎), 즉 솥이 아홉 개나 나왔는데 이는 기원전 4세기경에 이미 중산국이 조·위·한·연과 더불어 왕(천자)을 칭했음을 방증해주는 자료로 제시되었다. 출토품 가운데에는 밀폐된 술병들이 다수 있었고 그 안에 술이 남아 있었다. 성분을 분석하자 곡주로 추정되었으며, 이것은 중국에서 발견된 술 중에서 가장 오래된 증거품이다. 중산주(中山酒)는 한 번 마시면 3년 동안 죽은 듯 무덤에 묻혀 있다가 깨어나고, 3년 후 깨어난 사람의 주변에 있던 사람들도 그 술 냄새에 3개월간이나 취한다라는 전설이 있을 정도로 유명하다.[10]

일반적으로 중국의 한나라에는 대략 두 가지 종류의 술이 있었다고 생각한다. 한 가지는 누룩으로 만든 술로서, 익은 후 일정한 비율로 물을 섞는 것이다. 어떤 것은 물을 탄 후 다시 누룩을 넣기도 한다. 소위 오늘날 한국의 막걸리로 볼 수 있다. 다른 한 가지는 포도주와 같은 과일주로 즙액을 '례(醴, 감주)'라고 달리 불렀는데 맛이 달콤하여 술을 잘 못하는 사람들을 위해 제공했다. 이들 술은 도수가 10도를 초과하지 않는다.

학자들은 삼국시대에 장비가 마셨던 술은 근래 중국의 대표적인 술인 증류주(고량주)가 아닌 발효주, 즉 근래의 막걸리와 거의 유사하다고 추정한다. 그것은 적어도 『삼국지』의 주인공들이 현재 중국에서 가장 보편적

청나라 초기 수수를 원료로 밀누룩을 써서 만들기 시작한 마오타이주는 증류주의 일종으로 중국의 명주로 꼽힌다. 사진은 마오타이주 만드는 모습.

인 증류주를 마시지는 않았을 것으로 생각하기 때문이다. 고대 중국에서 금나라 전까지는 과일이나 곡식으로 발효시켜 만든 일반적인 발효주는 제조했으나 증류주는 만들지 않았다. 이시진의 『본초강목(本草綱目)』에는 '증류주인 소주는 옛날에는 존재하지 않았고 원나라 때부터 나타났다. 진한 술과 조를 용기에 담아 끓여서 증기가 오르게 하여 그릇에 떨어지는 술 방울을 받아 담는다. 상한 술은 모두 증류할 수 있다'고 적었다. 이것은 이 시기에 발효주뿐만 아니라 발효시킨 것을 증류하는 양조법이 개발되었다는 것을 의미한다. 증류주가 이보다도 훨씬 먼저 태어났다는 주장도 있으나 이 문제는 아직 결론이 나지 않았다. 과거에 증류주가 있었다는 주장을 인정하더라도 장비가 증류주를 마셨다고 보기는 어렵다. 알코올 농도를 40퍼센트로 한다면 알코올 농도 6퍼센트의 막걸리보다 6.7배, 알코올 농도가 4.5퍼센트인 맥주의 8.9배인 술을 몇 말씩 마시는 것은 사실상 불가능하기 때문이다.

혈중농도가 바로미터

『삼국지』에서 장비가 술을 많이 마시고 때로 무절제한 행동을 했다는 것은 다시 말해 그의 몸에 알코올이 많이 들어갔기 때문에 자제력을 잃었다는 이야기이다.

술을 얼마나 마셨는지를 알아보려면 혈중 알코올 농도를 재보면 된다. 예를 들어 0.1퍼센트는 혈액 100밀리리터 당 0.1그램의 알코올이 존재한다는 것을 의미한다. 우리의 뇌는 혈중 알코올 농도에 비례하여 영향을 받는다. 사람에 따라 다르기는 하지만 일반적으로 맥주 한 컵이나 위스키 한 잔을 마시면 혈액 내 알코올 농도는 1시간 이내에 0.02~0.03퍼센트에 달해 긴장이 완화되고 기분이 좋아진다. 알코올이 몸에 좋다는 말은 여기에 근거를 두고 있다. 0.04~0.06퍼센트의 혈중농도가 되면 약간 흥분된 심적 상태가 되어 호기를 부린다. 0.06~0.09퍼센트에 도달하면 몸의 균형이 약간 흐트러지는 것을 느낄 수 있다. 그러나 사고와 판단력에는 별다른 문제가 없다. 하지만 혈중농도가 0.1~0.12퍼센트에 이르면 몸의 균형이 깨질 뿐만 아니라 올바른 판단력을 잃고 횡설수설하게 된다. 나아가 0.12~0.15퍼센트가 되면 언어구사, 사고 및 판단력이 현저히 떨어진다. 이 상태에서 계속 술을 마시면 혈중 알코올 농도가 더욱 높아져서 0.2퍼센트가 되면 뇌의 중추신경 기능이 상당히 떨어진다. 알코올 농도 0.3퍼센트에서는 몸을 가누지 못하고 0.4퍼센트에 이르면 의식을 잃는다. 계속 술을 마셔 축적된 알코올이 0.5퍼센트에 달하면 깊은 혼수상태에 빠지며 0.6퍼센트가 되면 심장마비나 호흡정지로 사망하게 된다. 알코올의 혈중

농도가 높아지면 교통사고, 안전사고 발생률이 높아지는 것은 물론이거니와 음주자의 건강에도 영향을 주고, 나아가 생명까지 잃을 수 있다.

지금처럼 자동차가 널리 보급된 상황에서 음주와 관련하여 가장 문제가 되는 것은 음주운전이다. 술을 마시면 먼 거리의 물체를 식별하는 능력이나 어둠 속에서 물체를 가려내는 능력이 25퍼센트 정도 떨어진다. 음주가 운전에 미치는 영향은 혈중 알코올 농도에 따라 다르게 나타난다. 혈중 알코올 농도 0.05퍼센트 이하에서는 술을 마시지 않은 사람과 차이가 없지만 0.05~0.09퍼센트가 되면 사고율이 1.2~2배로 증가하며, 0.1퍼센트면 5배, 0.15퍼센트면 10배, 0.18퍼센트면 20배나 높아진다. 때문에 각국에서는 음주운전 단속을 더욱 강화하고 있다. 한국도 마찬가지다. 혈중농도 0.1이상은 형사입건 및 면허취소가 되고 0.26이상일 경우 영장이 청구되고 2년간 면허 취득 자격을 잃는다. 0.36이상은 사고유무를 불문하고 영장청구와 더불어 면허가 취소된다. 음주가 그쯤되면 타인의 생명도 위협하기 때문이다. 미국에서 보고된 추락 사고에 관한 연구에 의하면 음주로 인한 치명적인 추락사고의 비율은 17~53퍼센트에 이르는데, 혈중 알코올 농도가 0.05~0.1이면 3배, 0.1~0.15는 10배, 그 이상이면 60배 이상으로 사고 위험이 높아진다. 추락사고 사망자의 최고 70퍼센트, 부상자의 최고 63퍼센트가 음주와 관련이 있다고 하는 것을 보면 음주가 개인의 안전을 크게 위협하고 있는 것이 사실이다.

음주측정의 역사는 1939년으로 올라간다. 미국의 인디아나 주 경찰국에서 처음으로 시도했는데, 당시에는 풍선처럼 생긴 플라스틱 주머니에 숨을 불어넣었을 때 변하는 색깔의 정도를 보고 음주여부를 판독했다. 풍선 모양의 주머니 안에는 중크롬산칼륨과 유산을 실리카겔에 흡착시킨

물질이 들어 있었다. 측정 대상자가 숨을 불어넣으면 그 숨에 포함되어 있는 알코올이 산화되면서 적황색의 중크롬산칼륨을 녹색의 유산크롬으로 바꾼다. 당시의 음주측정기는 숨을 내쉴 때 나오는 알코올 양을 측정해 간접적으로 혈중 알코올 농도를 측정하는 기기였다. 반면에 현대의 전자식 음주측정기는 숨으로 나온 알코올이 연소되면서 발생하는 전류의 크기를 측정하는 방식으로서 아인슈타인의 광전효과를 활용한 것이다. 술을 마시면 체내로 들어간 알코올 성분이 호흡을 통해 배출된다. 알코올이 측정기 안의 백금양극판에 닿으면 푸른색의 가스로 변하고, 금속판에 닿으면 전자가 방출되어 전류를 발생시킨다. 이 전류의 양을 측정해 혈중 알코올 농도를 알아내는데, 숨 속에 알코올이 많을수록 전류가 많이 발생하므로 일종의 연료전지라 볼 수 있다. 이 밖에도 알코올에 의해 흡수되는 적외선의 양을 측정하거나, 고온으로 가열된 반도체 금속산화물의 표면이 알코올이 흡착될 때 흐르는 전류의 변화를 이용하는 음주측정기도 있다. 또 휘발성이 있는 기체의 분리추출에 사용되는 기체크로마토그래피 방법도 사용된다.

사실 '술 마신 사람은 운전하지 않는다' 는 규칙만 지키면 음주측정기는 필요없다. 그러나 현재 휴대폰에 부착하는 음주측정기가 시판 중인 것은 물론, 특허청에는 음주한 사람이 탔을 때 시동이 걸리지 않는 기술 등 음주측정과 관련된 특허가 가장 많이 제출되고 있다. 과학기술의 힘만으로 음주운전을 사라지게 하는 데는 한계가 있다. 인간의 의지가 없으면 금주는 불가능하다.[11]

체구와 주량

장비가 누룩으로 만든 발효주를 마셨다고 생각하고 그가 마신 술의 양을 계산해보기로 하자. 우선 장비의 체구가 어느 정도인지 알아야 하는데 도원결의를 한 3형제 중 유비는 7척 5치, 관우는 9척, 장비는 8척으로 알려져 있다. 이를 현재의 기준을 적용해 척당 30.3센티미터로 계산하면 그야말로 거인이 된다. 현재 중국의 국가대표 농구선수인 무톄주(穆鐵柱)의 키가 240센티미터, 세계의 거인이라고 불려도 250센티미터를 넘지 못하는 것을 보면 심각한 과장이 아닐 수 없다. 그러므로 이들 수치를 당대의 척으로 인식되는 20~23센티미터로 계산하면 유비는 150~172센티미터, 관우는 180~207센티미터, 장비는 160~184센티미터이다. 장비는 당대의 장수 가운데에서도 기골이 장대한 것으로 나오니 몸무게를 90킬로그램 정도로 추산하자. 장비의 키에 이보다 더 많은 체중을 갖고 있다면 그가 전투에서 말을 타고 날렵하게 싸운다는 것은 사실상 불가능하다는 점을 감안한 수치이다.

　일반적으로 50킬로그램 정도의 성인의 몸속에는 약 4킬로그램(약 3.8리터)의 혈액이 있으므로 이를 장비의 몸에 단순히 대입한다면 약 7.2킬로그램(약 6.8리터) 정도가 된다. 앞에서 설명했지만 혈중농도 0.5퍼센트면 깊은 혼수상태에 들어가고, 0.6퍼센트면 심장마비나 호흡정지로 사망하게 된다. 장비가 워낙 강골이고 술에 관한 한 타의 추종을 불허한다고 하더라도 혈중 알코올 농도 0.5퍼센트 이상 마셨다면 혼수상태에 빠졌을 것이다. 그러므로 장비의 몸속에 최대 0.5퍼센트의 알코올이 들어 있다고 계산하면 그는 최대 6800밀리리터×0.005 = 34밀리리터의 알코올을 몸에 갖고 있을 수 있다. 이를 현재 시판되고 있는 발효주로 계산한다면 다음과 같다.*

① 맥주(4.5퍼센트): 756밀리리터

② 막걸리(6퍼센트): 567밀리리터

③ 포도주(11퍼센트): 306밀리리터

④ 청주(12퍼센트): 283밀리리터

위의 계산을 보면 말도 안 되는 적은 양으로 인간이 혼수상태에 빠진다
는 것을 알 수 있다. 장비가 겨우 포도주 반 병, 막걸리 한 병 정도 마시고
혼수상태에 들어갔다고 하려니 어쩐지 이상하다. 인간의 간 기능을 고려
하지 않은 수치이기 때문이다. 체력에 따라 다르지만 건강한 인간의 간은
1시간에 8~10그램의 알코올을 분해처리할 수 있다고 한다. 그러므로 정
확한 수치는 아니지만 장비를 혼수상태에 빠뜨리기 위해서 앞의 숫자에
서 10그램을 더해보자. 즉 34밀리리터가 아니라 44밀리리터인 것이다. 엄
밀한 의미에서 각 술의 부피와 무게는 다소 차이가 있지만 동일하게 계산
했다. 이 경우 숫자는 다음과 같다.

① 맥주(4.5퍼센트): 978밀리리터

② 막걸리(6퍼센트): 734밀리리터

③ 포도주(11퍼센트): 466밀리리터

---

* 술병에 알코올 표시로 맥주의 경우 4.5퍼센트라고 적혀 있는데 이는 100씨씨에 4.5그램의 알코올이 있다는 뜻
이다.

④ 청주(12퍼센트): 366밀리리터

위의 양 역시 매우 적다고 생각할 수 있는데 여기에서 감안하여야 할 것은 장비를 비롯한 많은 사람들이 알코올 8~10그램씩을 10시간에 걸쳐 계속 나누어서 마신다면 몸속의 혈중 알코올 농도는 제로(0)가 될 수 있다는 것이다. 10시간 동안 10그램씩 천천히 마셨다면 총 100그램을 마셔도 술을 전혀 마시지 않은 것이나 마찬가지다. 위에 설명한 각 술의 용량에 2.94배를 곱한 양을 마셔도 무방하다는 것으로 장비의 경우 맥주 2.2리터, 청주 0.83리터 정도가 된다. 이는 술에 취하는 것이 술 마시는 시간에 크게 좌우된다는 것을 의미한다.

술 마시는 분위기 역시 큰 역할을 한다. 사마천의 『사기』「골계전」에 이와 관련된 이야기가 나온다. 전국시대 초엽, 제나라 위왕 때 초(楚)나라의 침략을 받은 위왕은 순우곤을 조(趙)나라에 보내 원군을 청하게 했다. 이윽고 순우곤이 10만의 원군을 이끌고 오자 초나라는 야밤을 타서 철수했다. 순우곤의 역할로 전화를 모면하게 된 위왕은 크게 기뻐하며 주연을 베풀고 순우곤에게 물었다.

"그대는 얼마나 마시면 취하는고?"

"신은 한 되를 마셔도 취하고 한 말을 마셔도 취합니다."

"한 되를 마셔도 취하는 사람이 어찌 한 말을 마실 수 있겠는가?"

"경우에 따라 주량이 달라진다는 뜻입니다. 만약 고관대작들이 지켜보는 자리에서 마신다면 두려워서 한 되도 못 마시고 취할 것이며 또한 근엄한 친척 어른들을 모시고 마신다면 자주 일어나서 술잔을 권해야 하므로 두 되도 못 마시고 취할 겁니다. 반면에 옛 벗을 만나 회포를 풀면서 마신다면 그땐 대여섯 되를 마실 수 있습니다. 동네 남녀들이 어울려 쌍륙(雙六, 주사위 놀이)이나 투호(投壺, 화살을 던져 병 속에 넣는 놀이)를 하면서 마신다면 그땐 여덟 되쯤 마시면 취기가 두서너 번 돌 것입니다. 그리고 해가 지고 나서 취흥이 일면, 남녀가 무릎을 맞대고 신발이 뒤섞이며 술잔과 접시가 마치 이리에게 깔렸던 풀처럼 어지럽게 흩어지고 집 안에 등불이 꺼질 무렵 안주인이 손님들을 돌려보낸 뒤 신(臣) 곁에서 엷은 속적삼의 옷깃을 헤칠 때 색정적인 향내가 감돈다면 그땐 한 말이라도 마실 수 있습니다."

원래 이 말은 '배반낭자(杯盤狼藉)'라는 고사성어를 설명하기 위한 것으로, 순우곤이 주색을 좋아하는 위왕에게 "술이 극에 달하면 어지러워지고 즐거움이 극에 달하면 슬픈 일이 생기므로 조심해야 합니다"라고 간언할 때 삽입된 것이다. 배반낭자는 너무 어지럽게 술을 마시다가 난잡한 상황이 된다는 뜻으로 지나친 술자리에 대한 경고의 뜻을 가지고 있다. 순우곤의 경고를 들은 위왕은 이후 철야로 주연을 베푸는 것을 삼갔다고 하며 순우곤을 제후의 주객(主客, 외국사신을 접대하는 관리의 우두머리)으로 삼아 왕실의 주연이 있을 때는 꼭 곁에 두고 술을 마셨다고 한다.[12] 그러나 엄밀한 의미에서 술에 취한다는 것은 앞에서 설명한 것처럼 오래 술을 마시든, 분위기에 좌우되어 경각심을 갖든 안 갖든 상관없이 혈중 알코올의 농도가 높아진다는 의미이다.

다시 앞의 이야기로 돌아가보자. 포도주 반 병이나 막걸리 한 병이라면 천하의 장사인 장비에게는 코끼리에게 비스킷을 주는 것처럼 비칠 수 있다. 문제는 위에 적시된 술만 마셔도 매우 취하는 사람이 있다는 것이다.

사실 거구의 몸집을 자랑하는 사람일지라도 작은 잔으로 맥주 한 잔 마셨는데도 얼굴이 새빨개지고 구토까지 하는 경우가 적지 않다.*

분해되지 않는 알코올이 문제

사람마다 체질에 따라 술을 잘 마시는 사람이 있고 그렇지 못한 사람이 있다는 것은 음주측정결과를 보면 알 수 있다. 같은 술을 마시고 음주여부를 측정할 때 혈중농도가 어느 사람은 많이 나오고 어느 사람은 적게 나온다. 심지어는 알코올이 전혀 검출되지 않는 사람도 있다. 그래서 음주측정기의 성능을 믿지 못하겠다고 항의하는 사람들도 적지 않다. 술을 많이 마셔도 다른 사람보다 덜 취하는 사람은 알코올을 금방 산화시켜 이산화탄소와 물로 바꾸는 데 소질이 있는 사람이다. 이들 중에서도 특히 많은 술을 마실 수 있는 사람, 즉 술의 산화속도가 빠른 사람이 바로 '타고난' 술꾼이다.

술을 마시면 입과 식도의 점막에서 극소량이 흡수돼 혈액으로 들어가고, 알코올의 10~20퍼센트 정도는 위(胃)에서 그대로 흡수된다. 일부는 알코올을 분해하는 알코올 산화효소에 의해 수소를 뺏겨 아세트알데히드(Acetaldehyde)로 바뀌어 혈액으로 들어간다. 여성은 위의 알코올 산화효소가 남성보다 훨씬 적어 술에 빨리 취한다. 또 술을 마실 때 위 안에 음식물이 있으면 알코올 흡수가 지연돼 덜 취한다. 술을 마실 때 안주를 많이 먹으라고 권하는 이유이다. 나머지 80퍼센트 정도는 소장에서 분해되지 않

---

* 술을 마시면 얼굴이 빨개지는 까닭은 알코올이 혈관신경을 자극하여 혈관을 확장시키기 때문이다. 얼굴이 화끈거리는 것은 실제로 체온이 상승하는 것이 아니라 다만 그렇게 느끼는 것이다.

은 상태에서 흡수돼 혈액으로 들어가며 일부는 대장에서 흡수된다. 이렇게 혈액 속에 들어간 알코올은 '인체의 화학공장'인 간으로 들어간다. 간에서는 알코올 산화효소에 의해 아세트알데히드로 바뀌며 이는 또 알데히드탈수소효소—2(Aldehyde dehydrogenase—2, ALDH2)에 의해 초산으로 바뀐다. 초산은 혈액을 따라 돌면서 몸 곳곳의 세포에서 탄산가스와 물로 바뀌게 된다. 탄산가스는 허파를 통해 '술 냄새'로 배출되고, 물은 소변이나 땀으로 빠져나간다. 분해되지 않은 알코올과 아세트알데히드는 혈액 속에서 온몸을 돌며 온갖 기관에 영향을 미치는데, 이들은 우선 간의 정맥을 통해 나가서 하부대정맥을 거쳐 심장에 모인다. 심장의 혈액은 허파를 거쳐 다시 심장으로 왔다가 온몸으로 빠져나간다.

문제는 인간의 뇌로 들어간 술이다. 인간의 뇌는 많은 혈액을 필요로 하기 때문에 술을 많이 마시면 뇌에서 각종 부작용이 나타난다. 사람이 술을 마시면 취하는 이유는 뇌 속의 알코올이 신경세포 사이의 정보교환을 방해하기 때문이다. 알코올이 몸으로 들어오면 위와 장에서 흡수되어 혈액으로 들어가 간에서 처리한다. 흡수한 알코올이 간의 처리 능력을 넘어서면 알코올이 뇌를 비롯한 전신으로 운반된다. 인간의 뇌에는 이물질의 침입을 막아주는 '혈뇌장벽'이라는 방어 체계가 있지만 불행하게도 알코올을 비롯한 지용성 물질은 쉽게 통과된다. 그러므로 음주속도가 분해속도를 앞지를 때는 알코올이 시냅스 연접부위를 거쳐 신경전달물질에 영향을 미치게 되어 정보교환을 엉망으로 만든다. 학자들은 사람이 취할 때 먼저 대뇌에서 천천히 시작하여 소뇌와 뇌간으로 영향을 미친다고 추정한다. 소뇌가 영향을 받으면 균형감을 잃고 비틀거리게 된다. 숨골(연수)에 알코올이나 아세트알데히드가 미량 침투하면 노래를 부를 때 음정과 박자를 무시하게 되고 다량 침투하면 '숨을 못 쉬게' 되는 경우도 벌어진다. 과음 뒤 숨지는 사고는 대부분 숨골의 이상 때문이다. 뇌의 시상하부와 뇌하수체 등 발기와 관련된 부위가 공격받으면 발기부전이 생긴다. 고환에서 남성호르몬을 분비하는 라이디히 세포를 파괴해 발기부전을 일으키는 동시에 성욕감퇴, 고환퇴화 및 위축 등을 부른다.

알코올은 뇌 외에도 온몸을 통해 번져나가 세포들을 죽이기 때문에 모주망태는 온갖 병에 걸리기 십상이다. 잦은 음주는 소화기에 식도염과 위염, 이자염, 간질환을 일으킨다. 신경계에서는 치매, 중풍의 원인이 되며 술을 마시지 않아도 '필름이 끊기는' 특수한 질병(베르니케 증후군, 또는 코르사코프 증후군), 소뇌 퇴행, 정신분열증, 다리 감각 이상, 손 저림증 등의 원인이 된다.[13]

분해효소가 관건

흔히 외국인들은 술을 많이 마셔도 취하거나 추태를 부리지 않는 데 비해 한국 사람들은 술에 취해 길을 갈지자로 걷거나 구토를 하는 등 추태를 보이기 일쑤라며 많은 사람들이 한국인의 음주 습성을 비난한다. 그러나 이런 비난이 전부 옳지는 않다. 박택규 교수는 한국인을 포함하여 동양인의 대부분이 선천적으로 알코올 산화효소 등 알코올 분해효소가 거의 분비되지 않는다고 설명한다. 또한 미국 캘리포니아대학교 마크 슈키트 교수는 한국인, 중국인, 일본인들의 40퍼센트가 알코올을 완전히 분해할 수 없는 효소를 갖고 있어 술을 조금만 마셔도 얼굴이 붉어지며, 한국인, 중국인, 일본인들의 10퍼센트는 술을 조금만 마셔도 속이 메스껍고 두통, 구토 등을 느끼는 유전자를 갖고 있다고 한다.[14] 똑같은 술을 마시더라도 결과는 완전히 다를 수 있다는 것이다. 전문가들은 술을 잘 마시는 한국인들은 분해효소 등이 적게 분비되거나 분해할 수 없는 효소가 있는데도 술을 많이 마시므로 몸이 거꾸로 술에 적응한 결과라고 말한다. 분해효소의 양은 노화에 따라 양이 줄어드는 것 외에는 변하지 않지만 에탄올산화계효소(MEOS)의 경우 음주량이나 음주빈도에 따라 많이 생기고 활동력이 강해진다. 술이 약한 사람도 술을 많이 마시면 주량이 느는 것은 MEOS의 작용으로 인식한다.[15]

　ALDH2가 부족한 사람들이 술을 많이 마시면 침에 생긴 아세트알데히드를 제거할 수 없어 소화기관 암에 걸릴 확률이 높다는 연구결과도 발표되었다. 스웨덴 헬싱키대학 미코 샐라스푸로 박사는 모든 사람이 술을 마실 때 침에 아세트알데히드가 생기는데, ALDH2가 부족한 사람은 침의 아세트알데히드 수치가 2~3배 높고 그 농도가 높을수록 소화기관 암에 걸릴 위험이 높다고 적었다. 침을 만들어내는 주요기관은 양쪽 귀 옆에 있는 이하선(parotid glands)인데 알코올이 여기에 들어가면 암을 유발하는 아세트알데히드로 대사한다는 것이다. 그러므로 ALDH2 유전자가 없는 사람은 소화기관 암을 막기 위해서라도 술을 줄이고 입안을 청결히 하는 것이 좋다. 흡연자이거나 구강 위생이 좋지 않은 사람은 더욱 위험하기 때문에 음주를 즐기는 사람이 흡연까지 한다면 소화기관 암에 노출될 가능성은 더 높아진다.[16]

　연구에 따르면 한국인은 대체로 1일에 25퍼센트 도수, 360밀리리터 용량의 소주 한 병 정도를 소화시킬 수 있다고 한다. 12~15퍼센트의 청주로 따지면 대체로 600~700밀리리터, 막걸리의 경우 1000~1500밀리리터다.[17] 그러나 『국민건강지침』에 의하면 '덜 위험한 음주량'은 막걸리 2홉(360밀

리리터), 소주 2잔(100밀리리터), 맥주 3컵(600밀리리터), 포도주 2잔(240밀리리
터), 양주 2잔(60밀리리터) 정도다. 이는 하루에 간이 해독할 수 있는 양보다
약간 적은 양이며 그 이상을 '과음'으로 간주하는데 상당히 적은 양부터
'과음'으로 판단한다는 것을 알 수 있다.[18]

과음을 하게 되면 알코올은 완전히 산화되지 않고 중간물질인 아세트
알데히드의 형태로 남는데, 이것이 바로 음주 후의 두통과 숙취의 원인이
되는 물질이다. 숙취란 '술을 마시고 수면에서 깬 후에 느끼는 특이한 불
쾌감이나 두통, 또는 심신의 작업능력 감퇴 등이 1~2일간 지속되는 현상'
을 말한다. 아세트알데히드는 미주신경, 교감신경 내의 구심성 신경섬유
를 자극하여 구토 및 어지러움, 동공확대, 심장박동 및 호흡의 빨라짐 등
흔히 말하는 숙취를 일으키는 물질이다. 미주신경은 운동과 지각, 내장의
기능과 관련이 있으며 교감신경은 신체가 외부 환경으로부터 스트레스를
받았을 때 작용한다. 우리가 '숙취를 느낀다'는 것은 체내에 알코올 및
아세트알데히드가 남아 있어 지속적으로 신경을 자극받는 상태를 말하
며, '술이 깬다'는 것은 아세트알데히드가 분해되었다는 의미이다. 대부
분의 사람들은 다음날 아침이나 점심에 주로 숙취를 느끼게 되며, 심할
경우 보다 오래가기도 한다.

간혹 우리나라 주당들은 '양주는 많이 마셔도 머리가 아프지 않은데
우리나라의 막걸리나 청주를 마시면 머리가 아프다'는 이야기들을 한다.
아마 비싼 양주나 외국산 포도주를 마시는 것이 몸에 좋다는 뜻일 것이
다. 하지만 이 말은 절반은 맞고 절반은 틀렸다. 앞에 설명한 발효법으로
는 8~16퍼센트 정도 농도의 에틸알코올만 얻을 수 있기 때문이다. 에틸알
코올의 농도가 증가하면 효모균 스스로 자신이 만든 알코올에 중독되어

발효활동을 정지한다. 따라서 모든 발효주에는 음주 후의 두통과 숙취의 원인물질인 아세트알데히드가 들어 있다. 술을 마신 후에 머리가 아픈 이유는 그 때문이다. 우리나라 술을 마셨기 때문이 아니라 많이 마셨기 때문에 머리가 아프고 숙취가 남는 것이다. 아무리 비싼 프랑스산 포도주라도 많이 마시면 머리 아픈 것은 마찬가지이다. 증류과정에서 아세트알데히드가 사라진 증류주(위스키, 코냑 등) 역시 발효주와 마찬가지로 인체 내 아세트알데히드의 생성을 피할 수 없으므로 가장 좋은 방법은 과음을 안 하는 것이다.

필름이 끊겼다

흔히 폭음 뒤 '필름이 끊겼다(black out)'는 말을 한다. 과음한 다음날 정신을 차리고 나서 어떻게 집을 찾아왔는지 모르겠다며 신기해하는 것이다. 술을 과하게 마신 경우 종종 나타나는 현상으로 일반적 기억상실증과는 다르다.

필름이 끊기는 것은 알코올이 대뇌의 옆 부위에 있는 가장자리계(변연계)의 해마(기억의 임시 저장소)를 마비시켜 뇌의 정보입력과정에 문제가 발생하기 때문에 나타난다. 이때 알코올이나 아세트알데히드의 독소가 세포와 세포 사이의 신호전달 메커니즘을 교란시켜 뇌에 정보가 입력되는 것을 방해한다. 때문에 아무리 능숙한 최면술사가 최면을 걸어도 당시 상황을 기억할 수 없다. 이 부위가 영향 받으면 감정조절에도 문제가 생긴다. 이와 같은 현상은 흔히 '입력시킨 데이터를 저장하지 않고 PC를 끈 상태'에 비유된다. 저장된 정보가 없으니 출력할 정보도 없다. 필름이 끊긴 사람이 무사히 자기집을 찾아가는 것은 과거 뇌에 저장돼 있던 정보를 출력해 사용하기 때문이다. 반면 기억상실증은 뇌의 출력과정이 고장 난 것이다.[19] 그런데 필름이 끊기는 경우, 때로는 자신도 모르는 사이에 범죄를 저지르거나 큰 사고를 당할 수 있다는 데 심각성이 있다.

미국 듀크대학 연구팀은 2002년 대학생 772명을 대상으로 '필름이 끊긴' 상태에서 경험한 것을 조사했다(중복 응답). 다른 사람을 공격하는 경우가 33퍼센트로 가장 많았고, 돈을 함부로 사용하거나(27퍼센트), 성적인 문제(22퍼센트), 싸움(16퍼센트), 기물파손(16퍼센트) 등이 뒤를 이었다. 필름이 끊긴 상태에서 운전을 한 학생도 2.5퍼센트에 달했다. 연구팀은 "이런 이상행동은 알코올이 뇌에 영향을 끼치면서 감정이 조절되지 않은 탓"이라고 설명한다.

뇌는 다른 장기에 비해 혈액 공급량이 많아 알코올로 인한 손상을 입기 쉽다. '필름이 끊기는' 현상이 근래 주목을 받는 것은 알코올이 해마의 신경세포 재생을 억제한다는 것이 발견되었기 때문이다. 따라서 이런 일이 반복되면 기억력에 심각한 문제를 일으킬 수 있다. 뇌에 지속적인 손상이 발생할 경우 알코올성 치매로 발전하기도 한다.

'한번 필름이 끊겼던 사람은 술만 마셨다 하면 자동적으로 필름이 끊긴다'는 속설도 있지만 이는 사실과 다르다. 필름이 반복해 끊기는 것은 유전이나 개인 특성 때문이 아니라 잘못된 음주 행태가 고쳐지지 않은 탓이다. '필름 끊김'은 술 마시는 양과 속도에 비례해 발생한다. 최인근 교수는 '필름 끊김'을 피하려면 음주량과 음주속도를 줄여 알코올이 뇌까지 영향을 미치지 않도록 해야 한다고 한다. 음주량과 속도가 간에서 알코올이 충분히 분해될 수 있는 한도를 벗어나선 안 된다는 것이다. 술을 마실 때 가급적 천천히 마시라고 권하는 이유이기도 하다.[20]

한편 뇌과학자들은 술을 마시면 필름이 끊겼다는 얘기가 정신과 몸이 별개의 것이 아니라 연결되어 있다는 좋은 증거라고 설명한다. 한국은 외국처럼 알코올 중독이나 마약 중독이 심각하지 않지만 외국에서는 이들 중독의 유전자를 찾아 완치하겠다는 야심찬 프로젝트들이 진행되고 있다. 그러나 다윈의 진화론자들은 그들이 중독 유전자를 찾는 것은 실패할 것이라고 말한다. 이들 중독증이 단 몇 천 년 동안에 생긴 증상이므로 그런 유전자가 특별히 따로 있을 리 없다는 것이다. 술과 발효의 역사가 길어야 몇 천 년이라는 점을 볼 때 일리있는 이야기다.[21]

버릇이 잘못 든 주사(酒邪)

이제 결론으로 들어가자. 첫 번째는 장비를 비롯한 고대의 주당들이 얼마나 많이 마셨는가이다. 『삼국지』에 조조의 제문 중에 '닭 한 마리와 술 한 말(斗)' 란 말이 있다. 하만자(何滿子)는 이 글로 보아 당대에 술 한 말(斗)이 일반인이 마실 수 있는 주량을 뜻한다고 적었다. 그러므로 10말이라는 설명은 일반인의 10배를 마셨다는 뜻이 되는데 장비와 같은 주당 중의 주당이 마실 수 있는 최대의 용량으로 볼 수 있다. 앞에서 설명했지만 장비가 일반 사람들과는 달리 알코올 분해효소가 많이 분비된다면 보통사람들은 상상할 수 없는 많은 양의 술을 마실 수 있었다는 것까지는 이해된다. 그런데 역대 기록에 나오는 주당의 상한선인 10말이란 아무리 장사인 장비라 해도 단 번에 마시는 것이 불가능한 양이다. 근래 한나라의 척도는 1석(열 말)이란 자료가 발견되었는데 10말은 16리터에 해당한다. 즉, 막걸리병으로 16병, 맥주병으로는 21병을 의미한다. 일반적으로 10말을 마실 수 있는 사람은 특별한 경우이고 5말 정도도 상당한 주당이 아니면 불

심각한 주사는 인간관계를 망치고 화를 부른
다. 『삼국지』의 영웅 장비는 심각한 주사로
목숨을 잃었다.

가능하다. 그런데 5말을 장비처럼 급하게 마시지 않고 밤새도록 천천히 마신다면 매우 놀라운 결과가 나타난다. 앞의 계산대로라면 5말은 맥주병으로 10여 병, 막걸리병으로 8병이다. 『삼국지』등 문헌 속에 기록된 고대 주당들이 마신 주량을 이런 방식으로 계산해 보면 현대 주당의 주량과 거의 비슷하다. 천하장사인 장비가 이 정도의 두 배, 즉 10말 정도의 술을 마셨다고 가정하면 충분히 이해되는 일이다. 정확한 비교는 되지 않지만 중국에서 말하는 말(斗)이란 현대의 '되 또는 승(升)' 정도로 볼 수 있다. 때문에 『삼국지』등 중국 고대소설에 나오는 10말이라는 주량만 보고 놀랄 필요는 없다.

두 번째, 장비의 전매특허와도 같은 주사(酒邪) 문제를 보자. 술이 다른 어떤 음료보다 인간에게 친숙한 것은 슬퍼도 마시고 기뻐도 마실 수 있는 속성을 갖고 있기 때문이다. 어색한 분위기를 반전시키고 꽁꽁 얼어붙은 마음을 녹이기도 한다. 그러나 어떤 사람이라도 많은 술을 마시면 취한다. 술을 많이 마시면 말이 많아지고 같은 소리를 하고 또 하거나 실수하기 십상이다.

장비가 술만 마시면 주사를 부렸다는 것은 단순히 술이 취하는 것과는 다른 이야기이다. 주사의 문제점은 주사를 부릴 때 대부분은 품위고 뭐고 내동댕이친다는데 있다. 장비와 같은 대장군이 부하에게 살해된 것도 대장군답지 않게 술 마신 후 행패를 부렸기 때문이다.

어떤 사람이라도 장비와 같은 양의 술을 마시게 되면 취하기 마련이다. 그러나 같은 술을 마셔도 장비는 행패를 부리고 다른 주당들은 행패를 부리지 않는다. 학자들은 술주정 또는 주사는 술이 자기를 억누르고 있던 의식이라는 두뇌의 억압중추를 약화시키기 때문, 다시 말해 자기를 억누르고 있던 의식이라는 억압에서 느슨해지기 때문이라고 생각한다. 주사를 부리는 사람은 술이 몸에 들어가게 되면 무의식 속에 응축됐던 에너지가 원시적인 감정까지 끌고 나와 이해할 수 없는 유치한 행동을 하게 된다는 것이다. 하지만 사람마다 주사는 각기 다르다. 이는 뇌의 취약 부위가 다르기 때문이다. 뇌의 이마엽(전두엽)이 공격받으면 판단이 흐려지고 평소와 달리 떠들거나 공격적이 된다. 혀가 꼬부라지는 것은 브로카 영역, 말할 때 낱말이 기억나지 않는 것은 베르니케 영역이 영향을 받기 때문이라는 설명이다.[22] 평소에는 발설하지 못하는 말도 술의 힘을 빌어서 말하게 되는 경우를 생각하면 주사가 단순히 억압된 무의식의 발로만은 아닌 듯하다. 사실상 주사를 부리는 사람은 완전히 취한 것이 아니다. 완전히 취했다면 행패는커녕 거동도 할 수 없어야 한다. 상황에 따라서는 주사를 부리는 사람에게 술을 더 많이 마시게 하여 완전히 취하게 한 후 자게 하는 것이 가장 좋은 처방이라고 하는 이유도 이와 같다. 이런 설명을 보더라도 장비의 행동은 술을 마시고 자신의 심신을 절제하지 못하는 데서 오는 것으로 볼 수 있는데, 이는 결코 유전자의 탓도 아니다. 주사가 비난 받는 것은 자신의 스트레스 등을 술을 빙자하여 발산함으로써 타인에게 피해를 주기 때문이다. 학자들은 술주정이 심한 사람을 대할 때 단순히 그를 설득해 술을 마시지 못하게 할 것이 아니라 그 사람의 주사를 살펴 그가 숨기려고 하는 것, 또는 진실로 전달하려 하는 것을 이해해주는 것이 최선이라고 말한다. 하지만 설득 또한 간단한 일이 아니다. 유비와 제갈량도 장비가 술을 마시면 주사가 심하다는 것을 알고 주의를 주었지만, 결국엔 술을 마시고 부하에게 행패를 부리다가 살해됐다.

장비가 주사를 부리는 것은 장비가 술을 잘못 배웠기 때문이다. 주사를 부리는 사람이 주사 부리지 않는 사람보다 절대적으로 적다는 것은 주사 부리는 사람에게 문제가 있다는 결론을 내리게 만든다. 흔히 '술버릇', 즉 술 매너를 강조하는 것은 술의 속성 때문이 아니라 술을 마신 후 나타내는 행동이 당사자의 의지에 따라 달라진다고 인식하기 때문이다. 주사 부리는 사람의 행동이 상대방에 따라 다르다는 것을 봐도 알 수 있다. 심지어 장비도 유비와 관우 앞에서는 주사를 부리지 않았다. 도원결의한 형님인 유비와 관우 앞에서는 조심했기 때문이다. 그래서 사람들은 술을 마신 것을 핑계로 만만하게 보이는 사람에게 주사를 부린다고 생각한다. 주사 부리는 사람은 따끔하게 다뤄야 한다는 이유가 되기도 한다. 한마디로 좋지 못한 술 매너는 고쳐야 하고, 의지가 있다면 고칠 수 있다. 장비처럼 황망한 최후를 자초할 필요는 없지 않은가.

술도 약이 된다

술에 대해 허준이 거론하지 않았을 리 없다. 허준은 『동의보감』에서 "술은 성(性)이 대열 (大熱)하고 맛이 쓰고 달고 매우며, 혈액 순환을 좋게 하고 위장 기능을 도우며 피부를 윤 택하게 한다. 또한 근심을 없애며 노여움을 발산시키고 마음껏 지껄이게 한다. 오래 마시 면 신경을 상하게 하고 수명에 해롭다. 과음하면 몸이 말을 듣지 아니하고 신경이 마비되 니 이는 유독하기 때문이다"라고 적었다. 허준은 술의 부작용에 대해 더 많이 설명하는 한편 술의 종류를 32가지나 거론할 정도로 관심을 보였다. 특히 술 마시면서 건강할 수 있다는 보약인 양명주(養命酒)로 두 가지의 술을 적었다. 피로를 풀고 허한 것을 보하고 연 년익수하며 머리를 검게 하고 얼굴을 아름답게 한다는 고본주(固本酒)와 수염을 까마귀처 럼 까맣게 한다는 오수주(烏鬚酒)이다. 허준은 머리가 백발이 되지 않는다는 것을 장생불 로와 연계시켰다. 술을 마시면서 속으로부터 하얗게 되지 않게 하는 것이 중요하다고 했 는데 이 대목을 보면 허준은 술의 효용성을 매우 잘 알고 있었다고 볼 수 있다. 허준은 이 들 술을 보통 술과 같이 빚어서 매일 새벽 한두 잔씩 미취할 정도로 마시면 된다고 적었 으며 술을 마시되 지나치지 말 것을 경계하는 동시에 술 마실 때 주의할 사항도 잊지 않 았다.

'술을 마셔도 얼굴이 붉어지지 않고 평소에 창백한 사람은 술을 많이 마시면 혈기가 소모되어 해롭다.'

'술 취한 후에 무리로 밥을 많이 먹으면 종기가 나기 쉽고 술 취한 후에 바람 을 쐬면서 자면 목소리가 나지 않게 된다.'

흥미로운 것은 '만취된 후에 마차를 달리거나 뛰어넘어서는 아니 된다' 는 대목이다. 이는 술 마신 후에 자동차를 운전해서는 안 된다는 요즘 교통규칙과 다름없다. 또한 허준은 술 마신 후 음식을 과도하게 섭취하면 종기가 생기는 등 몸에 나쁘다고 했다. 어느 경우에나 술을 폭음하거나 특히 공복일 때 폭음하면 위와 간장이 나빠진다는 것은 상식으로 되어 있다. 학자들은 주당들의 간이 나빠지고 위가 상하면 영양실조, 비타민B 결핍, 저혈당 등의 원인이 된다고 한다. 또한 허준의 『동의보감』에서는 특이하게도 술 취한 후에 섹스를 하지 말라고 경고했다.

'술 취한 후에 색을 영위하면 경할 때는 얼굴이 검어지고 기침이 생기며 심한 경우에는 크게 수명이 손상된다. 옛날부터 술에는 색이 따르게 마련인데 경계해야 할 일이다.'

허준의 설명의 옳고 그름에 대해서는 독자들의 판단에 맡긴다.

밤하늘의 별들이로
등(燈)을 만들다

三國
志

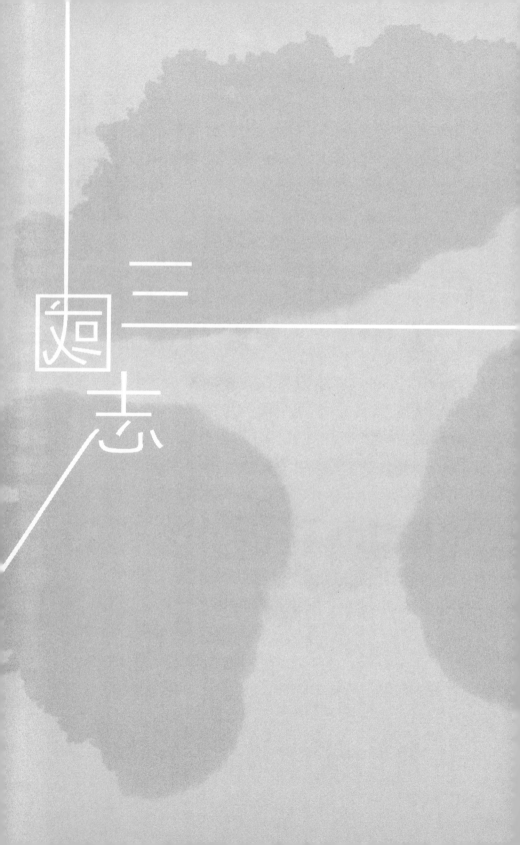

三
國
志

1851년 파리의 한 페인트 가게 주인이 '불이 붙은 양초를 먹을 수 있다' 며 내기를 걸었다. 그가 양초를 입에 넣는 순간 희미하게 소리가 새어나왔고 입술에 푸른 불꽃이 번졌다. 그리고 30분도 채 지나지 않아 머리를 포함하여 가슴부터 그 위로는 모두 재로 변했다. 불은 피부와 근육, 뼈가 모두 탈 때까지 꺼지지 않았으며 남은 것은 얼마 되지 않는 잿더미뿐이었다. 이것은 자연연소(Spontaneous Human Combustion)가 목격된 최초의 사례였다. 그 후 자연연소가 어떻게 일어났는가를 보여주는 몇 가지 예들이 제시되었다.

1938년 여름, 미국 노픽의 호수 근처에서 보트놀이를 하던 중에 갑자기 불길에 휩싸인 카펜더 부인의 예도 있다. 그녀는 남편과 자식이 보는 앞에서 잿더미로 변해버렸다. 함께 있던 남편과 자식, 그리고 보트는 아무런 피해도 입지 않았다.

'우리 법제사상 최초의 율학연구서이며, 동시에 살인사건 심리 실무지침서'라고 설명되는 정약용의 역작 『흠흠신서(欽欽新書)』의 「상형추의」에도 '매우 드물고 이상한 형사사건' 2건이 소개되어 있다. 정약용은 이 중 첫 번째 사건에 관해 '간음하려고 서로 껴안았다가 음욕의 불이 몸에서 일어났다'고 적었는데 그는 이들을 검안한 후 자신으로서는 이해할 수 없는 사건이라고 부언했다. 정약용이 이상한 사건이라고 한 내용은 아직도 그 원리가 정확히 밝혀지지 않은 '자연연소'와 비슷하다. 『삼국지』에 나오는 동탁의 죽음도 이와 유사하다.

동탁의 죽음

『삼국지』 초반에 등장하는 동탁은 농서 출신이다. 동탁의 이력은 다음과 같다.

'자는 중영(仲穎)으로 용맹하고 꾀가 있어 오랑캐로 불리는 강인(羌人)과 호족 (胡族) 수령들과 사귀었고 167년 군에서의 공적으로 낭중에 올랐다. 후에 병주 자사, 하동태수를 역임하며 184년 중랑장이 되었고 십상시, 즉 환관들의 난을 평정한 후 실권을 잡자 한나라 소제 유변을 폐하고 헌제 유협(진류왕)을 옹립한 후 낙양성을 버리고 장안으로 천도한다.'

그런데 소제를 폐하고 진류왕을 황제로 등극시킬 때, 형주자사이자 낙양의 헌병대 사령관이라 볼 수 있는 정원이 극구 반대했다. 정원에게는 천하무적인 여포가 있었으므로 함부로 그를 제거할 수도 없었다. 이때 동탁의 기지가 발휘된다. 동탁 자신이 가장 소중하게 생각하는 천리마를 아낌없이 여포에게 주자 여포는 정원을 살해하고 동탁에게 귀의한다. 동탁이 여포를 양아들로 삼자 천하에는 동탁을 반대할 사람이 없었다. 그러나 왕윤은 동탁에게 초선을 첩으로 주면서 여포와 이간질시켜 결국 여포가 동탁을 살해하도록 한다. 이 대목에서 나관중은 동탁을 『삼국지』에서 가장 질이 좋지 않은 악당 의 하나로 간주하고 있음을 알 수 있다. 일반적으로 양아들이 자신의 부모를 살해했다면 패륜아 중의 패륜아로 비난의 대상이 되는데도 불구하고 여포는 그다지 비난의 대상이 되지 않는다. 『삼국지』에 적혀 있는 동탁의 등장 장면을 보자.

『삼국지』의 악당(?) 중 하나인 동탁은 거대한 몸집으로도 유명했다. 그가 죽자 그의 몸에 심지를 꽂아 등으로 썼다는 일화는 생전의 그의 몸집에서 비롯된 이야기일 수도 있다.

'그는 서량(西椋, 섬서성 서부) 땅에 있었는데, 황건적의 난* 때 아무 공도 세우지 못했다. 이에 죄를 물으려 하자 약삭빠르게 환관들인 십상시에게 뇌물을 바쳐 겨우 무사했다. 뿐만 아니라 그 뒤로도 그들과 늘 내통하고 지내면서 세운 공도 없이 여러 차례 영전을 거듭하다가 벼슬이 서량자사에 이르렀다. 또한 대군 20만 명을 통솔했다.'

하지만 당대에 서량은 중국 중원과는 다른 유목민, 즉 기마무사의 본거

---

* 황건적의 난이란 후한 말 정치가 부패하자 농민들이 누런 두건을 머리에 쓰고 태평교단의 영도 아래 '창천(蒼天)은 이미 죽었으니 황천(黃天)이 마땅히 서야 한다'는 구호를 내걸고 반란을 일으켰던 사건을 말한다. 이들을 토벌하는 와중에 삼국이 정립하게 되었다.

지임을 유의할 필요가 있다. 군기가 잘 잡히지 않는 유목민으로 구성된 20만 명의 부대를 거느린다는 것은 그 능력이 대단했음을 의미한다. 동탁이 무식한 사람이 아니라는 것은 진수의 『삼국지』 중 「동탁전」을 보아도 알 수 있다. 그가 처음 낙양에 들어갔을 때 휘하의 군대는 고작 3000명뿐이었다. 이 병력으로는 상대를 제압할 수 없으므로 동탁은 3000명의 군사들을 매일 밤 평복차림으로 성 밖에 내보냈다가 이튿날 다시 대대적으로 행진하면서 들어오게 했다. 군사들의 행진이 4~5일 동안 계속되자 사람들은 그가 천군만마를 가졌다고 생각했다.[1] 그러나 나관중은 고의적으로 그를 폄훼했다. 이는 나관중이 항상 북방의 기마민족을 중원의 중국인과는 다르다고 보았기 때문이다. 나관중은 중국인들이 북방의 야만적인 기마민족과는 같이 살 수 없다고 생각했다. 당시 20만 명을 동원할 수 있는 실력자 동탁이 중원의 중국인에게 패배한 것을 나관중은 매우 만족해하며 동탁의 죽음을 당연하게 여겼다. 문명민족인 중국이 오랑캐인 북방 기마민족에게 점령될 없다는 것이 나관중의 시각이었다.

『삼국지』 초반에 큰 역할을 하는 주인공은 동탁, 여포, 왕윤, 초선이라고도 볼 수 있다. 왕윤은 동탁과 여포를 이간질시키기 위해 중국 4대 미인(서시, 초선, 양귀비, 왕소군) 중에 한 명으로 거론되는 초선을 이용한다. 방법은 간단했다. 왕윤이 자신의 가기(家妓)인 초선을 동탁의 첩으로 준 후, 여포에게 접근하여 초선이 여포에 마음이 있으나 동탁이 힘으로 그녀를 빼앗아 갔다고 전한 것이다. 결국 여포는 자신의 양아버지인 동탁을 살해한다.

초선은 현 감숙성의 성도인 란주(蘭州)와 무위(武威)시 인근에서 태어났다고 알려져 있다. 그러나 막상 이들 지역을 방문하여 초선에 대한 자료를 찾으려 하니 어려움이 상당했다. 이들 지역 사람들은 초선에 대한 전설은 알고 있지만 막상 그녀의 출생지 등에 대해서는 어느 누구도 알지 못했다. 왜일까? 해답은 간단하다. 초선은 다른 3명의 중국 미인과는 달리 나관중이 만들어 낸 가공인물이기 때문이다.

그러나 학자들은 나관중이 초선과 여포, 동탁의 삼각관계를 전혀 근거 없이 적은 것은 아니라고 추정한다.[2] 당대 『개원점경』에는 '조조가 뜻을 이루지 못하자 동탁에게 초선을 보내어 유혹했다'고 기록되어 있다. 여기에 나타나는 초선은 실제 인물로 조조가 보낸 여자스파이였다.[3] 또한 진수의 『삼국지』 「여포전」과 『후한서』 「여포전」에 다음과 같은 기록이 있다.

'여포는 동탁의 시녀와 사통하였는데 이 일이 발각될까 두려워 마음은 절로 불안했다.'

초선이라는 이름이 역사 무대에 처음으로 등장한 것은 원대의 잡극과 소설에서이다. 『금운당 미녀연환계』에서 초선이 임양의 딸로 한나라 영제 때 궁녀로 뽑혔다가 후에 여포의 부인이 되었다고 묘사되어 있다. 『삼국지평화』에서는 초선이 '소첩은 성이 임이고 자는 초선이며 여포를 모시고 있습니다'라고 말하는 대목이 나온다. 나관중은 이들 내용을 보다 화려하게 각색하여 초선과 동탁, 여포의 삼각관계를 그렸고 후대의 사람들은 이들 이야기를 사실로 여겨 중국 4대 미인 중 한 명으로 간주한 것이다. 가공인물을 실존한 인물로 믿게 만든 나관중의 실력도 대단하거니와, 역사조차 바꾸는 소설의 위력 또한 놀랍다 하지 않을 수 없다.

정약용이 본 너무나 이상한 사건

그러나 정작 동탁의 죽음에서 주목할 만 한 것은 삼각관계가 아니라 다음 대목이다.

'생전에 남달리 몸이 비대하던 동탁은 죽은 송장도 유난히 크고 기름져 군사들이 그의 배꼽에 심지를 박아 불을 켜서 등(燈)을 만들었다. 송장에 붙인 불은 이글이글 기름이 끓으며 며칠 밤을 두고 탔다. 지나가는 사람마다 동탁의 시체를 발로 짓밟고 머리를 걷어차지 않는 사람이 없었다.'

거짓말 같은 이야기가 아닐 수 없다. 사람의 몸을 이용해 불을 켜다니? 그러나 따지고 보면 거짓말만은 아닐 수도 있다. 옛날 시골에서는 돼지기름에 심지를 박아 등불로 사용했기 때문이다. 아마도 나관중은 동탁이 매우 비대했다는 점에 착안하여 위와 같은 이야기를 쓴 것 같다. 사람의 지방이 돼지기름 역할을 할 수 있다는 설명인데, 그것이 과연 가능한 일일까? 결론은 여건만 충분하다면 가능한 일로 이를 일컬어 '심지효과'라고 하며 이는 자연연소와 직결된다.

『목민심서』『경세유표』와 함께 정약용의 3대 역작으로 꼽히는 『흠흠신서』에는 조선 후기에 벌어진 각종 사건, 특히 영조와 정조시대의 판례를 모은 것으로 당대의 복잡한 사건들의 해결을 위해 필요한 정보가 자세하게 적혀 있다. 특히 골머리 아픈 각종 민·형사사건에 대한 판례와 자신의 의견 등을 피력했으므로 당대의 조선 관리들에게 필독서가 된 것은 당연한 일이었다. 말하자면 『흠흠신서』는 조선의 근대 이전 시기 법의학서의 길잡이라 할 수 있는데, 특히 정조가 이를 인권을 중시하고 죄인의 형벌에 공정성을 기하기 위해 참조하였다는 것으로도 유명하다.

앞서 언급했듯이 정약용은 「상형추의」편에서 매우 '드물고 이상한 형사사건' 2건을 소개했다. 이 중 첫 번째 사건은 다음과 같다. 1814년 12월, 나주에 살던 나은갑은 불에 타 죽은 김정룡과 여자에 대해 다음과 같이 진술했다.

"저는 고은옥의 집을 빌려 살고 있습니다. 지난 12일 밤 8~10시쯤 김정룡이 어떤 여인을 거느리고 땔감 석 단을 가지고 제 집에 와서는 빈 방에서 자겠다고 청했습니다. 그러더니 데려온 여인을 남의 눈에 띄지 않게 먼저 방 안에 들여보내고 직접 불을 땐 후 깨진 그릇에 불을 모아 방으로 가지고 들어갔고, 저는 아내와 안방에서 잤습니다. 밤이 지나 해가 높았으나 일어나지도 않고 아무 움직임도 없었으며 불러도 대답이 없었습니다. 안으로 고리가 굳게 잠겨 있어 문을 부수고 안으로 들어갔더니 두 사람이 화염 가운데 껴안고 누워 있었습니다. 온몸이 숯덩이가 되어 남은 곳이 없었습니다. 김정룡의 아내도 와서 보았더니 불은 옥상까지 번지지 못했으며 김정룡의 오른발은 불을 담은 그릇에 닿아 있었습니다. 깊이 잠든 뒤 그릇 속 불에 옷이 닿았는지, 두 사람이 같이 불에 타서 모두 목숨이 끊어진 것인지 그 까닭은 알 수 없었습니다. 저희 방과 그 방과는 벽이 둘이나 있어 말소리가 통하지 않아 그들의 움직임을 알지 못했습니다. 왜 그들이 죽었으며 불은 어디에서 일어났는지 참으로 알 수 없습니다."

김정룡의 부인인 김소사의 진술은 다음과 같았다.

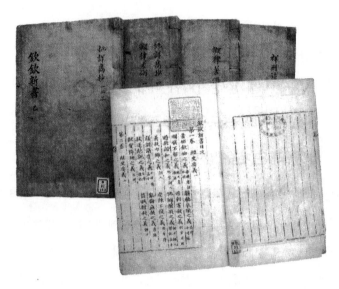

우리 법제사상 최초의 율학연구서이자 살인사건 실무지침서로 꼽히는 정약용의 『흠흠신서』.
이 책의 「상형추의」편에 심지효과와 관련된 기이한 사건이 기록돼 있다.

"아침에 이웃집 아이가 제 남편이 고은옥의 집에서 불에 타 죽었다고 전했습
니다. 급히 가서 보니 화염은 방에 가득 찼으며 남자의 머리는 여자의 오른팔
을 베었고 여자의 다리는 남자의 배 위에 걸쳐져 있었습니다. 제 남편의 오른
발은 불 담은 그릇 위에 있었고 죽은 지 오래된 것 같았습니다. 술장수 노파에
게 물어보니 죽은 여자는 반남(潘南, 길가의 여인)이라고 했습니다. 깨진 그릇에
담았던 불은 많지 않았고 불이 꺼져 재는 이미 식어 있었습니다. 오른발이 비
록 불 그릇 위에 걸쳐졌으나 발은 데지 않았고 불 자국은 허리에서부터 다리
위까지 나있었습니다. 방구들을 자세히 살펴보았으나 구멍이 없었고 불이 어
디에서 일어났는지 알 수 없었으며 온몸 아래위에 목맨 자국이나 칼에 찔린
자국이 없었습니다. 또 피가 흐른 자국이나 흔적이 없었습니다."

김정룡과 여자의 시체 검험서(檢驗書)에는 다음과 같은 내용이 적혀 있다.

　'두 눈구멍에서는 선혈과 흰 즙이 흘러나와 서로 섞였고, 어금니는 꽉 다물었다. 왼쪽 어깨 움푹한 뼈가 데어 꺼멓고 왼쪽 견갑과 겨드랑이가 데어 문드러졌다. 또 두 어깨에서 팔꿈치 사이와 두 팔꿈치는 타서 까맣다. 두 손은 데어 문드러졌으며 오른손은 주먹을 쥐었고 왼손은 약간 쥐어져 있었다. 양쪽 갈빗대와 옆구리 및 하복부나 두 사타구니는 아무것도 없고 두 무릎, 두 다리와 팔, 두 정강이는 까맣다. 여자의 경우 상처가 남자와 대부분 같으나 오른쪽 겨드랑이가 사라졌고 두 어깨에서 팔꿈치 사이와 온 가슴이 까맣게 되었다. 두 다리와 얼굴 및 10개의 발톱은 온전했다.'

　정약용은 남녀관계가 지나쳐 사람이 죽는 경우는 간혹 있으나 남녀가 함께 죽은 것이 의문이라고 하였고, 남자는 팔을 베고 여자는 발을 걸쳤는데 정상적으로 껴안은 채 죽을 때까지 서로 놓지 않았다는 것 또한 의문이라 적었다. 정약용의 기록에 따르면 방에 있는 가구들은 이상이 없었으며 옷은 탔으나 버선은 오히려 온전했다고 한다. 불은 아래에서부터 타기 시작하여 위로 연소되었는데, 허리와 배는 거의 없어질 정도로 완전하게 탔음에도 뒷면에는 불이 붙지 않았고 검게 덴 생식기는 온전했다는 것이다. 정약용은 이 점을 매우 이상하게 생각했다. 결국 이들이 한 달 넘게 비워둔 방을 빌려 불을 매우 세게 때자 구들이 달궈져 찌는 듯 더운 열기와 습기가 생겼고, 그 바람에 악취가 서로 맞닥뜨려 정신이 아찔하고 어지러워지면서 마치 가위 눌린 듯 다시 의식을 회복하지 못했다고 판정했다. 그러면서 깨진 그릇의 조그마한 불씨가 솜옷에 붙으면서 이들의 몸이 밤새 탔을 것이며, 병으로 죽었다고 볼 수도 없고 불에 타서 죽었다고 판단할 수도 없으므로 사망원인을 '찌는 듯한 열기에 의식을 잃고 불에 타 죽었다'고 기록했다. 그럼에도 불구하고 발은 비록 불 그릇 아가리에 얹혀 있었으나 불이 버선에 옮겨 붙지 않고 발목과 장딴지를 건너 두 무릎에 먼저 이른 것도 이치에 맞지 않다고 썼다. 또한 범인은 없으나 고은옥은 간통할 계책이란 것을 알면서도 빈 방을 빌려주었고 나은갑은 그들이 불에 타 죽은 것을 보고도 즉시 신고하지 않았으므로 모두 30대의 장형(杖刑)을 집행하라며 사건을 종결했다. 그러나 사망자의 의문사에 대해 충분히 파헤치지 못했음을 자탄하면서 '드물고 이상한 형사사건'이라고 적었다.

인체 자연연소

1951년 7월 1일 일요일, 플로리다 주 세인트피츠버그에서 일어난 사건이다. 카펜터 부인은 저녁 9시쯤 메리 리자 할머니에게 저녁 인사를 했다. 카펜터 부인은 새벽에 뭔가 타는 냄새 때문에 잠이 깼지만 물 펌프가 과열된 탓으로 생각하고는 펌프의 전원을 끄고 다시 잠을 잤다. 아침 8시에 리자 할머니 앞으로 전보가 도착해서 전해주러 할머니의 방으로 갔는데 손잡이가 뜨거워서 문을 열 수가 없었다. 카펜터 부인이 불이 났다고 생각하고 소리를 지르자 근처에서 작업을 하던 두 사람이 달려왔다. 문의 손잡이에 천을 감고 돌리자 문이 열리면서 뜨거운 열기가 확 달려들었다. 그러나 방은 텅 비어 있었고 불이 난 흔적은 없었다. 그러나 방에 들어선 사람들은 매우 놀랐다. 그도 그럴 것이 몸무게가 80킬로그램 정도였던 거구의 할머니가 불에 타서 불과 4킬로그램 정도의 재로 변해 있었기 때문이었다.

몸무게 80킬로그램의 메리 리자는 하룻밤 사이 4킬로그램 정도의 재로 변했다. 그러나 사람만 전소되었을 뿐 방 안의 의자, 심지어 바로 옆에 있던 스탠드도 멀쩡했다.

그녀의 한쪽 다리만이 검은 새틴 슬리퍼를 신은 채 타지 않고 남아 있었다. 또한 작은 등뼈 조각도 확인되었으며 두개골은 야구공만한 크기로 줄어들어 있었다. 그러나 앉은 채로 불에 타서 사망한 77세의 리자 할머니가 앉아 있던 팔걸이의자와 그 옆에 있던 스탠드는 온전하게 남아 있었다.

1966년 12월 5일, 미국의 펜실베이니아 주 쿠더즈포트 마을에서도 이

상한 사건이 일어났다. 고스넬은 혹독한 추위에도 불구하고 평소와 다름
없이 가스미터기를 조사하기 위해 신망 받는 지역 의사인 벤트리 선생의
집을 방문하였다. 50년 이상 의사로 일해 오다가 은퇴한 벤트리는 평소
건강이 여의치 않았지만 보행기를 타고 집안을 돌아다닐 수는 있었다. 집
에는 아무도 없었지만 고스넬은 미터기를 보기 위해 지하로 내려갔다. 지
하실에 들어서자 약간 들척지근하면서도 중앙난방장치를 막 켰을 때 나
는 것 같은 냄새와 자욱한 연기가 나는 것 같았다. 바닥에는 검은 색깔의
고운 재가 35센티미터 높이로 원추형으로 소복이 쌓여 있었다. 추후의 조
사에 의하면 천장에 세로 약 150센티미터, 가로 약 50센티미터의 타원형
형태의 구멍이 뚫려 있고 그 둘레가 검게 그을려 있었다.

"나는 미터기를 확인한 후 벤트리 선생을 찾았으나 대답이 없어 그의 방문을
열었다. 방 안은 연기가 자욱했으므로 옆에 있는 목욕탕 문을 열어보았다. 그
곳에 벤트리 선생의 시신 일부인 오른 다리의 무릎 아래 부분이 놓여 있었다.
다리는 불에 그슬려 있었으며 구두는 신은 채였다."

이해할 수 없는 사건들

1976년 1월 5일, 미국 로스앤젤레스의 소방수 패터슨은 자기 집에 직장
동료를 초청했다. 그는 동료와 이야기를 나누다가 섭씨 3000도에서도 견
디는 새로 나온 방화복을 입어보겠다고 하였다. 그가 방화복을 입고 소파
에 앉는 순간 파란 불꽃이 확 피어올랐다. 비명소리와 함께 그의 온몸이
불덩이가 되어 맹렬한 기세로 타올랐다. 불과 3분 만에 방화복조차 완전
히 탄소화되어 있었다. 그의 시체가 두세 조각의 뼈만 남을 정도의 고열

에 불타버린 것이다. 패터슨과 동료, 그리고 가족들이 있었던 방은 난방 시설이 되어 있었기 때문에 불꽃이 전혀 없었고 담배조차 피우지 않았다. 또한 가죽을 입힌 소파나 방바닥은 불에 약간 그슬렸을 뿐이었다. 더욱 놀라운 사실은 패터슨이 입었던 옷과 같은 방화복을 섭씨 3000도에서 50시간 동안 태워보았지만 아무런 이상이 없었다는 점이다.

1980년 10월, 자연연소가 아주 가까운 거리에서 목격되는 사건도 일어 났다. 지나 윈체스터라는 여성 해군이 친구인 레슬리 스콧과 함께 차를 타고 플로리다 주 잭슨빌의 시보드 가를 지나가고 있었다. 그때 갑자기 노란 불꽃이 일어나 윈체스터의 몸에서 활활 타올랐다. 레슬리 스콧은 양손으로 불꽃을 후려쳤으며 차는 전신주와 부딪쳤다. 지나 윈체스터는 병원으로 후송되었고 온몸의 피부에 20퍼센트의 화상을 입었지만 다행히 생명에는 지장이 없었다.[4]

1986년에도 매우 유명한 사건이 일어났다. 뉴욕시의 전직 소방관인 조지 못의 아들인 켄달 못이 퇴근 후 집에 도착하자 달고 끈적한 냄새가 나서 경찰에 연락했다. 그들은 침대 위에서 누워 자던 조지 못이 완전히 타버린 상태로 죽어 있는 것을 발견했다. 30년 이상 소방관으로 근무하던 조지 못의 시체는 두개골 조각과 발의 일부가 1.6킬로그램만 남았는데 집은 타지 않았다. TV와 전화기의 플라스틱 부분은 녹아 있었으나 침대머리는 타지 않았다. 전형적인 자연연소였다. 그러나 조지 못의 사망진단서에는 사망원인은 질식이고 발화요인은 방에 있었던 전기기기에 의한 것으로 추정, 기록되었다.

자살과 연관되는 자연연소의 예도 두 건이나 있다. 1959년 12월 13일, 29세의 빌리 피터슨은 자동차 안에서 가스를 틀어놓고 자살을 시도했지만 그의 사인은 질식사가 아니었다. 사고 현장을 조사한 검시관은 피터슨의 시체가 완전히 소멸했는데도 옷은 멀쩡했기 때문에 귀신에 홀리지 않았는가 하고 자신을 꼬집어보았다고 말했다. 1952년 9월 18일, 46세의 그렌 드네이도 단도로 배를 찔러 자살을 기도하였다. 그러나 그의 사인은 완전연소였다. 그가 자살하려는 순간 뭔가 원인 모를 방법으로 불에 탔다는 것이 검시관의 결론이었다.[5]

마이클 해리슨은 1976년에 『하늘의 불』이라는 책에서 여러 가지 자연연소의 실례를 소개했는데, 그 가운데 1725년에 있었던 사건을 보자. 1725년, 성령강림일 다음날인 월요일에 프랑스의 랭스에서 리옹 도르 호텔의 여주인 니콜 밀레가 의자에 앉은 채 불에 탄 시체로 발견되었다. 놀라운 것은 의자는 전혀 타지 않았다는 점이다. 그녀의 남편 밀레가 살인 혐의를 받자 클로드 니콜라스 르 카라는 젊은 의사가 그를 변호했다. 인간에게는 자연연소라는 특이한 현상이 나타난다고 재판에서 역설하였고, 이 주장이 받아들여져 밀레는 석방되었다. 니콜 밀레는 '신의 강령'에 따라 사망했다고 판결되었다.

1852년, 영국의 유명한 작가인 찰스 디킨스는 『쓸쓸한 집(Bleak House)』에 등장하는 넝마주이 주정꾼 크룩이 자연연소로 사망하도록 설정했다.[6] 디킨스가 소설 속에서 자연연소를 채택한 것은 조지 엘리엇이라는 소설가의 애인인 G. H. 루이스가 인간에게는 자연연소가 있을 수 없다고 디킨스에게 주장했기 때문이다. 디킨스는 『쓸쓸한 집』의 서문에서 루이스의 주장을 반박하면서 신문에 보도된 30건을 증거로 제시하기도 했다.

이상의 예와 같이 사람의 몸이 때에 따라서 불과 몇 분 사이에 한 무더기의 잿더미가 되어버리는 것을 '자연연소' 현상이라 한다. 연소과정이

찰스 디킨스의 소설 『쓸쓸한 집』의 삽화. 이 소설에 등장하는 주정꾼 크룩은 자연연소로 사망한다. 디킨스는 자연연소가 있을 수 없다는 주장에 반박하기 위해 이 작품을 썼다.

대단히 빠르며 종종 유성(油性)의 연기를 수반하고 연소가 국부적으로 발생한다는 것이 특징이다. 예를 들면 몸의 끝부분만 손상 없이 남겨지거나 때로는 입고 있던 옷이 멀쩡하게 남아 있는 경우도 있어 사람들을 놀라게 한다. 더구나 사람 이외의 동물에게서는 이런 예가 보고되지 않았다. 과학자들을 가장 놀라게 하는 것은 사람의 몸이 불에 탄다고 하더라도 순식간에 온몸을 태울 만큼의 열을 계속 공급할 수 있는 메커니즘이 알려지지 않았다는 점이다. 만일 그러한 열이 발생되었다면 불이 인체만 태우고 근처에 있던 다른 물건에 옮겨 붙지 않는 일은 있을 수가 없다. 이 현상을 설명하기 어려우므로 '초자연연소'라는 말이 별명처럼 붙어 있다. 이런 특이한 현상은 어떻게 일어날 수 있었을까? 벤트리의 경우에는 방이 완전히 닫혀 있었는데도 어떻게 강한 불이 날 만큼의 산소가 공급되었는지, 어째서 살이 타는 역한 냄새 대신 '들척지근한 냄새'가 났는지, 무엇보다 인체가 타고 남은 재가 그토록 적은 이유는 무엇인지 등 많은 의문점을 남기고 있다. 또한 벤트리의 시신은 한쪽 다리의 장딴지 아래 부분과 식별이 거의 불가능한 두개골만 남았는데 그것마저도 계란형 덩어리로 줄어들어 있었다.

신체의 대부분이 재로 변해버린다는 점이야말로 과학자들을 곤혹스럽게 만드는 큰 의문점이다. 대부분 높은 열이 가해진 두개골은 팽창하거나 조각조각 부서져버리는 것이 상례이다. 일반적으로 섭씨 1500도의 고열로 2시간 정도 태워도 뼈는 완전히 없어지지 않는다. 교통사고로 불길이 너무 강해 탑승자 전원이 순식간에 불에 타버린 경우에도 피해자의 유골, 즉 손발의 뼈, 두개골과 치아는 온전하게 남는다. 자연연소와 같은 연소가 순식간에 일어나려면 적어도 섭씨 1650도 이상이 되어야 한다고 펜실베이니아대학의 크로그만 박사는 말했다. 하지만 이처럼 높은 온도를 내기 위해서는 특별한 장치가 필요하며 자연적으로는 절대로 일어날 수 없는 일이라는 것이 학자들의 설명이다.

또한 두개골이 야구공 크기나 계란형으로 축소되었다는 것 역시 현대 과학으로는 설명하기 어려운 매우 이상한 현상으로 여겨진다. 그런데 우리나라에서도 이런 현상이 보고된 적이 있다. 2003년 2월, 정신병자의 방화로 인해 150여 명이 죽고 150여 명이 다친 대구지하철방화사건이다. 이 참사는 전 세계에서 일어난 지하철범죄 중 역대 세계 2위로 기록되었는데, 당시 객차 문이 열리지 않아 승객들의 피해는 더욱 컸다. 당시 희생자들의 신원을 찾는 것이 관건이었는데 객차의 고열로 희생자들의 DNA가 거의 파괴된 것은 물론 죽은 시체의 두개골이 사과만한 크기로 줄어 있었다고 보도되었다.

자연연소에 대한 도전

자연연소를 설명하기 위해 여러 가지 이론이 제기되었다. 19세기까지만 해도 이 현상은 술을 지나치게 마신 상태에서 천사로부터 벌을 받았기 때문이라고 사고원인을 설명하였고 또 그렇게 인정했다. 알코올을 과다섭취한 죄인이 담배, 성냥 등의 인화물질에 접촉하면 불이 확 붙는다는 주장이다. 그렇지만 알코올 때문에 그렇게 빠른 시간 내에 주위에는 전혀 영향을 미치지 않는 연소가 일어날 수는 없다. 실험에 따르면 술에 젖은 의자는 알코올이 증발하자 불이 꺼졌다. 인간의 살과 비슷한 성질이 있는 돼지고기로 만든 햄을 1년 이상 알코올 40도의 술에 절인 후 술을 뿌려 태웠더니 지방층에 뿌려진 알코올만 탔고 3도 정도의 화상만 생겼다.[7] 결국 알코올에 의해서는 자연연소가 일어날 수 없다는 결론이었다. 자연연소의 희생자 중 50퍼센트가 굴뚝과 매우 가까이 있었다는 것도 주목되었다. 그래서 굴뚝을 통하여 신비한 죽음의 광선이 들어왔다는 설도 제기되었으나 굴뚝이 없는 곳에서 일어난 사건에 대해서는 마땅한 근거가 없어 이 설은 폐기되었다.

미국의 메인 R. 코는 텔리카이니시스(telekinesis, 거리를 두고 물리적인 매개 없이 물체를 움직이게 하는 것)에 흥미를 갖고 자연연소에 도전했다. 바늘 끝에 얇은 알루미늄 조각을 놓고 그 위를 손으로 가린 뒤 움직이게 할 수 있었다. 이것은 육체에 의한 일종의 자기작용으로 설명되었다. 그는 갖가지 요가의 수행을 통해 생체전기를 내도록 몸을 단련했는데, 그 결과 천장에서 끈을 늘어뜨리고 그 끝에 상자를 묶어 이것을 일정한 거리에서 움직일 수 있는 능력을 갖게 되었다. 그런데 방 안 공기가 건조할 때는 2.5미터의 거리에서도 움직일 수 있게 되었다. 다음으로는 전류를 사용하여 자기 몸을 직류 3만5000볼트로 대전하여 같은 실험을 시도했다. 그의 결론은 정신집중에 의해서 높은 전압을 생성할 수 있다는 것이었다. 그는 공기가 극단적으로 건조한 고도 6400미터까지 비행기로 올라가 몸을 3만5000볼트로 대전하여 전기불꽃을 내는데 성공했다. 코는 지면에서 공중으로 떠오르는 현상을 뜻하는 '공중부유'는 플러스로 대전한 인간의 육체가 마이너스로 대전한 지면과 서로 반발하는 작용이라는 설명이 가능하다고 이론화했다. 또한 그는 인간의 근육세포의 하나하나가 배터리화하여 1제곱인치에서 40만 볼트의 전력을 발생시킬 수 있다고 주장했다. 그러나 인간이 생성하는 생체전기에 의해 자연연소가 일어날지 모른다는 코의 이론은 유명한 미국의 니콜라 테슬라에 의해 부정되었다. 테슬라는 암페어가 극도로 낮음을 전제로 인체는 네온램프에 불이 켜지는 정도의 전하를 만들 수 있다고 발표했다. 이 말은 이 정도의 전류가 발생하는 것으로는 인간이 발화하지 않는다는 것을 증명했다. 발화를 촉구하는 것은 높은 암페어이다. 2개의 12볼트 자동차 배터리를 가는 철사로 접속하면 철사가 녹는 것을 볼 수 있다. 두꺼운 철사일 경우에는 고열로 달아올라 붉어진다. 이런 사실로 자연발화는 희생자의 주위에는 피해를 미치지 않는다고 설명할 수도 있지만, 자연발화 자체가 일어날 수 없으므로 코의 가설은 자동적으로 폐기될 수밖에 없었다.[8]

미국인 리빙스턴 기어하트는 자연연소가 지구자기의 변화와 관련된다고 했다. 기어하트는 자연연소가 발생한 날짜와 시간을 조사한 결과, 사건이 일어났던 며칠 동안에 자기의 세기가 급격히 증가했다고 발표했다. 자기의 변화가 인체에 어떻게 작용하는지는 밝혀지지 않았지만 자기의 미세한 변화가 일종의 분자 레벨, 혹은 화학적인 분해반응을 일으키는 과정에서 일정량의 국부적인 열이 방출되었을지도 모른다는 것이 기어하트의 주장이었다. 하지만 그도 어떠한 경우에 자연연소가 일어나는지는 설명하지 못했다. 이와 유사하지만 자연연소가 지구 내부 에너지와 관계가 있다는 주장도 있다. 자연연소사건이 발생한 지역을 연결해보면 80퍼센트 이상이 직선으로 연결된다. 따라서 지표 밑에 흐르던 에너지 근원이 인체 내부의 에너지에 작용하여 발화될 가능성이 있다는 설명이지만 결정적인 증거가 되기에는 미흡했다.

여기에서 다른 예를 들어보자. 1951년에 자연연소한 플로리다 주의 메리 리세르 양의 경우 이상한 둥근 불덩어리가 시체 위를 돌고 있었다는 한 목격자의 증언이 있었다. 1963년 3월, 뉴욕에서 워싱턴으로 향하던 '이스턴에어라인 539'의 조종실로 통하는 문 앞에 지름 20센티미터쯤 되는 푸르스름하고 둥근 빛의 덩어리가 갑자기 나타났다. 빛덩어리는 양탄자를 깔아놓은 바닥에서 무릎 높이를 유지하며 떠다녔다. 그 빛덩어리는 사람들이 지켜보는 가운데 천천히 통로를 지나 뒤쪽의 화장실 쪽으로 사라졌다. 이것은 구전광(球電光)이라고 불리는 특이 현상이다. 일반적으로 어슴푸레한 윤곽을 지녔으며 여러 가지 색의 밝은 빛이 번갈아 나타난다. 대부분의 경우 커다란 폭발음을 동반하고 오존이나 유황, 질소산화물 같은 냄새가 나며 지속시간은 수 초에서 수 분이다. 커다란 구전광이 사람과 충돌하면 마치 전자레인지처럼 내부 조직을 해체하지만 주위에는 별로 영향을 미치지 않는다.

25년 동안 자연연소에 대해 연구한 래리 아놀드는 구전광이 자연연소의 원인이라는 전제하에서 많은 가정들을 제시했다. 우선 희생자들의 나이나 성별보다는 정신과 신체적 상황이 자연연소에 더 많은 영향을 끼친다고 한다. 희생자들의 경우 대부분이 독신으로 고독하게 살고 있었으며 병에 걸렸거나 의기소침한 경우가 많았다. 특히 공포와 절망감에 빠져 심적으로 불안한 경우가 대부분이었다. 이러한 정신 상태가 계속될 경우 신체의 체질이 바뀔 수 있다고 한다. 체내에서 인(燐)이 한쪽으로 쏠리는 불균형이 일어날 때 어떤 발화 메커니즘이 일어나면 순식간에 불이 붙으면서 자연연소한다는 것이다. 인이 탈 때 푸른색 불꽃이 뿜어져 나오는 사실도 이 가설에 신빙성을 더한다는 설명도 제시되었다.

구전광이 자연연소의 원인이라는 설은 광범위하게 이해되었지만, 자주 일어나는 현상이 아니라는 데서 의혹이 제기되었다. 구전광의 효과로 보기에는 너무나 많은 자연연소사건이 일어났기 때문이다. 더구나 캘리포니아범죄연구소의 존 데한 박사는 구전광이 반딧불이의 형광불빛보다 조금 강한 정도로 발화능력이 없다고 단언했다.

한편 사람의 뇌수는 특정한 조건 아래서 한꺼번에 거대한 에너지를 폭발적으로 방출하는 일이 있는데, 이때 전 신경조직에 단락(段落)이 생기게 되고 그 결과 사람의 몸을 재로 만들 만한 체내 발화가 일어난다는 설도 많은 지지를 받았다. 말로베로 박사는 자연연소사건의 현장을 보면 거대한 에너지의 방출이 있는데 이를 인체 내부에서 일어나는 저온 핵융합의 결과라고 주장했다. 그는 이어서 박테리아나 세균과 관련한 저온 핵융합

관찰결과도 있다고 주장했지만 학자들의 지지를 받기에는 미흡했다.

사실 대부분의 과학자들은 자연연소 자체를 인정하지 않는다. 그 이유로 인체의 75퍼센트가 물인데 물을 모두 증발시키고 몸을 모두 태우기에는 인체가 너무 습하다는 것이다. 문제는 학자들의 주장에도 불구하고 자연연소와 같은 사건이 계속 일어난다는 것이다.

심지효과

최근 일부 학계에서는 '심지효과'로 희생자가 탈 경우에 자연연소가 나타날 수 있다고 본다. 심지효과는 영국 에딘버러대학교 두글 드라이스데일 박사가 주장했는데 특정 상황에서 양초처럼 옷이 심지 역할을 하여 체내의 지방이 녹아 옷에 스며들고 녹은 지방은 양초처럼 천천히 완전하게 탄다는 것이다. 당시에 그의 이론이 주목을 받지 못한 것은 인체의 지방이 타는 일은 설명이 가능하지만 뼈가 재가 되는 이유는 설명하지 못했기 때문이다. 실제로 고온의 용광로에 뼈를 넣어두어도 뼈가 완전히 파괴되지 않는 경우가 있으며 화장터에서 섭씨 700~1000도로 1시간 반을 태운 시체도 뼈가 남아 이를 따로 분쇄하는 것은 잘 알려진 사실이다.

자연연소에 대한 실마리가 예상치 않게 풀린 것은 1991년 가을에 있었던 한 미국 여성의 의문스러운 죽음과 1965년에 있었던 영국의 헬렌 콘웨이 부인의 죽음 때문이다. 이들 모두 자연연소와 같은 현상으로 사망했다. 미국오레곤 주에서 이름이 알려지지 않은 한 여성이 살해된 후 불에 태워졌다. 시신이 완전히 타서 재로 변했음에도 주변에는 전혀 불이 번지지 않았다. 이 사건이 유명했던 것은 숲속에서 불이 계속 타고 있는 것이 지방 언론에도 보도되었고 놀랍게도 불타고 있는 것이 사람이라는 사실이 밝혀졌기 때문이다. 보안관인 마이크 로이트가 출동하여 직접 사진을 찍었는데 그가 출동했을 때도 시체는 아직 불에 타고 있었다. 7시 30분경 불이 붙기 전에 그녀를 본 목격자가 있었지만 12시 30분에 보안관이 출동했을 때에는 이미 불에 타고 있었다. 이를 감안하면 시체는 최대 5시간가량 타고 있었을 가능성이 있다. 이 사건을 조사한 캘리포니아범죄연구소의 존 데한 박사가 마이크 로이트로부터 사진을 받고 사건 분석에 들어갔는데 그는 이 소사사건이 '심지효과' 와 비슷하다는 것을 발견했다. 당시 희생자는 완전히 불에 타 재만 남았는데 이 정도의 불이라면 주변으로 화재가 번지는 것이 정상이었지만 그녀를 낙엽층 위에서 태웠기 때문에 통기성 재가 지방을 태울 심지효과를 일으켰다는 것이다. 특히 마이크 로이트의 사진에 의하면 불꽃은 50센티미터 정도로 다른 물체들을 태우기에는 너무 작다고 했다.

헬렌 콘웨이 부인의 사망도 전형적인 자연연소사건과 같았다. 증언에 따르면 콘웨이 부인은 자러 올라가기 전에 손녀에게 성냥을 받았다. 그녀가 담배를 피우기 위해 성냥을 켜다가 잘못하여 옷에 불이 붙었다는 결론이 났음에도 불구하고 사망원인은 자연연소와 같은 현상이었다. 사건 당시 출동했던 폴 해거티도 헬렌 콘웨이가 신체 90퍼센트에 3도 화상을 입어 사망하였다는 사망진단서에 동의하지 않았다. 자신의 몸에 기름을 붓고 분신한 사람의 사진과 콘웨이의 사진을 비교해보면 콘웨이는 3도 화상이 아니었다. 몸은 두 다리만 남기고 완전히 재로 변해 있었고 주위로 불이 번지지 않았기 때문이다. 그러므로 그는 콘웨이 부인이 자연연소로 사망했다고 주장했다. 이때 프랑스 경찰연구소의 도미니크 드 헤이로 경관이 100밀리리터 정도의 향수가 몸과 옷에 묻었을 때 불이 나면 지방발화로 인해 불이 계속 타오른다는 정보를 제공해주었다. 그는 프랑스에서 일어난 살인사건에 대해서 설명했는데 범인은 시체에 몇 백 밀리리터에 달하는 향수를 뿌리고 불을 붙였다. 향수에 젖은 옷은 불이 매우 빨리 번졌고 체지방을 녹일 만큼 열을 냈다. 시체를 태우기에 충분한 규모로 작은 불이 오랫동안 시체를 태웠다는 것이다. 자연연소를 위장한 살인사건을 규명한 드 헤이로 경관은 매우 중요한 발언을 했다.

"자연연소는 미국과 영국만 믿는 미신이다. 다른 지역의 사람들은 그런 게 있는지도 모른다."[9]

그는 곧바로 인간의 지방과 동일한 돼지로 실험에 들어갔다. 희생자들이 발견된 것과 유사한 주택의 실내환경을 만든 후 돼지를 담요로 덮고 가솔린을 뿌린 후 불을 붙였다. 불꽃은 가솔린이 타는 2분 동안 매우 높이 타올랐으며 곧이어 50센티미터 정도로 줄어들더니 8센티미터 높이의 부분적이고 지속적인 불꽃이 계속 타올랐다. 이것은 돼지의 지방이 담요에 계속 공급되는 현상으로 '심지효과', 즉 섬유로 된 심지임에도 초가 계속 공급되는 한 심지가 계속 불에 타는 것과 같은 결과다. 3시간이 지난 후 온도는 섭씨 800도 이상이었는데 이는 화장터 온도와 비슷하다. 5시간이 지나자 뼈가 부서지기 시작했다. 뼛속에는 80퍼센트가 지방인 골수가 들어 있는데 이것이 심지효과를 일으켜 뼈를 연료로 불은 계속 타들어갔다. 불은 7시간이나 계속 탔는데 마침내 불이 꺼졌을 때 돼지의 뼈는 완전히 부서져 가루가 되어 있었다. 자연연소와 같은 잔해였다. 이 내용은 추리수사물 〈CSI 과학수사대〉에서도 다루어진 적이 있다.

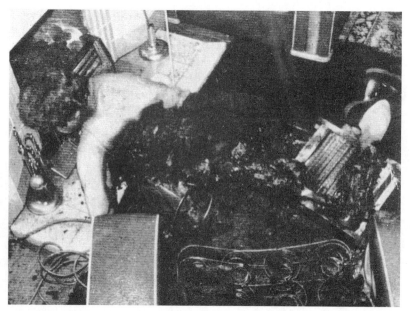

자연연소는 아직 과학적으로 완전히 증명되지 못했으나 '심지효과'는 이 자연연소를 이해하는 가장 큰 열쇳말이다.

존 데한은 자연연소 현상으로 희생된 사람들의 사건 정황을 다음과 같이 추리했다. 어떠한 연유로든 옷에 불이 나자 희생자는 충격을 받고 곧바로 쓰러져 죽는다. 이때 희생자가 입고 있는 옷이 심지 역할을 하여 사람의 몸 중 지방이 많은 부분(예를 들어 머리 골수의 80퍼센트가 지방)으로부터 불은 천천히 계속 탄다. 불꽃이 50센티미터 미만이므로 다른 화재와는 달리 지엽적으로 천천히 전소하고 유리창이 폭발하는 등 격렬한 화염은 일어나지는 않는다. 또한 5시간 이상 타게 되므로 뼈가 남지도 않는다.

한편 북잉글랜드 반슬리경찰서 데이비드 스코필드 경사는 대부분 자연연소 희생자의 발이나 다리만 남는 이유가 이들 부위에 지방이 거의 없기 때문이라고 설명했다. 자연연소한 희생자의 방에 있던 TV는 초기의 불꽃에 의해 녹은 흔적이 있었지만 방 전체가 화염에 싸이지 않은 것도 이를 증명해주었다. 존 데한은 자연연소한 희생자들의 사건을 재검토한 결과, 거의 모두 특수한 환경에서 발생한 '심지효과' 연소라고 결론지었다.

그러나 존 데한의 결론에도 약간의 의문점은 남는다. 우선 헬렌 콘웨이 부인의 연소사건의 경우, 손녀는 그녀가 연소한 시간은 20여 분에 지나지 않는다고 증언했기 때문이다. 또 이미 설명한 몇몇 연소사건도 매우 급격하게 나타났다고 설명된다. 그런데 존 데한은 심지효과에 의한 연소는 적어도 5시간 이상 연속적으로 불타고 있을 때에 가능하다고 말했다.[10] 그러므로 콘웨이 부인이 20분 만에 완전연소되었다는 것은 정황이 맞지 않는다. 물론 존 데한 박사는 콘웨이 부인의 손녀가 20분 전에 성냥을 콘웨이 부인에게 주었다는 증언을 믿을 수 없다고 주장했다. 그는 손녀의 증언이 34년이나 되었음도 지적했다.

인간과 같이 오묘한 동물은 없는 듯하다. 여기에서 건강한 삶을 위해서는 건강한 정신 상태와 체력을 유지하는 것이 중요하다는 평범한 진리를 다시금 되새기게 된다. 적어도 건강한 정신과 신체를 가진 사람에게는 자연연소가 일어날 가능성이 거의 없다는 뜻이다.

정약용은 알고 있었다

앞에서 설명한 자연연소는 정약용이 이상한 사건이라고 설명한 것과 매우 유사하다. 그러나 다소 황당하게 보이는 사망사건에 대해 정약용은 매우 놀라운 안목을 보여주었다. 그는 사망원인에 대해 다음과 같이 추론했다.

'남녀는 모두 피곤하여 서로를 베개로 삼았고 모두 깊이 잠들었다. 이때 그릇의 불이 우연히 솜옷에 옮겨 붙어 솜옷을 야금야금 태웠으나 불꽃은 맹렬하게 피어나지 않았다. 독한 연기만 방 안을 채우고 불이 몸에 닿지 않았으니 남녀는 놀라 일어날 리가 없었고 또한 잠이 깊이 들어 깨닫지 못했다. 비록 스스로 깨닫지 못했으나 숨은 정상적으로 쉬고 있었다. 연기를 마셨으니 의식이 흐릿했고 계속 들이마셔 정신이 혼미해졌으므로 움직이지도 못하고 지각이 없는 상태에서 사망했다. 이때 찬물과 무즙만 있었으면 살 수도 있었는데 둘 다 연기에 중독이 되어 깨어나지 못했다. 불은 그릇에서 솜으로 옮겨갔고 솜에서 몸으로 붙어 타면서 마침내 기세가 맹렬해졌으나 버선에는 번지지 않았다. 타는 데에도 가로와 세로가 있어 몸의 뒷면은 조금 가벼웠다고 볼 수 있다.'

이상의 설명은 앞에서 설명한 '심지효과'와 유사함을 알 수 있다. 정약용은 이와 같은 예를 일반적인 이치로는 논할 수 없다면서 음화(淫火)로 인한 예가 과거에도 있었음을 적었다.

① 청나라 때 곡주현(曲周縣)의 부잣집 며느리가 친정에서 돌아온 다음날 아침에 일어나지 않았다. 방문을 열고 들어갔더니 연기가 코를 찔렀는데 마치 유황(硫黃) 냄새 같았다. 침상으로 가서 살펴보니 이불은 반쯤 타서 구멍이 나 있었고, 몸이 함께 탔으나 다리 하나만은 불에 타지 않았으니, 인간의 이치로는 이해할 수 없었다.

② 부처님의 말씀에 음탕한 교접은 서로 문지르는 데에서 발생하고, 문지르기를 그치지 않으면 크고 맹렬한 불이 일어난다. 그 불은 속에서 빛을 내어 뜻이

움직여지므로 극도로 문지르고 갈면 욕화가 세차게 일어나 갑자기 불꽃이 일어 스스로 타게 된다. 그 불이 침상자리와 집을 태우지 못하는 것은 불이 욕(慾)에서 생겨서 보통 불과 다르기 때문이다.

③ 산래(山來) 장조가 이르기를, 아무개 도인(道人)이 오랫동안 좌선을 하는데 갑자기 불이 일어나며 수염과 휘장을 태웠다. 주인이 그를 구해 비로소 불은 꺼졌다. 불은 사(邪)와 정(正)의 구분 없이 모두 해칠 수 있음을 충분히 알 수 있다.

다산 정약용. 그가 200년전 『흠흠신서』를 통해 보고한 사례들은 지금도 여전히 흥미롭다.

정약용은 이와 같이 이상한 사건에 대해 총괄적으로 다음과 같이 적었다.

'정욕이 치솟아 서로 갈고 비벼 극도에 이르게 되면 황고(黃膏)에 불이 나서 안으로 장기를 태워 사람의 목숨은 곧 끊어진다. 그리고 이 불이 밖으로 타서 살갗에 미치고 사지와 몸뚱이에 미치게 되면 남자와 여자의 두 목숨이 같은 때 함께 떨어지는 것이다. 손가락 하나도 움직이지 못하고 산 것처럼 편안히 누웠으나 다 타서 검어지게 된다. 곡주현의 시체는 두 몸이 함께 탔으나 다리 하나만이 남아 있었고, 나주의 시체도 두 몸이 함께 탔으나 다리만은 타지 않았다. 대개 그 불은 심장과 신장에서 발생하여 속에서 겉으로 나오고 배에서 몸으로 번지므로 다리만은 더러 남을 수 있다. 특히 김정룡의 경우 생식기가 위로 뻗쳐 있었는데 이것은 배 위에 있던 여자도 맹렬한 불이 속에서 일어나서 죽은 경우이다. 그러므로 이러한 사건을 만나면 혹시 다른 사람을 의심하는 일이 없어야 한다.'

정약용은 불에 타 죽은 경우에 이처럼 특수한 경우가 있으므로 억울한 누명을 쓰는 사람이 있어서는 안 된다는 뜻으로 이와 같은 사건을 매우 이상한 형사사건으로 기록했다. 특히 사망원인을 '찌는 듯한 열기에 의식을 잃고 불에 타 죽었다'고 적은 것은 앞에서 설명한 심지효과와 유사하다. 솜옷이 불이 붙으면 단번에 타지 않고 계속 불씨를 이어가면서 타는 것은 잘 알려진 사실이다. 그러므로 정약용이 기록한 희생자들이 심지효과에 의해 솜옷에 붙은 불로 시신이 완전연소되지 않았다고 보고한 것도 이해가 가는 일이다. 물론 일부 자연연소의 경우 앞에서 설명한 것처럼 순식간에 탔다는 설명도 있으나 대부분의 경우 이와는 달리 천천히 연소했다고 알려져 있다.

정약용이 거의 200년 전에 보고한 이와 같은 사실을 현대 과학자들이 미리 알았다면 자연연소의 원인을 일찍부터 파악할 수 있지 않았을까? 아니면 죽은 동탁의 배에 심지를 꽂고 등처럼 사용했다는 『삼국지』의 이야기를 읽고 '심지효과'를 연상했을 수는 없을까? 여전히 인체 자연연소를 불가사의나 미신의 영역으로 다루는 것을 보면, 아무래도 서양인들은 『삼국지』나 정약용의 『흠흠신서』에 유의하지 않았음이 분명하다.[11]

황제를 살린
반딧불이

三國
志

『삼국지』의 초반에는 후한 말 어지러운 세상이 되면서 중국이 삼국으로 갈라지게 되는 과정이 그려진다. 그 단초 중의 하나가 원래 백정이었던 하진의 벼락출세이다. 영제의 후궁으로 뽑힌 누이가 귀인이 된 후에 황자 변(辯)을 낳고 황후로 승차하게 되자 하진은 외척으로 권세를 잡는다. 하태후를 믿고 병권을 장악하는 등 국권을 농락하던 그는 당대의 실력자였던 십상시들을 제거하려다 오히려 살해된다. 조조와 원소가 궁정으로 쳐들어가 십상시들을 철저하게 제거하는 사이 어린 소제와 이복동생인 진류왕을 끌고 낙양을 탈출한다. 어린 황제와 진류왕이 사라지자 조조 등이 젊은 황제를 찾지만 두 형제는 내시들과도 헤어져 고립무원이 된다. 두 형제가 길을 찾아 나서려고 하지만 캄캄한 밤이라 아무것도 보이지 않는데 갑자기 반딧불이의 덩어리가 나타나더니 달빛처럼 그들 앞을 환하게 비춰주었다. 그들은 반딧불이의 빛을 따라 농가에 들어가 몸을 피하고 결국 조정 대신들과 만난다. 여기에서 그들을 살려주는 것은 반딧불이의 밝은 빛이다.

반딧불이에 대한 또 다른 유명한 이야기는 중국 동진(東晋)의 차윤에 대한 일화이다. 초를 살 돈이 없어 반딧불을 모아 공부를 했다는 그의 이야기에서 '고생하면서도 꾸준히 학문을 닦는다' 는 뜻의 형설지공(螢雪之功)이라는 고사성어가 생겨났다. 정말로 반딧불이가 길을 비추거나 공부할 수 있을 정도의 빛을 낼 수 있을까?

전투용품 반딧불이

결론부터 말하자면 차윤이 반딧불이의 빛으로 공부했다는 이야기는 사실이다. 충분히 많은 수의 반딧불이를 잡는다면 실내에서 책을 읽을 정도의 밝기를 얻는 것은 어려운 일이 아니다. 어린 황제와 진류왕의 길을 똘똘 뭉친 반딧불이가 스스로 비춰주었다는 것 역시 불가능한 일은 아니다. 반딧불이는 한 마리가 3룩스의 빛을 발한다. 반딧불이 80마리를 가지고 쪽당 20자가 인쇄된 천자문을 읽을 수 있으므로 200마리 정도면 신문을 읽을 수 있다.

이러한 반딧불이의 명칭은 국가별로, 지역별로 제각기 다르다. 중국에서는 형화충(螢火蟲), 단조(丹鳥), 단량(丹良), 소촉(宵燭), 소행(宵行)이라 하고 일본에서는 호타루, 우리나라에서는 개똥벌레, 반디 또는 까랑이라 부른다. 영어로는 firefly로 '불빛을 내는 파리' 라는 뜻이다. 개똥벌레는 옛 사람들이 두엄에 쓸어버린 개똥이 변해서 벌레가 된 것으로 잘못 알아서 개똥벌레라 부른 듯하다. 어원은 『예기(禮記)』의 '부초위형(腐草爲螢)' 에서 나온 말로 부초란 거름더미를 뜻하며 형은 개똥벌레를 가리킨다.[1]

일반적으로 반딧불이에 대한 전설은 매우 애처롭다. 우리나라의 설화부터 보자. 순봉이라는 한 젊은이가 한양의 부잣집 딸 숙경을 처음 보고

반딧불이 한 마리는 약 3룩스의 빛을 발하므로 200마리 정도를 모은다면 신문을 읽을 수 있다. 그러니 반딧불이가 한 밤에 어린 황제의 길을 밝혀 목숨을 구했다는 이야기도 불가능한 것은 아니다.

상사병을 앓았다. 순봉은 가난한 과부의 자식이라 소원을 풀지 못하고 숙경의 초당 근처를 날아다니는 벌레라도 되기를 바라며 죽었다. 결국 그 넋이 반딧불이가 되어 밤이 되면 초당 근처를 날았는데, 숙경은 무심코 이를 잡아 종이 봉지에 넣어 머리맡에 두었다. 순봉은 결국 숙경과 같이 살고 싶다는 소원을 이룬 것이다.

　일본에서는 구로헤이에라는 사람이 살인과 강도, 방화를 일삼다가 결국 붙잡혀 생매장 당하게 되자, 그의 아들이 아버지와 같이 묻어달라고 간절하게 애원하여 결국 같이 묻혔다. 무고한 이 효자의 넋이 반딧불이가 되어 그 무덤에서 날아 나왔다는 것이 일본의 반딧불이 전설이다. 중국의 반딧불이 설화로는 모진 계모와 함께 사는 한 소년에 관한 이야기가 있다. 소년은 계모의 심부름으로 산 너머 마을에 콩기름을 사러 가다가 산

속에서 동전을 잃어버렸다. 이를 찾아다니는 도중 날은 저물고 비바람 속을 헤매던 소년은 결국 물에 빠져 죽었다. 죽어서도 계모가 두려웠던 소년은 결국 반딧불이가 되어 밤에도 자지 않고 동전을 찾아 헤맸다. 이처럼 각국의 설화를 보면 반딧불이에 관한 정서를 읽을 수 있다. 한국의 반딧불이가 감성적이고 일본의 반딧불이가 윤리적이라면 중국의 반딧불이는 현실적인데 반딧불이가 밤을 밝혀준다는 내용에서는 대동소이하다.

콜럼버스는 아메리카 대륙에 상륙하기 하루 전날 밤, 그는 '바다 위에서 움직이는 촛불들'을 보았다고 기록했다. 이것은 버뮤다 삼각지대의 비밀이 목격된 첫 번째 사례로도 거론되지만 학자들은 짝짓기를 하고 있는 버뮤다 반딧불이로 추정한다. 1634년 쿠바 해안에 접근하던 영국 선박들은 해안의 무수한 불빛들을 보고 침공작전을 포기했다. 적이 빈틈없는 방어태세를 갖추고 있는 것으로 생각했던 것이다. 학자들은 그 '방어병들'이 '쿠쿠조'라고 불리는 수많은 발광(發光)성 방아벌레였을 것이라고 추측한다.[2]

변변한 발광기구가 없던 시절, 반딧불이는 밤을 밝혀주는 데 큰 역할을 했다. 실제로 제2차 세계대전 중에 일본군은 발광하는 작은 바다새우(사이프리디나)를 사용했다. 장병들은 이 작은 새우를 상자에 넣고 다녔는데 건조한 새우는 발광하지 않지만 물에 넣으면 곧바로 빛을 발했다. 울창한 밀림에서 지도를 보거나 보고서를 작성하려면 낮에도 반드시 조명이 필요하다. 이때 회중전등을 사용하면 적에게 들킬 우려가 있지만 바다새우가 내는 불빛은 수십 보만 떨어져도 발각되지 않으므로 은밀한 활동에 안성맞춤이었다.

효소작용으로 발광

빛을 내는 생물은 반딧불이만이 아니다. 밤바다에서 파도를 맞을 때 빛을 내는 바다반딧불이, 심해에 사는 발광오징어, 발광세균 등 여러 가지가 있다. 남미산 벌레인 레일로드웜(rail road worm)은 머리는 빨간색, 몸은 녹색으로 발광한다. 헤엄갯지렁이의 일종으로 대서양의 버뮤다 섬에 서식하는 버뮤다 불벌레는 보름부터 2~3일이 지난밤에 암컷이 해면에서 원을 그리며 계속 빛을 낸다. 그러면 해면 아래 있던 수컷이 무리를 지어 빛을 내면서 원에 합류한다. 암컷과 수컷은 헤엄쳐 해면에 원을 그리며 알과 정자를 해수에 방출한다고 한다. 또 심해어들은 95퍼센트가 발광한다. 발광하는 어류 중에는 자신이 직접 발광하는 것도 있고 체내의 특수기관에 공생하는 발광세균이 빛을 내는 것도 있다. 포토블레파론이라는 물고기는 눈 아래에 세균을 넣는 조직이 있고 그 위에 셔터작용을 하는 막이 있으므로 '눈꺼풀'이 빛을 내거나 막는 것처럼 보인다.[3] 햇빛이 전혀 미치지 않는 250미터 깊이의 바닷속에 사는 빗해파리의 경우 이것들이 소형 잠수정을 감싸면 잠수정 안에 있는 계기반의 눈금을 읽을 수 있을 정도로 밝은 청록색 빛을 내뿜는다는 보고도 있다. 대부분의 바다의 유기체는 푸른빛을 내는데 이것은 푸른빛이 물속에서 다른 색깔보다 더 멀리까지 가기 때문이다. 푸에르토리코의 포스 포레센트만에서 야간 수영을 하는 사람들에게 푸르스름한 흰 빛을 비춰주는 것은 미세한 발광식물인 플랑크톤이다.[4]

반딧불이를 비롯한 발광체가 빛을 내는 것은 세포 내에서 일어나는 효소작용 때문이다. 루시페라아제(luciferase)라는 효소가 루시페린(luciferine)이라는 물질을 변환시키는 과정에서 빛이 나는 것이다. 1887년 프랑스의

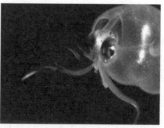

심해에 사는 발광생물들. 세포 내의 효소 또는 단백질의 작용으로 빛을 내는 생물들은 뭍에도 바다에도 다양하게 존재한다. 특히 심해에는 95퍼센트가 발광을 한다.

뒤부아는 갈매기 조개나 반디방아벌레, 발광방아벌레에서 얻은 발광성분이 열에 안정한 것과 불안정한 것의 두 가지로 되어 있음을 발견했다. 그는 안정된 부분을 루시페린, 불안정한 효소성분을 루시페라아제라 명명했다. 근래에 바다해파리(Aequorea) 등에서 발광단백질도 발견되고 있어 이 루시페린―루시페라아제계가 유일한 발광요소는 아닌 것이 판명되었지만 발광생물의 대부분은 이 계로 발광한다고 스즈키 마사히코는 설명했다.[5]

생물의 발광에는 체외 발광과 세포 내 발광의 두 종류가 있고 체외 발광을 하는 동물은 두 가지 형의 세포를 갖고 있다. 한쪽 세포에는 루시페린이라는 커다란 황색 과립이 들어 있고, 또 다른 한쪽 세포에는 작은 발광효소 입자가 들어 있다. 동물이 근육을 수축시키면 이들 물질이 세포 사이나 체외로 밀려나온다. 이때 루시페린이 산화되어 빛을 내는 것이다. 체외발광은 주로 바다생물이 많이 이용하는데 바다반딧불이는 적이 오거나 어떤 자극이 있으면 발광물질을 내고 자신은 도망간다. 심해의 발광오징어도 마찬가지다. 암흑의 해저에서 오징어의 먹물은 아무 소용이 없기 때문에 발광물질을 내고 도망가는 것이다. 반면 세포 내 발광의 경우는 반딧불이나 야광충과 같이 루시페린과 발광효소 두 가지가 세포 안에 들어 있다. 연구에 따르면 일부의 지방을 포함한 많은 물질이 산화하면서 발광하는 능력을 갖고 있으며 동·식물의 조직이 계속 움직이면서 발광할 때에는 특히 그 빛이 강해진다. 개구리의 심장이 수축할 때도 그 심장의 표면은 늘 발광하고 있다. 인간의 경우도 미약하나마 발광을 하지만 인지될 수준은 아니다. 동물조직의 발광은 주로 지방질의 산화로 인해 생기는데 그때의 과정은 광합성과는 정반대이다. 광합성의 경우 빛이 전자를 보다 높은 준위의 궤도로 이동시킨다. 이때 생기는 에너지는 탄수화물의 합성을 위해 사용된다. 그러나 생물발광은 지방질이 이따금씩 산화되는 경우뿐만 아니라 생명을 유지하기 위한 화학반응의 경우에도 일어난다.

발광생물의 효과가 예상보다 높다는 사실이 알려지자 이 현상을 건물의 조명에 이용하려는 계획도 나왔다. 발광세균을 플라스틱컵이나 유리컵 속에서 살게 하자는 것이다. 세균 한 마리가 내는 빛은 매우 약하기 때문에 1와트 정도의 빛을 내기 위해서는 컵 속의 세균수가 500조 마리 이상이 되어야 한다. 500조라는 숫자 자체는 대단하지만 세균은 대단히 미세하므로 발광생물로 상당한 밝기의 램프를 만드는 것이 불가능한 것은 아니다. 실제로 1935년 파리의 해양연구소에서 국제학회가 열렸을 때, 이 연구소의 큰 홀의 조명에 발광세균이 사용되었다.

생물발광에 장점이 많다는 것은 말할 필요도 없다. 우선 전선이 필요하지 않다. 게다가 전등은 효율이 가장 좋은 봉입한 2중 코일 전구의 경우에도 공급된 에너지의 약 12퍼센트만 빛으로 전환되지만 발광생물은 열을 내지 않는 냉광(冷光)이므로 소비에너지의 거의 100퍼센트가 빛으로 변한다. 그러므로 이와 같이 생물발광으로 얻어지는 에너지를 빛에너지로 직접 교환하려는 연구가 여러 학자들에 의해 추진되고 있다.

몬트리올의 맥길대학교에서는 알루미늄, 수은 및 그 밖의 금속만 있으면 빛을 발하는 박테리아를 개발했다. 연구팀은 이 같은 박테리아가 광산 내 금속탐지기 역할을 할 수 있다고 믿고 있다. 루시페라아제 효소를 만들어 내는 유전자를 식물유전자와 재조합시켜 아름다운 빛을 내는 식물을 만들 수도 있다. 또한 이 유전자를 미생물에 넣으면 어떤 특정한 물질이 있을 때 미생물이 빛을 내게 함으로써 특정 유해물질 또는 화학물질을 검출하는 데 이용할 수도 있다. 에드먼턴의 앨버타대학교에서는 한 박테리아의 발광유전자를 콩의 뿌리혹을 형성하는 박테리아에 접합시켜서 그 식물에 질소가 부족하면 뿌리가 선명한 푸른빛을 내도록 만들었다. 이를 이용하면 곡물이 물이나 비료를 필요로 할 경우 또는 곡물에 해충이 생겼을 경우에 빛을 내게 할 수 있다. 농부들이 꼭 필요할 때에만 농작물을 돌보면서 보다 효과적으로 물과 비료를 사용할 수 있다는 설명이다.[6]

반딧불이의 빛 조정 및 역할

반딧불이가 빛을 내는 과정 등은 과학적으로 규명되었지만 이들이 빛을 어떻게 미세하게 조절하는지에 대해서는 미스터리였다. 그러나 미국 매사추세츠 주 메드포드의 터프츠대학 생물연구팀이 2001년 8월 그 신비를 풀었다고 발표했다. 산화질소가 반딧불이의 불빛을 정밀하게 조절하는 스위치 역할을 한다는 것이다. 산화질소는 심장박동 및 기억기능 조절을 돕는 등 인체에서도 중요한 역할을 하는 화학물질이다. 베리 A. 트림머 박사는 산화질소가 반딧불이의 기관(氣管, 공기가 지나는 통로)과 나란히 위치한 세포에서 생성되며 생성된 산화질소는 반딧불이의 뇌가 보내는 화학적 신호에 따라 인접한 세포조직인 미토콘드리아의 기능을 잠시 정지시키게 되고, 그 결과 주기적인 산소 방출이 이뤄져 다른 세포가 빛을 발하도록 하는 효소가 만들어진다고 주장했다. 이런 일련의 과정이 진행되는 데는 약 1000분의 1초 정도밖에 걸리지 않는다. 그 때문에 1초에도 수백 번씩 빛깔이 변할 수 있는 것이다. 빛의 종류와 지속 시간은 뇌에서 조절하는데, 어떤 종은 한 가지 불빛을 오래 내는 반면 어떤 종은 짧은 빛을 세 번 연속으로 내기도 한다. 새러 루이스 박사는 '반딧불이의 불빛은 짝을 짓기 위한 신호'라며 전 세계에 분포된 반딧불이가 각기 고유한 신호를 가지고 있다고 말했다. 수컷이 발광함으로써 짝짓기에 대한 암컷의 의사를 물을 때 암컷이 나름의 빛을 발하며 OK 의사를 밝히면 짝짓기가 성사되는 것이다. 반딧불이는 딱정벌레 반딧불이과로 분류되는데 애벌레로 2년을 살고 성충이 돼 빛을 발하며 날아다니는 기간은 약 2주 정도에 불과하다. 때문에 반딧불이들이 빛을 내며 춤추는 것은 이 작은 곤충들의 생애에서 가장 중요한 순간이다.[7]

반딧불이의 벽사적 역할

반딧불이는 발광용만이 아니라 벽사(辟邪, 귀신을 물리침)적인 의미에서 군사적인 용도로도 많이 사용되었다. 전투를 앞둔 로마 병사들은 반딧불이가 지닌 벽사의 힘이 질병과 화살, 창을 피하게 해 목숨을 지켜준다고 믿었으며, 양피 속에 반딧불이를 넣고 땅에 묻으면 적군의 말이 달려오다가 비명을 지르고 되돌아간다고 생각했다. 우리나라에서는 칠석날 잡은 반딧불이로 만든 고약이 백발을 흑발로 만든다 하여 많은 의약품에 첨가되

기도 하였다.[8)

　근래 유전자 연구가 급속도로 발전하자 발광유전자를 동식물에 주입하는 연구가 봇물을 이루고 있다. 1986년 미국 캘리포니아대학 헬린스키 박사는 북미 반딧불이에서 루시페라아제 유전자를 분리했다. 같은 대학 하우엘 박사는 루시페라아제의 cDNA(상보 DNA)를 당근배양세포의 프로토플라스트에 일렉트로플레이션(전기 펄스로 세포에 도입하는 방법)으로 주입시켰다. 담배에도 아그로박테리아를 통해 주입시켰다. 그리고 어두운 데서 담배에 X선 필름을 대어 빛을 쪼이자 뿌리와 줄기, 잎의 일부가 빛났다. 독일의 막스플랑크연구소의 셀 그룹은 반딧불이 대신 발광세균의 루시페라아제 유전자를 사용해 담배와 당근을 빛이 나도록 하는데 성공했다. 대구가톨릭대 의대 김태완 교수팀은 해파리의 녹색 형광유전자(GFP)를 닭에 주입, 평소에는 부리나 머리가 여느 닭과 다름없지만 어둠 속에서 자외선을 비추면 밝은 녹색을 띠게 하는데 세계 최초로 성공했다고 2004년 7월 발표했다. 연구팀은 동물의 체내에 유전자를 넣을 때 일종의 운반체 역할을 하는 '레트로바이러스벡터 시스템'을 자체 개발, 녹색형광유전자를 유정란(병아리가 될 수 있는 알)에 주입했다. 21일 만에 알에서 부화한 닭들을 자외선에 노출시킨 결과 부리와 머리 등 여러 신체 부위에서 형광유전자가 발현되었다. 이 연구는 닭에 원하는 유전자를 삽입할 수 있다는 것에 큰 의미가 있다. 앞으로 달걀을 이용해 사람의 조혈촉진단백질이나 혈액응고단백질과 같은 고가의 치료용 단백질을 저렴하게 생산할 수 있는 길이 열린 것이다.[9) 이와 같은 연구는 각국에서 진행되어 2006년 온몸은 물론 심장 등의 장기까지도 초록색인 돼지가 대만에서 개발됐다. 국립대만대학의 우신즈 박사는 해파리에서 채취한 형광초록단백질을 돼

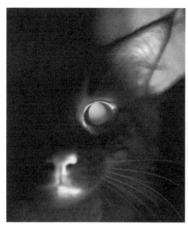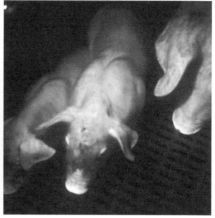

형광고양이(왼쪽)와 형광돼지(오른쪽). 유전자 연구가 급속도로 발전하면서 발광유전자를 동식물에 주입하는 연구가 봇물을 이루고 있다. 국내에서도 2004년 부리와 머리가 형광으로 빛나는 닭을 개발한 적이 있다.

지 배아 265개에 주입한 후 이들을 돼지 8마리의 자궁에 착상시켜 초록돼지 3마리를 만들었다고 발표했다. 이 돼지는 밝은 곳에서는 입 주위와 이빨, 발 부분만 초록빛이지만 어두운 곳에서는 온몸이 형광초록빛을 낸다. 의학자들이 초록돼지를 주목하는 것은 이 돼지의 줄기세포를 다른 동물에 주입하면 생체검사 등을 거치지 않고 줄기세포의 발달과정을 쉽게 추적할 수 있기 때문이다.[10]

반딧불이 가로수

가로수는 삭막한 도시에 푸르른 녹음을 제공해주고 대기 중의 탄산가스를 흡수해 산소까지 만들어주는 고마운 존재다. 가로수의 종류는 은행나무, 버즘나무(플라타너스), 벚나무 등으로 다양하다. 지역의 가로수로 선정되려면 지역의 기후와 토양에 적합해야 하고 역사와 문화에 적합한 향토성을 지녀야 한다. 또한 주변 경관과 어울려야 하며 국민 보건에 나쁜 영향도 끼쳐서도 안 된다. 가지와 잎도 치밀하게 발달해 있어야 한다. 더구나 사람이 지나다니는 도로에 위치하는 지리적 특성 때문에 인위적인 피해에 대한 회생능력도 강해야 한다. 도시 소음 경감이나 토양 침식 방지 역할도 요구된다. 서울의 경우 가로수의 구성비율을 보면 은행나무가 41퍼센트, 버즘나무가 31.5퍼센트를 차지한다. 은행나무가 많은 이유는 우리나라 토양에 가장 잘 맞고 병충해와 환경오염에도 강하기 때문이다. 그러나 은행나무가 전국의 토양조건을 골고루 만족시키는 것은 아니어서 대구는 버즘나무, 전남·경북·경남은 벚나무가 주를 이룬다.[11]

발광유전자를 이용하는 가장 흥미로운 아이디어 중의 하나는 반딧불이 가로수이다. 현재 학자들이 주목하는 것은 밤이 되면 빛을 발하는 반딧불이 특유의 발광유전자를 빼내 은행나무 유전자에 도입하는 것이다. 길가에 늘어선 은행나무는 주입된 반딧불이의 발광유전자의 지시에 따라 해가 지면 스스로 빛을 발하는 '반딧불이 가로수' 가 된다. 이 기술은 동물의 유전자를 식물에 도입하는 것으로, 생체 융합력을 향상시키는 다소 난해한 작업을 필요로 하지만 이와 유사한 연구가 성공하여 반딧불이 가로수의 가능성을 높여주고 있다. 머지않아 전구를 이용하여 길을 밝히는 에너지소비형 기술은 사라지고 낭만적인 반딧불이 가로수가 속속 등장할지도 모르겠다.[12]

근래 반딧불이에 대한 연구가 많이 진행되어 매우 색다른 능력도 알려졌다. 반딧불이에게 남의 의사소통 수단을 몰래 이용하는 재주가 있다는 것이다. 반딧불이가 깜깜한 밤하늘을 날아다니다가 깜빡거리는 수컷의 신호에 암컷이 답하면 짝짓기가 이뤄진다. 그런데 이 반짝거림은 종에 따라 패턴이 다르다. 그런데 미국의 포투리스라는 반딧불이의 암컷은 남의 종의 수컷이 보내는 신호를 알아차리고 그 종의 암컷의 신호를 흉내 낸다. 하지만 포투리스 암컷이 신호를 보내는 것은 짝짓기용이 아니다. 아무런 낌새를 알아차리지 못한 수컷이 다가오면 그게 바로 그 수컷의 마지막이다. 암컷이 수컷을 잡아먹는 것이다. 포투리스 암컷은 하룻밤에 세 종류의 신호까지 흉내 낼 수 있다고 한다.[13]

참고로 반딧불이는 청정지역에 사는 환경 지표종(指標種)으로 매우 민감한 곤충이다. 반딧불이는 농약, 수질 오염, 개발로 인한 서식처 파괴 등이 있을 경우 살지 못하기 때문에 육상(물가), 수중, 지중의 환경을 양호하게 유지하지 않으면 나타나지 않는다. 또한 야행성이라 강한 불빛을 싫어하기 때문에 따라서 농촌의 가로등과 차량의 불빛만으로도 반딧불이의 생존에 위협을 줄 수 있다. 복개된 서울의 청계천을 자연으로 돌려주면서 조도를 낮춰 반딧불이가 살 수 있는 환경으로 만들려고 한 것도 이와 같은 이유에서였다.

한편 무주군 설천면 일원의 하천에서 반딧불이가 살고 있는 서식지가 발견되어, 그 서식지가 1982년 11월 4일 천연기념물 제322호로 지정되었다.

화타의 뇌수술, 가능했을까?

三國志

三國志

지난 1994년 약사의 한약조제권 문제로 벌어졌던 약사와 한의사 간의 '한약분쟁'은 서양의학과 동양의학이 근본적으로 다른 원리에서 출발하고 있기 때문에 일어난 분쟁이라고 해도 과언이 아니다. 쌍방 모두의 주장이 설득력을 갖고 있지만 치료방법은 각자 다르다. 이는 서로 다른 발전과정을 거친 탓이며 이렇게 다르게 발전하게 된 이유로는 일반적으로 동양은 서양과 달리 외과수술을 하지 않았기 때문이라고 알려져 있다.

그런데 『삼국지』를 보면 2세기 사람인 화타가 조조의 병은 간단하게 치료되지 않으므로 뇌수술이 필요하다고 설명하는 부분이 있다. 놀랍게도 화타는 조조의 머리를 도끼로 갈라낸 후 질병의 근원을 제거하면 완치할 수 있다며 조조에게 뇌수술을 권유한다. 화타가 살았던 시대가 2세기임을 고려하면 과연 그가 마취제를 갖고 있었는지, 그리고 정말로 중환자를 마취시켜 개복수술, 심지어는 뇌수술을 할 수 있었는지 의아하지 않을 수 없다.

출발이 다른 서양의학과 동양의학

서양에서는 기원전 3세기 헬레니즘시대의 알렉산드리아에서부터 인체해부가 시작되었다고 알려져 있다. 당시 이미 몇몇 의학자들은 내장기관을 포함하여 뇌와 신경계통에 이르기까지 대한 상당한 해부학적 지식을 가지고 있었고, 고대 의학을 집대성한 갈레노스도 이러한 해부학적 지식을 바탕으로 인체에 관한 종합적인 이론체계를 수립할 수 있었다.

현대 과학을 실질적으로 이끈 서양사의 맥락에서 볼 때 의학의 혁명은 보통 윌리엄 하비가 혈액의 순환을 처음으로 발견한 때를 시발점으로 삼는다. 1628년 하비는 『동물의 심장과 피의 운동에 대한 해부학적 연구』라는 논문을 발표하여, 그 전까지 많은 사람들이 생각했던 것과는 달리 피가 심장에서 온몸으로 뿜어져 나갔다가 다시 심장으로 돌아온다는 사실을 처음으로 주장하였다. 그때까지는 피가 간에서 새어나와 알려지지 않은 힘에 의해 몸 안의 곳곳으로 이동한다고 믿었다. 그러나 하비는 양의 목 동맥을 잘라서 피가 솟아나오는 모습을 보고 피가 간에서 '새어나오는' 것이 아니라는 것을 알았다. 그는 한시도 쉬지 않는 근육덩어리, 즉 동물과 인간의 심장이 그 역할을 담당하는 것도 발견했다. 하비는 죽은 사람의 심장을 해부해서 하나의 심장에 약 4분의 3데시리터(작은 컵 한잔 분량)의 피가 담길 수 있다는 것을 확인했다. 심장은 수축할 때마다 70밀리리터의 피를 혈관을 통해 몸속으로 밀어내며 1분에 보통 70~80번 박동한다. 이를 단순 계산법으로 적용하면 1분에 5리터, 1시간에는 300리터가 넘는 피를 내보낸다는 놀라운 결과를 얻을 수 있다. 이 수치는 성인 남자 몸무게의 2배에 해당하는 양으로 인간의 몸이 이렇게 많은 피를 매일 생산한다는 것은 상상할 수 없는 일이었다. 이 사실을 근거로 하비는 피가 연속적으로 순환한다는 결론을 내렸다. 그는 동물의 심장이 당시 광산에서 사용하던 펌프와 같다고 생각했다. 인체란 펌프로 생명을 이어가야 하는 일종의 기계장치라는 뜻이다. 기계가 고장이 나면 고장 난 부분만 고치면 된다. 보다 철저한 치료지식을 얻기 위해서는 죽은 사람을 절개하고 장기 관찰을 통하여 어느 부분이 고장 났는지를 파악하는 것이 차후에 병자를 치료하는 최선의 방법이라고 보았다.

서양의 현대 의학은 바로 이런 전제 아래 크게 발달했다. 각종 질병은 인체를 보다 정확히 파악한 후 과학이 만들어내는 인공적인 화학약품을 사용하면 치료가 된다고 생각했다. 질병의 원인을 국소적인 것으로 생각하였으므로 치료제도 질병이 있는 부분에 적합한 것을 찾는 데 주력했다. 그 결과 한 가지 질병을 치료하는 과정에서 엉뚱한 다른 질병에 걸릴 위험성을 피할 수 없었다.

반면에 전통 한의학은 인간이 본래 갖고 있는 기(氣)를 중요시하여 기가 빠진 사람은 비록 살아 있다 해도 죽은 사람으로 취급했다. 특히 죽은 사람은 기가 빠진 사람이므로 기가 빠진 사람의 육체는 기가 충만한 사람들과는 기본적으로 다르다고 생각했다. 한마디로 죽은 사람의 것과 살아 있는 사람의 장기는 다르다는 것이다. 때문에 동양의학으로 볼 때는 죽은 사람을 절개하고 해부하여 장기를 들여다본다고 해도 그곳에서 얻는 지식은 아무런 소용이 없는 것으로 생각했다. 동양의학은 서양처럼 자연을 극복하고 이겨내는 것에 가치를 두기보다 자연에 동화되고 순응하는 것을 중요시했다. 냇물이 흘러 강물이 되고 강물이 흘러서 바다로 가듯이, 우리 인체도 입으로 들어온 음식물이 소화기를 거치고 다시 장을 거쳐 항문으로 배출되는 순차적인 과정이 잘 이루어지면 아무 문제도 생기지 않는다고 여겼다. 더구나 시행착오를 거치면서 발전한 한의학은 조화를 제일 중시했다. 우주를 음양오행의 원리로 파악하였던 것처럼 우리의 몸을 작은 우주로 보아 음양의 편차 없이 균등할 때 건강하다고 보았다. 부족하지도 넘치지도 않는 조화를 이룰 때 인체가 건강할 수 있다고 믿었던 것이다.

여기에서 동양의학이 좋으냐 서양의학이 더 좋으냐를 비교하는 것은 의미가 없다. 양약이 탁월한 효과를 보는 분야는 양약을 사용하고 한약이 효과를 얻을 수 있는 분야는 한약을 사용하는 것이 바람직하다. 그런 면에서 한국 사람은 외국 사람들보다 행복한 편이다. 외국인들이 접근하기 어려운 한의학을 가까이 두고 있기 때문이다.

신의 화타의 뇌수술

『삼국지』에 등장하는 신의 화타는 동양의 의학적 전통에서 벗어나 있는 인물이다. 패국(沛國, 현 안휘성 호현) 출생으로 본명은 부(敷), 자(字)는 원화(元化)로 중국의 가장 혼란스러운 시기에 의술을 펼친 사람이다. 첨단의술로 무장한 현대에도 뇌수술은 간단한 일이 아닌데 그는 관우의 팔뚝을 수술하는 것보다 조조의 뇌수술이 쉬운 일이라고 말했다. 중국의 삼국시대에 외과수술이 절정에 있었다는 것은 놀라운 일이다. 동양의 경우 근대까지도 외과수술이 별로 발달하지 않았다는 점을 감안하면 2세기 사람인 화타의 장담은 쉽게 믿기 힘들다. 나관중의 『삼국지』가 원래 진실과 허구를 7 대 3 정도로 섞어 만든 것이므로 화타의 이야기는 사실 허구로 보면 간단하다. 특히 개복수술이나 뇌수술이 가능하기 위해서는 그 전제조건으로 마취술이 절대적으로 필요하기 때문에 더욱 그러하다. 일반적으로

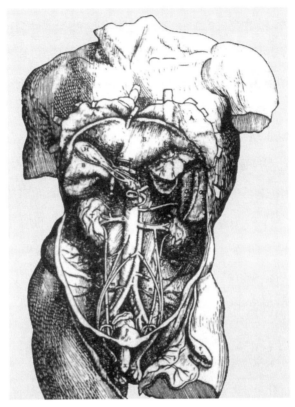

베살리우스의 인체 해부도. 서양에서는 기원전 3세기경부터 인체해부가 시작되었다고 알려져 있으나 인간의 몸을 하나의 유기체로 파악한 동양의학은 인간의 몸속을 들여다보는 것에 큰 의미를 두지 않았다.

외과수술이 비교적 앞선 유럽에서도 본격적인 마취술을 적용한 외과수술은 19세기에 들어와서야 가능했다. 그러므로 화타가 진정으로 외과수술을 했다면 그보다 무려 1700여 년이나 앞선 것이 된다.

전쟁의 역사를 주로 다루는 『삼국지』에서 화타는 정치가나 군인이 아닌 의사임에도 많은 지면에 등장하는데, 그 이유는 간단하다. 화타가 전쟁에 등장하는 많은 주인공들의 생명을 구했으며, 동시에 그가 『삼국지』

의 영웅들에 미친 영향이 매우 크기 때문이다. 이 장에서 화타를 신화적 인물로 만든 여러 가지 전설에 얽힌 이야기를 설명하고 다음 장에서 마취약의 발견과 화타의 관우 수술에 얽힌 이야기 등을 적어보자.

화타의 의료여행

화타시대의 식자들은 모두 관리가 되는 것을 영광으로 여겼다. 하지만 화타는 다른 길을 선택했다. 의원의 길이다. 그는 백성을 위해 병을 치료하면서 계속 의원의 길을 걷겠다는 뜻을 바꾸지 않았다. 당대 중국의 상황은 매우 어지러워 청년기의 화타는 황제의 외척과 환관들의 전횡, 관리들의 부정부패를 수없이 보았다. 진수의 『삼국지』「화타전」에는 다음과 같은 기록들이 나온다.

  '화타는 서주 일대의 명사로 여러 권의 경전에 달통했고 학문이 깊었다. 패국의 상 진규가 화타를 효렴(孝廉)*으로 천거하고 태위 황완이 그를 불렀지만 모두 나가지 않았다.'

화타는 뛰어난 의원이 되어 백성을 위해 병을 치료하는 것이 더욱 빛나는 일이라고 생각했다. 화타가 각별히 중요한 의료인으로 부각되는 것은 그가 선대의 많은 의학서적을 두루 읽으면서 거기에 적혀 있는 내용을 섭렵했을 뿐만 아니라 끊임없이 새 것을 추가하고 이를 실천했기 때문이었

---

* 효렴은 한나라 무제시대부터 시작한 관리임용 제도로 군(郡)과 국(國)에서 학문과 덕행이 뛰어난 인물을 추천하는데 추천 비율은 인구 12만 명 중 한 명이었다.

다. 그는 과학자적인 기질이 매우 농후한 사람으로, 그가 조조에게 죽임을 당한 것도 곧고 정직한 의사답게 자기의 치료방법을 너무 솔직히 이야기했기 때문이다.

화타가 중년이었을 때의 중국은 온통 전란으로 뒤덮여 있었다. 그래서 그는 여러 지방을 떠돌며 공부하는 한편 치료에 전념했다. 그는 서주, 예주(豫州), 청주(靑州), 연주(兗州) 등지를 떠돌았다. 당시 그의 발걸음은 팽성(彭城)을 중심으로 하여 동으로는 감릉(甘陵, 현 산동임청)과 염독(鹽瀆, 현 강소염성), 서로는 조가(朝歌, 현 하남기현), 남으로는 광릉(廣陵, 현 강소양주), 서남으로는 초현(譙縣, 현 안휘호주) 등에까지 이르렀다. 그야말로 과거 중국의 천하를 거의 다 누볐다고 해도 좋을 정도이다.[1]

화타가 이처럼 여러 지역을 돌아다닌 것은 발군의 의술을 펼치기 위해서였던 것으로 보이는데 그는 놀랍게도 마비산(麻沸散)이란 마취약을 개발해 환자를 마취시킨 뒤 외과수술을 했다고 한다. 그는 어느 날 복통을 호소하는 환자를 진찰하며 환자의 비장이 염증으로 괴사된 것을 발견했다. 화타는 환자에게 마비산을 술에 타 마시게 하여 마취시킨 후 곧바로 수술에 들어갔다. 그는 환자의 배를 가르고 환부를 절제한 후 남은 부분을 실로 봉합한 다음 새살이 돋게 하는 고약을 붙였다. 이후 조리약을 먹였는데 환자가 한 달 만에 일어나서 활동을 할 수 있었다고 한다.

화타와 관련된 전설적인 이야기는 이외에도 여러 가지가 있다. 어느 군의 태수가 병을 앓아 누구도 치료를 하지 못했다. 화타가 태수의 병환을 보고 다른 환자들을 치료할 때와는 달리 매우 불손하고 기분 나쁘게 대했고 진료비도 높게 받았다. 더구나 어리석은 사람의 병을 고쳐 무엇 하겠느냐는 편지를 환자에게 남기고 떠났다. 태수는 크게 화를 내고 부하에게

화타는 과학자적 기질이 농후한 사람이었다. 정치가 대신 의사의 길을 선택한 그는 끊임없는 노력으로 선대의 의학적 지식을 더욱 발전시켰다.

그를 추격하여 잡아 죽이라고 했다. 다행히 태수의 아들이 화타의 뜻을 알고 부하에게 쫓지 말라고 했다. 태수는 너무나 화가 나서 피를 토했는데 곧바로 병이 나았다. 이는 화타가 치료를 위해 고의적으로 태수를 화나게 한 것으로, 태수가 곧바로 화타에게 감사의 뜻을 표했음은 물론이다.

광릉태수였던 진등도 화타의 치료대상이었다. 그는 갑자기 가슴이 답답해지고 얼굴이 붉고 밥을 못 먹는 병을 앓았다. 화타가 진단한 결과 진등의 뱃속에 기생충이 있어 탕약으로 기생충을 토해내게 했다. 화타는 진등에게 이유를 말했다.

"당신의 위 속에 있는 몇 되의 기생충이 안에서 악성종기가 되려고 하는데 이것은 비린내가 나는 음식물을 날것으로 먹고 생긴 일입니다."

화타는 이미 날 음식을 잘못 먹으면 기생충에 감염될 수 있다는 것을 정확히 알고 있었던 셈이다. 화타는 진등을 치료한 후 3년 후에 같은 병이 재발할 터인데 그때도 훌륭한 의사를 만나면 치료할 수 있다고 했다. 아니나 다를까 화타가 말한 대로 3년 후 진등의 병이 재발했으나 그때는 이미 화타가 타계하고 없어서 병을 고치지 못하고 죽었다.

한번은 한 군인이 아내의 생명이 위태로워지자 화타를 불렀다. 화타는 진찰을 한 후 부인이 유산을 했는데 죽은 아이가 나오지 않았기 때문이라고 했다. 그러자 군인은 부인이 임신 중에 몸을 다쳐 유산을 하기는 했지만 이미 사산한 아이를 배출했다며 화타의 말을 믿지 않았다. 군인이 자신의 말을 믿지 않자 그는 응급처리만 해준 후 자리를 떴다. 군인은 화타가 돌팔이 의원임에 틀림없다고 생각했다. 그러나 부인의 병이 악화되자 화타를 다시 불렀다. 화타는 부인이 과거에 쌍둥이를 임신했는데 먼저 나온 죽은 아기가 피를 많이 흘려 나중에 나와야 할 아이가 나오지 못하고 모체에 남은 것이라고 말하고 약물을 준 후 침을 놓자 사산아가 나왔다.

또 이런 일화도 있다. 화타가 길을 가다 목구멍이 막혀 음식을 먹지 못하는 사람을 보았다. 신음소리를 들은 화타는 환자를 살펴본 다음 이렇게 말했다.

"방금 왔던 길 끝에 떡을 파는 집이 있소. 그곳에 마늘을 잘게 부수어 시게 만들어놓은 것이 있으니 3되 사서 먹도록 하시오. 그러면 병이 자연히 없어질 것이오."

화타의 말대로 했더니 환자는 뱀 하나를 토해내었다. 환자가 수레 옆에 토해낸 뱀을 걸어놓고 화타를 방문하니 화타는 출타 중이고 어린아이가 그를 보고 말했다.

"우리 아저씨를 만난 것 같군요. 수레 옆에 뱀을 매달았으니 말입니다."

전설은 계속된다. 한 환자의 얼굴에 주먹만한 혹이 생겼는데 화타가 혹 속에 새 같은 것이 있다고 했다. 사람들이 모두 거짓말이라고 웃었는데 화타가 혹을 째니 혹 속에서 황작(黃雀, 꾀꼬리)이 날아갔다는 것이다. 물론 그 후에는 혹이 다시 생기지 않았다.

화타의 전설을 모두 사실이라고 볼 수는 없지만 화타가 발군의 의술을 펼쳤다는 것은 이해할 수 있을 것이다. 동양의학에서 화타를 매우 중시하는데 이는 화타가 임상의료에서 양생 · 침구 · 방약은 물론 외과수술도 겸하여 동양과 서양의학을 모두 섭렵했기 때문이다. 알려지기는 화타가 내과 · 외과 · 부인과 · 소아과 · 침구과 등에 뛰어났으며 특히 외과 부분에서는 독보적인 존재로 중국에서는 현재 그를 '외과의 비조(鼻祖)'로 대우하고 있다.

화타의 전설은 여기에서 끝나지 않는다. 그는 '움직이면 곡기(谷氣)가 없어지고 혈맥이 잘 통하며 병이 생기지 않는다. 예컨대 문지방이 끝내 썩지 않는 것과 같은 이치다'라고 주장하면서 유명한 보건체조를 만들었다.

'옛날에 장수한 신선은 몸과 수족을 굽혔다 폈다 하면서 신선한 공기를 마시는 양생법인 도인(導引) 활동을 진행시키고 곰처럼 나무를 끌어안고, 올빼미처럼 몸은 움직이지 아니하고 목만 돌려 뒤를 돌아다보고 허리를 펴고 각 부위의 관절을 활동시켜 장수를 구했다. 나는 이를 발전시킨 운동방법을 알고 있는데 이를 '오금희(五禽戲)'라 부른다. 이는 곧 호랑이 · 사슴 · 곰 · 원숭이 · 새의 동작을 모방한 것이다. 이것은 질병을 제거할 수 있으며 아울러 수족을 자유롭게 하여 도인(導引) 작용을 한다. 신체 중에 불편한 곳이 있을 때 일어나서

한 동물의 놀이를 한다면 땀을 흘려 옷을 적시게 되며 불편한 곳 위에 가루약을 부리면 신체는 경쾌해지고 뱃속에서도 음식을 먹으려고 할 것이다.'

화타가 중요하게 여긴 양생학설(養生學說)은 그 후 중국 의학의 주요 학파로 자리 잡는다.

전설적인 수술

형주에 있던 관우는 조조의 용맹한 장수인 방덕의 군대와 전투를 치르다가 팔에 독화살을 맞는다. 악화된 상처의 염증으로 고열이 심해 말에서 떨어져 정신을 잃을 정도로 상태가 심각해지자 관우의 목숨이 위태롭다는 이야기가 퍼진다. 관우가 중병에 걸렸다는 소문이 돌자 그를 치료하고자 달려온 사람이 있었으니 바로 화타였다. 화타는 관우의 상처를 살펴보더니 독이 뼈까지 침투했으니 오염된 살을 도려내고 뼈를 긁어내면 완치가 가능할 것이라 설명했다.

관우는 화타로 하여금 곧바로 수술을 하게 했다. 화타는 시술하는 동안 관우가 고통을 참지 못할 것으로 생각해 관우의 몸을 묶으려 하지만 관우는 이를 제지하며 바둑판과 술을 대령하게 한다. 그리고 화타가 한 팔을 치료할 동안 다른 한 팔로 자신의 진영에 있던 마량과 바둑을 두었다. 화타가 이마에 땀을 흘리며 상처를 째고 독에 오염된 부위를 긁는 소리가 사방에 들렸다. 화타가 오염된 뼈를 모두 긁어낸 다음, 상처에 약을 바르고 붕대를 감을 무렵 관우가 두던 바둑도 거의 종국이 되었다고 한다. 관우는 상처가 완치되자 화타에게 큰 상을 내리려 했으나 화타는 거절하였다. 화타는 '장군 같은 환자는 처음 보았다' 면서 명환자가 있어 명의가 존재할

화타가 팔을 째고 수술하는 동안 미량과 바둑을 두었다는 관우의 일화는
중국 작가 특유의 과장이 섞인 이야기다. 마취제가 없다면 사실상 이러한
수술은 불가능하기 때문이다.

수 있다고 말하고 유유히 길을 떠난다.

물론 한국과학기술정보연구원에 따르면 이와 같은 일은 결코 일어날 수
없다. 뼈를 깎는 시술을 마취제도 없이 견디기는 힘들기 때문이다. 중국
작가들 특유의 과장을 감안한다면, 시술이 아주 미미한 것이었거나 화타
가 요즘의 마약류에 속하는 국부마취제(마비산)를 이용했을 가능성이 아

주 높다.[2] 최승일도 관우와 같은 경우는 『삼국지』와 같은 소설에 나오는 특수한 예에 불과하다면서 정말로 그렇게 수술했다면 관우는 분명 사망했을 것이라고 덧붙였다.[3]

힘 센 사람 채용하는 병원

관우의 수술이 사실이든 아니든 수술에는 심한 고통이 따른다. 때문에 안전하고 효과적인 마취제가 발명되기 전에는 대규모 수술은 상상도 할 수없다. 과거에는 술과 아편 등을 진통제로 사용하기도 했지만 시간이 오래걸리고 까다로운 수술을 하는 내내 마취상태를 유지할 수 없었다. 옛날에는 아무리 왕후장상이라도 수술을 할 때는 정말 잔인한 방법을 사용하지 않으면 안 되었다. 수술대 위에 환자를 뉘어놓고 밧줄로 꽁꽁 묶은 다음 보조원이 환자를 붙잡고 있는 동안 의사가 톱이나 칼로 환부인 다리나 팔을 절단하는 것이 고작이었다. 수술이 끝난 후에는 벌겋게 달군 인두로 환부를 지져 피를 멎게 하고 세균이 침범하지 못하게 했다. 고대의 수술 장면을 그린 그림이나 사진을 보면 수술대 옆에 뜨거운 불이 이글거리는 화로에 인두가 꽂혀 있는 것을 볼 수 있는데 그것의 용도는 절단면을 지져 출혈을 멎게 하는 것이었다.

1800년대 중반만 해도 규모가 큰 유럽의 의료기관은 전직 하역인부나 복싱선수 등 힘세고 덩치 좋은 사람들을 '수색대'로 고용했다. 수술을 받다가 도망치는 환자를 잡아서 다시 수술대로 끌고 오는 임무를 맡기기 위해서였다고 하니[4] 그 고통이 어느 정도였는지는 상상에 맡긴다. 실제로 수술 후의 후유증 때문이 아니라 수술대 위에서 고통으로 사망하는 사람이 많았을 정도였다. 진화론으로 유명한 찰스 다윈은 의학교에 입학했는데 수술을 관찰하는 수업 중에 환자가 고통스러워하는 것을 보다 못해 뛰쳐나가 결국 의학교를 중퇴했다. 현재는 다리 절단수술도 마취제를 사용하여 통증 없이 할 수 있으며 장기이식까지 가능해졌다. 과학이 발전한 덕분이다. 각 병원마다 마취를 전공한 전문의사가 있어 환자의 환부에 따라 마취 정도를 조절하며 환자의 신체상태를 적절하게 유지하는 동안 집도의사는 편안한 마음으로 수술에 전념한다.

1772년에 조셉 프리스틀리는 아산화질소(N2O)라는 무독성 기체가 묘한 효과를 갖고 있다는 것을 발견했다. 이것을 흡입한 사람은 노래를 부르거나 싸움을 하거나 웃는 등 광태(狂態)를 보였다. 그래서 아산화질소를 속칭 '웃음 가스' 라고도 부르기도 했다. 영국의 험프리 데이비는 아산화질소를 좀 더 오래 흡입하면 일시적으로 의식을 잃는다는 사실을 발견했다. 데이비는 아산화질소를 외과수술에 사용할 수 있을지도 모른다고 생각했으나 그 역시 마취제로 사용하는 방법을 강구하지 않고 오락을 위한 용도로만 사용하였다. 그가 더 이상 마취제에 관심을 기울일 수 없었던 것은 1803년 영국왕립협회회원이 되었고 1810년에는 경 칭호를 받았으며 1829년에 회장이 되는 등 외부 일에 바빴기 때문이다.

외과수술에 최초로 마취를 활용한 사람은 미국의 의사 크로퍼드 롱이다. 롱은 미국 조지아 주 대니얼스빌에서 태어나 켄터키 주의 트랜실베이니아대학과 필라델피아의 펜실베이니아대학에서 의학 학위를 받고 1841년 조지아 주의 시골 마을인 제퍼슨에서 개업했다. 롱은 대단히 열정적이고 친절하여 환자의 요청이 있으면 하루가 걸리더라도 왕진을 했으므로 지역에서 평판이 높았다. 그가 마취제를 사용하려는 아이디어를 떠올리게 된 것은 자신의 결혼식 때문이었다. 1842년 롱의 결혼식이 끝난 뒤 친구들은 그에게 파티용으로 아산화질소를 만들어달라고 했다. 당시 아산화질소를 흡입하면 술에 취한 것처럼 행동하고 약간의 자극을 받아도 울거나 웃었으므로 파티에서 종종 사용했다. 롱은 파티용 아산화질소 대신 에테르(에틸에테르, $C_2H_5OC_2H_5$)를 만들어주었다. 에테르도 아산화질소와 같은 작용을 하였다. 에테르는 2개의 탄화수소원자가 산소원자 1개와 결합하여 생기는 화합물로 일반적으로 중성이며 냄새가 있는 휘발성 액체로 아산화질소와 거의 마찬가지로 파티에 널리 사용되었다. 결혼식 피로연에서 지나치게 날뛰어 가벼운 상처를 입은 사람이 있었는데 에테르를 마신 사람은 상처가 나도 통증을 거의 느끼지 않았다. 그것을 지켜 본 롱은 에테르를 외과수술에 사용할 수 있지 않을까 생각했다. 마침 그의 친구 베너블의 이마에 고름이 든 종기 2개가 생겼다. 베너블은 수술을 예약했다가도 수술 때 겪어야 할 고통이 두려워 매번 그 예약을 취소했다. 롱은 베너블을 설득하여 에테르 파티에서 상처가 나도 통증을 전혀 느끼지 못하는 것을 경험하게 한 후 1842년 3월 30일 베너블의 종기를 제거했다. 그의 수술은 대성공을 거두었고 1842년 7월에는 남자의 발가락 끝을 통증 없이 절단했으며 1845년 12월에는 마취를 사용한 무통출산에도 성공했다.[5] 1844년 치과의사인 웰즈도 아산화질소를 흡입한 후 자신의 충치를 뽑도록 부탁했는데 그가 의식을 잃은 동안에 수술이 진행되었고 의식을 회복했을 때도 통증을 느끼지 않았다. 1846년 윌리엄 모튼은 아산화질소보다는 에테르가 보다 효과적이라는 말을 듣고 에테르를 사용해서 통증 없이 환자의 치아를 뽑았다.

마취제인 아산화질소나 에테르처럼 인류에게 기여한 물질도 흔치 않다. 외과의사인 제임스 심프슨은 에테르를 이용하여 여자들이 고통 없이

아산화질소의 효능을 그린 15세기 삽화. '웃음가스'라고 불리는 아산화질소를 마실 경우 고통에 둔감해진다. 오래 흡입할 경우 의식을 잃기도 해 마취제 대용으로 사용되었다.

아기를 분만할 수 있는 방법을 연구하였지만 많은 부작용이 있음을 알았다. 이때 등장한 것이 클로로포름(트리클로로메탄, CHCl3)이다. 이 약은 동물실험을 통해 마취효과가 있으며 무통분만에 이용될 수 있음이 알려졌다. 그러나 일부 성직자들은 마취제를 사용하여 신이 인간에게 가하는 고통을 피하고자 하는 것은 신성모독이라고 여겼다. 당시 많은 사람들은 신은 인간으로 하여금 때에 따라서 고통을 받도록 의도했을 것이며 그렇지 않다면 신은 인간을 지금과는 다르게 만들었을 것이라고 믿었다. 특히 인간이 꼭 받아야 할 분만의 고통을 없애는 것은 성서의 근본에도 위배된다고 격렬하게 공격하였다(구약성경 「창세기」 3장에는 '네가 수고하고 자식을 낳을 것이며……'라는 구절이 있다). 클로로포름은 이와 같은 종교계의 강력한 반대에 부딪혀 보급이 되지 못하다가 영국의 빅토리아 여왕이 1853년에 여덟 번째 왕자인 레오폴드 왕자를 분만할 때와 1857년 베아트리스 공주를 낳을 때 사용하면서 일반에게도 허용되었다.

현대의 마취방법으로 가장 많이 사용하는 것 중의 하나는 기관에 관을 넣어 기도를 유지하는 전신마취로 제1차 세계대전 직후에야 시작됐다. 전신마취가 현실적으로 가능해지자 마취 분야는 급속도로 발전을 거듭했다. 그럼에도 불구하고 그 당시의 의사들은 환자들이 어느 정도의 고통은 참아야 한다고 생각했고, 특히 어린아이들에 대한 강력한 진통제 사용을 기피했다. 어린아이에게 진통제를 허용할 때는 각별한 주의를 기울였고 유아의 경우에는 아예 진통을 위한 어떤 처방도 내리지 않는 것이 관례였다. 그러나 현재는 많은 의사들이 환자들에게 진통제를 투여하는 데 보다 적극적인 입장을 취하고 있다. 그것은 통증에 대한 이해가 높아지고 통증을 줄이기 위한 새로운 기술들이 개발되었기 때문이다.

참을 수 없는 고통의 메커니즘

통증은 수술 등으로 인한 큰 상처에서만 느껴지는 것이 아니다. 사람이 태어나서 사망할 때까지 수많은 통증으로 고통을 당한다. 통증에 대해 근래까지 알려진 것을 나흥식 박사의 글을 참조하여 설명한다.

피부가 손상될 때 느껴지는 아픔은 외부로부터 몸을 보호하기 위하기 위한 '면역적 방어 메커니즘'으로 설명한다. 선천적으로 통증을 느끼지 못하는 증세를 가진 사람들이 외부의 해로운 자극을 제대로 피하지 못해 치명적인 결과를 낳게 되는 것이야말로 통증의 중요성을 알려준다. 통증의 전달은 가느다란 감각신경(수초가 없는 무수신경이나 가느다란 유수신경)이 담당한다. 지름이 좁은 관일수록 물질이동에 대한 저항이 높듯이 신경에서도 가느다란 신경이 굵은 신경에 비해 이온들의 이동이 활발하지 못해 감각정보의 전달 속도가 느리다. 그 결과 굵은 신경에 의해 전도되는 촉각이나 압각(초속 80미터로 전달하는 굵은 유수신경)보다 가는 신경에 의한 통각(초속 0.5~3미터의 무수신경 또는 초속 4~30미터의 가느다란 유수신경)은 뇌나 척수에 늦게 도달한다.

그런데 방어기능을 담당하는 통각의 전도속도가 다른 감각들보다 늦는 것은 '생체보존의 기본법칙'에 어긋난다. 예를 들어 못에 찔렸을 때 아프다는 정보가 뇌나 척수에 늦게 전달되면 자극으로부터 늦게 피하게 돼 손상이 커지기 때문이다. 그렇다면 통각의 전도속도가 늦은 이유는 무엇일까? 전도속도가 늦은 것에도 유리한 점이 있기 때문이다. 전도속도가 빠르려면 신경이 굵어져야 하고 분포도 촘촘해야 한다. 그러려면 연필 굵기만한 우리 다리의 신경이 팔뚝 굵기만큼 굵어지고 다리는 코끼리 다리만큼 커져야 한다. 결국 신경전달만을 위해서 인체를 무한정 확대할 수 없다는 사실에 인체가 알아서 적응토록 했다고 밖에는 설명할 수 없다.

놀라운 사실이지만 고통의 메커니즘에 대한 정설은 아직도 없다고 한다. 일반적으로는 1965년 로널드 멜작과 패트릭 월 박사가 발표한 문조절이론(gate control theory)이 잘 알려져 있다. 이 이론은 말초감각신경 중 촉각이나 압각을 전달하는 굵은 신경섬유가 가느다란 신경섬유에 의해 전달되는 통증을 억제한다는 것이다. 즉 굵은 신경섬유는 척수 교양질 내에 있는 문을 닫아 통각정보를 차단하는 반면, 가는 신경섬유는 문을 열어 통각정보가 뇌에 도달하도록 한다는 것이다. 그러나 가는 신경섬유도 뇌로 전달되는 문을 닫을 수 있다는 연구결과가 보고되어 이 문제는 앞으로 보다 많은 연구가 필요하다.

발목을 삐면 매우 이상한 경험을 한다. 순간적으로 아픈 곳이 분명한 날카로운 통증이 느껴졌다가 곧바로 사라진다. 이후 피부 깊숙이 둔하면서도 퍼지는 통증을 느낀다. 이를 이중통(二重痛)이라고 한다. 첫 번째 통증이 손상 자체를 알리는 과정이라면 두 번째 통증은 손상으로 파괴된 세포와 신경말단에서 나오는 여러 물질들이 주변으로 퍼지면서 나타난다. 이 통증은 적어도 1~2주까지 지속된다. 또 발목을 삐고 나면 다리를 절룩이거나 움직이지 못하게 되는데 이는 손상부위를 덜 움직이게 만듦으로써 조직을 신속하게 회복하기 위한 방어 메커니즘의 일환이라고 김전 박사는 적었다. 움직이지 않는 동안은 통증정보가 중추신경계에 전달되지 않기 때문에 아픔을 느끼지 않는다는 것이다.[6] 이런 통증을 느낀다는 것은 체내 조직이 손상되었음을 의미하므로 이때 통각신경을 흥분시키는 물질이 방출된다는 것을 의미한다. 때문에 가만히 있어도 욱신욱신 아프거나 평소에는 아픔을 일으키지 않는 자극에도 아프게 느껴지는 통각과민을 일으키기도 한다. 현재까지 알려진 통각물질로는 세로토닌, 브리디키닌, 아세틸콜린, 히스타민, 칼륨이온, 수소이온, 프로스타글란딘 등 여러 가지가 있다. 그러나 이 물질들이 어떻게 통각신경을 흥분시키는지는 아직 정확히 밝혀지지 않았다.[7]

다소 시간상 의미의 차이가 있지만 이상과 같은 신경계의 통증을 일반적인 통증 또는 급성통증이라고 한다. 그 반대로 만성통증도 있다. 멜러니 선스톰 박사는 만성통증을 뇌와 척수에 비정상적인 변화를 일으키는 신경계의 병리현상으로 설명했다. 질병과 흡사하다는 뜻이다. 통증을 조직의 손상이나 질병으로부터 몸을 보호하기 위한 경보수단이라고 생각하면 급성통증은 이러한 경보 체제가 정상적으로 가동하고 있다는 표시다. 통증이 있다면 어딘가 손상된 것이다. 때문에 손상된 부위가 치료되면 통증도 사라진다. 하지만 만성통증은 이 경보 체제가 망가진 것이다. 통증을 전달하는 선이 절단되거나 손상되면 전체의 경보 체제가 뒤죽박죽이 된다. 시스템 자체가 손상되었으므로 수리가 되지 않는데 이를 신경통이라고도 부른다. 만성통증은 걸핏하면 악화된다. 클리퍼드 울프 박사는 이를 다음과 같이 설명한다. "신체적인 통증은 신체를 변화시킨다. 이것은 감정의 손실이 마음을 멍들게 하는 것과 같다. 우리 몸의 통증전달 체제는 성형성이 있다. 다시 말해 통증에 의해서 통증을 일으키는 체제가 재편성될 수 있다는 뜻이다."

만성통증 환자에게는 대부분 불안과 우울 증세가 나타난다. 통증과 우울증은 같은 신경회로를 공유하기 때문이다. 세로토닌과 엔도르핀 같은 신경전달물질과 호르몬은 건강한 뇌를 조절하지만 우울증을 억제하기도 한다. 그러므로 우울증 치료제가 통증을 치료할 수도 있지만 우울증이나 스트레스를 유발하는 사건이 통증을 악화시킬 수 있다는데 치료의 어려움이 있다.

현재 이들 질병을 치료하는 대안으로 떠오르는 기술이 '유전자 칩'이다. 이 기술로 신경에 통증에 반응할 때 어떤 유전자가 작용하는지 알아낼 수 있다. 현재까지 통증과 관련된 유전자로 확인된 것이 60개이지만 적어도 수백 개 이상의 통증과 관련되는 유전자가 있다고 추정된다. 학자들은 통증에 관련되는 핵심유전자 찾기로 분주하다. 다른 통증유전자들을 움직이게 하는 마스터 스위치 역할을 하는 유전자를 발견한다면 통증을 획기적으로 억제할 수 있기 때문이다.[8]

호랑이에게 물려가도 정신만 차리면 산다

'호랑이에게 물려가도 정신만 차리면 산다'는 말이 있다. 과학자들은 이 경우 정말 살 수 있을지는 몰라도 최소한 아프지는 않을 수 있다고 말한다. 실제로 19세기 말 아프리카를 탐험한 리빙스턴 박사는 사자에게 공격당한 적이 있는데 어깨가 뜯겨 나가는 순간에도 고통을 느끼지 못했다고 회고했다.

최근 국내 과학자들은 뇌의 메커니즘을 연구하여 감각신호를 차단함으로써 고통을 못 느끼게 하는 방법을 알아냈다. 한국과학기술원(KAIST) 생명과학과 김대수 교수는 배앓이를 자주 하는 아이들에게 책을 읽어주거나 TV를 보여주면 언제 아팠느냐는 듯이 아무 고통도 느끼지 못하는 데 주목했다. 김 교수는 이를 뇌가 선택적으로 통증신호를 받아들이기 때문이라고 생각하고 관련 유전자를 찾아냈다. 이렇게 찾아낸 것이 바로 'T타입 칼슘 채널 유전자'이다. 실험결과 복통을 일으키는 약물을 투여한 생쥐는 이 유전자가 활동하면 전혀 고통을 느끼지 않았다. 반면 유전자 활동이 억제된 경우에는 온몸을 뒤틀며 고통을 호소했다. T타입 유전자는 어떻게 감각신호를 차단할 수 있을까? 김 교수는 최근 T타입 유전자가 일종의 잡음(noise)을 발생시킨다는 사실을 처음 밝혀냈다.

1932년 독일의 한스 베르거는 '사람은 감각 그 자체가 아니라 신경세포가 전달하는 전기신호를 감지한다'는 사실을 알아냈다. 그 후 여러 감각기관에서 받아들인 감각신호는 대뇌 각 부분으로 흩어져 보관됐다가, 척수와 대뇌를 잇는 뇌조직인 시상핵(視床核)에서 하나의 기억으로 연결되어 대뇌피질로 전달한다는 사실이 알려지게 됐다. 김 교수는 "시상핵에서 연결된 감각신호가 대뇌로 전달될 때는 두 가지 형태의 신호가 발생한다"며 "최근 생쥐 실험 결과 T타입 유전자가 활동하면 신호가 한꺼번에 전달되는 다발성 발화(多發性發火) 형태"가 발생한다는 사실을 밝혀냈다고 말했다. 여러 사람이 한꺼번에 말을 하면 무슨 말인지 알아들을 수 없는 것처럼, 여러 감각신호가 동시에 전달되면 일종의 잡음이 돼 뇌가 의미를 파악할 수 없게 된다는 것이다. 반대로 감각신호가 마치 모스 부호처럼 끊어져서 전달되는 긴장성(緊張性) 발화로 전달되면 감각신호 하나하나를 정확하게 인식할 수 있게 된다.

김 교수는 "같은 자극에도 성격에 따라 다른 반응을 보이는 현상을 같은 메커니즘으로 설명할 수 있다"고 말한다. 놀이기구를 탈 때 시큰둥한 사람도 있지만, 어떤 사람은 탄성을 지르며 즐긴다. 김 교수는 호기심이 강하고 스릴을 좋아하는 사람은 긴장성 발화 경향이 강할 것으로 예상했다. 실제로 다발성 발화를 억제해 긴장성 발화가 강화되도록 쥐의 유전자를 조작했더니 갑자기 호기심이 왕성해졌다고 한다. 신호 하나하나가 명확하게 인식되면서 정보량이 많아졌기 때문이다. 물론 같은 양의 통증에도 고통을 훨씬 더 강하게 느끼는 희생도 따른다. 김 교수는 반대로 "의지를 강하게 해 통증을 참아내는 것이나, 정신수련을 하면 마음이 평안해지는 것은 다발성 발화가 강화돼 외부의 자극을 잡음으로 만들어버리는 능력이 발달하기 때문으로 설명할 수 있다"며 "최근 뇌 연구는 이처럼 사람의 정신과 인식, 그리고 자아(自我)와 같은 철학적 주제까지도 연구대상으로 삼고 있다"고 설명했다.[9]

조조와 화타의 악연

조조는 화타의 명성을 듣고 그를 불렀다. 조조는 두풍병(頭風病, 중풍의 한 종류로 두통과 어지러움, 안면마비 증세를 동반한다)이 있었지만 어느 의원도 치료하지 못했는데 화타가 침을 한 대 놓으니 두통이 그쳤다. 화타의 신술 (神術)에 가까운 의술에 놀란 조조는 화타를 시의(侍醫)로 삼고자 하였으나 화타는 이를 거절했다. 고급관리만을 위해 자신의 의술을 썩히는 것보다 백성을 위해 의술을 펼치겠다는 생각이었다. 조조는 화타를 여러 번 불렀지만 이리저리 핑계만 대고 응하지 않았다. 심지어는 아내가 아프다며 조조의 명을 또 다시거역하자 조조는 화타의 부인이 정말로 아프면 팥 열 섬을 내리고 만약 거짓이라면 체포하여 압송하라고 했다. 결국 화타는 허현의 감옥으로 넘겨졌다. 심문을 받고 죄를 시인하자 조조는 그를 처형하라고 지시했다.

『삼국지』에는 화타가 조조에게 살해되는 정황이 다음과 같이 기술되어 있다. 우선 화타의 외과수술 능력을 부하가 매우 실감나게 조조에게 보고한다.

"오장육부에 병이 들었을 때 마폐탕(麻肺湯)*을 마시게 해서 환자를 마취시킨 다음 날카로운 칼로 배를 가른 후 약탕으로 그 장부(臟腑)를 깨끗이 씻습니다. 이때 병자는 조금도 아픔을 느끼지 않습니다. 이후 실로 창구(瘡口)를 봉합한 후 그 위에 약을 붙이면 한 달 혹은 20일이 지나 완쾌됩니다."

두통으로 심하게 고생하던 조조가 곧바로 화타를 불러 진맥케 하는데

---

* 마포(麻布) 만드는 삼을 주성분으로 해서 달인 한약으로 화타가 이미 삼국시대에 삼(麻) 속의 메타돈 (methadone) 같은 마취 성분을 알고 있었다는 것을 의미한다.

진맥을 마친 화타는 조조의 병은 뇌 속에 있으므로 복약을 하여도 아무 효과가 없다고 말한다. 그래도 치료가 가능하냐고 묻자 화타는 다소 어려운 수술이 필요하지만 고치지 못할 것이 없다며 다음과 같이 치료법을 이야기한다.

"대왕의 병은 풍증으로 한번 발작하면 머리가 깨어지는 것같이 지독하게 아프므로 바람 증세와 담 증세를 걷어내야 합니다. 치료하려면 마폐탕을 마신 후 의식을 잃었을 때 날카로운 도끼로 머리를 가른 후 뇌를 열어 바람 증세와 담 증세를 걷어 낼 수 있습니다."

현대인들도 머리를 도끼로 가르고 병의 근원을 치료해야 한다고 한다면 놀라지 않을 사람이 없을 것이다. 조조가 만약 열에 하나라도 성공하지 못하면 어떻게 하느냐고 묻자 화타는 그렇다면 죽는 수밖에는 도리가 없다고 솔직하게 대답한다. 그러나 당대의 패자인 조조에게 의사로서의 솔직한 대답은 고깝게 들렸나보다. 조조가 대노하자 화타는 관우가 오른쪽 팔에 화살을 맞아 상했을 때 살과 뼈를 긁어냈지만 관우는 조금도 두려운 빛이 없이 편안히 바둑을 두면서 수술에 임했다고 말한다. 또한 관우의 팔을 치료하는 것이 조조의 머리를 가르는 것보다 더 어려운 일이라고 빗대어 약을 올리기도 했다. 조조가 화타의 말에 분개한다.

"팔뚝은 긁어낼 수 있지만 두개골을 어떻게 가를 수 있느냐. 네가 관우와 가까운 사이이므로 이 기회에 나를 죽여 관우의 원수를 갚으려는 것이 분명하다."

지병인 두풍 치료를 위해 화타를 청한 조조는 화타가 자신과 관우를 비교하자 화타
를 처형한다. 야사에 따르면 이들의 관계가 본래 적대적일 수 밖에 없었다고 한다.

　화타가 조조의 명에 의해 감옥에 갇히자 신하들이 구명운동을 했지만
조조는 꿈쩍도 하지 않고 화타를 죽이려 했다. 신하들의 구명운동에도 조
조가 마음을 돌리지 않자 화타는 자신의 죽음이 임박했음을 알고 비장의
의서인 『청낭서(靑囊書)』를 옥리에게 전하며 백성을 치료해달라고 했다.
그러나 옥리가 두려워 받지 않았고 화타는 어쩔 수 없이 의서를 태워버렸
다. 『삼국지』에는 화타가 의서를 태운 것이 아니라 옥리가 의서를 받기는
받았지만 옥리의 부인이 태운 것으로 적혀 있다. 자신의 남편이 화타의

의서를 공부하여 유명한 의원이 되었다고 해도 화타처럼 살해될 것이 분명하므로 불행의 씨앗을 사전에 없애버리겠다는 의도였다. 화타는 이렇게 조조에 의해 죽임을 당하는데 조조는 자신의 병이 중했음에도 화타를 죽인 것을 후회하지 않았다.

그러나 그의 아들 창서가 위독해지자 조조는 탄식하면서 말했다.

"화타를 죽인 것을 정말로 후회한다. 내가 이 아이를 죽게 한 것이나 마찬가지이다."

죽은 사람이 다시 살아올 리는 만무하다. 결국 조조도 화타의 치료를 받지 못하고 사망한다. 일부 학자들은 조조의 병이 뇌종양이었을 것으로 생각한다.

화타가 조조에게 살해되는 대목을 자세히 보면 다소 석연치 않은 면이 있다. 당대의 명의 중의 명의인 화타가 병을 치료하겠다는데 조조는 왜 그가 자신을 죽이려는 것으로 생각했을까? 『삼국지』에는 여기에 대한 설명이 없지만 야사(野史)는 화타와 조조 간에 뿌리 깊은 악연이 있다고 설명한다.

'본래 고향이 같은 화타와 조조는 당대 무술과 학문에서 최고의 경지에 오른 스승 밑에서 동문수학하였는데, 수제자는 화타이고 조조는 화타보다 무술이나 학문 등 모든 면에서 한 수 밑이었다. 스승에게는 절세미인인 외동딸이 있었는데 스승은 무술과 학문은 물론 인품도 조조를 훨씬 능가하는 화타를 일찌감치 사윗감으로 점찍어두었다. 그런데 스승과 화타가 자리를 비운 틈을 이용하여 조조가 스승의 딸이자 화타의 정혼녀를 겁탈하는 일이 발생하였다. 화타는 이에 적지 않게 놀랐지만 자신의 정혼녀를 조조에게 양보하고 스승 곁을 떠나 변변하게 의료혜택을 보지 못하는 백성들을 구하는 의사의 길을 걷게 되었다.'

조조는 그 후 승승장구하여 실질적인 당대의 패자가 되었지만 화타가 구원(舊怨)을 되살려 앙심을 품고 뇌수술을 핑계로 자신을 죽일지도 모른다는 의심을 갖게 되었다는 것이다. 야사의 내용이므로 믿거나 말거나이지만 조조가 세기의 명의인 화타를 죽인 것은 그야말로 큰 손실이 아닐 수 없다.

마비산은 존재했을까

동양은 서양과 달리 외과수술을 하지 않는 것이 기본이다. 그런데 화타가 사용한 마취제인 마비산이 계속 전해졌다면 동양도 이 분야에서 적지 않은 발전을 이룩했을 것이 분명하다. 이 문제로 학자들 간에 많은 논쟁이 있었다. 화타가 살았던 시대가 2세기인데다 과연 그가 마취제를 갖고 있었는지, 그리고 정말로 중환자를 마취시켜 개복수술과 뇌수술을 할 수 있었는지 의아하다. 진수의 『삼국지』를 비롯하여 각종 자료에 화타의 치료 사례가 26건이나 기재되어 있는데 이를 모두 사실이라고 믿기는 어렵다. 앞서 말한 바와 같이 혹 안에 새가 있었다는 말을 믿을 사람이 누가 있겠는가. 진수의 『삼국지』에는 개복수술에 관한 기록이 있다. 한 사대부가 찾아오자 화타는 다음과 같이 말한다.

"당신의 병이 깊으므로 배를 갈라 절제해야 합니다. 그러나 당신의 수명 역시 10년을 넘지 못할 것이니 질병을 참아낼 수 있다면 수명과 함께 질병의 수명이 다할 것이므로 특별히 수술할 필요는 없습니다."

사대부는 고통을 참지 못하고 화타에게 수술해달라고 했다. 그의 병은 완쾌되었지만 화타의 말대로 10년이 지나 죽었다. 『후한서』에도 간략하기는 하지만 화타가 두 번이나 개복수술을 했다고 적혀 있다. 이들 기록 모두 중국 정사에 기록되어 있는 내용이므로 학자들은 화타의 수술을 의심할 이유는 없다고 말한다. 또한 삼국시대보다 다소 후대이기는 하지만 수나라 때 개복수술한 사례가 많다는 기록도 화타의 의술에 신빙성을 더해준다. 삼국시대보다 늦은 수나라 때라 하더라도 당시에 수술이 가능했다면 삼국시대라고 수술이 불가능했다고 보기 어렵다. 특히 술에 마취성분이 있는 삼을 넣어 잠시 마취하는 것은 현대 의학으로도 능히 상상할 수 있는 일이므로 더욱 그러하다.

화타는 『청낭서(靑囊書)』『침중구자경(枕中灸刺經)』『관형찰성삼부맥경(觀形察聲三部脈經)』『화타방(華佗方)』, 『중장경(中藏經)』등의 의서를 저술했다고 알려지지만 이것들은 모두 전해지지 않았다. 화타가 저서를 감옥에서 모두 불태웠다는 기록까지 있으니 남아 있는 것이 도리어 이상할 수도 있겠다. 화타가 서명한 것으로 알려진 『중장경』이 현재 남아 있으나 이는 후세 사람이 만든 가짜이다.[10]

그러나 학자들은 화타가 감옥에서 태운 것은 그의 저서의 일부에 지나지 않는다고 보고 있다. 화타가 감옥에 자신의 저서를 모두 가지고 갈 수는 없었을 것이기 때문이다. 다행히도 화타의 저술 내용이 완전히 사라진 것은 아니다. 비록 완전하지는 않지만 당나라와 송나라의 의서에 그의 의료활동 흔적이 남아 있다. 일부 학자들이 화타의 몇몇 의술 내용을 기록해놓은 것이다. 또한 화타는 비명에 죽었지만 그에게는 제자들이 있었다. 당대에 유명한 의사로 성장한 광릉의 오보, 서안의 이당지, 팽성의 번아 등이다. 오보와 이당지는 본초(本草)에 대한 저술이 있고 번아는 침술에 능했다고 한다.[11] 전하는 말에 의하면 화타가 살해된 후 그의 제자 번아가 그의 수급을 팽성(彭城, 강소성 서주시)에 옮겨 안장했다고 한다. 명나라 영락 연간에 서주의 양절중이 산천단을 수축할 때 두개골 하나를 얻었는데 화타의 머리로 생각하고 묘지를 만들고 비석을 세웠다. 현존하는 묘비석은 높이가 2미터이고 '후한 신이 화타묘' 라고 새겨져 있다. 현재의 강소성 서주, 안휘성 박주, 외양 등지에도 화타를 기념하는 묘·사찰·사당 등이 있다. 근래의 고고학 조사에 의하면 박주시 성남 청수하 남안에서 '화장호' 촌락유적지를 발굴했는데 화씨 마을의 거주지로 확인되었다. 안휘성 박주시 성남 성북에도 화장 촌락이 있는데 역시 화타의 후예가 많이 살고 있다.[12]

옛날 한국에서는 부상자를 어떻게 치료했나

한의학이 서양과 달리 수술을 하지 않았다고 하지만 몸에 칼을 대는 전통이 전혀 없었던 것은 아니다. 동양에서도 외과수술이라 할 수 있는 몇몇 분야가 존재한다. 종기치료법, 신체기형부위수술, 자상(刺傷, 칼 등에 찔린 상처) 등에 대한 수술이다.

발배(發背)라고 불리는 '등에 난 종기'는 과거 불치병 가운데 하나였다. 고대 기록에 따르면 신라의 신무왕, 후백제의 견훤, 고려의 예종과 신종이 이 병으로 사망했으며 조선시대의 문종도 종기로 사망했다. 조선시대에 들어서 외과수술로 종기를 제거하는 획기적인 종기치료법이 생겼다. 인조 때의 백광현이 지은 『치종지남(治腫指南)』에는 예리한 수술도구를 사용하여 종기를 째고 여러 가지 약을 써서 뿌리를 제거하는 방법이 적혀 있다. 신동원 박사는 현대 의학에서는 간단한 것으로 보이지만 당시로서는 중국이나 일본에서 볼 수 없는 획기적인 방법이라고 적었다. 고대일수록 전쟁은 물론 일반 싸움으로 칼이나 창 등으로 다치는 경우가 매우 흔한데 그 중에는 내장이 밖으로 튀어나오는 경우도 있었다. 조선의 『한약구급방』에는 밖으로 튀어나온 내장을 안으로 넣고 봉합하는 방법이 실려 있고, 허준의 『동의보감』에도 보다 실용적인 내용이 적혀 있다.

'쇠붙이에 상해 끊어진 장의 양끝이 다 보일 때는 봉합하여 고칠 수 있다. 그 방법은 다음과 같다. 끊어진 장의 양끝이 다 보이면 빨리 바늘과 실로 꿰맨 다음 닭 벼슬의 피를 발라서 기운이 새지 않게 하고 빨리 뱃속으로 밀어넣어준다.'

바늘과 실을 써서 꿰매는 방법은 오늘날 현대 의학에서 말하는 봉합술과 다르지 않

다.[13] 전쟁에서 생긴 부상자들을 위해 어떤 방법이든 외과적인 방법이 사용되었을 것임

은 당연한 일로 보인다.

온화한 영웅 유비,
사람을 먹다

三國
志

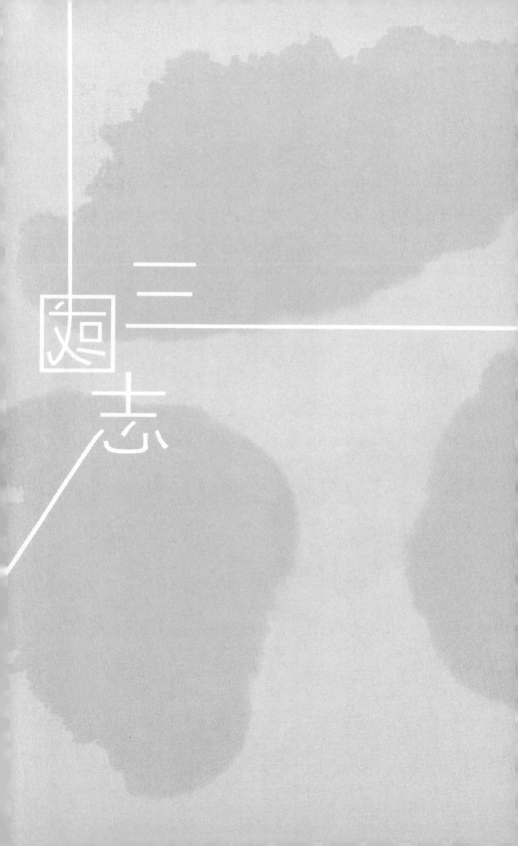

중국의 역대 황제는 209명으로 이 중 63명이 자살을 하거나 암살을 당했다. 무려 3분의 1이 자연사가 아닌 죽음을 맞은 셈이다. 209명의 평균연령은 불과 38세에 지나지 않았다. 당연히 궁정 안의 암투나 왕조의 멸망 등으로 인해 살해된 왕자나 왕손은 살해된 제왕의 수십 배 내지는 수백 배에 이른다. 태자로 책봉되기까지 궁정 안에서 수없이 암투가 펼쳐졌고 태자가 황제를 승계할 때는 각 파벌이 내홍(內訌)을 거듭하는 일이 많았다. 황제 한 사람이 등극하는 사건에 휘말려 죽는 사람이 수만 명에 달하는 경우도 드물지 않다. 놀라운 것은 황제들은 물론 승리한 장수들이 패배한 적장들을 죽여 그 인육을 먹는 것을 당연하게 여겼다는 점이다. 사실 권좌나 패권을 둘러싼 다툼이 바로 식인 문화의 근본이다.

『삼국지』의 경우도 다르지 않다. 통일제국 한나라가 패망하는 과정에서 황제의 자리에 오르고자 한 세 사람이 서로 쟁패하였으므로 보다 심각한 전쟁 상황이 벌어진 것은 피할 수 없는 일이었다. 그 와중에 유비는 촌부가 준 인육을 먹고 그 이야기를 들은 조조는 촌부를 의기 있는 남자라고 말한다. 당대의 권력자들은 인육을 먹는 것에 대해 거부감이 없었다는 것을 알 수 있는 대목이다.

현대인에게는 금기 중의 금기라 할 인육을 거부감 없이 먹고, 나아가 칭찬까지 했다니 놀라운 일이다. 인육 특히 뇌수와 척수를 먹는 식인 습관을 가진 종족의 경우 쿠루병이라 하여 발병 시 대부분 1년 이내에 사망하며 길어도 2년을 넘기지 못하는 치명적인 질병을 앓는다는 보고가 있었는데 인육 먹기를 아무렇지 않게 생각했던 고대 중국에서는 이러한 병이 발병하지 않았을까?[1]

의기남아 유안

유비가 여포에게 패배하여 허도에 있는 조조에게 몸을 위탁하러 가다가 조그만 마을에서 하룻밤을 지내게 되었다. 가난한 사냥꾼인 유안은 유비를 존경하고 있었으므로 일행을 극진히 대접하고자 했지만 불행하게도 식량과 돈이 다 떨어지고 없었다. 이때 유안의 생각이 놀랍고도 끔찍하다. 그는 아내는 또 얻을 수 있으나 귀한 손님 유현덕을 굶겨서 보낼 수는 없다고 생각하고 아내를 죽여 요리를 만들어 유비 일행에게 대접했다. 유비가 배고픈 김에 고기를 맛있게 먹고 무슨 고기냐고 질문하자 유안은 주저하다가 이리고기(狼肉)라고 말했다. 대접을 잘 받은 유비가 새벽에 길을 떠나려고 할 때 부엌에서 팔과 다리에 살이 떨어진 채 죽어 있는 여인을 보게 된다. 유비가 유안에게 이유를 물었더니 그는 유비와 같은 귀인에게 대접할 것이 없어 아내를 죽여서 살을 삶아 대접했다고 대답했다. 유비는 유안의 지극한 마음씨를 생각하니 고맙기도 하고 한편으로는 죽은 여인이 측은하기 그지없었지만 길을 떠나지 않을 수 없었다. 조조가 유비를 만나 유안의 이야기를 듣고 돈 100냥을 손건에게 주면서 다음과 같이 말했다.

"유안이란 사람은 과연 의기남아요. 돈 100냥을 줄 테니 유안에게 새 아내를 맞게 하시오."

위 내용은 『삼국지』에서 가장 흥미로운 대목 중의 하나이다. 일본의 소설가 야마오카 소하치는 이 구절을 번역할 때 다음과 같이 생각했다고 실토했다.

"이 부분을 생략할까도 생각했지만, 원본이 유안의 행동을 지극히 아름다운 행동으로 취급하고 있고 일본과 중국의 도의관(道義觀)이나 민정(民情)의 차이를 아는 것도 도움이 될 것으로 생각하여 원본대로 번역했다."

정말 이해하기 힘든 일이다. 현대의 관점에서 보면 자기 부인을 살해하여 손님대접을 했다는 것은 금기이자 야만적 살인행위일뿐더러, 아무리 모르고 그랬다 해도 인육을 먹은 유비의 죄 또한 가볍지 않다. 그런데 유비와 조조의 반응은 놀랍다. 이들은 식인을 오히려 칭찬하고 있으며 유안의 행위를 지극히 아름다운 행동으로 보았다. 이렇듯 고대 중국인의 식인 행위를 이해하지 않고는 『삼국지』를 제대로 이해할 수 없다. 유비와 조조가 식인 행위에 대해 전혀 거부감을 느끼지 않았다는 것은 『삼국지』 전체를 통해 식인 행위가 자연스럽게 여겨진 것이라고 볼 수 있다.

식인은 중국 황제의 고유권한

오늘날과는 달리 중국에는 아주 먼 과거부터 식인 행위와 그에 관한 특별한 도덕관이 존재했다. 『삼국지』는 나관중 이후 수많은 사람들에 의해 가필되었지만 그럼에도 이러한 내용이 삭제되지 않은 것은 그 도덕관이 변하지 않았기 때문으로 볼 수 있다. 고대 중국에서 식인 문화는 야만적이고 혐오스러운 행위 또는 비인간적인 행위가 아니었다. 육형(肉刑)으로 식인 행위를 정당화했다는 점도 놀랍다. 황문웅은 중국에서 육형이 정당화된 이유로 나라와 나라간의 전쟁, 지배층 간의 갈등 등을 꼽았다. 이 장은 황문웅의 글을 많이 참조하였다.[2]

중국의 식인 문화는 중국 최초의 왕조인 하(夏) 시대로 거슬러 올라간다. 일반적으로 하는 전설상의 왕조이고 후예도 전설상의 인물로 알려져 있다. 그런데 그는 중국 식인사에서 당당히 제1선에 서 있다. 기원전 2188년 경, 후예는 악정국(樂正國)을 침공하여 국왕인 백봉의 궁전에 들어가 모든 재산을 약탈함은 물론 백봉을 죽여 '육장(肉醬)'을 만들어 하왕인 중강에게 보냈다. 적국 왕의 인육 요리를 전리품으로 하여 하왕에게 헌상한 것이다. 그러나 후예도 백봉의 왕비이자 애비(愛婢)로 삼았던 현처에 의해 살해되어 육장이 된다. 중국 사회는 유교사상에 의해 '복수주의'를 인정함은 물론 장려하기도 한다. '부모의 원수와는 같은 하늘 아래 살 수 없다'라는 말도 있다. 부형(父兄)의 원수에 대한 증오심이 강하여 심할 경우 29대까지 원수를 갚았다는 기록도 있다. 문제는 복수할 때 구적(仇敵)의 숨통을 끊는 것으로 만족하지 않는다는 점이다. 일반적으로 '천도만할(千刀萬割)'이라 하여 사람의 몸통을 완전히 분해하고, 때로는 연육(臠肉, 고기를 잘라 생식하는 것)하고 심장과 간을 씹어 먹으며 심한 경우 뼈까지 갈아

먹었다. 『사기』에도 식인 사례가 적혀 있다. 은 왕조의 주왕은 중국의 대표적 폭군으로 알려져 있다. 그의 행동은 그야말로 놀랍기 그지없다.

'주왕은 처음 미자(微子), 비자(箕子), 기자(其子) 등의 도움을 받아 선정을 베풀었는데 유소씨가 바친 미녀 달기를 사랑한 뒤부터 폭군이 되었다. 그는 세금을 무겁게 물리고 궁을 넓혀 주지육림(酒池肉林)을 만들어 외설적인 향락에 빠져들었다. 주왕은 대신인 구후의 딸이 미인이라는 소문을 듣고 비(妃)로 삼았는데 정숙하고 외설을 좋아하지 않았기 때문에 그녀를 살해했고 그녀의 아버지인 구후를 해(醢, 소금에 절인 고기)로 만들었다. 대신인 곽후가 이를 말리자 그를 포(脯, 말린 고기)로 만들었다.'

주왕은 또한 그런 짓을 하지 말라고 간한 익후는 자(炙, 불고기), 귀후는 포, 매백은 해로 만들었다는 기록도 있다. 주왕을 거론함에 있어 빼놓을 수 없는 사람이 있는데 그가 바로 달기이다. 주왕은 기름 바른 구리기둥을 불 위에 걸치고 그 위를 맨발로 걷게 하는 포락(炮烙)형을 발명했는데 달기가 죄인이 미끄러져 불 속에 떨어지는 것을 보고 미소를 짓자 달기의 미소를 또 보려고 포락형을 계속 명령했다고 한다. 주왕의 종말이 좋지 않았음은 말할 필요가 없다. 그는 신하인 황비호의 아내 경씨를 희롱하려다 거절당하자 그녀를 해로 만들어 황비호에게 주었다. 이에 비호가 분노를 못 참고 대군을 모아 반란을 일으켰고, 결국 주왕은 주(周)의 무왕이 이끄는 연합군에 패망하고 분신자살하고 말았다. 이것은 승자인 주나라 측의 기록이므로 과장이 있겠지만 고대 중국에서 싸움에 패배한 왕과 그 신하가 승자의 인육이 되었음은 흔히 있었던 일로 전해진다.

조조 또한 식인과 관련된 일화를 갖고 있다. 부친의 복수를 위해 서주를 쓸어버린 일로 사실상 간웅이라는 이미지가 형성되었다.

어느 시대나 마찬가지로 반역은 매우 중한 벌로 다뤄졌는데 공자의 제자인 자로의 일화도 유명하다. 공자가 가장 아끼던 제자인 자로는 강직하고 의협심이 강했는데 위나라에서 벼슬을 하다가 왕권다툼에 연루되어 처형될 처지에 놓였다. 자로가 의를 지키자 화가 난 위나라 왕은 그의 시신으로 육장을 만들게 했다. 이를 전해들은 공자는 집안에 있는 육장을 모두 버리게 한 후 평생 육장을 입에 대지도 않았다고 한다.[3] 그 당시 승자들에게는 살인과 식인이 오늘날처럼 대죄악으로 생각되지 않았던 모양이다.

조조의 아버지 조숭이 아들을 만나기 위해 연주로 향하느라 서주 땅을 지날 때의 일이다. 서주태수 도겸은 조조와 연줄을 만들려 했으나 방법이 없어 섭섭해 하던 차에 조숭이 자신의 영지를 지난다는 이야기를 듣고 직접 나가 그를 맞이한다. 도겸은 조숭에게 공경을 표하며 크게 후대하고 많은 선물을 주어 보냈는데, 문제는 그 선물이었다. 조숭을 호위하는 임무를 맡은 도겸의 부하 장개가 욕심을 낸 것이다. 본래 장개는 황건적 일당이었으나 도겸에 항복한 뒤 그 수하에 있었는데, 조숭이 갖고 있는 100대 분량의 수레에 담긴 재물이 탐이 났다. 장개는 조숭의 재물을 빼앗고 그 일가를 모두 살해한다. 이 사실을 알게 된 조조는 서주를 소탕하겠다며 군사를 일으켰다. 조조가 동탁으로부터 도망할 때 도움을 주었던 진궁이 조조를 만류하며 조숭을 살해한 사람은 도겸이 아닌 장개라고 설명하였으나 조조는 듣지 않고 다음과 같이 말했다.

"도겸이란 놈은 우리 일가족을 죽였으니 맹세코 이놈의 쓸개를 뽑고 염통을 도려내서 나의 한을 씻을 작정이오."

실제로 조조는 직접 대군을 이끌고 서주를 공격했고 닥치는 대로 사람을 죽여 무고한 백성 수십만 명을 살해했다. 당시 죽은 사람들의 시체가 사수(泗水)에 쌓여 물이 흐르지 않았다고 한다. 이 사건이 조조의 '서주 대학살'로 조조에게 두고두고 잔혹한 간웅이라는 인식을 갖게 만드는 계기가 되었다.[4]

마초가 유비를 만나기 전의 일이다. 마초는 한나라 충신 마등의 아들로 오호대장 중 한 명이었다. 양주에서 독자적인 세력을 구축하고 있던 그는 조조의 군에게 대패한 후 장비와 일전을 겨루게 됐다. 제갈량은 이간책을 써서 마초를 귀순케 하려고 이회를 마초의 진중으로 보낸다. 마초는 이회가 자신을 회유하기 위해 온 것을 눈치 채고 도부수 20명을 장막 아래 매복시킨 후 부하에게 명령한다.

"내가 손을 들어 군호를 하거든 이회를 칼로 찔러서 육장(肉醬)을 만들어라."

결국 마초는 이회의 언변에 설득되어 유비의 수하로 들어갔지만 자칫 공연히 사람을 죽여 육장을 만들 뻔했다.

제갈량과 왕랑의 조우 장면에도 식인 문화의 흔적은 발견된다. 천하의 제갈량이 출사표를 내고 위나라 조비를 공격하자 사공 벼슬에 있던 왕랑(王朗)이 대항해온다. 제갈량은 왕랑을 다음과 같이 꾸짖는다.

"나는 대대로 조조 집안을 잘 알고 있다. 대대로 동해빈(東海濱)에 살아 처음엔 효렴으로 뽑혀 벼슬하기 시작했으니 당연히 광군보국(匡君輔國)하여 한나라를 편안하게 하고 유씨를 흥하도록 해야 할 터인데 도리어 역적을 도와서 찬위했으므로, 죄악은 깊고 무거워서 천지가 용납하지 아니하며 사람들은 너희들의 고기를 씹지 못해서 한이다."

왕랑은 제갈량의 이 말을 듣고 대답할 말이 없어 숨이 막히더니 말 아래로 떨어져 죽었다고 전해진다. 간혹 왕랑이 제갈량의 말만 듣고 숨이 막혀 죽는 것이 가능하냐고 질문을 하는 경우가 있는데 의학자들은 가능하다고 말한다. 극도의 공포나 긴장, 스트레스는 물론 충격적인 장면 등으로 인해 소위 기가 질릴 때 심장마비 등이 올 수 있다는 것이다. 영화에서 많이 나오는 장면이지만 제갈량을 보고 말을 듣는다는 것 자체가 당대에 얼마나 상대방으로 하여금 기를 죽이는 일이었느냐를 잘 보여주는 내용이라 볼 수 있다.

중국의 황제들이 인육 먹는 것을 거의 당연하게 생각했으므로 일반인들도 식인 행위를 꺼리지 않았다. 다소 후대이지만 아랍 상인이 쓴 글에 다음과 같은 것이 있다.

'중국인의 법은 인육 먹는 것을 허용하고 있으며 시장에서 공공연하게 인육

을 판다. (......) 중국에서 황제의 노여움을 산 관리는 참수되어 인육이 된다.'

당태종 때도 매우 놀라운 기록이 있다. 이에 따르면 평원군공 유란이 반란죄로 우효위대장군 구행공에게 잡혀 요참(腰斬, 몸뚱이와 허리를 자르는 벌)형에 처해지는데 구행공이 참형된 유란의 간을 꺼내 먹었다. 이 소식을 들은 태종은 구행공에게 다음과 같이 타일렀다.

"형전(刑典)에 분명히 벌이 적혀 있지만 반란자의 간을 먹어도 좋다고는 적혀 있지 않다. 너는 그렇게 해서 충성심을 보이려고 했는가? 만약 유란의 심장이나 간을 먹는다면 태자나 왕후들이 먼저 먹었어야 한다."

모반자의 간을 먹으려면 태자가 먼저 먹어야 한다는 말도 흥미롭지만 '황제의 허락 없이 반란자의 간을 먹는 행위는 괘씸한 짓이다' 라는 태종의 말은 중국의 황제들이 국가의 안위에 관계되는 죄를 지은 자의 인육을 먹는 것을 자신들의 고유한 권한으로 생각했다는 것을 보여준다. 실제로 중국에서 황제의 명으로 사형집행을 당한 사람의 고기는 허가 없이 마음대로 먹어서는 안 된다고 알려져 있다. 반대로 황제가 먹으라는 명령을 내리면 반드시 먹어야 한다. 기록에 따르면 황제는 상대가 제후이건 대신이건 그들을 잡아먹거나 또는 신하에게 먹일 수가 있었다. 이것은 오직 황제의 특별한 권리 중의 하나였다. 한고조 유방도 모반 혐의로 공신인 팽월을 처형했을 때 그의 고기로 해를 만들어 제후들에게 하사했다. 모반을 일으키면 너희들도 같은 처지가 될 것이라는 뜻으로 제후들은 좋든 싫든 하사받은 해를 먹지 않을 수 없었다.

처형의 한 방식

중국의 식인 문화에 크게 기여한 것은 고대 중국으로부터 내려온 징벌 방식이라 볼 수 있다. 주나라에서는 중죄인에게 묵죄(墨罪), 비죄(鼻罪), 궁죄(宮罪), 월죄(刖罪), 살죄(殺罪)의 5형을 내렸다. 묵형은 이마에 무늬를 새기고 먹을 집어넣는 문신형으로 죽을 때까지 지워지지 않는다. 대사상가인 묵자도 이 형을 받았다. 비형은 코를 자르는 형이고 궁형은 거세시키는 형이며 월형은 다리를 자르는 형이다. 병법가인 손자는 다리를 잘렸고 사마천은 궁형을 받았다. 사마천은 이를 평생의 수치로 여겼지만 『사기』를 저술하여 천하에 이름을 날렸다. 사형에는 요참, 효수(梟首, 목을 잘라 옥문에 거는 형), 거열(車裂, 팔다리를 마차에 묶어 잘라 죽이는 형) 등이 있다. 그런데 이 중에서 육형(肉刑)도 빠지지 않는데 죄인을 공개처형하고 관중들이 그들의 인육을 먹도록 하는 것이다. 고대 중국에서는 보편적이라고 할 수 있는 처형방법인데 『자치통감』에 수나라 말기의 처형방법이 적혀 있다. 하북 지방의 비적(匪賊) 수령인 장금칭을 처형할 때의 일이다.

'형리가 시내 광장에 세워진 기둥에 그의 목을 매달고 손발을 묶었다. 구적(仇敵, 원수)은 명령에 따라 고기를 잘라 씹어 먹었다.'

당나라의 측천무후시대에 혹리(酷吏, 혹독하고 무자비한 관료)로 악명을 얻은 내준신을 처형할 때의 기록은 보다 적나라하다.

'구적은 다투어 내준신의 고기를 잘라 먹었는데 눈 깜짝할 사이에 동이 났다. 눈알을 도려내고 안면의 가죽을 벗겼으며 배를 찢고 심장을 끌어내 짓이겼다.'

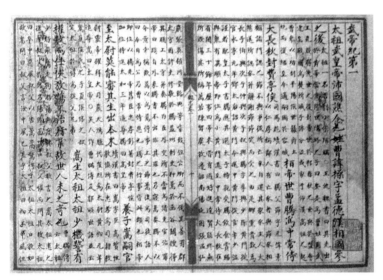

진수의 『삼국지』. 나관중의 『삼국지연의』와는 달리 정사를 기록한 역사책으로 분류되나 일부 기록의 부실함으로 인해 후대에 상당한 논란을 부르기도 했다.

이들의 예를 보면 식인형(食人刑)이 사법처리의 한 방법임을 알 수 있다. 중국인들이 원수에 대한 복수의식으로 처형당한 사람들의 고기를 공개적으로 먹었고 그것이 중국의 전통적인 풍습으로까지 정착되었음을 알 수 있다. 당나라 때 아랍 상인이 쓴 책에도 이런 내용이 나온다.

'중국에서 기혼 남성이 기혼 여성과 간통했을 경우 그들 모두 사형에 처해진다. 도적이나 살인범도 마찬가지다. 사형수를 처형할 때 죄인의 목숨이 붙어 있는데도 그의 고기를 먹기 위해 기다리는 사람들에게 잘라준다.'

『삼국지』 초반 환관 십상시가 문제가 되었을 때 간의대부(조정 정치의 옳고 그름을 황제에게 지적해 바로잡도록 권하는 신하) 유도가 정사는 돌보지 않고 내시와 잔치를 한다고 영제를 비방하자 영제는 유도를 처형하라고 명령한다. 이때 사도(태위·사공과 함께 삼공의 벼슬이나 조정의 정사에는 참여하지 않는 명예직) 진탐이 유도의 처형이 부당하다고 다음과 같이 간한다.

"천하의 백성이 모두 십상시의 고기를 씹어 먹으려 하는데 폐하께서는 그자들을 부모같이 공경하고 털끝만한 공이 없는데도 제후로 봉하시니 딱하기 그지없습니다."

여기에서도 백성들이 간신들을 죽여 그 인육을 먹는 것이 당연하다고 말한다. 이런 간언에도 불구하고 유도와 진탐은 십상시에 의해 살해된다. 식인형과 관련해서는 유명한 당나라 현종의 총애를 받았던 양귀비도 빠질 수 없다. 양귀비의 오빠인 양국충은 양귀비 덕에 승진가도를 달려 당나라의 재상에까지 오르는데 그의 전횡에 반발하여 안록산의 난이 일어난다. 결국 현종은 사천으로 도망가면서 불만을 잠재우기 위해 양귀비와 양국충을 병사들에게 내어준다. 기록에 의하면 병사들이 다투어 그들의 고기를 먹고 목을 내걸었다고 한다.

천재(天災)도 식인 문화에 기여

식인 문화를 더욱 재촉한 것은 중국의 빈번한 천재와 기근이다. 『중국구황사(中國救荒史)』에 의하면 중국은 상탕(기원전 1766년)부터 1937년까지 3700여 년 동안 수해, 한발, 황해(蝗害, 메뚜기의 창궐에 의한 피해), 태풍, 지진, 대설 등의 천재만 모두 5258차례나 있었다고 기록되어 있다. 평균 6개월마다 한차례의 재해가 반드시 일어난 셈이다. 특히 기원전 206년부터 1936년까지 직접 기근에 결부되는 자연재해가 2072차례나 발생했다. 중국 대륙은 거의 매년 어딘가에 기근이 휘몰아친 셈이다.

전란이 일어날 때마다 기근이 끊이지 않은 것도 식인 문화에 일조했다. 전란에 의한 살육(殺戮), 기근에 의한 아사(餓死) 이외에도 서로를 죽여 마치 양이나 돼지처럼 식육으로 이용했다. 놀라운 것은 기원전 206년부터 청나라가 멸망한 1912년까지 2100여 년 동안 중국의 정사에 기록된 식인 기록만 해도 무려 220차례나 된다. 특히 한나라 때 인육에 대한 기록이 많은데 그것은 이 시대에 유달리 전란과 함께 기근이 많았기 때문이다. 기원후 26년의 기록을 보자.

'매년 한발이 계속되어 북방 변경과 청주, 서주에서 굶주린 백성들이 서로 죽여 고기를 먹었다.'

'백성들은 굶주린 나머지 서로 죽여 그 고기를 먹었는데, 죽은 자가 수십만 명에 이르렀다. 그 때문에 장안(長安)은 폐허가 되고 성 안에는 행인이 끊겼다.'

왕충은 서기 27년부터 97년까지 살았던 대학자로 『논형』의 저자로도 잘 알려져 있는데 그는 자신의 책에서 '패란(敗亂) 때 사람들은 서로 상담식(相啖食)한다' 라고 적었다. 109년 대기근 때의 상황은 더욱 놀랍다.

'대기근 때문에 수도인 낙양에서 시민의 공식(共食)이 일어났다.'

수도인 낙양에서조차 식인 행동이 일어났다는 것은 중국 전역에서 식인이 자행되었다는 것을 의미한다. 실제로 159년에는 민중의 공식 행위가 장강에서 회하 유역에 이르는 지역까지 확산되어 전국적으로 발전되었다는 기록도 있다. 이후가 『삼국지』가 전개되는 시대인데 이 당시의 100여 년은 전쟁이 끊이지 않았던 때로서 처참한 지옥도를 그려낸 시대라 할 수 있다. 추후에 실질적으로 삼국통일의 기틀을 만드는 사마의가 238년 양평성(襄平城)을 포위했을 때의 기록을 보자.

'양평성에서 식량이 떨어져 성안에서 사람들이 서로 잡아먹자 결국 성은 함락되었다..공손연부자 이하 1천 수백 명의 목숨이 달아났다.'

『진서(晉書)』도 삼국시대의 참상을 적고 있다.

'괴리(槐里)의 성안에 기근이 심하여 사람들이 서로 죽여 인육을 먹었으며 도망자를 다스릴 수 없었다.'

기근이 생기는 것은 전쟁 때문만이 아니다. 『삼국지』초반 조조가 아버지 조숭의 복수를 위해 진공하자 이때를 틈타 여포가 복양(濮陽)을 공격한다. 전투 자체는 여포와 일진일퇴하였지만 조조는 더 이상 싸우지 않고 돌아가고 여포도 군사를 거두어 산양으로 돌아간다. 그 원인은 전력상의 불균형이 아니라 황충(蝗蟲, 메뚜기)이었다. 기록에는 다음과 같이 황충의 피해가 남아 있다.

'이때 황충이 창궐해서 익어가는 벼를 모두 먹어치웠다. 관동 일대에는 곡가가 천정부지로 올라가 곡식 10두(斗)에 50관(일반적으로 50꾸러미)이나 되었다. 사람들이 굶주림에 허덕이면서 사람이 사람을 잡아먹었다.'

미덕으로 변한 식인

중국에서 식인 문화는 통상적으로 기아, 복수, 종교적인 의례 혹은 기호(嗜好)로 분류되지만 이와는 달리 충성심은 물론 효행의 발로로도 인육이 제공되었다. 유안이 유비에게 자신의 부인을 죽여 식사로 대접한 것도 그 예로 볼 수 있다. 춘추전국시대 최초의 패자(覇者)로 볼 수 있는 제의 환공은 재상인 관중의 부국강병책을 채용하여 천하를 통일한 사람인데, 상당한 미식가로 알려져 있다. 미식가로서 환공은 그야말로 최고의 진미만을 요구했는데 이를 잘 아는 역아는 자신의 장남을 죽여 증육(蒸肉, 삶은 고기)을 만들어 환공에게 바쳤다. 『삼국지』에도 충성심과 애국을 위해 인육이 제공되었다는 기록이 있다. 동도태수 장홍이 동무양(東武陽)을 지키고 있을 때 원소의 군에 포위되었다. 원소가 수차례 투항할 것을 종용했으나 장홍은 응하지 않았다. 식량이 떨어지고 구원부대도 오지 않자 장홍은 부하들에게 도망칠 것을 권한다. 그러나 병사들은 장홍의 곁을 지키겠다며 떠나지 않았다. 결국 식량은 바닥이 나고 생존이 불투명한 지경에 이른다.

"원소는 잔학무도한 인간이다. 나는 대의를 위해 죽지 않으면 안 되지만 제군들은 이번 싸움에 희생될 필요가 없다. 성이 함락되면 이미 늦으니 처자를 데리고 성을 빠져나가라."

장홍의 말을 들은 부하들은 모두 울면서 말했다.

"장군과 원소는 원래부터 원수가 아닙니다. 본조(本朝, 후한)의 장군이 되었기 때문에 수난을 당하는 것으로 저희들도 도망치지 않겠습니다."

기록은 이렇게 이어진다.

'장병들은 먹을 수 있는 것을 모두 동원하여 심지어는 쥐도 잡아먹었지만 나중에는 그것도 구할 수 없었다. 주부(主簿, 회계관)가 쌀 3말 밖에 남지 않았다면서 조금씩 죽을 쑤어주겠다고 말하자 장홍은 자신 혼자 먹을 수 없다고 말하고 죽을 묽게 쑤어 모두에게 나누어주도록 했다. 마지막 쌀도 떨어지자 장홍은 자기의 사랑하는 첩을 죽여 병사들에게 나눠주었다. 병사들은 눈물이 나와 장홍을 똑바로 쳐다보지도 못했다.'

효행으로 인육이 제공되었다는 기록 또한 상상할 수 없을 정도로 많이 나온다. 『신당서』 「열녀전」에 미담으로 소개되는 이야기이다.

'주적이란 행상인이 있었다. 장사수완이 좋아 자주 광릉 지방을 오갔는데 불행하게도 필사탁의 반란을 만났다. 사람들은 서로 붙잡아 시장에 팔고 인육으로 식용했다. 주적도 이 난리에 휘말려 굶어죽을 상황에 이르렀다. 동행하던 아내는 "이렇게 된 이상 둘 다 고국에 돌아가는 것이 불가능하지만 함께 죽을 수는 없습니다. 당신 부모님은 아직 건강하니 저를 팔아 귀국 비용으로 쓰세요." 주적은 도저히 수락할 수 없었지만 아내는 억지로 남편을 시장으로 데려가 스스로 팔린 후 남편의 손에 여비를 쥐어주었다. 주적이 성문을 나오려는데 수상히 여긴 병졸이 그가 어떻게 그처럼 많은 여비를 갖고 있는지 추궁했다. 두 사람이 함께 시장에 가보았더니 아내의 목이 벌써 대들보에 걸려 있었다.'

식인 문화를 빼고 중국 문화를 거론하지 말라

여러 가지 정황을 볼 때 중국에서 식인 문화는 당시 보편화된 사회 현상이었음을 알 수 있다. 전쟁으로 사회질서가 무너지고 전란에 의해 농경이 피폐해져 식량이 부족하게 되었을 때는 인육이 비상시의 대용식 내지는 주식이 된 경우도 비일비재했다. 약육강식의 무질서한 상황에서는 최후까지 살아남는 자가 그야말로 강자이다. 하지만 당대의 사상관에 비추어 가족을 인육으로 제공하는 것은 그다지 나쁜 일이 아니었던 것 같다. 중국은 잉카나 마야처럼 종교의식으로 사람을 죽이는 것이 아니라 사회윤리로서 인육을 먹었으며 그것이 하나의 미덕이기도 했다. 또한 중국에서 식인 행동이 비인간적임에도 불구하고 끈질기게 지속될 수 있었던 것은 인육이 색다른 분야의 절대 필요한 재료로 간주되었기 때문이다. 바로 약용으로서의 효과이다.

의서에 따르면 인간의 넓적다리와 옆구리살, 사람의 허파와 간, 뇌 등이 약이 된다고 하여 인육을 난치병을 앓는 친족이나 상관에게 제공하는 것이 미덕이었다. 환자의 치료약으로 인육이 제공되었으므로 누구도 이를 나쁜 행동으로 인식하지 않았다는 것이다. 우리의 경우도 손가락을 베어 그 피를 죽어가는 사람에게 먹이는 일이 흔히 있었다. 더구나 인육이 순수한 약으로서의 목적뿐만 아니라 '효(孝)'나 '의(義)'라는 덕목과 결부

『본초강목』. 중국 명나라 시기 이시진에 의해 편찬된 약학서다. 이 책에도 약용으로써의 인육의 효과에 대한 언급이 인용, 등장한다.

되자 부모나 친족을 위해 자신의 신체를 제공하는 것은 최상의 효행이라고 여겨졌다. 인육제공은 도덕의 척도로 작용했다. 그런 행위가 사회적으로 큰 환영을 받았으므로 많은 사람들이 이를 따르려고 했다. 물론 중국에서 약용으로써의 식인 문화가 특히 유행한 것은 다소 후대인 당나라 때부터로 생각된다. 중국 정사 중 하나인 『신당서』의 진장기가 쓴 『본초습유』에 인육이 병 치료에 효과가 있다는 기록이 있기 때문이다. 『본초습유』의 원본은 사라졌지만 이시진의 『본초강목』에 그 내용이 인용되어 있다. 제52권 「인부(人部)」에 사람의 머리카락, 손톱, 이, 오줌, 월경, 정액 등에서 부터 피, 뼈, 인육, 머리에 이르기까지 35항목이 기입되어 있으며 이시진은 인체의 대부분이 한방약이 될 수 있다고 적었다. 중국에서 약용으로 식인 행위가 얼마나 성행했는가는 중국 정사에서 다룬 역사적인 인물의 식인 관련 일화만도 약 100여 가지나 된다는 기록으로 알 수 있다.

'양경은 은현(鄞縣) 사람이다. 아버지가 병에 걸렸는데 집이 가난하여 의사를 부를 수 없었다. 그래서 자신의 넓적다리살을 떼어 아버지에게 먹였는데 곧 병이 나았다. 그 후 어머니가 병에 걸렸다. 식사를 하지 못하므로 양경이 우측

가슴을 잘라 불에 구워 태운 뒤 그 재를 약에 섞어 어머니에게 드렸더니 입에 넣을 수 있었다.'

'주운손은 길주(吉州) 안복(安福) 사람으로 어머니가 병에 걸리자 넓적다리살을 잘라 죽을 쑤어 드리는 등 정성껏 치료해 병을 낫게 했다. 그 후에 어머니가 또 병에 걸렸는데 그때는 아내가 대신 넓적다리살을 잘라 약을 만들어 드리자 병이 나았다. 정부에서는 그녀의 효행을 칭찬하여 '효부시(孝婦詩)'를 지었다.'

'호반려는 균주(鈞州) 밀현(蜜縣) 사람이다. 그의 아버지가 심장병으로 쓰러졌지만 의사의 치료에도 차도가 없었다. 반려는 목욕분향하고 하늘에 기도한 뒤 자신의 칼로 오른쪽 옆구리 아래에서 지방 한 조각을 잘라내 약초에 달여 아버지에게 먹였더니 곧 병이 나았다. 조정은 이를 알고 그에게 표창을 했다.'

약용으로써의 식인 문화는 상당한 폐해를 낳았기 때문에 자주 정치논쟁의 쟁점이 되었다. 식인 풍습이 얼마나 유행했는지 양태조는 907년 각 군현에 손가락을 자르고 넓적다리살을 자르는 일이 있더라도 상주(上奏)하지 말라고 명령을 내렸다. 원나라 때(1270년)는 다음과 같이 '할고(割股) 장려 금지조령'이 명문화되기도 했다.

'넓적다리살을 떼어내 부모에게 바치는 것은 효행의 일단임이 분명하다. (……) 부모로부터 물려받은 신체를 손상시키는 일은 성인(聖人)이 경계하는 바다. 어리석은 백성이 부모를 모시는 도리를 몰라 악습에 따라 감히 지체를 훼손하고 생명까지 훼손한다면 오히려 부모에게 염려를 끼치는 결과가 된다. 앞으로 넓적다리살을 자르는 사람이 있어도 표창하지 말라.'

효행으로 자신의 신체를 제공하는 것은 시대에 따라 잣대가 달랐다. 명나라 때는 '할고'를 장려했다. 명대(1393년)에 심덕사는 할머니가 병이 나자 넓적다리살을 떼어내 치료를 했다. 할아버지가 병이 났을 때도 간을 떼어내 국을 끓여주었더니 나았다. 그래서 명의 태조는 '태상찬예랑'이란 관직을 수여했다. 마찬가지로 요금옥, 왕덕아도 간을 잘라내 어머니의 병 치료에 제공하여 심덕사와 같은 관직을 받았다.

한국도 빠지지 않는 효행

한국도 효도에 관한 한 중국에 비할 바 아닐 정도로 지극했으므로 자신의 신체를 부모에게 제공하는 사례가 종종 나타났다.

『삼국사기』에는 웅천주(현 공주 일원) 사람 향덕과 청주 사람 성각에 대한 이야기가 나온다. 경덕왕 대(755년)에 웅천주의 향덕은 기근이 심하여 부모를 봉양하기도 어려워지자 자신의 다리살을 베어 아버지를 먹였다는 기록이 있다. 신라 왕실은 향덕에게 벼 300석과 집 등을 내려주면서 공주 지역의 민심을 회유하고자 했다. 이 지역을 '효가리(孝家里, 현 소학동)'라고 불렀고 향덕의 효성을 기리기 위해 '효자향덕비(孝子向德碑)'를 세웠는데 옛 비가 파손되자 영조 17년(1741년) 마을 사람들이 세우고 충청도 관찰사 조영국이 비문을 지었다. 향덕비는 우리나라 기록에 있는 최초의 효행 사적으로 알려져 있다.[5]

성각은 스스로 거사라 하며 일리현 법정사에 의지하였다. 뒤에 집에 돌아가 어머니를 봉양하는데 어머니가 늙고 병들어 나물밥을 먹기 어려우므로 자기 다리의 살을 베어 먹였고, 죽게 되자 지성껏 불사를 하여 제를 올렸다. 대신인 경신, 주원 등이 국왕에게 아뢰니 왕은 웅천주 향덕의 고사에 의거하여 근현의 벼 300석을 내렸다.

효행을 으뜸으로 삼았던 조선조에는 보다 많은 기록이 있다. 『세종실록』에 의하면 세종 5년, 옹진의 아홉 살 된 양귀진이라는 백정 아이의 이야기다. 귀진의 아버지인 양인길이 오랫동안 급질을 앓자 어떤 사람이 사람의 고기를 먹으면 바로 낫는다는 말을 했다. 어린 귀진이 곧바로 자신의 손가락을 잘라 구워 먹이자 아버지의 병은 거짓말같이 즉시 나았다. 이 소식을 접한 황해도 관찰사가 왕에게 사실을 보고하자 세종은 정문을 세워 표창하고, 복호(부역과 세금을 면해주는 것)를 명하였다. 세종 21년에도 평안도 삼등현의 백정 한설과 황해도 재령군의 양녀 영덕은 어버이가 미친병을 앓자 산 사람의 고기를 먹으면 곧 낫는다는 말을 듣고, 손가락을 끊어서 그늘에 말려 가루를 만들어서 술에 타 마시게 했다. 그러자 어버이의 병이 나았다는 기록이 있다.[6]

조선 순조 · 고종 때의 추성원은 12~13세 때 아버지 추민중의 병을 낫게 하기 위해 허벅지살을 베어 먹이고, 어머니 창원 황씨가 병마에 신음 중일 때 산중을 헤매며 약초를 캐서 시탕(侍湯)을 올렸으며, 자신의 손가락을 잘라 피를 먹여 소생시켰다. 이 소식을 들은 하동, 곤양의 선비 30명이 천하에 둘도 없는 효자라며 철종에게 표창을 상서(上書)했다. 이들 문서와 그에 대한 답서(答書)들은 1997년 경상남도문화재자료 제241호로 지정되었다.

근세에도 이와 같은 사례가 발견된다. 국립전주박물관이 소개한 전북

고창군 무장면의 효자 진규인의 효행 관련 자료다. 진규인은 15살 때 어머니가 난치병으로 고통받는 것을 보고 자신의 손가락을 잘라 낸 피로 어머니의 병을 낫게 했다. 20살 때는 자신의 허벅지살을 베어 등창을 앓던 아버지를 살려냈고 당시 유림의 총본산인 대성문학원(大聖文學院)으로부터 표창을 받기도 했다.

식인 행위는 때로는 표창 받고 때로는 규제되기도 했는데 청나라 때는 물론 중화민국이 건립된 이후에도 성행했다. 20여 년 동안 중국에서 살았던 아서 스미스는 그의 책 『중국의 특성』에서 다음과 같이 썼다.

'중국인은 부모가 난치병에 걸리면 자녀들이 자주 자신의 살을 떼어내어 부모에게 권했으며 이를 가장 좋은 치료법으로 생각한다. 『북경가제트』지에도 종종 이러한 치료방법이 게재된다. 나도 우측 넓적다리살을 베어 어머니의 병을 치료했다는 청년을 인터뷰한 적이 있다. 그들은 흡사 무사가 전장에서 생긴 상처를 보여주듯이 자랑스럽게 나에게 그 흉터를 보여주었다.'

마르코 폴로 역시 『동방견문록』에 다음과 같이 기록하고 있다.

'특기할 만한 사실로 복주(福州)에서는 주민들이 그 어떤 것이라도 가리지 않고 잘 먹는다. 사람의 고기라도 병사(病死)한 것이 아니면 아무렇지 않게 먹는다. 특히 횡사한 사람의 고기라면 무엇이건 맛있게 먹는다. 병사(兵士)들은 잔인하기 짝이 없다. 그들은 머리 앞부분을 깎고 얼굴에 파란 표식을 하고 다니면서 창과 칼로 닥치는 대로 사람들을 죽인 뒤, 제일 먼저 피를 마시고 그 다음에 인육을 먹는다. 이들은 틈만 나면 사람을 죽여 그 피와 고기를 먹을 기회를

마르코폴로(왼쪽)와 중국어로 출판된 『동방견문록』(오른쪽). 서구인의 눈으로 본 동양의 문화를 기록한 이 책에는 사람의 고기를 먹는 중국의 풍습에 대한 놀라움 또한 기록되어 있다.

엿보고 있다.'

복건성 병사들의 파란 표식은 문신으로 추정된다. 원(元)은 투항한 남송의 병사들의 얼굴에 강제로 문신을 새겼다.

절대군주제 하에서는 충의를 대단히 중요시하여 왕 또는 중요인물에게 자신의 모든 것을 바치는 것이 도덕이고 출세의 비결이었다. 그러므로 중국에서 충의로서의 식인 행위, 즉 사랑하는 아내나 자식을 잡아 주군에게 바치는 행동은 비난을 받기는커녕 찬사를 받는 아름다운 미풍 중에 하나였다. 남편이나 부모를 위해 자신의 몸을 희생하는 것도 미덕이었다. 중국의 가부장제도와 대가족주의의 원점에 바로 식인 문화가 있다고 주장하는 사람도 있을 정도다.

카니벌리즘(Cannibalism, 인육을 상징적 식품 또는 상식으로 먹는 풍습)에 대해서 그동안 수많은 연구가 진행되었다. 그런데 대부분의 연구가 미개인의 식인 현상만을 대상으로 취급하고 카니벌리즘을 특수한 풍속이라고 설명한다. 황문웅은 중국 문명을 연구하는 데 식인 문화를 규명하지 않으면 전체의 모습을 파악하기 어렵다고 지적했다. 중국 식인사에서 놀라운 것은 수당(隨唐)시대에 '인육시장'이 출현하고 '인육애호가'가 열전(列傳)에 소개되고 원대에는 인육요리법을 자세히 적은 『철경록(輟耕錄)』까지 출현했다는 점이다. 더욱 놀라운 것은 이런 식인 문화가 불과 몇 십 년 전인 문화대혁명 중에도 일어났다는 점이다. 홍위병 지도자의 한 사람인 능적원은 다음과 같이 회고했다.

'안휘성의 상황은 복건성보다 더욱 심각했다. 그곳 사람들은 풀뿌리나 나무 껍질뿐만 아니라 사람의 고기마저 먹고 있었다. 처음 우리들은 반신반의했는데 (……) 간간이 레일 옆에 시체가 나뒹굴고 있는 것이 보였다. 어느 땐가 나는 먹다 남은 어린이의 다리 하나를 발견했다. (……) 산동성에 들어오자 상황은 안휘성보다 더 처참했다. 사람을 먹는 것이 지극히 일반적인 이야기가 되어 있었다.'

중국 역사에서 식인 문화가 보편화된 것은 상황에 따라 죽은 사람을 땅에 묻어 벌레의 밥이 되게 하느니 차라리 식량으로 삼는 것이 유익하다는 생각이 포함되어 있다는 설명도 있다. 반대의 경우도 있다. 북아메리카에서 댐과 관개시설을 건설하는 등 발전된 공동체를 갖고 있었던 아나사지인들은 정치적인 목적으로 식인을 했다. 그들은 자연스러운 죽음보다 남에게 먹히는 것을 두려워하는 본능을 이용하여 식인 풍습을 통치의 한 방편으로 유효적절히 활용했다. 인간을 인간으로 여기지 않던 시대에 인간을 단지 음식의 한 종류로 인식하거나 이를 역이용했다는 것은 별로 놀라운 일이 아니다.[7]

그러나 점차 문화가 발전함에 따라 식인 문화에 대한 개념도 바뀐다. 형벌로서의 식인, 복수의식으로서의 식인, 충성의 표현으로서의 식인, 약용으로서의 식인 등등으로 변모한 것이다. 아이러니한 것은 중국의 문화가 발전함에 따라 식인 문화도 발전했다는 점이다. 그 단적인 예가 중국 문화의 최전성기라고 불리는 당나라 때 식인 문화가 개화된 것이다. 『삼국지』에 면면히 나오는 식인에 관한 내용은 결코 저자들의 상상력에만 의존한 것이 아니었다.[8]

뉴기니아에서 발견된 쿠루병

쿠루병은 광우병과 유사한 인간의 질병이다. 인육, 특히 뇌수와 척수를 먹는 식인 습관이 쿠루병을 일으킨다고 알려져 있는데[9] 중국인들이 상상할 수 없을 정도로 식인 문화에 익숙했다면 이들 질병에 노출되었을지도 모른다는 의문이 든다. 쿠루병은 염소와 양에게 발견되는 스크래피병, 소에서 발견되는 광우병, 크로이츠펠트—야콥병(CJD), 그리고 광우병에 걸린 소를 먹었을 경우 발병할 수 있는 것으로 알려진 변형 크로이츠펠트—야콥병(VCJD)과 그 증세가 유사하며 뇌에 스펀지처럼 구멍이 뚫리는 신경질환인 '전염성 해면양뇌증(TSE)'에 속한다고 알려져 있다.

쿠루병이 세상에 알려진 것은 1976년 버룩 블럼버그와 공동으로 노벨생리의학상을 받은 칼턴 가이두섹 때문으로 볼 수 있다. 1923년 뉴욕 주 용커스 시에서 태어난 체코계 미국인 천재 가이두섹은 1946년 하버드대학에서 의학박사 학위를 받은 후 노벨상 수상자인 라이너스 폴링, 존 앤더스 밑에서 수학했고 1950년대 초 미국 육군 의무대 소속 대위로 한국전쟁에 참전, 유행성출혈열의 원인을 밝히기 위해 철새를 연구하기도 했다. 오스트레일리아 출신으로 1960년에 후천성 면역 관용에 관한 연구로 노벨상을 수상하는 프랭크 맥팔레인 버넷은 그의 능력을 높이 사 1955년 멜버른으로 초청했다.[10] 멜버른에 있는 월터엘리자홀의학연구소에 초청연구원으로 근무하던 가이두섹은 파푸아 뉴기니아 동부 고원 지역에 사는 포어족 원주민들에게 쿠루병이 있다는 것을 알았다. 이 병에 걸리면 균형감각과 방향감각이 사라지며 나중에 뇌조직이 점점 심하게 파괴된다. 쿠루병에 걸리면 대부분 1년 이내에 사망하며 길어도 2년을 넘기지 못하는데 잠복기는 6개월에서 8년 정도로 길지만 일단 발병이 되면 치료약이 없는 치명적인 질병이었다. 잠복 기간이 긴데다가 처음에는 바이러스가 일으키는 병으로 생각하였기 때문에 '슬로우

(Slow) 바이러스병' 으로도 알려졌다.

가이두섹은 쿠루병을 연구하면서 이 병의 분포가 매우 이상한 것을 발견했다. 쿠루병은 포어족이 거주하는 지역에서만 발생하며 주로 여자와 어린아이에게만 걸린다는 것이다. 그는 인종, 즉 유전적으로 문제가 있을 것으로 추정했다. 문제는 도대체 어떤 돌연변이가 쿠루만큼 치명적이고 쉽게 전파되느냐였다. 진화론에 의하면 돌연변이는 이를 상쇄할 만한 이익을 집단에 가져다주어야 하는데 쿠루병은 진화론에 역행함이 분명했다. 쿠루병은 종족을 번식시킬 수 있는 여성과 어린이가 주로 걸리기 때문이다.[11] 10명의 포어족을 미국으로 보내 교육을 받게 하면서 그들이 발병하는지를 관찰하였으나 그들 중 어느 누구도 쿠루병에 걸리지 않았다. 이는 쿠루병이 인종과 관련 없다는 것을 의미했다.

가이두섹은 처음에 쿠루병이 바이러스 등 병원균에 의한 감염일 것이라는 생각도 지우지 않았다. 그런데 감염이라면 신체의 림프와 면역 체계가 침입자를 파괴하기 위해 방어적으로 대응하면서 염증을 유발한다. 염증은 열을 동반하고 척수와 뇌를 에워싼 뇌척수액의 림프세포 수가 증가하며 그 밖에 다른 신체적인 변화를 유발한다. 그런데도 쿠루병 환자들에게서는 그런 증세가 나타나지 않았다. 결국 가이두섹은 쿠루병이 감염에 의한 질병이라고 단정할 수 없다고 실토했다. 쿠루병은 계절과도 상관없었고 바이러스 병원균을 추출하는 것 역시 실패했다. 결국 바이러스가 쿠루병을 일으키는 요인이 아니라고 생각하지 않을 수 없었던 것이다.

가이두섹은 미지의 원인으로 생기는 중독 현상, 즉 음식이나 환경에서 접하는 병독성 물질 때문일지도 모른다고 생각했다. 심지어는 움막 안에 가득한 연기와 식수에 함유된 구리를 의심했다. 그러나 쿠루병 환자들이 살고 있는 집안을 모두 조사해도 다른 보통 가

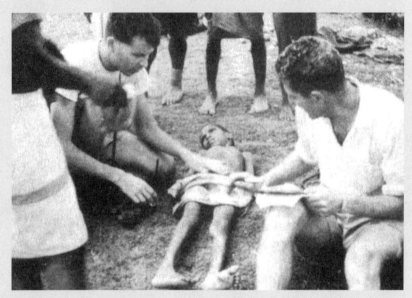

가이두섹의 연구 모습. 쿠루병을 연구하던 그는 잠복기간이 길고 발병 후엔 치료약이 없는 이 병을 '슬로우 바이러스병' 이라고 불렀다.

정과 다름이 없었다. 어떤 영양소가 결핍하여 생겼을 가능성도 조사했지만 포어족이 섭취하는 단백질양은 인근에 사는 다른 주민들보다 더 많았으며 유아들의 영양상태도 매우 좋았다. 쿠루의 증상이 진전섬망(만성 알코올 중독성 정신병의 일종)과 비슷하다는 것에도 주목했지만 포어족은 술을 마시지 않았다.

가이두섹과는 달리 포어족의 쿠루병을 조사하고 있던 인류학자인 글래시 부부는 원주민들의 생활습관을 관찰한 결과 쿠루병 환자는 거의 전부 여자들과 아이들인 것을 보아 그들이 죽은 사람의 뇌를 비롯하여 시신의 모든 부분을 먹기 때문이라고 생각했다.

포어족의 남자들은 여자들이나 아이들과는 따로 떨어져 살았는데 남자와 여자 간의 생활을 따로 하므로 식사에도 약간 차이가 있었다. 남자들은 자신들이 사냥한 동물들을 먹었지만 여자들은 농사를 지은 콩, 고구마, 사탕수수 등으로 채식을 위주로 했다. 그러 므로 동물성 단백질을 보충하기 위해 여성들은 곤충의 애벌레는 물론 사자가 생기면 주로 여자들만 아이들을 데리고 시신을 분해하여 각자 먹었다. 남자들은 시체를 거의 먹지 않고 붉은 고기만 은밀히 먹곤 했다. 문제는 뉴기니의 다른 부족들에게도 식인 풍습이 있는데 쿠루병은 포어족에게만 발병한다는 점이었다. 처음부터 포어족의 식인 행위를 질병의 원인으로 추정한 학자들이 많이 있었으나 결국 이 가설을 폐기한 이유이다.[12]

그런데 가이두섹은 쿠루병이 1920년 H.G.크로이츠펠트와 1921년 A.야콥이 처음으로 보고한 신경질환인 '크로이츠펠트—야콥병'과 비슷하나 치매가 없는 점이 다르다는 것을 발견했다. CJD는 유전자 돌연변이 등의 이유로 뇌에 스펀지 모양의 구멍이 나며 치매 증세가 나타났다가 숨지는 병으로, 평균 발병연령은 65세 정도로 전 세계적으로 발견되는데 지역과 인종에 관계없이 보통 인구 100만 명 당 연간 1명 발병한다.

놀랍게도 쿠루병 병원체는 강한 저항력을 지니고 있어 냉동건조시키거나 섭씨 85도로 30분 이상 가열해도 전염성이 사라지지 않았는데 이것은 CJD에서 나타난 실험결과와 유사했다. 또한 쿠루병으로 사망한 사람들의 뇌조직은 염소와 양에게 발견되는 '스크래피병'과 매우 흡사했다. CJD, 스크래피병, 쿠루병 모두 뇌가 광범위하게 파괴되어 스펀지처럼 구멍이 뚫리는 신경질환인 '전염성 해면양뇌증'에 속한다는 것도 발견했다.

학자들은 수많은 병인을 검토했음에도 결정적인 원인을 찾아내지 못하자 처음부터 의심을 두었던 식인 풍습을 다시 꺼내었다. 포어족이 식인 풍습에 물든 것은 인근 부락에서 식인 풍습이 있다는 것을 발견한 포어족의 여자들이 시신을 먹기 시작한 후부터였다. 쿠루병이 식인 행위를 한 후, 즉 부족한 단백질을 인육으로 보충하기 시작한 때부터 생겼다는 사실이 밝혀지자 연구에 새로운 전기가 마련되었다. 특히 외부 사람들과 결혼해 부락을 떠난 지 여러 해 지난 포어족 여인들에게서도 발병하자 원인이 포어족 내부에 있음이 틀림없다는 확신이 생겼다.[13] 더욱 고무적인 것은 오스트리아 정부에서 포어족에게 쿠루병이 성하기 이전에 기독교 교리 차원에서 포어족의 식인 행위를 금지토록 유도하고 있었는데 식인 풍습이 금지된 이후로 태어난 아이는 물론 여성들에게 쿠루병은 매우 보기 드문 병이 된 것이다.

1965년 가이두섹은 쿠루병이 유전이 아니라 감염병이라고 다시금 생각했다. 코흐의 정리에 의하면 특정 질병에는 그 원인이 되는 병인이 반드시 존재해야 했다. 그러므로 그 병인을 순수배양한 것을 실험동물에 투입했을 때 똑같은 질병을 유발하며 그 병인은 그 질병을 반복적으로 다시 일으킬 수 있어야 했다. 가이두섹은 쿠루의 감염성을 증명하기 위해 사망한 환자의 뇌조직을 침팬지의 대뇌에 주입했다. 병에 걸린 동물의 뇌조직이 다른 동물에게도 쿠루를 전파한다면 쿠루가 유전병이 아니라 전염성이 있다는 것은 논쟁의 여지가 없기 때문이다. 그의 예상은 적중했고 침팬지가 쿠루병에 걸렸다는 사실을 발견했다. 즉, 쿠루병은 전염된다는 것이다. 그는 침팬지의 뇌에서 단백질입자를 추출하여 분해효소처리한 뒤 다른 침팬지에 이식했다. 그러나 이번에는 침팬지들이 쿠루병에 걸리지 않았다. 그는 다음과 같은 결론을 내렸다.

'쿠루병의 병원체는 미생물도 바이러스도 아닌 어떤 특정한 단백질입자다. 이 단백질입자가 쿠루병을 일으키는 과정은 확실하지 않지만 사람 또는 침팬지의 뇌 속에서 증식하는 것은 확실하다.'[14]

쿠루병의 기저에는 오랜 잠복기를 가진 전염인자가 있다고 추정했다. 동족식인을 통해 치명적인 병독성 인자를 전달한다는 것이다. 더구나 쿠루에 감염된 어머니에게서 아이에게 질병이 전달되지 않는다는 것을 볼 때 감염인자는 족내 식인에 의한 것으로 단정했다. 그는 쿠루병이 한 가지 원인, 즉 파괴하기 어렵고 천천히 병을 일으키는 새로운 종류의 바이러스에 의해 발생한다고 설명했다. 물론 이때 가이두섹이 설정한 바이러스라는 용어가 추후에 문제가 되었다. 바이러스는 본질적으로 단백질에 둘러싸인 핵산으로 세포에 침입해 세포의 자기복제기구를 통해 자신을 복제한다. 또한 바이러스는 세포 입장에서 외부 물질이기 때문에 숙주의 면역반응을 유발하며 그 결과 생긴 항체로 바이러스의 정체를 파악할 수 있다. 그런데 가이두섹이 말한 소위 '괴상한 슬로우 바이러스'는 이러한 특징이 하나도 없었다. 쿠루병을 유발시키는 것은 바이러스와 같은 이형이지만 신체에서 외부 물질로 인식하지도 않는 실로 이상한 병원체였고 DNA가 없었다. 이는 순전히 단백질로만 구성된 병원체라는 뜻으로 그 당시까지의 지식으로는 전혀 이해되지 않는 질병이었다. 이들 의문은 1997년 노벨 생리의학상을 받는 스탠리 벤 프루시너의 광우병의 원인이라 볼 수 있는 프리온(단백질 감염성 입자, proteinaceous intectious particle) 단백질 연구로 연계된다.

가이두섹은 쿠루병 연구로 버룩 블럼버그와 공동으로 1976년 노벨생리의학상을 받았다. 블럼버그는 1965년 오스트레일리아 원주민들의 혈청에서 바이러스 비슷한 미립자를 발견했는데 추후에 B형 간염 바이러스라는 것이 확인되었다. 그에 의해 B형 간염 예방대책을 세울 수 있는 계기가 되었다.

그렇다면 중국은 어떨까? 정확한 사례조사가 있었던 것은 아니나 위의 연구결과를 볼 때 중국에서는 이들 병이 존재하지 않았던 것 같다. 우선 쿠루병은 세계적으로 퍼져 있는 병이 아니고 뉴기니아의 포어족에게만 발생한 특이한 질병이다. 또한 쿠루병은 일반적으로 죽은 사람들의 뇌를 포함한 시신을 인척들이 먹는 풍습에서 기인한 것이고 또 포어족은 쿠루병의 질병요인을 먹을 기회가 상당히 잦은 편이었다. 반면 상대적으로 중국인들은 포어족에 비해 질병요인을 접할 기회가 많지 않은 편이었다. 따라서 간헐적으로 인육을 먹었다고 하더라도 쿠루병이 발생하지 않았다고 추정할 수 있다.

최고의 전법 '36계 줄행랑,

三國志

화약무기가 등장하기 전까지 전장에서의 승패는 대부분 직접대결에서 났다. 특히 수십만 명이 동원되는 대회전의 경우 그야말로 창과 칼, 도끼가 난무하는 아비규환이었다.

451년 6월 20일, 세계 3대 정복자 중 한 명인 훈족의 왕 아틸라(나머지 2명은 칭기즈칸과 알렉산드로스 대왕)와 서로마의 총사령관 아에티우스(일명 '최후의 로마인')가 트르와(파리 동남쪽 약 210킬로미터 지역)근처의 완만한 평원인 마우리아쿰에서 대치했다. 아틸라 측에는 게르만민족 대이동을 촉발시킨 동고트족이 합류했고 아에티우스 진영에는 서고트족이 합류했으며 프랑크, 부르군트(현 독일 지역), 갈리아(현 프랑스 지역)계의 켈트족 등이 합세했다. '샬롱 대전투'라고 명명된 이 전투에서 단 한 번의 회전으로 발생한 양측의 전사자는 최소 15만~50만 명, 아틸라군에서만 16만~30만 명에 달할 정도로 대규모 사상자가 났다고 알려져 있다. 일반적으로 양측에서 각각 20만 명의 장병을 동원했다고 추정하므로 위의 사망자 숫자는 과장된 것으로 추측하지만 양 진영 합하여 최소한 15만~20만 명이 사망했다고 추정된다. 양측에서 동원한 장병의 절반에 해당하는 엄청난 숫자이다. 특이한 것은 이 전투에서 포로는 없었고 소수의 부상자만 있었다는 점인데 이는 이 전투가 얼마나 철저한 살육전이었는지를 반증한다. 살롱 대전투는 동양과 서양의 역사를 가를 수 있는 중대한 회전이지만 결론은 무승부였다. 아틸라의 훈족은 자신의 근거지인 현 헝가리 지역의 판노니아로 철수했고 아에티우스도 훈족에 패배하지 않아 로마의 생명을 연장시킬 수 있었다.[1]

이와 같은 대규모 회전의 승패요인으로는 일반적으로 군사들의 숫자, 동원된 병력의 전투능력, 전투시 부대의 기동방법의 세 가지를 꼽는다. 이 중 병력의 숫자와 전투기술 등은 전투하기 전에 이미 정해진 것이다. 따라서 전투 현장에서는 부대의 기동방법이 승패를 가르는 핵심적인 요인이 되는데 전투가 일단 벌어지면 승리한 측이나 패배한 측이나 막대한 희생자가 발생하며 엄청난 경비가 소요됨은 물론이다. 그러므로 가장 좋은 방법은 전투를 벌이지 않고 상대방에게 승리하는 것, 즉 싸우지 않고 승리하는 것이다. 이러한 내용이 설명되어 있는 책을 병서라고 하는데 지휘자들은 이들 묘법을 숙지하는 것이야 말로 전쟁에서 승리할 수 있는 지름길로 보았다. 그러나 병서는 아무나 볼 수 있는 것이 아니었다. 고대로 올라갈수록 병서야 말로 특급 비밀이기 때문이다. 조조나 제갈량이 『삼국지』에서 종횡무진 활약할 수 있었던 것도 병서, 즉 병법의 달인이기 때문으로 알려진다.

병서를 보라

진법은 장기와 바둑을 생각하면 쉽게 이해할 수 있다. 장기는 초나라의 항우와 한나라의 유방이 각축전을 벌였던 실제의 전투를 모방하여 만들었다. 우선 양측의 병사의 숫자를 동일하게 한 후 각각 공격과 방어를 돌아가면서 운영하여 승패를 가른다. 장기를 둘 때 기사는 각각의 병력을 이용하여 어떻게 상대의 방어를 뚫고 허를 찌를지 고민한다. 장기판에서 벌어지는 이런 병력의 움직임이야말로 전통적인 진법의 모습과 흡사하다. 장기보다 많은 앞 수를 내다보며 두는 바둑도 마찬가지이다. 장기와는 달리 기사의 병력과 급이 모두 같으므로 흑돌과 백돌은 자신의 세력을 유지하면서 공격과 방어를 한다. 이것 역시 진법의 움직임을 그대로 담고 있다. 진법은 육지에서만 운용되는 것이 아니다. 바다에서도 마찬가지이다. 임진왜란 때 이순신 장군이 펼친 학익진(鶴翼陣, 학이 날개를 편 모양으로 펼쳐진 진)이나 장사진(長蛇陣, 긴 뱀 모양으로 한 줄로 길게 늘어선 진)이 그것이다. 옛날 전쟁에서는 진법이 전쟁의 승패를 좌우할 정도로 중요했다. 때문에 군대를 지휘하는 장수들은 반드시 진법에 능통해야 했고 군사들은 진법에 따른 훈련을 부단히 받았다.[2]

『삼국지』는 대·소 전투가 총망라된 일대 전쟁사이므로 수많은 전투 상황을 보여준다. 또한 각 전투마다 사람과 장비는 물론 기후, 장소 등이 모두 다르고 또한 이런 요소들의 결합 형태도 모두 차이가 있어 지극히 복잡하다. 그러나 이런 전투 상황도 정확히 분석하여 정리하면 어떤 공통분모를 찾을 수 있고 이를 잘 이용하면 승리의 비결도 발견할 수 있다. 이러한 군사지식을 적어놓은 비장의 교과서가 병서이다. 『삼국지』에서 병법이 무엇인가는 제갈량이 손권을 설득하기 위해 동오로 가서 장소와 대담할 때 잘 드러난다. 장소는 손권의 형인 손책을 모시던 신하로 유학에 조예가 깊었다. 자는 자포(子布)인데 손책이 오군태수 허공의 아들에게 살해당하자 '국내 일은 자포(장소)에게 맡기고 국외의 일은 모두 공근(주유)에게 맡기라고 유언할 정도로 신임을 받고 있었다.[3] 장소는 유비가 계속 패배했는데 정말로 전투할 수 있는 전력이 있겠느냐며 손권이 유비와 연합할 경우 무슨 득이 있느냐고 질문했다. 제갈량은 다음과 같이 말했다.

> "붕새가 만 리를 날 때 조그마한 새들이 어찌 붕새의 뜻을 알겠습니까. 지금 유비의 일을 사람의 병세에 비한다면 중병 환자입니다. 병자를 다스리는 데는 먼저 미음과 죽, 부드러운 약을 써서 장부(臟腑)가 좌화되고 형체가 평온해진 연후에 육식은 물론 독한 약을 사용하여 병 뿌리를 뽑아야 치료가 됩니다. 만약 기맥(氣脈)이 화하게 풀어지기 전 허한 사람에게 독한 약과 기름진 음식을 급히 쓰면 오히려 역효과가 일어 병자가 죽어버릴 수 있습니다. 병법을 쓰는 일도 이와 같습니다."

한마디로 의사가 환자의 병을 잘 알아 치료할 수 있는 것처럼 제갈량은 자신이 병법을 잘 알고 있으므로 조조를 격파하는 데 문제가 없다고 말한다. 그러나 조조도 병법에 관한 한 제갈량처럼 고수였다. 조조는 대단한 독서가로 특히 병법서를 즐겨 읽었다고 한다. 조조는 『손자병법』 13편의 주를 달 정도였고 여러 병서를 발췌하여 직접 『접요(接要)』를 저술한 후 항상 몸에 지니고 다녔다고 한다.[4]

병법에도 당연히 교과서가 있는데 그 중의 걸작이 춘추시대 제나라의 병법가 손무(손자)가 쓴 『손자병법』이다. 손자는 기원전 500년경에 살았던 인물로 알려져 있지만 그의 실생활에 대해서는 잘 알려져 있지 않다.[5] 근래 학자들은 『손자병법』은 손자가 살았던 춘추시대가 아니라 전국시대에 살았던 사람의 작품이라고 추정한다. 『손자병법』에 전국시대에 이르러 비로소 사용된 말인 '형명(形名)'이라든가 '패왕(覇王)'이라는 단어가 나오기 때문이다. 그러므로 『손자병법』은 손무가 혼자 쓴 것이 아니라 손자보다 약 100여 년 후대의 사람인 손자의 손자(孫子)인 손빈의 합작 또는 손빈이 정리한 것으로 추정된다.[6]

『손자병법』은 당시 상황의 산물이다. 당시 중국의 패권은 주나라가 잡고 있었는데, 광대한 중국을 통치하는 주나라의 기본정책은 봉건제도를 실시하여 천하를 안정시키고 통일을 유지하는 것이었다. 그러므로 주나라는 제후들의 군사력을 동원하여 이민족의 침입을 막는 한편, 이민족을 제후국으로 삼아 기존의 제후들을 견제했다. 주나라로부터 분봉(分封)을 받은 이민족들은 주나라의 제도와 문물을 받아들이는 한편 주 왕실이 약해지자 천하의 패권을 잡고자 노력했는데, 이때의 강국이 서쪽의 진(秦), 남쪽의 오(吳)와 월(越) 등이다. 이들이 서로 대립한 시대를 춘추전국시대라 한다.

춘추전국시대 초기의 전쟁은 귀족들 간의 전차전 위주로 진행됐으나 청동제무기가 철제로 바뀌고 인구의 증가에 따라 대규모 병력 동원이 가능해지면서 보병 위주의 전투로 변하기 시작했다. 보다 많은 수의 보병을 투입할 수 있는 국가가 전쟁에서 승리할 가능성이 높아지자 대규모 병력 확보를 위한 행정조직과 경제력이 필요하게 되었다. 이를 위해 각 제후국들은 저마다 부국강병(富國强兵)을 목표로 국력을 키우는데 매진했는데 여기에서 군사학의 중요성이 대두된다. 당대의 전쟁은 무기의 파괴력이 약한데다 보급능력이 부족했기 때문에 군대의 사기와 조직력이 승패를 결정짓는 핵심요소였다. 따라서 군사 전략가들은 기만과 이간전술 등을 통해 적군의 사기를 떨어뜨리고 조직력을 약화시킴으로써 '싸우지 않고 이기는' 전술을 최상으로 보았다.[7] 실제로 병법서는 전쟁을 일으키지 않고 승리하는 방법, 즉 무혈로 점령하는 것을 최상으로 간주한다.

다양한 병법서

역사상 중국처럼 수많은 전투를 치룬 나라도 없을 것이다. 그래서인지 『손자병법』을 제외하더라도 전쟁에 대해 설명된 병서가 대단히 많은데 그 중에서 가장 잘 알려진 병법서만 간략하게 설명하면 다음과 같다.

① 『무비지(武備志)』: 명나라 모원의가 썼으며 「병결평(兵訣評)」 18권, 「전략권(戰略卷)」 31권, 「진련제(陣練製)」 41권, 「군자승(軍資乘)」 55권, 「점도재(占度載)」 96권 등 총 240권이다. 약 200만 자로 700여 개의 그림도 있어 군사백과사전으로 인식되어 실제 전투에서 많이 활용되었다.

② 『사마법(司馬法)』: 제나라 사마양저가 편찬한 것으로 알려졌으며 현재 「인본(仁本)」 「천자지의(天子之義)」 「정작(定爵)」 「엄위(嚴位)」 「용중(用衆)」 다섯 편만 전래된다.

③ 『육도서영(六韜書影)』: 『육도』는 춘추전국시대부터 진·한시기의 병서로 현재 60편만 남아 있다. 육도는 군대의 편제·장비·훈련·통신·장수 등에 대해 광범위하게 다루었고 중국 고대 군사과학의 발전에 큰 기여를 했다.

④ 『제갈충무후병법(諸葛忠武候兵法)』: 제갈량은 진법 활용에 탁월한 재주를 보

였고 팔진도야말로 그의 특허품과 같아 후세 사람들도 많이 활용했다. 목우유마(木牛流馬)를 만들었으며, 연노는 동시에 열개의 화살을 날릴 수 있어 전장에서 큰 위력을 보였다.

⑤『오자(吳子)』: 오기가 위문후, 위무후 등과 군사를 논한 것을 적은 것이다. 일반적으로 기원전 380년의 저작으로 알려져 있지만 실제로는 기원전 3세기의 내용이 많이 포함되어 있어 그 당시에 편집된 것으로 보인다.[8] 현재『오자』는 상·하권으로 나뉘고「도국(圖國)」「요적(料敵)」「치병(治兵)」「논장(論將)」「응변(應變)」「여사(勵士)」 여섯 편이 있다.

⑥『해국도지(海國圖志)』: 청나라 말기에는 누구나 군사에 대해 이야기할 정도로 군사에 관한 많은 책들이 발간되었다. 『해국도지』는 초판 50권으로 편찬되었는데 1852년에 100권으로 증편되었다. 이 책은 주로 청나라의 해방 이론과 각국 지리 분포 및 역사와 정치를 논하면서 서양의 기술을 도입하는 데 역점을 두었다.

⑦『관자(管子)』: 기원전 4세기에 저작된 것으로 추정되는데 지형의 중요성, 즉 지도를 무엇보다 강조했다. 상나라의 군대는 청동그릇에 새긴 지도를 사용했으며 동주시대에는 비단에 그린 지도가 널리 이용되었다. 기원전 5세기가 되면 나무판 위에 천연 자석조각이 자유롭게 움직이도록 만든 나침반이 등장했다.『관자』는 이들 첨단지식이 전투에 결정적인 요인이 된다고 적었다.[9]

⑧『묵자(墨子)』: 묵적(묵자)을 개조(開祖)로 하는 묵가(墨家)의 저서『묵자』는 실

전 경험에 의한 방어기술에 관해 상세히 기록했다. 묵가에는 사상을 연구하는 그룹 외에 성을 건축하거나 방어술을 지도하고 적이 공격해왔을 때의 방어전을 담당하는 실전부대를 별도로 갖고 있었다. 묵가는 당대에 고도의 과학기술을 활용하여 각종 방어전에서 뛰어난 성과를 거두었다. 묵가집단은 진나라가 천하를 통일하기 직전에 진나라로 들어갔는데 학자들은 진나라가 천하통일하는 데 그들의 방어기술이 상당한 공헌을 했을 것으로 추정한다.[10]

⑨ 『당태종이위공문대(唐太宗李衛公問對)』: 당태종 이세민과 이정이 여러 차례 군사문제에 대해 토론한 언론집으로 총 3권, 1만여 자이다. 당태종과 이정의 군사사상이 잘 반영되어 있다. 중국의 '무경칠서(武經七書)' 에도 포함되는 등 중국 고대 군사학 측면에서 중요한 위치를 차지한다.

'무경칠서' 란 북송 신종 때 무관을 선발하면서 수험생들이 필수적으로 습득해야 하는 7권의 병법서를 통칭하며 속칭 '군사 교과서' 로도 불린다. '무경칠서' 에는 『손자병법』 『오자(吳子)』 『사마법』 『육도』 『위료자(尉繚子)』 『삼략(三略)』 『당태종이위공문대』가 포함된다.[11]

병법의 대가 손자

'무경칠서' 중에서도 가장 중요하게 인정받은 병법서는 『손자병법』이다. 손자는 『손자병법』을 총 13편으로 분리하여 설명하고 있다. 제1편은 총론이라 볼 수 있는 「시계편(始計編)」으로 전쟁의 기본적인 계획을 논했다. 전쟁 전에 기본요건 중 어느 쪽이 더 우수한가를 분석·검토해야 한다는 것이다. 이후 「작전편(作戰編)」 「모공편(謀攻編)」 「군형편(軍形編)」 「병세편

(兵勢編)」「허실편(虛實編)」「군쟁편(軍爭編)」「구변편(九變編)」「행군편(行軍編)」「지형편(地形編)」「구지편(九地編)」「화공편(火攻編)」「용간편(用間編)」으로 세분했다.

손자는 '전쟁은 국가의 큰일이며 사생존망이 걸린 일이라 돌보지 않으면 안 된다'라며 나라의 운명과 민족의 존망을 전쟁과 묶어서 생각했다는 것과 전쟁은 일어나지 말아야 할 마지막 수단으로 간주했다는 데 중요성이 있다. 그는 또한 전쟁을 '이득(利得)'의 개념과 연계했다. 국가 간에 전쟁을 해야 할 때 전쟁이 이익을 줄 것인가 아닌가를 판단하여 결정해야 한다는 것이다. 그가 전쟁과 관련하여 경제적 측면을 진지하게 생각한 것은 전쟁 수행이 엄청나게 많은 물질과 재산을 필요로 하기 때문이다. 다시 말해 경제력의 뒷받침 없는 전쟁 수행은 불가능하다.

손자는 전쟁의 승부를 결정지을 수 있는 요건으로 다섯 가지를 들었다. 도(道)·천(天)·지(地)·장(將)·법(法)으로 이를 오사(五事)라고 말한다. 도란 백성들이 임금과 같은 생각을 가지게 하는 것이고, 천은 음양, 지는 높낮이·거리 등 지형적 요인, 장은 장수의 품성, 법은 제도를 말한다. 법에는 정치·군사·경제·민생과 자연조건 등도 포함된다. 더욱이 손자는 문(文)으로 뭉치고 무(武)로 제압할 수 있다고 강조했다. 문이란 정치·교화 수단으로 군대의 응취력과 의지력을 보강할 수 있으며, 무란 군사·기율·법령으로 군대를 관리하면서 전투력을 높일 수 있다고 말했다. 그는 이 두 가지를 결합해야만 군대의 전력이 높아진다고 생각하였다. 문에는 병졸을 사랑하고 포로를 선대하는 것이 포함되어 있고, 무에는 상과 벌을 명시하는 것이 있다. 이는 손자가 군대의 정신문명 교육을 중시했음을 뜻한다.

나를 알고 적을 아는 것, 하늘을 알고 땅을 아는 것은 손자가 말하는 전술의 기본개념이다. 또한 전술적 주도권을 행사하여 전투 중에 싸움을 불패지지(不敗之地)로 유도해야 한다고 생각했다. 그는 그 방법으로 두 가지를 제시했다. 하나는 절대적으로 월등한 병력을 동원하는 것이고 다른 하나는 형세를 승전으로 이끌 수 있도록 유도하는 것이다. 손자는 전쟁을 일으키기 전에 지도자는 제일 먼저 상대방과의 힘을 수학적으로 계산해 봐야 한다고 강조했다. 이때 지휘관의 능력이나 국가의 내부 결속력 같은 요소에 적절한 비중을 두어야 한다.

손자는 전쟁을 마지막 수단이라 하면서도 전쟁이 일어나면 반드시 승리해야 하는데, 이를 위해 적을 속이면서 적이 깜짝 놀라게 할 공격이 필요하다고 강조했다.[12] 그는 공격할 수 있을 때 공격할 수 없는 것처럼 보여야 하고, 군사를 사용할 때 활동하지 않는 것처럼 보여야 하며, 적과 근접했을 때는 멀리 있는 것처럼 멀리 있을 때는 가까이 있는 것처럼 믿게 해야 하며, 적을 유인하는 미끼를 내놓고 혼란을 가장하고서 적을 공격하라고 주장했다. 특히 전쟁에서 강한 것을 피하는 방법은 약한 것을 공격하는 것이라고 말했다.[13] 또한 그는 장병을 이끌 장수에도 많은 지면을 할애하여 장수는 지식과 시야가 넓어야 하며 병사를 아낄 줄 알고 상과 벌을 신중히 하며 작전에 용감해야 장병들이 스스로 따른다고 주장했다.[14]

손자에 따르면 전시에 전투를 하려면 일단 적국의 영토에 들어가서 하는 것이 병법의 요체이다. 그는 이 대목으로 전투 당사자들에게 큰 인기를 끌었다. 손자는 그 이유로 세 가지를 들었다. 첫째, 적국의 영토에서 전투를 하면 자국의 백성들로부터 원성을 사지 않고 현지조달로 군대를 먹일 수 있다. 둘째, 적군의 동원계획을 교란시킬 수 있다. 셋째, 적국에서 살아남으려면 군대에 머물러 있어야 하므로 아군의 이탈을 줄일 수 있다.

아무나 볼 수 없는 병법서

현대인들은 『손자병법』을 비롯한 병서들을 마음껏 읽을 수 있으니 고대 군사전문가나 지도자들도 대부분 읽었을 것으로 생각하지만 사실은 그렇지가 않았다. 종이가 발명되기 전까지는 대나무조각(죽간)에 글씨를 쓴 다음 이를 가죽끈으로 꿰어서 책을 만들었다. 『손자병법』을 만들자면 운반을 위해 수레가 필요할 정도의 죽간이 필요했다. 현대의 짧은 책이라도 죽간으로 만들면 부피가 엄청나게 커진다. 일반적으로 『손자병법』 한 권이 수레로 운반해야 하는 분량으로 알려져 있다. 장자가 친구인 혜시를 일컬어 "학식이 다방면에 걸쳐 있고 읽은 책이 수레 다섯 대에 쌓을 정도"라고 말한 것을 본다면 당대의 지식인들이라 할지라도 일생에 10여 권의 책을 읽는다는 것이 간단한 일은 아니었다. 춘추전국시대에 출간된 『좌전』에 보면 장군이라면 적어도 병법서의 몇 구절은 암기하고 있어야 한다는 말이 나온다.[15] 전투를 전문으로 하는 장군의 경우가 이 정도였으니 일반인들이 병법서를 읽는다는 것은 거의 불가능한 일이라고 볼 수 있다. 후한 때 채륜이 종이를 발명하였으므로 『삼국지』 시대에는 종이로 만든 책이 통용되기는 하였지만 이 당시에도 보통사람들이 책을 접하는 것은 간단한 일이 아니었다. 『손자병법』과 같은 병법서를 읽는 것은 더욱 쉽지 않았다. 『삼국지』에서 병법을 아는 사람이 대우 받는 이유이다.

『삼국지』에서 흥미로운 장면은 조조의 예리한 판단력이 발휘된 부분이다. 원래 지략이 많은 사람으로 등장하는 조조는 건안 3년(198년) 하남성

등현의 장수를 공격하고 있었다. 이때 원소가 수도를 공격하여 헌제를 강제로 모시려고 하려는 것을 알고 철수하려 하나 장수가 추격해 올 것이 두려워 함부로 철수도 할 수 없는 상황이었다. 조조가 어렵게 하남성 등현 북동부 안중(安衆)에 도착하자 장수는 유표와 합류하여 협공 태세를 취했다. 그러자 조조는 땅굴을 파는 기술자들로 특공대를 편성하여 장수 진영의 요새 밑으로 굴을 판 후 기습공격에 성공하여 위기에서 탈출할 수 있었다. 순욱이 조조에게 어떻게 승리를 예측했느냐고 묻자 조조는 다음과 같이 대답했다.

"적이 우리 군대의 돌아갈 길을 막고 사지(死地)로 몰아넣었기 때문에 나는 우리가 승리할 줄 알았소."

『손자병법』에서는 '고향으로 돌아가는 군사는 붙잡지 말라'고 가르치고 있다. 고향으로 돌아가는 군대는 이미 고향의 냄새를 맡고 있으므로 귀향을 방해하는 자와는 죽을 각오로 싸운다는 것이다. 즉, 고향으로 돌아가는 조조의 군대를 방해하는 일 자체가 조조로 하여금 승리할 수 있는 상황을 연출한 셈이다. [16] 결과론만 보면 조조는 병법을 잘 알고 있었고 장수는 병법 활용에 미숙했다는 것을 의미한다. 당대에 병법서가 얼마나 중요하게 인식되었는지를 알려주는 대목이다.

36계 병법
『손자병법』이 잘 알려져 있다고 해도 『손자병법』만으로 병서에 대해서 설명한다는 것은 무리한 일이다. 각 병법이 시대 상황을 도입하여 변형되기도 한데다가 강조하는 부분도 다소 다르기 때문이다. 다행하게도 '36계 병법'이 있어 그나마 간략하게 알 수 있다. '36계'는 일반인들에게 '36계 줄행랑'이라는 말이 있을 만큼 잘 알려져 있는데 누가 언제 만들었는지는 확실하지 않다. 36계의 큰 틀은 '싸우지 않고 이긴다'라는 사상이 짙게 깔려 있으며 전쟁을 수행하는데 반드시 알아야 할 실전적인 내용을 36가지 계책으로 나누어 설명한 것이다. 승전계(勝戰計), 적전계(敵戰計), 공전계(攻戰計), 혼전계(混戰計), 병전계(並戰計), 패전계(敗戰計)에 각 6계씩 들어있어 모두 36계가 된다.[17]

① 승전계: 아군이 승리할 수 있는 조건이 충분히 갖춰졌을 때 사용하는 작전이다. 1~6계가 이에 해당한다.

제1계: 어떤 목적을 가지고 행동을 하더라도 평상시와 다르지 않게 보여 적이 의심을 품지 않도록 한다. 계략을 숨기고 모습을 드러내는 것이다.

제2계: 정면으로 공격하는 것이 아니라 우회하여 공격한다. 화력이 집중되어 있는 적과 맞서지 말고 적의 병력을 분산시킨 후 약점을 찾아 공격한다.

제3계: 적은 분명하고 친구가 아직 정해지지 않았을 때, 자신의 힘을 쓰지 않고 타인의 힘을 빌려 적을 치는 것은 현명한 방법으로 적의 명예를 손상시키거나 또는 갈등을 조성하여 고립시킬 수도 있다.

제4계: 전투가 적의 세력을 약화시키는 가장 좋은 방법은 아니다. 여유를 가지고 수비에 임하여 상대가 지치도록 기다린다. 효과적인 방어는 강자를 약하게 만들고 약자를 강하게 만든다.

제5계: 적이 중대한 위기에 처해 있을 때 그 기회를 이용하여 적을 공격한다.

제6계: 한쪽에서 소리를 내어 공격하는 것처럼 적을 유인하여 주력부대를 다른 곳으로 움직이도록 한 후 허술한 곳을 공격한다.

② 적전계: 적과 아군의 세력이 대등할 때 사용하는 계략으로, 설사 전력이 부족하더라도 계략을 써서 적을 함정에 빠뜨리고 격파하는 작전이다. 7~12계가 이에 해당한다.

제7계: 무에서 유를 창조한다. 기만하면서 기만하지 않는 것처럼 보이게 한다. 다시 말해 없어도 있는 것처럼 보임으로써 적을 속인다.

제8계: 적을 제어하기 위해 행동을 고의로 노출시키고 몰래 다른 방향으로 우회하여 기습 공격한다.

제9계: 적 내부에서 심각한 내분이 발생했을 때는 조용히 그 혼란이 극에 달하기를 기다린다. 적의 내부 투쟁이 격화되면 적은 자중지란 상태가 된다. 아군에게 유리한 형세를 면밀히 관찰하여 경솔한 행동을 하지 않는다. 그렇지 않으면 오히려 적들이 단합하여 반격해올 수 있다.

제10계: 적으로 하여금 아군을 믿게 안심시킨 후 비밀리에 일을 도모한다. 주도면밀하게 준비한 후 행동하며 기회가 오면 틈을 주지 않고 공격을 가한다.

제11계: 전쟁이든 사업이든 어느 정도 손실은 따르게 마련이므로 작은 것을 희생시켜 전체의 이로움을 구한다.

제12계: 적의 미세한 틈이 보이면 반드시 장악하여 조그만 이익이라도 반드시 얻도록 한다. 다만 이 계략은 사소한 이익에 눈이 어두워 본래의 목적에 소홀해지는 위험이 따른다.

③ 공전계: 전투에 직접적으로 적용할 수 있는 전술로 적을 알고 자신을 정확하게 알면 백전백승할 수 있다. 13~18계가 이에 해당한다.

제13계: 적이 의심스러우면 반드시 자세하게 정찰한 후 비로소 행동한다. 반복하여 정찰하면 적의 숨겨진 음모를 발견할 수 있다.

제14계: 이용할 수 있는 것은 무엇이든 이용해서 당초의 목적을 이루는 것으로, 다른 사람이 쓸데없다고 버린 것도 잘 이용하면 가치 있는 것으로 만들 수 있다.

제15계: 적에게 불리해지도록 기다리면서 기만으로 적을 유혹한다. 유리한 지점을 차지하고 있는 적을 무작정 공격하면 패배하기 쉽고 설령 승리한다고 해도 아군의 피해역시 막심하다. 적이 커다란 위험을 무릅쓰고 스스로 유리한 지형을 벗어나 아군을 공격하도록 유도한다.

제16계: 적을 지나치게 몰아세우면 적이 도리어 맹렬하게 반격할 수 있다. 기세가 꺾인 적을 달아나게 한 후 적을 쫓되 다급하게 쫓지 않는다. 또한 적의 힘을 고갈시키고전투의지를 저하시켜 적을 분산시킨 후 사로잡는다. 다시 말해 공격을 주도면밀하게 지연시킴으로써 적을 스스로 자멸하게 만든다.

제17계: 미끼를 던져 상대를 유혹한 다음 공격하며 역으로 상대방이 던진 미끼는 공격하지 않는다.

제18계: 사람을 쏠 때는 먼저 말을 쏘며, 적을 잡을 때는 먼저 적장을 잡아 적의 주력을 궤멸시킨다. 용도 물을 떠나게 되면 도리가 없다.

④ 혼전계: 치열한 전투 중에 대처하는 전술을 말하며 동(動)은 양이고 정(靜)은음이다. 난(亂)은 양이고 치(治)는 음이다. 평안과 질서는 난을 평정해야 얻는다. 19~24계가 이에 해당한다.

제19계: 적의 계략을 근본적으로 깨뜨리는 것으로 강한 적을 만나면 정면으로 공격하지 않고 다른 방법을 사용한다. 적의 보급부대를 차단하여 적군을 고립시키거나 적장을 쓰러뜨려 사기를 떨어뜨리는 등 최소의 희생으로 승리를 거둔다.

제20계: 적의 내부가 혼란한 틈을 타서 약자를 아군 편으로 끌어들이면 적은 자멸한다.

제21계: 적이 함부로 행동하지 못하도록 진지의 원형을 보존하고 군대가 여전히 주둔하고 있는 것처럼 한 후 주력부대는 다른 곳으로 옮겨 적을 혼란스럽게 한다.

제22계: 세력이 약한 소규모의 적은 포위하여 멸망시킨다. 퇴각하게 놓아두면 섬멸하는 데 불리하며 너무 깊숙이 따라가면 역습당할 수 있다.

제23계: 멀리 있는 적보다는 가까이에 있는 적을 먼저 공격한다. 멀리 있는 적과는 정치적 주장이 다를지라도 잠시 연합한다.

제24계: 두 개의 강대국 틈에 끼인 소국이 적의 위협을 받게 되면 즉시 군대를 보내 구해줌으로써 영향력을 확장시킨다. 위기에 빠진 사람에게 말만 앞세우게 되면 신뢰받을 수 없다.

⑤ 병전계: 아군 속에 적이 숨어 있어 언제든 칼을 들이댈 수 있으므로 이에 대비해야 한다. 25~30계가 이에 해당한다.

제25계: 사물의 본질이나 내용을 몰래 바꿔 상대를 속인다는 뜻으로 진영을 자주 바꾸게 하여 그 주력부대를 빠지게 한 후 스스로 붕괴하기를 기다려 그 틈을 이용, 적을 공격한다. 이는 마치 수레의 바퀴를 빼는 것과 같다.

제26계: 뽕나무를 가리키며 홰나무를 욕하듯(指桑罵槐) 간접적으로 상대를 위협하여 복종하게 만든다. 강한 기세로 나가면 충성을 바치고, 단호한 태도를 취하면 순종하게 될 것이다.

제27계: 냉정을 유지하면서 무지한 척 가장하며 행동에 옮기지 말고 총명한 척하며 경거망동하지 않는다. 기밀을 누설하지 말고 조용히 계획하여 천둥번개가 순식간에 치는 것처럼 재빨리 행동한다.

제28계: 고의로 약점을 노출시켜 적을 아군의 계획대로 끌려들어오게 하며, 적의 지원부대를 차단하여 적을 사지로 몰아넣는다. 적의 욕심을 이용하여 스스로 궤멸하도록 한다.

제29계: 허위로 진영을 배치하는 등 실제보다 세력이 강대하게 보이게 만들어 적을 혼란에 빠뜨리면서 위기에서 벗어난다.

제30계: 손님의 입장에서 시작해 차츰 주인의 자리를 차지하는 전략으로 기회를 엿보아 발을 들여놓고, 사태를 파악하면서 차츰차츰 영향력을 확대하면 마침내 주도권을 장악할 수 있다.

⑥ 패전계: 패하거나 극히 불리한 상황에서 취하는 전술로 군사력뿐만 아니라 동원할 수 있는 모든 수단을 강구한다. 31~36계가 이에 해당한다.

제31계: 세력이 강한 군대는 그 장수를 공격하되 지략이 뛰어난 자는 미녀를 이용한다. 장수가 약해지고 병사가 퇴폐에 흐르게 되면 전투의지가 꺾인다.

제32계: 아군의 군대가 열세일 때는 방어하지 않는 것처럼 보이게 하여 적을 혼란에 빠뜨린다. 적이 강하고 아군이 약한 상황에서 특히 효과적이다.

제33계: 적군끼리 서로를 의심하도록 만들며 아군을 이간시키려는 적의 책략을 역이용한다. 적의 첩자를 이용하는 반간계야말로 적에 대한 기만전술 중 으뜸으로 아무런 손실 없이 적을 물리칠 수 있다.

제34계: 진실을 거짓으로 가장하고 거짓을 진실로 꾸며 적이 아군의 의도대로 따르게 한다.

제35계: 적의 병력이 강할 때는 무모하게 공격하지 않고 적끼리 서로 묶고 묶이도록 하여 세력을 약화시킨 후 공격한다.

제36계: 강한 적과 마주쳐 승산이 없을 때는 투항, 강화, 퇴각하는 세 가지 길밖에 없다. 항복하면 완전히 패배하는 것이고, 강화하면 반쯤 패배하는 것이지만 달아나면 패한 것이 아니다. 전략상 퇴각하여 다시 공격할 기회를 기다리는 것도 허물이 되지 않는다. 도주는 자주 사용되는 군사전략의 하나로 승리의 열쇠가 될 수 있다.

36계 줄행랑의 대가 유비

손자는 36계 줄행랑을 최고의 전법 중에 하나로 적었다. 전투에서 무모하게 싸우다 패배하거나 죽으면 결국 기회는 '다시' 없게된다. 그러므로 추후에 재기를 위해서라도 일단 도망가는 것이 중요하다는 것이다. 『삼국지』에서도 조조, 유비, 손권은 수없이 패전을 경험하지만 결국 삼국시대로 정립된다. 그만큼 36계가 중요시되었다는 방증이다.

『삼국지』에서 도망이라면 유비를 따를 사람이 없다. 엄밀한 의미에서 유비의 삶은 '백전백패'라는 네 글자로 표현할 수 있다. 승리가 아니라 패배가 기본이었기 때문에 유비의 특기는 도망과 우는 것이라는 설명이 결코 과언이 아니다. 그러나 『삼국지』의 시대에 잘 도망가고 잘 우는 것은 체면이 깎이는 일이 아니었다. 또한 그것이 무능하다든가 영웅이 아니라는 얘기도 아니다. 울고 도망가는 데는 조조도 빠지지 않는다. 유비에 비해서 그 빈도가 적었지만 말이다.

유비가 왜 자주 도망 다니고 더 많이 울었는가는 당시 유비의 상황을 보면 알 수 있다. 그가 원대한 꿈을 가지고 집을 나섰을 때 그에게는 도원결의를 통해 의형제가 되기를 맹세한 장비와 관우 밖에 없었다. 돗자리장

백제성 유적에 그려진 도망치는 유비. 그는 상황이 불리하다 싶으면 처자식도 내버리고 도주하곤 했다. 『삼국지』에서 보여지는 유비의 각종 도주 관련 일화는 정말 많아서 가히 그를 36계 줄행랑의 '달인' 이라 불러도 과언이 아닌 수준 이다.

수 출신으로 무일푼이었던 그가 중산왕국(中山王國, 현 하북성 정주시)의 대 상인인 장세평으로부터 군자금을 지원받지 못했다면 군인을 모집하는 것 은 물론 말조차 살 수 없었을 것이다.

유비의 출발은 조조나 손권에게 비할 바가 못될 정도로 빈한했지만 그 에게도 장점은 있었다. 몇 세대를 거슬러 올라가면 전한 경제 유계의 아 들로 중산정왕(中山靖王)인 유승의 직계 후손이다. 당시에 동한의 위력이 형편없다 하더라도 황제와 같은 성을 갖고 있다는 것은 대단한 잇점이었 다. 유비는 자신이 유씨라는 것을 적절하게 이용하면서 희노애락을 얼굴 에 나타내지 않았고 겸양했다. 호방하고 의협심이 있는 친구들을 좋아하 여 곁에 두었으며 많은 사람들로부터 호평을 받았다. 그는 황건적을 토벌한 후에도 안희위라는 작은 고을의 오늘날로 치면 경찰서장 정도의 말직에 임명되었지만 자신의 야망을 숨기며 때를 기다렸는데, 실제로는 그만큼 비빌 언덕이 없었기 때문이다. 그는 동분서주하며 남의 울타리에 의탁해야 했고 주인을 여러 번 바꿨으며 처자식도 여러 번 잃어버릴 정도였지만 당대에 이런 것은 큰 헛점이 아니었다.

『삼국지』에서 나관중은 유비의 도망에 대해 매우 자세하게 적었는데 그 중에서도 유비가 조조의 밑에 있다가 탈출하는 이야기를 매우 길게 적었다. 유비는 조조로부터 '외출할 때는 같은 수레를 타고 자리에 앉을 때는 동석에 앉는' 신임을 얻었다. 조조는 한나라의 먼 종친이 되는 유비를 잘 대해주는 것이야말로 자신이 명망을 얻는데 도움이 된다고 생각했다. 그러나 헌제가 장인인 동승에게 밀서를 주며 조조를 죽일 것을 지시했는데 동승은 유비에게 함께 거사하자고 했다. 하지만 결국 그들의 밀모가 발각되어 동승은 체포되고 눈치 빠른 유비는 줄행랑을 친다. 화가 머리끝까지 치민 조조가 즉각 유비 추격에 나서자 결국 유비는 아두(유비의 아들 유선의 아명), 감부인, 관우를 버리고 홀로 말을 달려 조조의 마수에서 벗어날 수 있었다.

유비가 조조에게 쫓긴 것은 그 뿐이 아니다. 유비는 '적벽대전(赤壁大戰)'이 벌어지기 직전 번성에 주둔하고 있었는데 유표의 아들 형주목 유종이 조조에게 투항한다. 도주에 일가견이 있는 유비는 상황이 불리하다고 판단하고 곧바로 달아나지만 조조의 추격이 매섭다. 조조는 단 하룻밤 사이에 유비를 300여 리나 추격해 장판파에서 패주하는 유비군의 후미를 덮쳤다. 그러자 유비는 이번에도 '꼬리를 끊고 도망치는' 수법을 사용해 처자식과 수많은 인마를 버리고 '용감히' 도주했다. 이 필사의 도주가 성공하였기 때문에 유표의 아들인 유기와 손을 잡고 손권과 손·유 연합군을 구성하여 결국 적벽대전에서 승리한다. 그에게 필사의 도주는 가히 전매특허나 마찬가지라 할 수 있다.

당연히 유비에게는 장비나 관우와 같은 전공도 없었다. 실제로 유비가 여포와 싸웠다는 것은 나관중의 말일 뿐이다. 그런데도 그가 『삼국지』의 주인공으로 부상할 수 있었던 것은 상황이 여의치 않을 때 자신을 숨길 수 있는 선천적인 능력을 갖고 있었기 때문이다.

유비와 손권의 연합은 사실상 당대의 정황이 잘 맞아 떨어졌기 때문이지 서로 믿음을 갖고 맺은 것은 아니다. 유비가 제갈량의 꾀로 형주를 차지하자 이를 되찾기 위해 손권은 자신의 여동생을 유비에게 시집 보내기로 결정한다. 그러나 손권이 여동생을 유비에게 시집 보내려 한 것은 주유의 건의로 유비를 초청하여 죽이기 위한 미끼에 지나지 않았다.

손권의 혼담제의를 받은 유비가 어정쩡한 행동을 보이자 제갈량은 자신이 형주를 지킬테니 안심하고 손권에게 가라고 한다. 그는 유비에게 형주도 지키고 혼담도 성사될 수 있다고 말한다. 제갈량의 말대로 손권이 유비를 죽이려고 하자 이를 사전에 귀띔 받은 손권의 어머니인 오국태 부인이 손권을 질책한다. 형주 땅을 찾으려고 주유가 자신의 딸을 미끼로 유비를 유인하여 과부를 만들려는 간계를 부리는데도 여섯 고을 81주를 거느린 대도독이 이를 허용한다면 손권은 결코 사내대장부가 될 수 없다는 것이다. 덕분에 유비는 손부인을 얻게 된다.

사실 오국태 부인은 나관중이 만든 가공인물이다. 국태는 제왕의 어머니를 가리키는 속칭인데 유비와 결혼하는 손부인은 손견의 본처가 낳은 딸이다. 그런데 『삼국지』에서는 오국태 부인이 손부인을 낳은 것으로 설정했으니 가공인물이 정사에 나오는 손부인을 낳은 셈이다.

유비는 우여곡절 끝에 손권의 동생과 결혼하고 오국태 부인에게도 사위로서 낙점을 받는다. 그러자 손권이 유비에게 감로사 뜰 앞에 있는 바위돌을 보고 칼로 바위를 내리쳐 자신의 미래를 알아보라고 한다. 유비가 속으로 '형주로 돌아가 중원을 차지할 수 있도록 바위야 두 동강이 나라'고 소원을 말하고 바위를 치자 거짓말처럼 바위가 갈라진다. 이에 놀란 손권이 유비에게 무엇을 기원했느냐고 묻자 유비는 "동오와 협조하여 조조를 무찌르고 한 왕실을 부흥토록 해주십시오"라고 거짓말했다. 손권도 유비가 자른 바위 옆에 있는 또 다른 바위를 내리쳤는데 역시 두 동강났다. 유비가 무엇을 기원했느냐 묻자 '형주를 얻고 오나라를 부흥케 해달라'고 빌었음에도 유비에게는 조조를 물리치게 해달라고 빌었다며 거짓말했다.

유비는 자신의 의도를 감출 수 있는 선천적인 능력을 갖고 있었는데 그 실력은 조조를 속여 넘긴 일화로도 알 수 있다. 유비와 조조가 여포를 토벌하고 허창으로 개선하자 황제는 유비에게 좌장군이란 관직과 의성황후 작위를 내리는 것은 물론 유비가 황제와 같은 유씨이며 족보상 숙부뻘이 된다는 것을 알고 유비를 유황숙이라고 불렀다. 앞에서 설명했지만 동승이 황제의 명을 받고 조조를 제거하려고 할 때 유비도 동참하겠다고 말했으므로 그에게 가장 중요한 일은 조조의 의심을 받지 않는 것이다. 매일 화초와 야채를 기르면서 세월을 기다리고 있는 유비를 조조가 찾아와 술자리가 벌어졌다. 마침 하늘에 먹구름이 일자 조조가 유비에게 말했다.

"용은 영웅의 행보와 같다는데 나에게 영웅에 대해 말해보시오."

"제가 어떻게 영웅을 알아볼 수 있습니까. 원술이나 원소가 영웅이 아닌지요."

"원술은 내가 곧 생포할 것이고 원소는 작은 것을 탐하니 영웅이 아니오. 유표나 손책도 평범한 사람일 뿐이오. 영웅은 대의를 갖고 때를 기다리며 천하를 차지하려는 사람이오."

"그런 영웅이 누구인가요?"

유비는 자신의 의도를 감추는 데 탁월한 능력이 있었다. 유비를 찾아온 조조가 '대의를 갖고 때를 기다리는 사람'이라며 자신을 추어올리자 유비는 천둥소리에 젓가락을 떨어뜨리며 자신을 낮춰 조조를 속였다.

조조는 유비의 질문에 자신과 유비를 가리켰다. 그 순간 천둥이 치자 유비는 깜짝 놀라며 들고 있던 젓가락을 떨어뜨렸다. 조조는 '천둥이 무서워 젓가락을 떨어뜨리다니 유비는 영웅이 아니다'라고 생각하며 웃었다. 유비가 천하의 전략가 조조를 속여 넘긴 것이다.[18]

학자들은 유비가 천성적으로 죽기살기로 싸우는 데 적합한 성격이 아니며 그저 여유롭게 사람을 부리는 지도자였다고 생각한다. 책읽기도 싫어하고 동물 희롱하기, 음악, 멋부리기를 좋아하는 전형적인 부잣집 도령의 특징을 갖고 있는데 그런 점에서 한나라를 창업한 CEO 유방과 흡사하다. 유비는 전문가의 이미지를 갖고 있지 않았지만 매력적인 지도자로 인정받아 훌륭한 인재들을 끌어들이는 재주가 있었다. 장기를 둘 때 장은 아무것도 하지 않고 가만히 있다가 적이 공격해오면 피하기만 한다. 그런 데도 주변에 있는 참모와 전차, 대포, 기마병은 물론 군졸들이 장을 지키기 위해 필사적으로 노력한다.[19] 나관중이 『삼국지』에서 유비의 패배를 자세하게 적은 것은 유비의 성격, 즉 자신을 앞세우는 것보다 인재들이 몰려오게 하는 포용력과 품성을 높이 평가했기 때문으로 추정한다.

사실 유비가 갖고 있는 것이라곤 오직 그의 태생뿐이라고 해도 과언이 아니다. 한나라 황제와 같은 '유'라는 성을 갖고 태어나 추후에 유황숙이라는 말을 듣지만 그가 어려서 돗자리를 짜면서 생계를 유지했다는 것은 그의 입지가 대단히 미미했다는 것을 의미한다. 그럼에도 유비가 결국 황제까지 오를 수 있었던 것은 그의 친화력과 포용력 덕분이라고 볼 수 있다.

유비는 도원결의를 통해 용맹하지만 깡패인 장비, 무예가 출중하지만 자존심이 지나치게 강한 관우를 포섭하여 좋은 일이나 궂은 일을 함께 소화했다. 사실 유비가 장비와 관우를 도원결의란 명분으로만 묶어두었다면 후에 촉나라의 황제가 되지 못했을 것이다. 유비는 이들의 장점과 단점을 정확하게 파악하고 있었다. 두 사람은 희대의 용장이지만 머리는 부족했다. 그런 단점을 보완하기 위해 유비는 삼고초려를 통해 제갈량을 영입했다. 유비가 조조와 손권보다 열악한 환경에서 출발했음에도 결국 황제가 될 수 있었던 것은 도망갈 때는 도망가고 머리를 굽힐 때는 굽히지만 자신에게 도움이 될 사람, 즉 제갈량과 같은 사람을 영입하기 위해 파격적인 단안을 내리는 데 주저하지 않았던 면모에 있다. 제왕의 자식으로 태어나 천혜의 자질을 갖고 훌륭한 교육을 받았다 하더라도 난세를 뚫고 제왕의 자리에 오르는 것은 간단한 일이 아니다. 그럼에도 유비가 황제가

유비, 관우, 장비가 도원결의를 했던 삼의당 입구. 세 사람은 이곳에서 "한 해 한 달 한 날에 태어나지 못했어도 한 해 한 달 한 날에 죽기를 원한다"며 의형제의 연을 맺었다.

될 수 있었던 것은 그만큼 미래를 위한 처세에 능했기 때문이다.

조조는 유비의 자질을 일찍부터 간파했다. 조조는 유비가 영웅의 의지, 기개는 물론 영웅의 혼과 의리를 갖고 있다는 것을 파악하고 천하의 영웅은 자신과 유비라고 말했지만 유비는 조조의 의도를 정확하게 간파하고 자신을 겁쟁이라고 낮추는 데 성공했다. 학자들은 이러한 자질이 있었기에 유비가 결국 황제에 올랐다고 추정한다.[20]

손자의 용병술

손자에 대해서는 사마천이 적은 『사기』에서 간략하게 다음과 같은 일화를 소개하고 있다. 손자와 그의 명성을 듣고 초빙한 오나라의 왕 함려 간의 이야기이다.

함려: 그대가 저술한 13편을 모두 읽었소. 그런데 실전에서는 어떤지 시범으로 군대를 지휘해보겠소?

손자: 좋습니다.

함려: 여자들로도 시범이 가능하겠소?

손자: 가능합니다.

함려는 자신들의 궁에 있는 후궁들을 집합시켰는데 모두 180명이었다. 손자는 그녀들을 두 분대로 나누어 왕이 특히 총애하는 두 여자를 대장으로 임명하고 전원에게 창을 가지라고 명령을 내렸다.

손자: 그대들은 가슴과 좌우의 손과 등을 알고 있겠지?

후궁: 알고 있습니다.

손자: 앞으로 신호를 하면 가슴을 보고 왼쪽으로 신호를 할 때는 왼손을 보라. 오른쪽의 신호를 할 때는 오른손을 보라. 뒤의 신호를 할 때는 등을 보라.

손자가 북 신호의 내용을 알려주자 후궁들은 모두 알았다고 대답했다. 이때 손자는 함려로부터 병사들을 지휘한다는 상징인 작도와 도끼를 받아 세워두고 재삼 신호에 대한 지시를 확인하고 우측 신호의 북을 쳤다. 그러나 후궁들은 웃음만 터뜨릴 뿐 신호대로 움직이지 않았다. 손자는 명령이 철저하게 시달되지 못한 것은 장수인 자신의 책임이라며 다시 반복하여 신호의 내용을 가르쳐주고 오른쪽 신호의 북을 쳤다. 하지만 후궁들은 계속하여 웃기만 할 뿐이었다. 손자는 "명령의 시달이 불철저한 것은 장수의 죄이지만 그것이 철저하게 시달되었는데도 그대로 실천되지 않은 것은 감독자의 죄이다"라고 말한 뒤 좌우 양 대장을 참수하라고 했다. 오왕은 자신이 총애하는 후궁이 참수되려는 것을 알고 놀라서 사자를 보내 자신의 의사를 전했다.

함려: 그대가 훌륭하게 부대를 지휘할 수 있다는 것을 알았소. 나는 이 두 여인이 없으면 음식을 먹어도 입맛이 없으니 죽이지 마시오.

손자: 나는 지금 명령을 받아 장수가 되었습니다. 장수가 군대를 지휘하기 위해 야전에 있을 때는 군주의 명령이라도 받아들일 수 없는 경우가 있습니다.

손자는 두 여자 대장을 참수하고 다른 두 여인을 대장으로 임명했다. 그리고 또 북을 치니 이번에는 후궁들이 좌우전후로 정한 신호대로 소리도 내지 않고 질서 있게 움직였다. 그러자 손자는 사자를 보내 함려에게 보고하게 했다.

"군대의 훈련은 모두 끝났습니다. 왕은 내려오셔서 시범을 보아주십시오. 왕이 바라는 바대로 불속이나 물 속으로도 움직일 수 있습니다."

함려가 두 명의 후궁이 참수된 것을 생각하고 시범을 볼 생각이 없다고 말하자, 손자는 "왕은 다만 병법의 말투는 좋아해도 병법의 실제 운용은 할 줄 모른다"고 대꾸했다. 함려는 비록 자신이 총애하는 후궁 두 명을 죽였지만 손자의 군대운용이 탁월하다는 것을 알고 손자를 오나라의 군사로 임명하는 것으로 이 일을 끝맺었다. 당시 오나라의 서쪽에는 강국 초나라가 있었는데 함려는 손자의 활약으로 초나라를 격파하고 제나라와 진나라에게도 위용을 과시했다. 오나라가 당대의 패자 역할을 한 것은 손자의 활약에 크게 힘입은 것이다.

신출귀몰한
제갈량의 팔진법

三國
志

三國志

『삼국지』에서 제갈량이 종횡무진 적군을 무찌르는 대목 중 가장 흥미진진한 장면은 마술과 같은 '팔진법'을 자유자재로 구사하는 장면이다. 제갈량은 위나라가 동원할 수 있는 기마부대의 숫자가 촉보다 월등하고 작전지형이 산악이라는 특징을 감안해 당시에 개발된 최첨단 무기를 자유자재로 활용할 수 있는 팔진법을 고안하여 막강한 위군과의 전투에서 계속 승전보를 올릴 수 있었다.

제갈량의 팔진은 집단방진으로 방향이 여덟이다. 또한 방향마다 하나의 중진을 가지고 있으며 천(天), 지(地), 풍(風), 운(雲), 용(龍), 호(虎), 조(鳥), 사(蛇)로 이루어진다. 흩어지면 여덟이고 모이면 하나가 된다. 각자 하나의 중진이기도 하지만 모이면 하나의 대진이 되고 그 중앙에는 대장과 대장 직속부대가 있다. 그 진의 중앙을 또 하나의 중진으로 볼 수 있다. 그래서 송나라 때는 팔진을 구군진이라고도 했다. 하나의 중진은 평소에는 여섯 소진으로 편제하고, 중앙은 16소진으로 편제해 팔진은 총 64개 소진이 있다. 대방진 뒤에는 기병 24소진을 추가할 수 있어 총 88소진이 될 수 있다. 방어시 적의 공격을 정체시키기 위해 외각에 충차(衝車)와 노루의 뼈 등 장애물을 설치했다.

팔진의 장점은 적의 작전에 따라 방향을 손쉽게 바꿀 수 있다는 점이다. 앞을 뒤로, 뒤를 앞으로, 좌를 우로, 우를 좌로 변경하면서 방향을 바꿀 수 있으며 지형과 적의 배치에 따라 방·원·곡·직 등의 모습으로 신속하게 바꾸는 것이 가능하다. 특히 적의 공격 형태에 따라 병력의 배치를 바꾸면서 전혀 다른 진형으로 변모시킬 수 있다. 물론 진형이 방대하고 복잡하므로 전진하거나 후퇴할 때 움직임이 둔화되는 단점도 있다. 팔진의 또 다른 장점은 모든 방향에 대한 작전이 가능하다는 점이다. 주력 전투부대가 측익이 될 수 있는 것은 물론 증원부대가 될 수도 있다. 특히 측익과 후방부대가 공격을 받으면 옆에 있는 중진들이 양익이 되어 적에게 타격을 가할 수 있다.

조조의 진법과 진시황의 병마용진

전쟁에서 승리하기 위한 방법인 병법 중에서 가장 잘 알려져 있는 것이 진법이다. 진법은 병사들의 전투배치 및 운용방법을 뜻하므로 전투의 승패는 사실상 진법을 얼마나 효율적으로 활용하는가가 관건이다. 특히 대량의 인원이 동원되는 전투에서는 진법의 매끄러운 운영 자체가 전쟁의 승리를 가져온다고 할 정도로 중요성을 갖는다. 『손자병법』이 바로 그런 사상을 기초로 하여 만든 것으로 학자들은 손무의 출현으로 중국 고대의 체계적인 군사사상이 형성되었다고 보고 있다.

사실 『삼국지』에서 자주 등장하는 진법은 제갈량의 특허품이 아니다. 마술과 같은 팔진법 등을 제갈량만 구사할 능력을 갖추고 있었다면 촉나라가 삼국을 통일하지 못했을 리 없을 것이다. 적벽대전이 벌어지기 직전 방통이 조조의 진영에 가서 연환계를 펼치는 장면이 있다. 조조가 방통에게 자신의 군용(軍容)을 보여주자 방통은 다음과 같이 말한다.

"산을 의지하고 숲을 등지면서 진을 치니 출입하는 곳에는 문이 있고 진퇴하는 것도 어려워 보입니다. 비록 손자와 오기가 살아난다고 해도 이렇게 좋은 진법을 만들 수 없을 겁니다."

방통의 칭찬은 조조 수군의 진용에도 적용된다.

"남으로 24좌(座)의 수문을 벌여놓았고 전함으로 성곽을 이룩했는데 중앙으로 소형 배가 출입하는 등 질서가 정제한 것을 볼 때 정말 명불허전(名不虛傳)입니다."

한 마디로 조조가 진법 활용에서 탁월한 능력을 갖고 있다는 것으로 『삼국지』에는 조조가 『손자병법』 13권을 모방해서 『맹덕신서』를 저술했다고 나온다. 물론 『삼국지』에서 방통이 조조에게 이렇게 극찬을 한 것은 조조 수군의 선박을 모두 철쇄로 묶기 위한 연환계 중의 하나였다.

조조의 부하인 조인도 '팔문금쇄진(八門金鎖陣)'을 펼친다. 이것은 진형을 갖추고 휴(休), 생(生), 상(傷), 두(杜), 경(景), 사(死), 경(驚), 개(開) 8개의 문으로 적이 들어오도록 유인하는 진법으로, 제갈량이 오나라의 육손을 유인할 때의 진법 및 기산(祁山)에서 사마의와 전투할 때 펼친 진법과 같다. 8문 중 생문·경문(景門)·개문으로 들어가면 길하고, 상문·경문(驚門)·

방통의 연환계를 그린 그림. 방통의 계략에 넘어간 조조는 선단을 쇠사슬로 모두 연결했고 이어진 주유의 화공 앞에 속수무책 당하고 말았다.

휴문으로 들어가면 다치며, 두문 · 사문으로 들어가면 패배하게 되는데 앞서 설명한 제갈량의 팔진법과 명칭은 다르지만 동일한 진법으로 볼 수 있다. 그러나 유비의 장수인 조자룡은 이 진법의 약점을 간파하고 무너뜨려 조조의 군대는 심각한 타격을 입는다.

진법은 매우 오래전부터 알려져 왔다. 운남창원애화(雲南滄源崖畫)에서 무무도(武舞圖)가 발견되었는데, 학자들은 일부 원시씨족이나 부락이 전투 전에 적을 보고 원시종교와 무술(巫術)의 의미를 갖는 춤을 추었다고 말한다. 가면을 쓴 전사들이 무기를 들고 노래를 부르며 춤을 추어 적을 놀라게 하는 그림에도 전사가 방패와 모(矛, 창)를 들고 춤을 추고 있다. 마치 일부 아프리카 부족들의 전투의 시작을 연상시킨다. 『화양국지 · 파지 (華陽國志 · 巴志)』에 의하면 주나라의 무왕이 은나라의 주왕을 공격할 때 파족(巴族)의 군대는 춤을 추며 은나라군을 공격하였다고 한다. 원시인들은 이런 행동이 신의 보호를 받고 사기를 고무하며 심리적으로 적에게 위협을 줄 수 있다고 믿었다. 이들은 원시 전술의 일환으로 춤을 출 때 일정한 대열을 짓는데 이런 무무(武舞)를 군진의 시작으로 간주했다.

춘추전국시대의 군대는 전투에 임할 때에는 질서정연하게 방진을 갖추었다. 삼진과 오진 두 종류로 나뉘는데, 삼진은 중군과 좌 · 우군으로 나뉘고 오진은 전 · 후 · 좌 · 중 · 우 다섯 방향으로 펼쳐진다. 행군대형에서 전차부대는 크고 깊은 배치로 충분한 위력을 발휘할 수 있도록 했다.

진시황제의 병마용진 역시 진법의 유형을 잘 보여주는 것으로 유명하다. 진시황릉 주위에서 발견된 거대한 병마용갱(兵馬俑坑)은 토용(土俑)으로 당시 천하를 통일할 때 사용한 진나라군의 모습을 재현하고 있다. 병마용갱의 배치를 보면 당시 이미 전차 위주에서 보병을 중용하는 보병 위주로의 변화를 보여준다. 아직까지 진시황의 병마용은 모두 발굴되지 않았는데 현재까지 발견된 병마용으로만 분석한 군진은 다음과 같다.

우선 1호 갱의 병마용은 실전군진으로 배열되어 있다. 동쪽에는 동측을 보고 있는 3열의 무사들이 궁노를 들고 있다. 이는 1호 갱의 선봉부대이다. 남쪽, 즉 우익은 남쪽을 바라보는 1열의 무사들이 배치되어 있고 좌익은 북쪽에 배치되어 북쪽을 바라보고 있다. 후위는 서쪽에서 서쪽을 향하고 있는 궁노병 등이 장거리 무기를 들고 있다. 1호 갱의 주력부대는 38로(路)의 동쪽을 향한 종대로 모두 갑옷을 입고 장병기를 들고 있다. 각 로의 사이에는 전차가 배열되어 있다. 1호 갱에서 발굴된 병마용은 6000여 기나 되며 대부분이 보병이다.

2호 갱은 4구역에 4가지 다른 병종으로 구성된 'ㄱ자형' 진형이다. 첫째 구역은 334개의 노군이 배치된 작은 방진이며 둘째 구역은 64대의 전차가 배치된 방진으로 각 전차에는 3명의 군사가 있다. 셋째 구역은 19대의 전차와 100여 개의 수차도수병용(隨車徒手兵俑)으로 구성되었다. 넷째 구역은 전차 6대의 안마(鞍馬)와 124기의 기병으로 구성된 기병진이다. 4단원 모두 유기적으로 연계되어 하나의 대진이 되고, 또 독립적으로 4개의 소진이 되어 공격과 방어에 신속하게 대처할 수 있게 되어 있다. 2호 갱에 전차병이 많은 것은 그 당시에도 여전히 전차가 전투에서 매우 중요한 역할을 했음을 말해준다. 이는 매우 놀라운 사실이다. 이미 기원전 300년경부터 기병이 전차의 역할을 대체하기 시작했기 때문이다. 기원전 307년 조나라의 무령왕은 부하들에게 오랑캐의 기병들과 같은 복장과 장비를 갖추도록 했는데, 처음에는 중국 문화에 반하는 행동으로 여겨졌지만 기병이 전술적으로 큰 역할을 한다는 것이 밝혀지자 곧바로 전국시대의 각국들은 기병을 육성하기 시작했다. 이 시대에 사용된 말은 체구가 작은 몽골 종이므로 초기의 기병은 주로 활로 무장한 경기병이었으며 기동성이 뛰어났다. 이들은 당대에 위력을 발휘하던 석궁은 사용하지 않았다. 말을 타고 석궁을 발사하기 위해서는 석궁을 장전하는 데 필요한 벨트—훅(belt-hook) 장치가 반드시 필요했기 때문이다. 이것이 없으면 석궁을 발로 밟고 서서 두 손으로 잡아 장전해야 하는데 말을 타고 이런 행동을 할 수는 없는 일이다.[1] 이때 전차는 이미 전투에서 퇴조하고 있었는데 진시황제는 그 반대로 전차를 매우 중요하게 생각한 것이다. 전차는 한나라 때부터 기병이 더욱 선호되고 특히 말에서도 석궁을 발사할 수 있게 되자 완전히 퇴출된다.*

3호 갱은 전체 형태로 보아 지하군진의 지휘부로 보인다. 말 4필이 끄는 전차 1대와 68기의 도용이 배치되었는데 동쪽에는 사파문도(斜坡門道)문의 맞은편에 차마방(車馬房)이 있다. 1, 2호 갱 안의 무사들이 장비한 무기는 장거리 사격용 궁노와 근거리에서 격투할 때 사용되는 모(矛)·과(戈)·월(鉞)·검(劍)이 발견되었다. 반면 3호 갱 안에는 날이 없는 동수(銅殳)만 있다. 진나라 때 동수는 의장적인 병기였다.

진법 중에는 원앙진도 매우 유명하다. 16세기 중엽의 명나라 장수 척계광이 지은 『기효신서(紀效新書)』에는 장병들로 하여금 실전 상황에 따라 전투할 수 있도록 훈련시켰다. 특히 남방의 오랑캐와 왜구들이 칼과 장창 등을 잘 사용하는 것을 감안하여 공수를 겸할 수 있는 원앙진을 만들었다. 원앙진은 전투 상황에 따라 둘 또는 셋의 진형으로 변형되어 적에 대

---

* 기원전 170년 한나라 군대는 장전장치를 갖고 있었으며 가벼운 석궁은 한 팔만으로도 장전할 수 있었다.

그리스 병사들의 밀집방형진. 방패로 앞을 가리고 창 끝을 가지런히 겨눈 채 대형을 유지하며 전
진했다.

항할 수 있다.[2]

진법이 동양의 전용물만은 아니었다. 알렉산드로스가 페르시아를 격
파한 가우가멜라 전투를 보자. 알렉산드로스의 마케도니아군 보병은 직
사각형 방진을 구성했다. 팔랑크스(Phalanx, 환타생)라 불리는 밀집보병들
은 방패를 나란히 세워 앞을 가리고 창 끝을 가지런히 앞으로 겨눈 채 밀
집대형을 유지하며 전진했다. 그들은 두 방향으로 갈라져 우측 부대가 적
의 왼쪽을 공격했다. 그 사이에 알렉산드로스는 기병부대를 이끌고 적진
의 중앙을 돌파해 곧바로 다리우스 대왕의 지휘부로 파고들어 일거에 격
파했다. 가우가멜라 전투에서 승리한 알렉산드로스 대왕은 이 전투를 계
기로 역사상 가장 유명한 정복자 중 하나가 된다. 그리스군의 또 다른 유
명한 진법인 '삼각형 밀집방형진'은 밀집방형진의 변형이라고 볼 수 있
는데 이는 9장에서 좀더 자세히 설명하기로 한다.

근래 매우 흥미로운 연구 결과가 발표되었다. 역사상 단 한 번도 패배하
지 않았다는 알렉산드로스의 정예와 진나라 시황제의 군이 격돌했다면 어
느 편이 승리했을까 하는 주제였다. 학자들은 진시황제가 승리했을 것으

로 장담한다. 진시황제의 지하군단의 진법이 페르시아, 카르타고, 로마는 물론 마케도니아도 능가한다고 판단하기 때문이다. 진시황이 구사한 보병 군단의 진법은 창을 내밀고 전진만 하는 그리스의 팔랑크스와는 전혀 달랐다. 진시황의 진법은 맨 앞에 석궁수(石弓手)와 궁수, 좌우에 석궁수, 중앙에 돌격대, 뒤편에 후방경계 병사로 짜인 봉(鋒)·본(本)·익(翼)·위(衛) 대형으로 짜여졌다. '봉'이 석궁과 활로 적진을 흐트러뜨리면 '본'이 돌격해 백병전을 펼치고 '익'은 적을 포위하거나 아군의 측면을 방어하며 '위'는 후방을 지켰다. 보병방진 여러 개가 중앙의 주력방진 양옆에 V자 대형으로 비스듬히 줄을 지어 적을 공격하는 것이 안행지진이다. 진시황제는 여기에 기병과 전차부대의 기동력을 가미한 전술을 창안했다. 보병이 돌격한 뒤 전차와 기병이 적의 측면을 협공하면 보병방진이 옆으로 흩어져 적을 포위하는 전법이다. 독립적인 보병 대군단과 기병·전차부대의 기동력을 조합해 적이 어떤 전술을 써도 변화무쌍하게 대응할 수 있게 한 전술이 있었기 때문에 진시황이 천하를 통일할 수 있었다는 것이 학자들의 분석이다.

팔진도(八陣圖)

진법 중에서 가장 유명한 것이 제갈량이 자유자재로 활용했다는 팔진도이다. 팔진도는 병서의 원조라고도 할 수 있는 손자가 제일 먼저 고안하였다고 한다. 손자의 팔진 중에는 평차지진(苹)이 있었다. 후한 때는 팔진이 실제 작전은 물론 군사훈련에도 사용되었고 두헌이 팔진으로 흉노 선우를 무찔렀다고 하자 더욱 유명해졌다.

그러나 팔진도가 유명해진 것은 제갈량 때문이라고 해도 과언이 아니다.

이릉 전투. 육손은 제갈량의 팔진도에 빠져 곤욕을 치렀으나 제갈량의 장인인 황승언의 도움으로 겨우 빠져나올 수 있었다.

사실상 제갈량이 『삼국지』에서 종횡무진으로 활약할 수 있었던 것도 앞에서 설명한 것과 같이 그가 고대의 팔진을 기초로 하여 새로운 변화를 준 팔진법, 즉 『제갈충무후병법』에 적힌 내용을 효율적으로 사용했기 때문이다.

제갈량의 팔진도에 대해서는 2가지 설이 있다. 하나는 여덟 가지의 전투대형으로 이루어져 치밀하게 배치된 전진(戰陣)을 뜻하는 종합진법이라는 것이고, 다른 하나는 돌로 교묘하게 쌓아올린 '미궁', 즉 적군을 함정에 빠뜨리기 위해 만든 군사장애물이란 설이다. 학자들은 제갈량이 두 가지 다 사용했다고 추정한다.

두 번째인 돌로 만든 장애물은 촉나라와 오나라의 육손이 전투할 때 등장한다. 유비가 관우의 복수를 하겠다며 대군을 동원하여 오나라를 공격하다 호정과 이릉에서 육손에게 참패하고 백제성으로 후퇴하는데 이를 『삼국지』의 3대 전투 중에 하나인 '이릉 전투'라고 부른다. 나머지 두 전투는 적벽대전과 관도대전(官渡大戰)으로 이릉 전투에 대해서는 뒤에서 다시 설명한다.

육손은 여세를 몰아 촉군을 추격하는데 촉군의 흔적도 보이지 않고 어복포(魚腹浦)에서 제갈량이 만들어두었다는 돌무더기 속으로 들어간다. 이 돌무더기는 제갈량이 육손과의 전투에 대비하여 군사와 백성 1만 명을 동원하여 여덟 무더기의 돌을 각각의 돌무더기 위에 8개씩, 총 64개의 깃발을 꽂아놓은 것이다. 『삼국지』에는 육손이 제갈량이 설치해놓은 팔진도에서 빠져나오려 하자 '갑자기 광풍이 일고 삽시간에 모래와 돌이 천지를 뒤덮었다. 괴석이 검처럼 우뚝 솟고, 모래와 흙이 산처럼 겹겹이 쌓이며 성난 파도가 으르렁대며 덮였다'고 적혀 있다.

이때 『삼국지』의 내용 중 매우 이상한 장면이 나온다. 당시 정황은 촉나라 유비군이 대패하여 수십만 명이 살해될 정도로 그 피해가 엄청났는데, 출구를 찾지 못해 당황하고 있는 육손에게 한 노인이 나타나 출구를 찾아준다. 그는 팔진도를 다음과 같이 설명했다.

'팔진도는 둔갑법(遁甲法)인데 휴·생·상·두·경·사·경·개 여덟 문을 배치해서 반복해 들어가므로 날마다 시시각각 변화가 무궁해서 적병이 한 번 이 진 속으로 발만 들여놓은 날에는 벗어날 길이 없으므로 팔진도의 위력은 정병 10만 명에 달합니다.'

결국 육손은 노인의 도움으로 팔진도에서 탈출할 수 있었다. 그 노인이 바로 제갈량의 장인인 황승언이다. 『삼국지』에서 황승언은 사위인 제갈량이 동오의 대장이 팔진도에 빠지면 절대로 길을 알려주면 안 된다고 했지만 자신이 평생에 착한 일 하기를 좋아하기 때문에 특별히 구원해준다고 말한다.

당시 제갈량은 촉나라의 승상이었으므로 이릉 전투에서의 대패는 결국 제갈량의 참패라고도 볼 수 있었다. 게다가 육손은 제갈량의 적이다. 『삼국지』가 서로 물고 물리며 과거의 적이 아군이 되고 아군이 적이 된다고는 하지만 제갈량의 장인이 적군의 대장을 '착한 일이기 때문에' 구해주었다는 것은 말이 되지 않는다. 학자들은 황승언의 이와 같은 행동을 양비론의 전형으로 추정한다. 유비가 호기롭게 오나라를 공격했으나 육손에게 대패하자 촉나라 전체의 안위가 문제에 빠진다. 만약 오나라에 의해 촉이 멸망한다면 결국 제갈량은 물론 황승언 자신에게도 화가 미치지 않을 수 없다. 즉, 황승언이 육손에게 보험을 들었다는 뜻이다. 물론 대다수 학자들은 황승언의 고사는 사실이 아니라고 추정하고 있다.

팔진을 쌓는 방법은 여러 가지이다. 여몽이 '나무를 배치해 진용을 만들면 화(火), 풀을 배치하면 수(水)이며 돌을 쌓은 것을 미(迷)라고 한다'고 설명하는 것을 볼 때 팔진도는 상황에 따라 변용되었음을 알 수 있다. 그러므로 이때의 팔진도란 전투대형이 아니라 각종 재료로 만든 진용, 즉 미로를 의미한다.[3)]

제갈량의 유적지인 적벽대전이 벌어졌던 적벽산과 융중의 무후사에 팔진도 모형이 있다. 이들 팔진도는 돌로 쌓은 것이 아니라 죽간으로 만들었는데 길을 모르는 사람이 일단 들어가면 길을 찾기 어려운 것은 사실이다. 그러나 진정한 의미의 팔진도란 부대의 전투대형을 의미한다. 병력은 다음 3원칙을 준용하여 배치한다. 첫째, 대 · 중 · 소진의 사이는 서로 긴밀한 관계를 맺고 포용과 대칭을 기본으로 한다. 대진은 중진으로 그리고 중진은 소진으로 이루어져 있다. 둘씩 평행을 이루어 대칭의 모습을 한다. 둘째, 대부분 병력을 외진에 배치하고 소수의 정예부대를 중앙에 두어 외부를 강화하고 내부를 가볍게 한다. 진지를 배치할 때는 이합(離合)을 중시하며, 특히 장애물을 피하도록 하면 일단 배치되더라도 중앙에서 일사분란하게 지휘하면서 전투를 벌일 수 있다. 셋째, 부대는 정규 작전부대와 비정규 작전부대(기병)로 나누며 여덟 개의 중진 중 넷은 정규 작전부대, 넷은 비정규 작전부대로 편성하여 이들이 서로 교차하게 배치한다.

팔진에서도 기병은 매우 중요하게 다루어진다. 기병이 진 중에서 가장 기동성이 있고 작전 반경이 넓기 때문이다. 그러므로 기병은 측격(側擊) · 양공(佯攻) · 복격(伏擊) · 조격(阻擊) · 적의 양도를 차단 · 미격(尾擊) · 야습(夜襲)

등은 물론 야영시 경계까지 부담한다. 팔진도에서 노(弩)병은 매우 중요한 역할을 하지만 자위능력이 없다는 단점이 있다. 그러므로 다른 병종이 이들의 취약점을 보완하면서 장거리 사격의 효과를 충분히 발휘할 수 있도록 배치한다. 특히 노병은 협동을 강조하여 일사불란하게 발사할 수 있도록 한다. 영화에서 자주 보는 장면이지만 적이 정지했을 때 노병은 선 자세로 발사하면서 모극병이 앉은 자세로 적에게 전진하여 전투를 벌인다. 특히 노병의 작전 반경을 높이기 위해 모극병은 서서 걷거나 멈추어서 노병에게 영향을 주지 않도록 한다. 전차병은 전차로 장애물을 설치하여 적의 공격을 늦추거나 격파하는데 동원되기도 했지만 진내의 보병, 노병, 기병을 보호하는 역할을 하였다. 산악지대에서 적의 기병이 좌우익을 협공하면 기동력이 좋은 전차가 진외에 포진하여 적의 충돌을 막았다. 특히 적이 좁은 지역으로 들어올 때는 전차들을 톱니처럼 포진케 하여 적의 진입을 막았다.

제갈량이 사용하던 팔진도는 후대에도 계속 사용되었는데 당태종은 이정과 팔진법에 대해 다음과 같이 논한다.

'진(陳) 사이에 진이 있고 대(隊) 사이에 대가 있으며 앞이 뒤가 되고 뒤가 앞이 된다. 나아갈 때는 빨리 달리지 않고 물러날 때도 서둘러 달리지 않는다. 머리가 넷에 꼬리가 여덟이며 닿는 곳이 앞이 되고 적이 중간을 공격하면 두 머리가 서로 구한다.'

이를 '상산사진(常山蛇陳)'이라 하는데 '머리가 공격당하면 즉시 꼬리가 덤비고, 꼬리가 공격당하면 즉시 머리가 덤벼들며, 몸통이 공격당하면 즉시 머리와 꼬리가 덤벼드는' 진법이다. 이를 간단하게 설명하면 전체

적벽산에 만들어진 제갈량의 팔진도 모형은 미로처럼 얽혀 있다. 당태종은 팔진도를 두고 '진(陳) 사이에 진이 있고 대(隊) 사이에 대가 있으며 앞이 뒤가 되고 뒤가 앞이 된다. 나아갈 때는 빨리 달리지 않고 물러날 때도 서둘러 달리지 않는다'고 묘사했다.

진형이 이형(異形)처럼 분열했다가 환원되고 자유자재로 모였다가 흩어지며 형태를 바꿀 수 있기 때문에 어떤 상황에서든 유동적으로 대응할 수 있다는 것이다.[4] 제갈량이 사용했다는 돌로 쌓은 군사장애물도 계속하여 사용되었는데 당나라 때의 유적이 현재 3곳이나 남아 있다. 어복강(魚腹江)의 사석탄(沙石灘), 한중 정군산(定軍山) 동쪽의 고평구루(高平舊壘), 신도 미모진(彌牟鎭, 현재의 성도)인데 사석탄의 경우 64개 돌로 만들어져 있다. 제갈량의 팔진법도 이와 유사했을 것으로 추측된다.

신호 체계과 엄격한 군법은 진법의 생명

진법이 제대로 운용되려면 수많은 군사들이 동시에 움직여야 한다. 이를 위해 모든 군사들은 자신이 속한 부대의 신호를 숙지하고 있어야 한다. 그러나 수천, 수만의 병사를 한꺼번에 움직이는 것은 결코 쉬운 일이 아니다. 특히 눈앞에 화살이나 돌이 날아오는 실제 전투 상황에서 진법을 짜는 것 자체가 또 다른 의미에서 하나의 전투와 다름 없다. 삼국시대에 벌어졌던 전투의 정확한 상황을 알기는 어렵지만 조선시대의 정도전은 다음과 같이 진술했다.

'양군이 어우러져 싸우기 시작하면 먼지가 하늘을 가린다. 숨 한번 쉬는 사이에도 상황이 바뀐다. 전후좌우, 모두 엉클어져 눈코 뜰 새 없이 살육이 벌어지면 병사들에게는 지휘관의 호령도 고함도 들리지 않는다.'

이와 같은 상황에서도 전투를 해야 하므로 진법을 운용하기 위해서는 반드시 신호 체계를 숙달해야 한다. 장수들은 현장의 상황을 직접 보며 휘하 부장을 통해 깃발을 사용하거나 몇 가지 악기를 이용해 명령을 전달한다.

삼국시대의 신호 체계를 정확하게 묘사한다는 것은 쉬운 일이 아니므로 대신 조선시대에 사용했던 진법의 신호 체계를 알아보자. 『삼국지』에서도 이와 유사한 방법을 동원하였을 것으로 추측된다. 최형국의 글에서 많은 부분을 인용해보겠다.

'먼저 각 부대장의 소속과 지위를 구분하는 깃발인 군기(軍旗)를 사용한다. 군기는 휘하 장수들에게 명령하고 혹은 상부의 지시에 복명할 때 사용했다. 군기의 종류는 장수를 상징하는 표기(標旗), 휘하 장수들에게 명령을 내릴 때 사용하는 영하기(令下旗), 휘하 장수들을 소집할 때 사용하는 초요기(招搖旗), 매복병에게 전달하는 대사기(大蛇旗), 척후병이 사용하는 후기기(後騎旗) 등이 있다. 군기로 하는 신호에는 보통 응(應, 응답), 점(點, 깃발을 지면에 대지 않고 다시 일으켜 세움), 지(指, 깃발을 지면에 대었다가 다시 일으켜 세움), 휘(揮, 깃발을 크게 휘두름), 보(報, 보고) 등이 있다. 직접적인 공격이나 후퇴명령을 내리는 영하기를 '휘(麾)'라고 부르기도 했는데 가장 큰 대장용 휘와 크기가 작은 위장(衛將)용 소휘가 있다. 대장이 각 방위에 해당하는 5방 색깔 휘로 명령을 내리면 그에 따라 각각의 위장들이 소휘를 가지고 해당 부대에 명령을 내린다. 보통 깃발의 가장자리에는 불꽃 모양의 술이 달려 있는데 명령을 내릴 때 사용하는 영하기 끝에는 긴 꼬리가 달려 있어 다른 깃발들과 구분된다.'

'전투에서 악기는 매우 중요한 역할을 한다. 전투에 동원되는 악기로는 나발(角), 북(鼓), 징(金), 방울(鐸), 비(鼙, 기병이 쓰는 작은 북), 도(鼗, 장난감인 딸랑이 방울처럼 생긴 북) 등이 있는데 군사용 깃발과 동시에 사용하여 신호를 전했다. 모든 신호는 대장의 지시에 따라 큰 나발(大角) 소리로 병사들이 주목하도록 한 후 명령기를 사용하여 내렸다.'

북은 이동을 뜻한다. 빠르게 치면 빨리, 천천히 치면 천천히 이동하라는 신호다. 반대로 징은 후퇴를 명령할 때 사용했다. 휘가 지시하는 방향에 따라 징을 빠르게 치면 후퇴하고 징소리가 멈추면 다시 공격대형을 갖추어 적의 공격에 대응했다. 방울은 주로 진중을 조용하게 할 때 사용했는데 쇠방울 소리가 나면 적의 야간 기습에 대비하거나 다음 명령이 도착할 때까지 침착하게 대기해야 했다. 반대로 도를 치면 사기 진작용으로 일제히 함성을 질렀다. 전투에 나가기 전에 이들 다양한 신호 체계를 익히지 않으면 우왕좌왕하게 되므로 실제로 진법 훈련은 신호 체계의 정비에 있었다고 해도 과언이 아니다. 그런데 이들 신호 체계도 전장을 전체적으로 파악할 수 있는 현장을 직접 보면서 전투 상황을 냉철하게 파악해야 한다. 『손자병법』에도 정도전의 진술과 같은 이야기가 나온다.

'전장에서는 사람의 목소리를 듣기가 어려우며 일단 먼지가 일어나면 시야가
가려지므로 신호를 보내는 것이 어렵다.'

이러한 시야 문제를 해결하기 위한 것이 제8장에서 설명되는 정찰용 차량인 소거(巢車)이다. 『좌전』에 기원전 575년 초나라의 왕이 진(晉)나라 군사의 배치를 관측하기 위해 소거 위에 올라갔다는 구절이 있다. 왕이 고함쳐서 관측한 내용을 아래에 있는 장군에게 알려주었다는 내용을 보면 소거는 고대 전투에서 매우 중요하게 활용되었을 것이다.[5]

또 한 가지 중요한 것은 군사정보의 전달이다. 앞에서 설명한 진법을 운용하는 것은 전투 현장에서 진행되는 것이지만 전투하기 전부터도 군령을 포함한 군사정보의 전달 등은 전투의 결과를 좌우할 수 있을 정도로 매우 중요하다. 그러므로 『삼국지』에서 가장 많이 나오는 내용 중 하나가 멀리 떨어진 아군에게 어떻게 작전을 전달하며 위급시에는 어떻게 다른 곳에 있는 아군으로부터 원군은 물론 보급품 등을 지원받느냐이다. 현대와 같은 IT시대에는 간단하게 암호화된 정보를 송부하기만 하면 되지만

과거에는 이들 방법을 사용할 수 없었다. 그러므로 공격군에게 포위된 경우 아군에게 지원군을 보내달라는 등 자신의 동정을 알리기 위해 밀서를 전달하려고 하지만 공격군에게 체포되어 오히려 작전을 망치는 경우가 많이 나타난다. 당시 사용된 군사정보 전달방식은 매우 많으므로『삼국지』에 직접적으로 언급이 되어 있지 않더라도 다음 여러 가지 방식을 사용했을 것으로 생각된다.

① 동호절(銅虎節) 사용: 동호절은 군대를 발령하고 관구를 넘나들고 세금을 징수하는 증서로 사용되었다. 사극 영화에서 자주 사용되는 것으로 양방이 사전에 하나씩 갖고 있다가 지휘부의 전령이 갖고 간 반쪽의 동호절이 서로 맞추어지면 갖고 간 명령서나 밀사의 전령이 진실임을 알고 명령대로 수행한다.

② 수로 이용: 상황에 따라 수로를 통해 정보를 전달했다. 강물 위에 전령을 묶은 나무를 띄워 보내는 것이다. 615년 수양제가 안문관(雁門關)에서 돌궐에게 포위당했을 때 바로 이 방법으로 구원병을 모집했다고 한다.

③ 연: 하늘을 나는 연은 매우 오래전부터 군사정보를 전달하는 역할을 했다. 특히 위진남북조시대에 연의 사용은 매우 보편적인 일이 되었다. 후경반란(侯景叛亂)때 건강(建康)이 포위당하자 양무제는 성안에서 연을 띄워 위급 상황을 알렸다.

④ 납서(蠟書):『삼국지』에도 자주 나오는 것으로 중요한 비밀을 납서로

만들어 전하는 것이다. 이는 밀사가 체포되어 온몸을 수색하더라도 발각되지 않게 하는 방법으로 많이 사용되었는데 편지를 작게 접어 납으로 봉하여 옷이나 머리카락 사이에 숨기거나 항문 또는 피부 아래 숨기는 것이다. 납환이라고도 한다. 당태종 대력원년(776년)에 화주 절도사 주지광이 반란을 일으켜 형세가 위급하자 당태종이 이런 납서로 하중(河中)에서 곽자의의 대군을 불러와 반란을 진압했다. 그러나 이런 방법은 성공률이 높지 않았다. 『삼국지』에서는 밀서 전달이 여러 번 발각되어 큰 회오리바람을 불러일으키곤 한다. 건안 5년(200년)에 이른바 '의대조(衣帶詔)' 사건이 생긴다. 헌제의 장인인 거기장군 동승은 헌제로부터 의대 속에 숨겨진 밀조를 받았는데 그 속에는 조조를 죽여야 한다는 밀명이 적혀 있었다. 동승과 함께 황제의 밀명을 받들던 유비는 조조암살계획이 발각되어 도망가고 동승 등은 죽임을 당했으며 삼족(三族)을 멸했다는 기록이 있다. 이 내용은 진수의 『삼국지』와 『후한서』에도 기록되어 있으므로 사실로 인식한다.

『품삼국(品三國)』으로 중국에서 『삼국지』 열풍을 일으킨 이중텐은 유비가 이 음모에 관련되었다고는 생각되지 않는다고 지적했다. 그는 『삼국지』의 이 사건이 동승이 치밀하지 못해 실패했다고 생각했다. 실제로 비밀스럽고 중요한 사안에 증서 등을 작성하는 것은 가장 하책이다. 그러므로 그는 유비가 이 일에 관여한 것이 아니라 동승 내지 동승 부녀가 위조한 것으로 의심한다. 만약에 유비가 정말로 이 사건에 관련되었다면 추후에 조조가 유비의 부인과 아이들, 관우를 포로로 잡았을 때 그들을 정중하게 대하지 않았을 것이고 관우가 형수와 조카들을 데리고 달아날 수도 없었을 것이라는 추정이다. 『삼국지』에 나오는 사건을 여러 각도에서 신

중하게 분석하면 이렇게 다양한 설명이 나올 수 있다.[6]

⑤ 비둘기: 비둘기가 전령으로 이용된 것은 잘 알려진 사실이다. 고대부터 사람들은 비둘기의 습성과 오래 날 수 있는 능력을 이용하여 통신에 이용했는데 고대 이집트에는 전서 비둘기를 이용한 우편 제도가 있었으며 오늘날에도 비둘기는 이집트 우체국의 휘장으로 쓰이고 있다. 또한 1, 2차 세계대전 당시도 군대에서 전서 비둘기가 사용되었다.[7] 제1차 세계대전 당시 벨기에, 프랑스, 이탈리아, 영국, 미국, 독일 등의 군은 비둘기 부대를 갖고 있었다. 이들은 훈련된 비둘기를 동원했고 군대가 진격하거나 후퇴할 때를 대비하여 비둘기의 이동 둥지도 갖추고 있었다. 영국의 비둘기부대장 오스만 대령은 1918년 전쟁이 끝날 무렵 비둘기부대가 150개나 되었고 비둘기들이 둥지가 어디 있든 찾아왔다고 기술했다. 비둘기의 역할이 탁월하여 영국에서는 빅토리아 십자훈장, 프랑스에서는 레지옹 도뇌르 훈장을 받기도 했다.[8]

제갈량의 꾀

전략의 천재 제갈량의 자질이 돋보이는 전투 중의 하나는 위나라의 사마의와 제갈량이 오지 중의 오지이지만 전략적으로는 매우 중요한 서성(西城)에서 벌인 전투이다. 제갈량은 마속의 실수로 전략 요충지인 가정(街亭)을 장합에게 내준 직후 한중으로 회군하려는데 사마의가 여세를 몰아 15만 명의 대군을 이끌고 서성으로 접근한다. 이때 제갈량이 갖고 있는 장병은 고작 2500명뿐이었다(사마의 군대는 20만 명, 제갈량의 군대는 1만 명이라는 기록도 있다).[9] 그런데 제갈량은 서성을 포기하지 않고 이상한 행동에 나선다. 성문을 닫지 않고 오히려 활짝 열어젖힌 후 백성들로 하여금 위나라 군이 도착해도 당황하지 말고 길을 청소하라고 했다. 전투에 사용하는 깃발이나 북 등도 치우게 했다. 제갈량 자신은 갑옷 대신 도포를 걸치고 망루의 난간 위에 앉아 거문고를 타기 시작했다. 성에 가까이 온 사마의 군대는 예상치 못한 장면 앞에서 어리둥절했다. 불길한 느낌이 든 병사들은 더 이상 전진하려 하지 않았다. 사마의도 어찌할 바를 몰랐다. 그는 잠시 생각에 잠기더니 병사들에게 후퇴명령을 내렸다.

"제갈량은 평소 신중하여 모험을 한 적이 없었다. 복병이 있는 것이 틀림없다. 만약 진군한다면 제갈량의 계교에 떨어진다."

제갈량의 꾀는 간단했다. 비상식적 장면을 연출하여 적군 병사들이 사태 파악에 혼란을 느끼게 만들고 이로 인한 불안감에 감히 공격에 나서지 못하도록 만든 것으로 일종의 '불투명 전략'이다.[10] 『삼국지』에서는 이를 '공성계(空城計)'라고 부른다. 제갈량이 『삼국지』에서 종횡무진으로 활약할 수 있었던 것은 이와 같이 적군의 행동을 사전에 예측하여 전략전술을 적절하게 구사했기 때문이다.

학자들은 『삼국지』의 이 대목이야말로 나관중이 각색한 대표적인 부분 중의 하나라고 지적한다. 나관중은 사마의가 감히 공격하지 못한 이유가 성안에 매복이 있을까 두려웠기 때문이라고 했는데 전투에 임한 장수가 제대로 된 정찰병조차 보내지 않았을 리는 없다. 사실 사마의는 제갈량이 도포를 걸치고 혼자 있는 것을 보자마자 철수한 것이 아니라 3일간 포위하고 있었다. 아무리 제갈량이라도 3일간 꼼짝 않고 망루에 앉아있는 것은 불가능한 일이다.[11] 중국의 구청푸도 제갈량의 공성계는 소설이나 희극의 창작이고 실제로는 공성계를 쓰지 않았다고 적었다.[12] 이는 제갈량이 양평(陽平)에 주둔하고 있을 때 사마의가형주도독으로 있으면서 완성(宛城)에 주둔하고 있었기 때문에 맞부딪칠 수 없었으므로 근본적으로 공성계를 필요로 할 만큼의 급박한 전투 자체가 성립하지 않는다는 것으로도 알 수 있다.

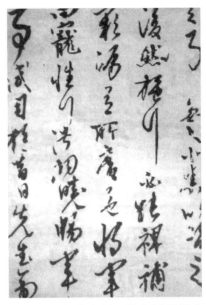

제갈량의 출사표. 전투에 나서는 각오와 비전, 준비를 쓴 것으로 빼어난 문장과 나라에 대한 절절한 애국심이 돋보이는 글이라 후대에도 크게 칭송받고 있다.

공성계가 사실이었다고 할지라도 재주 많은 제갈량이 백전백승한 것은 아니다. 제갈량이 실패하는 경우는 그의 지시를 장군들이 잘 따르지 않았기 때문이라는 변명*도 있기는 하지만 모든 전투가 사전에 예상한 대로 벌어질 수는 없다. 제갈량은 북벌을 위해 위나라의 문제 조비가 사망하고 명제 조예가 뒤를 잇자 북벌을 단행할 시기기 무르익었다고 판단하고 촉나라의 후주 유선에게 「출사표」를 올리고 북벌에 나섰다. 「출사표」

---

* 가정의 패배는 마속이 제갈량의 명령을 듣지 않았기 때문으로 이로 인해 '읍참마속(泣斬馬謖)'이라는 고사성어가 생겨났다. 읍참마속은 '공공의 질서를 위해 사사로운 정을 끊는다'는 뜻으로 쓰인다. 그런데 학자들은 제갈량이 마속을 참했다는 일화도 나관중이 매우 과장한 것 중에 하나로 생각한다.

는 촉나라 창건 이후의 변화를 설명하고 나라가 처한 어려움을 지적하는 한편 조정을 격려하고 백성들의 사기를 북돋우고 미래의 비전을 제시한 정치선언이자, 출전선언문이다. 여기에는 제갈량의 충성심, 자신감, 원대한 안목 등이 드러나 있어 후대에 길이 남을 제갈량의 모범적 이미지를 갖추게 하는데 결정적인 역할을 했다. 그러나 제갈량의 북벌은 결국 성공하지 못했다. 『삼국지』에서는 기산, 남안, 천수, 안정 등을 점령하여 북벌에 결정적인 전환기를 맞이했지만 마속이 가정을 잃는 바람에 결국 전세가 역전되어 실패하자 제갈량은 마속의 목을 울면서 베었다고 전해진다.

학자들은 마속이 가정을 잃은 이유로 두 가지 결정적인 요인을 든다. 첫째는 제갈량의 용병술이다. 요즈음 말로 하면 인재 활용에서 실패해 인재를 적재적소에 배치하지 못했다는 말이다. 제갈량은 내근 참모인 마속을 전투 지휘관으로 발령했다. 전투 지휘관은 전황에 따라 신속하게 결정을 내려야 하는데 마속에게는 그런 결단력이 없었다. 또 하나의 실수는 편견으로, 가정에 도착한 선봉장 마속에게 왕평이 있었다. 그런데 마속은 왕평의 여러 차례 간언을 모두 무시했다. 경험이 없는 상관들은 체면이 깎인다거나 귀에 거슬린다는 이유로 올바른 소리를 잘 안 듣고 독단적으로 행동하는 경우가 많다. 이를 '풋내기 상사 증후군'이라고 하는데 마속을 이와 같은 경우로 볼 수 있다. 진수는 마속의 죽음에 대해 정확한 판단을 내리기를 유보하였으나 나관중은 『삼국지』에 '읍참마속'이라 하여 제갈량이 마속을 울면서 처형했다고 적었다. 읍참마속이라는 멋진 말로 '충'과 '의'라는 두 마리 토끼를 잡고 동시에 제갈량과 마속 간에 감동적인 장면을 연출한 것이다. 이 또한 소설가의 위력이 얼마나 대단한지를 보여주는 일례라고 할 수 있겠다.[13]

필승의 병법은 없다

나관중은 제갈량을 돋보이게 하는데 주저하지 않았지만 제갈량이 공성계의 시초인 것은 아니다. 공성계 또한 매우 오래전부터 사용되었다. 춘추시대에 초나라 영윤(재상) 자원이 군대를 이끌고 정(鄭)나라를 토벌하러 나갔는데 정나라의 성문이 활짝 열려 있었다. 자원은 정나라에서 필시 함정을 파놓았을 것이라고 생각하여 전투할 생각도 하지 못하고 군대를 철수했다. 이것이 공성계의 시초이다.

공성계는 사실 『삼국지』 초반 조조와 여포와의 전투에서도 등장한다. 조조가 여포를 공격하던 중 군량이 동이 나자 대부분의 병졸을 보리 베는데 동원했다. 그래서 정작 영채에 남은 군사는 1000명도 되지 않았고 부녀자들 뿐이었다. 조조의 군대가 보리를 베고 있다는 소식을 들은 여포는 이 틈을 타 조조의 영채를 공격하려고 나섰다. 그런데 조조의 영채 앞에 다다르자 서쪽으로 큰 둑이 있고 남쪽으로는 나무가 무성한 숲이 보였다. 여포는 이곳에 복병이 있다고 판단하고 군대를 돌렸다.

『위략』에 따르면 위나라 장수 문빙도 석양(石陽, 현 호북성 효감현 서남쪽)에 주둔하고 있을 때 공성계를 활용했다. 문빙은 손권이 친히 5만 대군을 이끌고 진군한다는 것을 알았으나 연이은 폭우로 성채까지 빗물에 파괴되어 있었다. 당시 석양의 수비군은 손권이 성 밑에 다다른 줄 모르고 밭을 경작하고 있었으므로 미처 돌아올 틈이 없었다.[14] 나가 싸워 이길 수도 없고 성을 고수할 수도 없는 상황이 되자 문빙은 '잠묵책(潛默策)'을 생각해냈다. '잠묵책'이란 오늘날의 '등화관제 훈련'과 같다.[15] 성 안에 있는 사람들을 문 밖으로 한 발짝도 나가지 못하게 한 것으로 석양성에 도착한 손권은 성 안이 쥐 죽은 듯이 고요한 것을 보고 문빙이 함정을 파놓았다

고 생각하면서 부하들에게 다음
과 같이 말했다. [16]

"북방 사람들이 모두 문빙을 충신
이라면서 이토록 중요한 지역을 맡
겼는데, 우리 군사가 당도했음에도
아무런 동정이 없으니 이는 분명
다른 계책이 있거나 외지의 원군이
우리를 습격할 징조이다."

오나라를 세운 손권은 한때 문빙의 잠묵책에 속아
공성에 실패했다. 5만 대군도 의심스러운 계책 앞에
서 무력했다.

손권이 스스로 퇴군하자 문빙
은 군대를 조직해 추격했다. 진수
의 『삼국지』「문빙전」에는 '문빙
이 성을 굳게 지키고 움직이지 않아 손권이 20여 일만에 퇴각했다'고 기
록돼 있다. [17]

공성계를 비롯한 천재적인 전략에도 불구하고 제갈량이 결국 삼국을
통일하지 못하고 사망한 것은 누구든 항상 전쟁에 승리하는 것은 아니라
는 사실을 분명히 보여준다. 이런 내용을 가장 이해하기 쉽게 설명한 사
람이 현대 컴퓨터를 창안한 주역의 한 사람으로 잘 알려진 존 폰 노이만
이다. 그는 많은 게임이 각 단계마다 행동의 무작위화를 통해 최선의 결
과를 얻는다는 사실을 발견했다. 그가 예로 제시한 것은 '동전 면 맞추
기' 게임이다.

'동전 면 맞추기 게임 방법은 두 명이 각각 동전 하나씩을 주먹에 쥐고 있다가 각자 상대방에게 들키지 않게 동전을 이리저리 움직여 한쪽 면을 선택한다. 번갈아가며 한 명은 '주인', 다른 한 명은 '손님'이 되는데 손바닥을 동시에 펴서 동전이 같은 면이면 주인이 돈을 따고 다른 면이면 손님이 딴다.'

주인과 손님은 역할이 달라 보이지만 근본적으로 목표는 동일하다. 이기기 위해 상대의 행동을 예측하고 적절한 행동을 취하는 것, 상대의 의중을 파악하는 것이다. 그러므로 가장 명확하게 돈을 딸 수 있는 방법은 상대의 행동을 바탕으로 상대의 전략을 파악하고 이 전략을 다음 판에 대입시키는 것이다.[18] 그런데 이런 상대방의 예측전략을 무력화시키는 방법은 예측불가능한 게임을 하는 것이다. 폰 노이만은 그 방법을 다음과 같이 제시했다.

'보통의 지능을 갖춘 상대와 동전 면 맞추기 게임을 할 때는 상대의 의도를 간파하려고 시도할 것이 아니라 매 판마다 동전의 앞면과 뒷면을 불규칙적으로 선택함으로써 자신의 의도를 간파당하지 않는 것이 최선이다.'

이런 전략을 학자들은 행동을 예측불가능하게 혼합한다는 뜻으로 '혼합전략'이라고 부른다. 무작위의 중요성은 군사전략, 경쟁적 스포츠, 카드놀이에서는 오래전부터 알려져 있는 내용이다. 심지어 제2차 세계대전 때 잠수함 선장들은 주사위를 던져 정찰항로를 결정함으로써 적군의 함대에게 발각될 위험이 적은 지그재그 코스를 만들어냈다고 한다. 『삼국지』에서 수천 명의 장병만 있는 제갈량이 15만 명이 넘는 사마의를 물리친 것은 엄밀한 의미에서 보면 제갈량이 이런 혼합전략을 절묘하게 구사하여 사마의를 철저하게 속여 넘겼기 때문이다. 그러나 결론을 먼저 말한다면 천하의 제갈량도 위나라를 수없이 공격했지만 결국 성공하지 못했다. 그가 오장원에서 사망함으로써 촉나라는 멸망의 길을 밟는다.

아이러니한 것은 궁극적으로 사마의의 삼국통일의 길을 열어준 것이 제갈량이라 볼 수 있다는 점이다. 사마의가 제갈량의 공격을 유효적절하게 막았기 때문에 이런 공적이 인정되어 위나라에서 절대권력을 잡은 것이다. 앞에 설명한 수많은 병법과 전략이라 할지라도 결코 전쟁에서 절대적인 승리의 담보가 되지 못한다는 것은 인간사가 그만큼 복잡하다는 것을 단적으로 보여준다고 할 수 있다. 손자의 36계가 돋보이는 것도 그 때문이다.

엄중한 군법

진중에서 가장 중요한 것은 진법의 운용이 쉽지 않으므로 실제 상황에 적용하기 위한 모든 방법을 동원해야 한다는 것이다. 장병들이 일사불란하게 진을 구축하도록 하기 위해 동원된 가장 효율적인 방법은 비인간적일 수 있으나 매우 엄하게 다스리는 것뿐이었다. 『삼국지』에서 가장 많이 나오는 내용도 군법을 엄하게 지킨다는 것이다. 전투 상황에서의 실수와 잘못에는 대부분 참수형이 따랐다. 조그마한 실수가 대형사고로 이어질 가능성이 농후하기 때문이다.

먼저 휘장과 부대표시가 떨어진 군사는 바로 목이 잘렸다. 진을 짠 후 전진해야 하는 경우 나아가지 않거나, 퇴각해야 할 경우 물러서지 않는 자, 퇴각하지 않아야 할 경우 후퇴한 자도 현장에서 즉각 목이 잘렸다. 심지어는 행렬이 고르지 않거나 깃대와 깃발이 바르지 않을 때, 징과 북이 제대로 울리지 않을 때도 신호 체계에 문제가 있는 것으로 판단하여 바로 참수형에 처해졌다. 전투에서 자신의 주장(主將)을 잃은 부대나 기와 북을 빼앗긴 자들도 해당 부대원 전부 목 잘린 귀신이 되어야 했다. 소속 부대원들을 잃었을 경우에도 살아남은 군사들은 체벌을 받았다. 적을 격파하고 나서 노략질을 하거나 암호를 잊거나 다른 막사에 들어가 잠을 자도 바로 목이 잘렸다. 하지만 반대급부도 있었다. 비록 소속부대원들을 잃거나 장수를 잃었더라도 적군의 장수를 잡아오면 죄를 묻지 않았다. 군법에 관한 한 상보다는 벌을 강조했는데 이는 군법의 핵심 목표가 전 장병들에게 경각심을 고취시켜 결사항전의 전투 태세를 갖추게 하는데 있기 때문이다. 그래서 장병은 전장에서뿐만 아니라 일반생활에서도 엄격하게 다스려졌다. 직무상 불공평한 짓을 하거나 완력으로 약한 자를 누르거나 술주정 등으로 난장판을 벌이는 등 소요를 일으키는 자들도 전부 목이 달아났다.[19]

공성과 수성,
그 치열한
줄다리기의 과학

三國
志

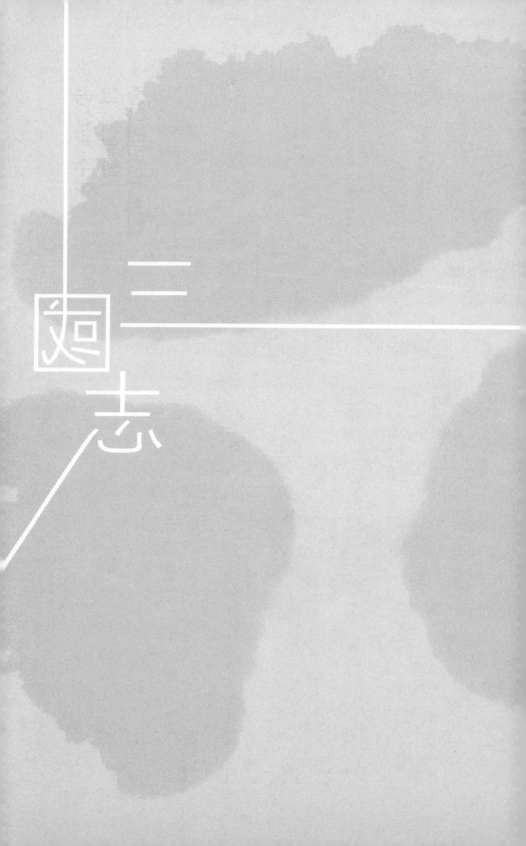

인류문명이 탄생한 이후 과학자 집단은 모든 분야에서 인류문명을 발전시키는 데 열중했다. 그러나 아이러니하게도 그들이 최고의 기술을 동원한 것은 전쟁과 관련된 군사무기 분야였다. 전쟁에 패배했을 때의 비참한 생활을 생각한다면 과학자들이 전쟁무기 개발에 참여한 것은 이해할 수 있는 일이다. 실례로 그리스의 강자였던 스파르타와 아테네 간에 벌어졌던 전쟁에서 스파르타가 패배했을 때 스파르타인들은 모두 노예로 팔려 갔다. 유명한 로마와 카르타고의 전투에서 로마의 회유에 의해 항복한 카르타고인들은 로마의 배신으로 단 한 명도 예외 없이 모두 노예로 팔려갔다. 칭기즈칸은 한 전투에서 자신의 아들을 죽게 했다는 것을 빌미로 50여만 명에 달하는 주민을 단 한 명도 남기지 않고 모두 학살했다. 칭기즈칸은 자신에 대항하는 적군에게 공포를 주기 위해 포로들을 일렬로 세워놓고 몽골군에 대항하는 정도에 따라 세 번째, 다섯 번째, 열 번째식으로 끌어내어 무작위로 처형했다. 이러한 전례를 보아서도 어떠한 방법을 사용해서라도 전쟁에서 이기는 것은 가장 중요한 일이다.

무언가 서로 간에 합의가 이루어지지 않았을 때 상대방에게 자신의 요구를 강제하기 위한 적극적인 방법이 전쟁이다. 이때 무언가를 요구하는 측은 공격군이 되고 이를 순순히 승낙할 수 없는 측은 수비군이 된다. 결국 전쟁은 공격과 수비 간의 해결방법이라고 볼 수 있다. 그러나 전투가 장기화되고 전장이 광범위할 경우 공격군과 수비군은 수시로 바뀐다. 이는 수성과 공성이 승패의 가장 큰 관건이 된다는 뜻으로 사실상 『삼국지』에 등장한 전투의 대부분은 공성전이라고 볼 수 있다.

성벽은 최선의 공격

수많은 전투를 치렀다는 것은 공성전이 수시로 벌어졌다는 것을 의미한다. 문제는 공성전의 승리가 간단하지 않다는 데에 있다. 사실 고대의 전투일수록 공성전이 전투의 향방을 결정적으로 좌우한다. 이들 공성전이 화려하게 등장하는 것이 영화 〈반지의 제왕〉 〈킹덤 오브 헤븐〉 〈묵공〉 등이다.

〈반지의 제왕〉처럼 공성전이 많이 나오는 영화는 거의 없는 듯하다. 1955년 출간된 톨킨의 판타지 소설이 원작으로, 오늘날 판타지 문학의 고전으로 손꼽힌다. 내용은 중간계라는 상상의 공간을 무대로 난장이들보다 더 작은 가상의 호빗 종족과 요정, 인간의 이야기이다. 선(善)을 제압하는 '절대반지'를 되찾아 어둠의 세계를 부활시키려는 마왕 사우론에 맞서 호빗 종족의 청년 프로도가 마법사 간달프, 전사 아라곤, 요정 레골라스 등과 합세하여 싸운다는 줄거리다.

시리즈의 2편 〈두 개의 탑〉에서는 유명한 헬름 협곡 공방전이 펼쳐진다. 사우론의 계략으로 국력이 약해진 로한은 모르도르의 위협을 피해 수

〈반지의 제왕〉 중 시리즈 2편에 등장하는 헬름 협곡의 공성전 장면. 고대의 전투일수록 공성전이 전체 전투의 향방을 결정적으로 좌우했다.

도인 에도라스를 포기하고 변방 요새인 헬름 협곡으로 후퇴한다. 사우론의 부하인 우르크하이들은 5일에 걸쳐 성을 공격하며 로한의 병사들과 치열한 공방전을 벌이는데, 로한은 수적으로 크게 불리한데도 유리한 지형을 이용하여 성공적으로 우르크하이들의 공격을 방어한다. 그러나 우르크하이들이 '오르상크의 불꽃(폭발물)'을 이용하여 헬름 협곡의 배수구를 터뜨리자 성벽이 붕괴되고 전세는 역전된다. 최후 방어선까지 함락 일보 직전에 몰리자 수비군들은 차라리 나가서 장렬하게 싸우겠다며 성문을 열고 우르크하이들을 공격하기 시작한다. 절체절명 위기의 순간에 마법사 간달프와 에오메르의 기병대가 적의 후미를 공격하여 다시 전세가 역전되며 결국 헬름 협곡 전투는 로한의 승리로 돌아간다.

3편 〈왕의 귀환〉에서도 공성전이 주요하게 그려진다. 곤도르의 섭정 데네소르가 제대로 방어진을 구축하지 못한 상태에서 사우론의 수십 만 대군이 또다시 공격해와 미나스티리스성은 위기에 몰린다. 성이 함락 직 전까지 가자 역전의 마법사 간달프가 지휘권을 잡고 사우론의 군대에 맞 선다. 결국 성문이 뚫리고 미나스티리스 성은 차례로 함락되기 시작하는 데 여기에도 구원병인 세오덴의 기마대가 나타나 전세를 잠시 역전시킨 다. 사우론의 지원병이 도착하며 다시 전세가 뒤집히지만 관객들은 걱정 할 필요가 없다. 주인공인 프로도가 절대반지를 용암 속에 넣어 극적으로 다시 역전되면서 끝나기 때문이다. 정의가 승리하고 악이 패하는 것이다. 여기서 주목할 것은 이야기가 아니라 각각의 전투장면이다. 판타지 소설 이 원작이고 많은 특수효과를 사용했다는 것을 고려해야겠지만 영화에서 성을 공격하는 장비와 방법은 실전에서 자주 사용되던 것이다.

또 다른 영화 〈킹덤 오브 헤븐〉도 십자군 전쟁 때 이슬람군과 십자군과 의 공성전이 치열하게 벌어지는 장면을 부각시켰다. 프랑스의 젊고 아름 다운 대장장이 발리안이 아버지 고프리와 함께 성스러운 도시인 예루살 렘을 지키기 위해 영예로운 여정을 시작한다. 발리안은 고프리로부터 여 러 가지 검술과 전술 등을 배우며 용맹한 전사로 거듭나 예루살렘의 국왕 볼드윈 4세의 기사가 된다. 이슬람 영웅인 살라딘과 빌리안이 벌이는 전 투는 영화 속 전쟁장면 중 백미인데 이 또한 공성전의 대표적 풍경이라 할 수 있다. 빌리안과 예루살렘의 십자군 수비군은 처음에 살라딘군을 효 과적으로 막아내지만 살라딘은 성벽의 취약지점을 발견하고 집중투석으 로 성벽을 붕괴시킨다. 붕괴된 곳으로 이슬람군대가 진입하자 발리안과 십자군이 그들을 막아서며 치열한 전투를 벌여 일단 이슬람의 진격을 저지한다. 이때 살라딘도 십자군 진영에 자신과 비견되는 영웅이 있는 것을 알고 휴전을 제안하여 기독교권 백성들이 명예롭게 예루살렘에서 퇴각할 수 있게 길을 내어준다. 살라딘이 예루살렘을 점령한 것 자체가 역사적인 사실이므로 영화에서 승자를 바꿀 수는 없지만 이 당시의 공성전을 적나라하게 잘 묘사했다는 평을 받았다.

영화〈묵공〉에서도 공성전은 전체 이야기를 지탱하는 주요한 사건이다. 춘추전국시대 천하통일을 앞에 둔 조나라의 10만 대군이 인구 4000명의 작은 성 양성을 함락하려 한다. 양성에서는 '묵가'에 지원부대를 요청하지만 '묵가'에서 파견한 것은 단 한 명 혁리뿐이다. 혈혈단신 양성을 찾은 혁리는 모두의 비웃음을 뒤로 하고 탁월한 전략 전술을 발휘하여 양성을 지켜내는 데 성공한다. 춘추전국시대 이후 전투의 교본집처럼 전해진『묵자』의 기본전략과 그 바탕에 있는 사상을 드러낸 영화는 스펙터클한 전투장면으로 보는 재미를 더하며 실제 고대 중국에서 있었을 법한 공성전의 다양한 면모를 확인할 수 있다는 점에서 의미가 있다.

이들 영화에 나오는 공성전은 여러 면에서 실제로 벌어졌던 공성전을 토대로 시나리오가 작성되었고 공격군과 수비군의 혈투도 가능한 한 사실적으로 묘사되었다.

중국에서 공성전에 대비한 각종 성의 규모는 상상을 초월한다. 특히 춘추전국시대부터 사회경제의 발전과 함께 수많은 전투가 벌어지자 거의 모든 성이 다중성곽과 참호를 둘러 방어에 치중했다. 전략적으로 중요한 성곽의 건축규모는 현대인이 보더라도 놀랄 만큼 거대하다. 기원전 12세기 주나라의 무왕이 은나라를 멸망시킨 후 수도인 호(鎬)에 성벽을 쌓았는데 아랫부분의 두께가 18미터, 높이가 7.5미터나 되었다.[1] 더욱 놀라운 것은 제나라 수도의 임치(臨淄)성의 성벽으로 제일 두꺼운 곳이 43미터에 달하며, 정한고성(鄭漢古城)의 경우 40~60미터에 이른다. 또한 성벽의 총길이는 20킬로미터가 넘는다.[2]

진한시대에는 중앙집권왕조의 통제에 따라 각 지방에서 축성에 심혈을 기울였다. 일반적으로 도성은 궁성·황성(내성)·외성(곽) 세 개의 성벽으로 구분된다. 서안고성은 중국에 현존하는 성들 중 제일 오래되고 규모도 제일 크며 보존 또한 가장 완벽한데 성벽 높이가 12미터, 윗부분 두께 15미터, 아랫부분 두께 18미터로 성벽 위에서는 전차가 달릴 수 있었다. 기본적으로 성벽은 토성으로 내측은 흙, 외측은 벽돌로 축성되어 있다. 또한 벽돌 아래에는 거대한 기석이 있다. 성루와 성벽에는 언덕과 같은 마도(馬道)가 있어서 전시에 전차와 말이 곧바로 마도를 통해 성 위로 올라갈 수 있다. 서안성에는 98개의 마면(馬面, 공격을 위해 성벽 밖으로 내밀어 쌓은 돌출부로 치라고도 한다)이 있고 자료에 의거하면 5984개의 타구(垜口, 성 위에 낮게 쌓은 담)가 있어 적을 쉽사리 공격할 수 있었다. 이러한 거대한 방어용 건축물을 건축하는 것도 어렵지만 이들 성을 점령하기 위해 공격하는 것이 얼마나 어려운 일이었는가 또한 쉽게 짐작할 수 있을 것이다.[3]

성은 평지만이 아니라 지형을 이용하여 산에 축성하기도 했다. 이를 산성이라고 부르는데 이 중 길이가 가장 길고 규모가 큰 것이 '세계 신 7대 불가사의' 중의 하나인 만리장성이다.[4]

전투와 성

『삼국지』에 나오는 공성전은 사실상 매우 단순한 줄거리 안에서 움직인다. 우선 전투가 각지에서 벌어지다보니 수비군도 공격군이 되고 공격군도 수비군이 되므로 항상 전황이 변하는 것에 대비해야 했다. 그러므로 오·촉·위 모두 가능한 한 전략상의 요충지에 높은 성벽을 쌓고 공격군의 침입에 대비했다. 중국의 각 나라들은 도시를 건설할 때부터 수비와 공격에 대비했다. 규모가 크든 작든 성벽을 상황에 따라 여러 겹으로 둘러싸고 그 안에 필요시설들을 배치했다. 그러나 도시를 둘러싸고 있는 성벽만으로는 부족하기 때문에 성벽 주위에 해자를 만들거나 장애물을 설치했다. 성벽 둘레에 해자를 파놓으면 방어효과는 그만큼 더 높아진다. 특히 평지성의 경우 해자는 많은 곳에서 활용되었다. 물이 풍부한 지역에서는 수호(水壕)를 만들고 물이 없는 지역에서는 공호(空壕)를 만들었다. 호는 성벽 둘레에 만들어졌는데 『무비지』에서는 적어도 폭을 약 11미터, 깊이를 약 4.7미터 이상으로 할 것을 정하고 있다. 호는 넓고 깊게 만들수록 더 좋다. 바닥은 진흙과 같은 뻘로 되어 있는 것이 가장 좋고 바닥에는 끝부분이 뾰족한 대나무나 나무, 쇠 등을 박아 건너기 어렵게 만들어놓기도 한다. 성 안으로 연결되는 길에는 적의 침입을 막기 위해 적교(吊橋, 줄을 연결하여 만든 다리)를 설치한다. 『삼국지』에는 적교에 대한 이야기가 많이 나오지만 송나라 때는 성 안의 장병들이 출격할 때의 불편을 해소하기 위하여 고정된 다리를 선호했다. 또한 호의 안쪽 또는 바깥쪽에 양마성(羊馬城), 양마장(羊馬墻), 우마장(牛馬墻)이라 불리는 낮은 성벽을 쌓기도 했다. 특히 공호의 경우 방어효과가 크지 않기 때문에 이런 보조성벽은 거의 필수였다. 원래 양마성의 건립목적은 도시 주변에서 피난해온 사람들과 그들의 재산인 양, 말, 소를 수용하기 위한 것이다. 또한 적들이 호를 메우지 못하도록 방해하거나 적의 대형 공성병기가 성벽에 접근하지 못하게 하는 수단이기도 했다.

영화 〈묵공〉에는 고대 중국의 공성전이 담겨 있다. 성아래로 돌을 던지고 사다리를 놓고 성벽을 오르는 모습은 우리가 알고 있는 공성전의 가장 일반적 풍경이기도 하다. 사람이 출입하는 성 문은 대개 목재로 되어 있어 가장 많은 공격을 받았다.

성벽 구조에서 대단히 중요한 것은 성벽을 기어오르는 적을 측면에서 공격할 수 있도록 일정거리를 두어 설치한 마면과 단루(團樓)라는 돌출부분이다. 마면은 사각형이고 단루는 반원형인데 송나라의 심괄은 자신의 경험에 비추어보면 마면이 단루보다 더 효율적이라고 말했다. 성벽 위에는 안전하게 사격하기 위해 좁은 구멍의 방벽인 여장(女牆)을 만든다. 또한 적을 정찰하거나 사격을 할 수 있는 일정 간격의 적루(敵樓)라는 망루도 설치한다. 성벽의 특수한 시설로서 경우에 따라 돌문(突門)이라는 문이 있다. 이것은 성벽 외부에서는 문이라는 것을 알 수 없도록 위장돼 있는데, 포위하고 있는 적을 기습하기 위해 성 밖으로 돌진할 때 이용한다.

사람이 출입하는 성문은 대개 목재로 만들어져 있어 성벽 중 가장 취약한 부분이다. 또한 대규모 병력이 이동하기 위해서는 성문을 통과해야 하기 때문에 적군이 가장 집중적으로 공격하는 곳이다. 그러므로 성문을 견고하게 만들기 위해 전투시 화공(火攻)에 견딜 수 있도록 문에 진흙을 바르기도 하며 성문 위에는 물통을 설치하여 불이 붙었을 경우 진화할 수 있도록 방화수를 준비한다. 또한 문 안쪽에 현문(懸門)이라는 이중문을 설치하여 바깥의 성문이 돌파되더라도 다시 한 번 방어막이 되도록 한다. 문 위에는 방어와 정찰을 강화하는 전루(煎樓)라는 높은 망루가 있다. 또한 성문 방어를 강화하기 위해서는 성문 바깥쪽 둘레에 옹성(甕城)이나 월성(月城)이란 반원 모양의 성벽을 만들어놓는다. 이런 모습은 수원화성에서도 볼 수 있다. 운하로 연결된 도시는 모두 수성문을 설치했다.[5]

공성병기와 수성병기

『삼국지』 전체를 통해 성 등의 전략요충지를 점령하는 방법은 정공법을 택하거나 수비군이 스스로 항복하게 하는 방법이다. 두 가지 전략방안 중에서 스스로 항복하게 하는 것이 경제적으로나 전략적으로나 유리하므로 이 방법을 가장 선호한다. 이때 가장 많이 사용하는 전략이 수비군의 약점을 이용하는 것이다. 완전히 포위하여 식량이 떨어지도록 하는 것은 기본이며 배신자를 성 안으로 투입하여 문을 열게 하거나 성 안으로 들어가는 식수를 막는 전술도 자주 사용된다. 영화 〈반지의 제왕〉과 〈묵공〉에서도 성을 포위하는 장면이 나온다. 그러나 성이 견고할 경우 공격군은 악전고투할 수밖에 없다.

수비군이 완강할 경우 성을 공략하는 방법은 정공법밖에는 없다. 성벽이 견고할수록 공격은 어렵지만 공격군은 이런 불리함을 이겨나가지 않으면 안 된다. 당연히 수비군의 완강한 저항을 무력화시킬 수 있는 방법이 강구되는데 여기에 동원되는 것이 공성무기이며 수비군은 이를 막아내기 위해 가장 효율적인 수성병기로 무장한다.[6] 성을 공격하는 방법은 전국시대에 편찬된 것으로 보이는 『묵자』에 잘 정리되어 있다. 『묵자』는 성을 공격하는 기술을 12가지로 분류했다.

①임(臨): 성벽 높이 또는 그 이상으로 토산(土山)을 쌓아 성안을 공격하는 공격법.

②구(鉤): 성벽 위에 있는 적병이나 방어용 무기를 끌어내리거나 성벽 위의 여장을 파괴하기 위해 갈고리를 사용하는 공격법.

③충(衝): 충차라는 공성탑을 사용하는 방법.

④제(梯): 사다리를 사용하여 성벽을 올라가는 것.

⑤인(堙): 성을 둘러싼 호를 메운 후 성벽을 기어 올라가는 공격법.

⑥수(水): 수공(水攻)이라고도 한다. 물로 하는 공격.

⑦혈(穴): 성벽 바로 밑까지 굴을 파서 성벽을 기둥으로 받치고 그 기둥에 불을 붙여 성벽을 무너뜨리는 방법.

⑧돌(突): 지돌(地突)이라고도 한다. 지하도를 통해 공격하는 방법.

⑨공동(空洞): 성벽에 구멍을 뚫어 공격하는 방법.

⑩의부(蟻傅): 밀집대형으로 개미처럼 성벽에 달라붙어 공격하는 방법.

⑪분온(뼁캔): 전차에서 성벽을 공격하는 방법.

⑫헌차(軒車): 망대를 설치한 망루차(望樓車) 또는 소차(巢車)로 적의 상황을 관찰한다.

12가지 공성기술에 대응하는 각각의 방어기술도 설명되어 있는데, 추후 화포가 사용되기 전까지 오랜 기간 동안 큰 변화가 없었다. 『삼국지』에서도 같은 개념의 공성무기와 수성무기가 사용되었다. [7]

① 운제(雲梯, 구름사다리): 긴 사다리를 차에 탑재한 것으로 공격 측이 성벽을 올라가거나 정찰할 때 사용한다. 사다리는 일반적으로 6~9미터짜리를 사용하는데 당나라는 고구려를 공격할 때 무려 40미터가량의 사다리가 펼쳐지는 운제를 사용했다. 운제의 규모에 따라 사륜·육륜·팔륜차가 있는데 운제의 공격을 방어하기 위해 가장 효과적인 방법은 화공이다. 물론 공격군도 운제에 불이 잘 붙지 않는 소의 생가죽을 바깥에 덮거나 진흙을 발라서 방어했다. 운제는 청나라 말기까지 계속 사용되었는데 『묵자』에 따르면 공윤반이 발명했다고 한다. 공윤반은 노나라 사람으로 건축이나 공예 분야에서 천재적인 자질을 보였는데 추후 건축, 공예의 신인 노반선사(魯班先師)라 불렸다.

② 소거(巢車): 엘리베이터처럼 움직이면서 성 안의 동태를 살피는 정찰용 곤돌라 차량으로 곤돌라가 새집과 같이 생겼다하여 소거라 부른다. 곤돌라의 폭은 약 1.2미터, 높이는 약 1.5미터로 목재로 만들었으며 화살 등의 공격에 대비하여 소의 생가죽으로 덮었다. 소거는 공성전뿐만 아니라 야전에서는 적을 정찰하기 위한 용도로 사용되었다.

③ 전호차(塡壕車): 성벽을 보호하는 해자를 메울 때 사용하는 장갑차로 터널을 만들거나 성내 진입을 꾀할 때에도 사용한다. 당나라 때 주체가 봉천을 공격할 때 사용한 것은 폭 120미터나 되는 대형으로 수비군이 볼 때 그야말로 공포

운제

소차

전호차

의 대상이었다.

④ 포차(抛車): 발석차라고도 하는데 거대한 돌을 공격목표 지점까지 날려 보내는 무기로 성벽을 파괴하거나 성벽 위의 적군과 방어무기를 공격한다.

⑤ 당차: 거대한 쇠망치를 앞뒤로 흔들어 성벽이나 성문을 파괴한다.

⑥ 충차(공성퇴): 성벽이나 성문을 파괴하는 장비로 끝을 뾰족하게 깎은 커다란 통나무(쇠를 씌우기도 함)를 밀고 가서 부딪치는 공성탑을 의미하며 높이는 공격하는 성벽의 높이와 같게 하거나 그보다 더 높게 만들었다. 충차는 높이를 이용하여 성안을 사격하거나 성벽에 접근하여 여장을 공격하거나 성벽 안으로 공격할 때 사용되었다. 수비군은 강력한 노나 포를 사용하여 방어하는데 불화살 등을 이용하는 화공이 많이 사용되었다. 충차는 속도가 느리므로 충차가 지나는 밑에 굴을 파서 그 속으로 떨어뜨리기도 한다. 역사상

가장 큰 충차는 1621년 명나라에서 반란을
일으킨 사숭명이 사천성 성도시(成都市)를
공격할 때 사용한 것으로 그 높이는 3미터,
폭은 150미터이며 소가죽으로 덮었다.

분온차

⑦ 분온차: 공성 전용 자동차로 목재로 만
들어져 있는데 10명 정도가 탈 수 있으며
사람의 힘으로 끌었다. 윗부분은 공격에
잘 견딜 수 있도록 경사져 있고 불이 잘 붙
지 않도록 소가죽으로 덮었으며 화공에 대
비하여 진흙을 바르기도 했다. 분온차는
성을 공격할 때 수비군의 화살, 돌, 뜨거운
물, 녹인 쇳물 등으로 공격할 때 보호하기

임충여공사

위한 것으로 성벽에 도달한 병사는 분온차 안에서 성벽을 뚫거나 외부로 나와
성벽을 기어오르기도 한다.

⑧호차(護車)와 접첩교(接捷橋): 성 밖에 설치되어 있는 해자를 건널 때 부교로
사용한다.

⑨ 누차(팔륜누차, 공성탑): 운제와 충차를 결합한 초대형 구조물로 대체로 팔륜
으로 제작된다.

⑩ 삼단노: 대형 활(弓)로 성벽 위에 있는 수비군을 공격하는 것을 목표로 했다.

⑪ 새문도차(塞門刀車): 새문도차는 목재로 된 이륜차로 성문과 같은 폭으로 만들어 성문이 파괴될 때 성 안으로 침입한 적을 물리치는 이륜차이다. 전면에 적이 접근할 수 없도록 날카로운 칼날을 박아놓았으며 성문뿐만 아니라 성벽이 파괴될 경우에도 사용했다.

⑫ 낭아박(浪牙拍): 수성군으로서는 성벽을 올라오는 적병을 물리치는 것이 매우 중요하기 때문에, 이때 성벽 위에서 무거운 물체를 떨어뜨리는 전술이 많이 사용된다. 낭아박은 크기가 약 154×138센티미터로 된 판에 15.4센티미터의 날카로운 쇠못을 2200개나 박은 것이다. 이 판 측면에 달린 고리에 줄을 매달아 성벽 위에서 아래로 반듯하게 떨어뜨려 성벽을 기어오르는 적병을 성벽으로부터 떨어뜨린 후 다시 들어 올려 재사용한다. 229년 제갈량이 진창(陳倉)을 공격할 때 충차로 공격하자 위나라에서는 석마(石磨)를 성벽 위에서 떨어뜨려 충차를 공격했다.

⑬ 만(幔): 만은 공성전에 투입된 병사들을 보호하기 위한 대형방패로 목재나 천으로 만들었다. 목재로 만든 목만은 공격군이 주로 사용했고 포만은 수비군이 주로 사용했다. 포만은 마(대나무 포함)를 두껍게 엮은 것으로 성벽에 걸어 공격군의 화살 등을 막는다.

⑭ 질려(蒺藜): 질려는 적의 공격을 방해하는 장애물로 뾰족한 날이 4개 이상 나와 있는 형태로 만들었는데, 4개의 날로 되어 있는 것이 구조도 간단할 뿐더러 안정적이어서 가장 일반적으로 이용되었다. 철질려의 한가운데 구멍을 뚫어 줄로 꿰어 사용하기도 했다. 철질려는 제갈량과 사마의가 오장원에서 대치

할 때 위력을 발휘했다. 제갈량이 진중에서 사망하자 촉은 퇴각하면서 적의 추격을 막기 위해 철질려를 길바닥에 뿌렸다. 사마의는 철질려로부터 발을 보호하기 위해 병사들에게 나무로 만든 평평한 신발을 신게 했다.

공성전에는 수많은 공성용 무기가 사용되었는데 공성전에서만 사용할 수 있는 특수한 창이 따로 제작되었고 기병을 막기 위한 거마창(拒馬槍, 둥근 통나무에 창을 부착시킨 것), 함마갱(陷馬坑, 사람이나 말을 살상하기 위한 함정의 일종), 야복경과(夜伏耕戈, 노에 줄을 연결하여 적이 줄에 닿으면 발사하게 만든 것) 등 수없이 많은 장비가 사용되었다.[8]

혈투를 벌이는 공성전

성을 탈취하는 방법은 고사(枯死)작전과 성벽 돌파가 가장 일반적인 방식이지만 견고한 성을 공격하는 것이 간단한 일이 아님은 누구라도 알 수 있는 사실이다. 공격군이 충차나 운제 등을 동원하여 공격하면 수비군은 불화살이나 기름, 또는 돌을 떨어뜨려서 격퇴한다. 그러나 실제로 이런 방법으로 공격군을 격퇴하기는 매우 어렵다. 공격군도 수비군의 방어방법을 잘 알고 사전에 철저한 준비를 하기 때문이다. 더구나 기원전 4세기경에 공성전에 대비한 대형쇠뇌(노)가 개발되어 성의 방어는 더욱 강화되었다. 놀라운 것은 이러한 쇠뇌 가운데 일부는 도르래와 권양기를 이용하여 180킬로그램까지 장전할 수 있다는 점이다.

『상군서(商君書)』를 보면 기원전 350년경에 벌어진 공성전이 얼마나 치열했는가를 알 수 있다. 포위당한 성의 백성들은 삼군으로 나뉘어 결사항전했다. 움직일 수 있는 남자는 성벽을 지키고 여자들은 도랑을 파고 토루를 쌓았으며 어린이와 노약자는 가축을 돌보았다고 기록되어 있다.

공성전의 위용을 적나라하게 보여주는 것은 삼국시대에서 다소 후대인 당나라와 청해호(青海湖) 인근의 홍산(紅山)에 건설된 석보성(石堡城)에서 745년에서 749년까지 벌어진 석보성 공성전이다. 석보성은 당나라가 타림분지로 진출하는 데 결정적인 요충지였으므로 당나라로서는 어떤 피해를 감수하더라도 확보해야 할 성이었다. 745년 당의 현종은 황보유명에게 석보성을 점령하도록 명령했지만 실패했고 그 후임 왕충사 역시 실패했다. 여러 차례의 공격이 모두 실패하자 당나라의 손실은 기하급수적으로 늘어났고 당시 청해호 주변은 전투에서 희생된 장병들의 백골로 걷기조차 어려울 정도였다고 한다. 당에서는 고지에 있는 석보성을 점령하기가 매우 어려워지자 돌궐 출신의 가서한에게 공격 임무를 주었다. 가서한은 749년 6만3000명이라는 대병력을 이끌고 전면공격을 감행했다. 그러나 며칠에 걸쳐 전면적인 공격을 감행했지만 성과가 없었다. 결국 그는 부장들에게 성을 탈취하지 못하면 모두 처형하겠다고 선언했다. 진중에서 모욕을 받고 처형당하든가 전투 중에 전사하여 영광을 받든가 둘 중에 하나를 선택하라는 것이었다. 결국 가서한은 자신이 데리고 온 6만3000명의 군사 중 절반 이상을 잃으면서 석보성을 함락시켰다. 성내로 진입한 가서한은 석보성의 수비군의 숫자를 알고 놀라지 않을 수 없었다. 당나라가 그토록 점령하려 했던 석보성에는 토번의 장수 한 사람과 400여 명의 병사가 있을 뿐이었다.[9]

성을 공격해야하는 공격군과 성을 수비해야하는 수비군이 얼마나 혈투를 벌여야하는지는 성을 공격하기 전에 어떤 공격장비를 사용하고 어떤 수비장비를 사용하느냐에 따라 다르다. 우선 공격군도 수비군이 완강하게 버틸 것을 감안하여 공격장비를 생나무로 만들고 미리 충분한 물기를 먹여 불이 잘 붙지 않도록 준비한다. 충차와 같은 경우 물탱크를 두어 아예 소화병력을 별도로 배치하기도 한다. 돌 공격도 쉽지 않다. 나무는 탄력이 있어 의외로 돌에 강하기 때문이다. 특히 성을 파괴하는 데 중요한 쓰임새를 갖는 충차는 장갑을 이중으로 하고 지붕 부분을 삼각형으로 만들어 떨어지는 돌이 미끄러지게 함으로써 그 피해를 최소로 줄일 수 있다. 공격군이 운제나 충차로 공격해올 때 가장 효과적인 방어수단은 영화 장면처럼 불이나 돌이 아닌 갈고리이다. 갈고리로 걸어 쓰러뜨리는 것이다. 일단 공격무기가 쓰러지면 다시 세우기도 힘들고 쓰러질 때 크게 파손되기 십상이다. 종종 수비 측에서도 충차를 만들어 운제를 파괴하는 데 사용하기도 한다. 공성탑은 거대한 망루와 같지만 공격용 무기이므로 수비 측으로부터 집중적인 공격을 받기 때문에 대부분 사면에 장갑을 둘렀다. 내부에는 여러 층을 두고 맨 꼭대기에는 성벽으로 돌출한 널판을 두어 사다리를 타고 올라간 병사들이 널판을 가로질러 성벽 안으로 뛰어들 수 있게 만들었다. 하부에는 공성토를 설치하여 성벽을 부순다. 층마다 궁수가 있으므로 성 안의 병사와 대등한 높이에서 또는 그보다 높은 곳에서 엄호사격을 할 수 있다. 공성전이 치열해지면 누차를 중앙에 두고 주변에 보다 작은 운제를 보조공격용으로 배치하기도 한다. 일단 성벽 어느 부분의 방어선이 뚫리면 운제가 함께 붙어 병력을 집중적으로 신속하게 투입하여 전세를 장악하도록 한다.

성을 공격하는 데 있어 성문을 파괴하는 것은 매우 효과적인 방법이다. 성벽은 두터운 돌이나 흙벽으로 쌓았기 때문에 파괴가 간단하지 않지만 성문은 대부분 나무로 만들었기 때문에 부수기가 훨씬 쉽다. 성문을 파괴

중경 통원문 공성도. 고대 전투의 역사, 특히 『삼국지』의 역사는 곧 공성전의 역사라 할 수 있다. 공성과 수성을 위한 노력에는 당대의 과학과 기술이 총동원되었다.

해야만 공격군이 성내로 대량 진입할 수 있다. 성문을 파괴하는 데는 충차 이외에 화공도 효과적인 방법이었다. 특별히 화공용 충차를 만들기도 하는데 기름과 장작을 적재하고 성벽에 부딪혀 성문에 불을 붙인다. 물론 수비군도 화공에 대비하여 성문 앞면에 철판을 대고 창살 모양의 셔터를 붙여 이중문을 만든다. 공격군이 기름불을 사용한다면 물로는 불을 끄기가 어려워진다. 그러므로 수비군은 화공을 사용한 공격에 대비하여 미리 성문에다 방화용으로 젖은 진흙을 발라두기도 한다.

공성전으로 유명한 전투들은 『삼국지』 초반에 많이 나온다. 원소가 사망하고 원담이 조조군에 합류하여 원상과 전투할 때이다. 원상은 원소의 강력한 기반을 그대로 이어받았기 때문에 그를 격멸하는 것은 쉬운 일이 아니었다. 조조의 군대가 승승장구하고 있었지만 막상 기주로 들어가자

성이 워낙 견고해 공략이 쉽지 않았다. 이때 조조가 사용한 방법은 성을 포위한 후 토산을 쌓고 땅 속으로 굴을 파고 들어가는 것이었다. 이는 관도대전에서 원소가 땅굴로 조조를 공격했던 것과 반대되는 상황이다. 조조가 땅굴을 판 것은 조조에게 항복해온 풍례의 조언을 받아들였기 때문인데 기주성을 수비하고 있던 심배는 조조군으로 간 풍례가 반드시 땅굴을 파고 들어올 것이라고 예상하고 있었다. 심배는 성의 안쪽에서 땅을 파고 돌을 운반하여 갑문(閘門)을 만들어 땅굴을 이용한 공격에 대비했다. 땅굴 속으로 들어간 풍례와 300명의 장병들은 모두 갱 안에서 죽었다. 하지만 기주성은 추후에 조조에게 점령되었다.

땅굴전과 그 무기들

땅굴이 효과를 보지 못한 것은 미세한 소리를 들을 수 있는 청음기(聽音器機, 지청(地聽)이라고도 함)라는 일종의 공명통이 개발되어 있었기 때문이다. 기원전 4세기의 사상가 묵자가 발명했다고도 알려진 이 공명통은 항아리 입구에 가죽 막을 씌운 것이다. 이 공명통을 성벽 안쪽의 깊숙한 갱 속에 묻어두면 공명통을 통해 증폭된 진동으로 적이 땅굴을 파는 방향과 거리를 파악할 수 있다. 수비군은 공격군이 뚫은 땅굴을 발견하면 말린 겨자 같은 유독물질을 끓여 김을 낸 후 가죽 풀무를 이용해 그 김을 땅굴로 보내 공격을 막아낼 수 있었다.[10] 때문에 공성전에서 땅굴이 효과를 보지 못하는 경우가 적지 않았다.

229년 위나라와 촉의 제갈량과 사투를 벌인 진창(陳倉) 공성전이 벌어진다. 제갈량은 위의 학소가 지키는 진창성을 포위했다. 제갈량은 학소의 고향친구인 근상을 보내 회유했지만 학소는 단호히 거절하고 항전을 천

명했다. 천하의 제갈량과 혈투를 벌인다는 말에 모두들 제갈량의 낙승을 예상했지만 결론은 반대였다. 당시 제갈량의 장병은 수비군보다 무려 10배나 많았다. 제갈량은 노포를 쏘아 성을 맹공격했지만 끄떡하지 않았다. 제갈량이 충차를 동원하여 재차 공격했지만 학소는 큰 맷돌을 줄에 매달아 충차를 파괴했다. 그러나 제갈량은 해자를 메우고 다시 공격을 시도하여 일단 1차 방어선을 돌파했다. 학소는 여전히 새로운 방벽을 쌓고 계속 항전했다. 학소와 제갈량은 20여 일간 사투를 벌였는데 마침 위나라의 원군이 도착했고 군량이 바닥난 제갈량은 진창성을 포기하고 철수하지 않을 수 없었다. 전투가 끝난 후 황제 조예는 성을 지켜낸 학소에게 열후 작위를 내렸다. 학소는 『삼국지』에서 제갈량을 이긴 유일한 인물로 그려지지만 나관중은 학소가 후에 앓다가 제갈량의 공격을 받고 놀라 죽는다고 그려 제갈량의 체면을 다소 세워주었다. 학소는 죽으면서 아들에게 다음과 같이 말했다.

'나는 장수 노릇을 했으므로 장수는 할 게 아님을 알고 있다. 또 여러 번 무덤을 파헤쳐 나무를 꺼내 싸우는 도구를 만들었으므로 후하게 묻는다 하여도 죽은 사람에게 좋은 점이 없음을 안다. 나를 간소하게 매장해달라.'[11]

학소의 말은 『삼국지』 당시의 전투의 비정함을 정확하게 표현했다고 볼 수 있다. 자신도 남의 무덤을 파헤쳐 전투무기로 활용했는데 자신이라고 그런 대우를 받지 않으리라는 보장은 없다는 것이다.

『삼국지』보다 400여년 후대이기는 하지만 당태종은 고구려를 공격하기 위해 그야말로 혈투를 벌인다. 그 중에서도 가장 유명한 전투가 안시

성 공방전(645년)이다. 당태종은 고구려의 안시성이 생각보다 완강하게 버티자 토산(假山)을 성벽까지 쌓아 공격로를 만들게 했다. 견고하고 지형적으로 우월한 위치에 세워진 산성을 공격하기 위해서 할 수 없이 사용하는 고육지계라 볼 수 있다. 『삼국사기』에 당시의 상황이 다음과 같이 적혀 있다.

'강하종은 군사를 독려하여 성의 동남 귀퉁이에다 돌산을 쌓고 성을 침박하니, 성 안에서도 역시 성의 높이를 더하여 막았다. 당의 사졸이 분전하여 교전하기를 하루에 6~7회, 충차와 포차로 성을 파괴하니 성 안에서는 목책(木柵)을 세워 빈 곳을 막았다.' [12]

여기에서 의문점은 당태종이 고구려의 안시성을 공격할 때 왜 토산만 쌓고 땅굴을 뚫지 않았느냐 하는 점이다. 당시 당나라의 전력으로 볼 때 반드시 승리하기 위해서라면 땅굴도 좋은 공격방법 아니었을까? 정답은 매우 간단하다. 지형이 문제였다. 간단하게 말해 고구려의 산성은 주로 험준한 산을 배경으로 축조한데다 거의 전부 화강암으로 되어 있어 땅굴을 파는 것이 쉽지 않았다. 사실 수와 당나라가 고구려의 성 밑으로 땅굴을 쉽사리 뚫을 수 있었다면 고구려는 수많은 전투에서 상당히 고전했을 것이다. 공격 측은 성벽을 빠른 시간에 파괴하는 것이 급선무이고 수비 측은 부서진 부분을 막고 보수하며 버티는 것이 관건이다. 그러므로 전투가 격렬해지면 수비 측의 장수는 임기응변으로 공격에 따른 각종 피해에 적절히 대처하는 것이 중요하다. [13]

다양한 공격과 수비 방법

적벽대전에서 참패한 후 조조는 손권을 공격하기 위해 대군을 이끌고 재차 진군했다. 이때 손권은 형주를 돌려주겠다는 약속을 지키지 않은 유비를 공격하려고 했으나 조조가 침입해오자 전략을 바꾸어 조조의 대병을 먼저 막을 수밖에 없었다. 이 당시 장사 장굉이 사망하면서 손권에게 도읍을 말릉(秣陵)으로 옮기면 대업을 이룰 수 있다는 내용의 유서를 남겼다. 손권은 그의 말대로 도읍을 옮기고 도읍을 보호하기 위해 석두성(石頭城)을 쌓으라고 한다. 그러자 손권의 신하인 여몽이 당장 석두성을 쌓는 것보다 유수수구(濡須水口)에 둑을 쌓아 둑을 막은 후 조조의 군대를 격파하자고 한다. 조조군이 들어오면 수공으로 조조를 격멸할 수 있다는 뜻이다. 조조는 오나라가 수공으로 자신의 공략에 대비하자 중도에 회군한다. 천하의 조조가 전투도 벌이지 않고 회군한 것은 조조 자신이 수공의 효과를 잘 알기 때문이다.

건안 3년 조조가 여포를 토벌할 때의 일이다. 여포가 여러 전투에서 조조에게 패하고 하비성에서 농성하자 조조는 하비성을 포위했지만 함락시키지 못했다. 계속된 전투로 조조의 병사들이 매우 지친 상태였기 때문에 회군하자는 압박을 받고 있던 조조에게 참모인 순유와 곽가가 기막힌 아이디어를 제공했다. 사수와 기수의 둑을 무너뜨려 성 안으로 물이 들어가게 만들자는 것이었다.

곽가는 자가 봉효(奉孝)이고 영천군 양적 현재의 하남성 우주시(禹州市) 사람이다. 원래 조조가 군사를 일으킬 때 영천 지방의 희무재(戱茂才)라는 책사가 있었는데 그가 일찍 죽자 순욱에게 편지를 보내 희무재를 이을 모사를 추천해달라고 했다. 이때 순욱이 추천한 사람이 곽가이다. 일찍이 원소를 만난 곽가는 원소가 결단성과 요령이 없다고 생각하여 그와는 천하 대사를 논해 패업을 이룰 수 없다고 판단하였다. 순욱의 추천으로 조조를 만난 곽가는 "마침내 마음이 통하는 사람을 찾았고 진실로 자신의 능력을 발휘할 주인을 만났다고 기뻐했다"고 한다.[14]

이런 곽가의 작전을 따른 조조의 수공은 큰 위력을 발휘하여 여포의 부장 송헌과 위속이 투항했다. 이어서 천하의 용장이라고 여겨지던 여포와 진궁을 생포하여 이들을 처형할 수 있었다. 이 싸움에서의 승리로 조조는 당대의 패자로 일어서는 계기를 마련했다.

진수의 『삼국지』는 건안 9년(204년) 조조가 원소의 아들 원상과 전투할 때를 다음과 같이 적었다.

'조조는 업성이 완강하게 버티자 흙산과 지하도를 무너뜨리고 성 주위에 참호를 판 후 장수(漳水)를 무너뜨려 성으로 물이 들어가게 했다. 그리하여 성 안에서 굶어 죽은 자가 절반이 넘었다.'

수공으로 효과를 봤던 조조였지만 그도 항상 승리한 것은 아니다. 적벽대전이 벌어지기 직전(208년) 조조는 박망파에 도착하여 번성(樊城)으로 퇴각했다. 제갈량은 관운장에게 1천 군마를 거느리고 백하(白河) 상류로 가서 매복하면서 강변의 흙과 모래를 포대(布袋)에 담아 백하를 막은 후, 하류에서 인마가 들끓거든 막았던 포대를 터놓으라고 했다. 조조의 사촌동생 조인이 신야성에서 조자룡의 군사에 크게 패해 도망가면서 백하에 도착하니 강물이 깊지 않으므로 모두 강에 뛰어 들어 숨을 돌리면서 휴식을 취했다. 제갈량의 예언대로 백하 하류에서 인마 소리가 들리자 관우는 강

조조의 퇴각을 그린 그림. 간웅 조조라 하더라도 항상 승리한 것은 아니었다. 박망파에서 그는 크게 패해 군사를 물려야 했다.

물을 막았던 포대를 모두 풀어 물꼬를 터놓았다. 조자룡의 추격군을 따돌렸다고 생각하여 다소 방심하고 있던 조인군의 대다수는 물에 빠져 죽고 조인은 구사일생으로 탈출하여 도망갈 수 있었다. 이와 같은 전투의 경험 속에서 조조는 수공의 위력을 잘 알고 있었기 때문에 손권이 수공으로 대항할 뜻을 분명히 하자 퇴각했던 것이다. 수비군이 성벽을 견고하게 쌓고 지형지물을 적절히 활용할 경우 성을 공격한다는 것이 쉬운 일이 아님은 역사가 증명한다.

고구려의 산성은 수성에 유리했다

『삼국지』에서 용맹하지만 다소 지략이 모자라는 장수로 그려지는 장비가 서천을 공략할 때였다. 제갈량은 장비에게 서천에는 영웅호걸들이 많으므로 진군하는 도중 백성들을 괴롭혀서는 안 되며, 특히 사졸들을 함부로 때리지 말라고 충고한다. 장비가 술을 마시면 자주 횡포를 부리는 것을 염려했기 때문이다. 이 당시 장비의 공격에 맞서야 하는 파군태수 엄안에게 그의 부하가 다음과 같이 건의했다.

> "장비는 흉악하고 무서운 장수로 당양 장판에서 호통소리로 조조의 백만 대군을 물리친 장수입니다. 조조도 무서워서 피하는 사람이니 가볍게 보아서는 아니 됩니다. 깊이 호를 파고 성을 높이 쌓아 굳게 지킨다면 한 달쯤 뒤에 장비 측에서 양식이 떨어져 자연히 물러갈 겁니다. 장비는 성격이 조급한 사람으로 군사를 자주 못살게 구는데 군사의 마음이 변하면 장비를 단번에 생포할 수 있습니다."

위의 말은 장비를 가장 잘 묘사한 글로 알려져 있는데 엄안이 지키던 파군은 평지성이 아닌 산성으로 주위는 험하고 가파른 산이었다. 이는 험준한 산속에 전략적으로 축조된 산성임을 의미하는데 이런 산성을 연결한 것이 만리장성이다. 그러나 엄안은 장비의 계교에 의해 항복하고 결국 유비가 서천을 취하게 된다.

일반적으로 중국의 광활한 영토 도처에 성이 축조됐으므로 지역마다 축성방식이 다르다. 황하 유역은 황토를 층층이 다져 성곽을 축조했다. 이에 따라 평지에 쌓은 네모꼴 토성이 중국 성곽의 기본형이 되었다. 고구려보다 늦게 만주를 호령했던 거란족의 요나, 여진족의 금도 이를 받아들여 평지 토성을 축조했다. 그러나 『삼국지』에서 벌어지는 공성전의 대부분은 산성 전투라 해도 과언이 아니다. 그렇다면 산성을 어떻게 쌓는지 궁금하지 않을 수 없다. 산성은 전략적인 위치에 자리하여 적의 어떤 공격에도 함락되지 않게 건설하는 것이 최선이다. 산성에 관한 한 일등 선수는 고구려이다. 고구려의 산성으로 중국 산성 이야기를 갈음한다.

고구려는 중국과 인접한 지리적 여건으로 거의 전 기간을 통해 중국 세력의 위협에 직면해 있었다. 이에 따라 고구려는 일찍부터 국토를 지키면서 효과적으로 대항하기 위해 국경선 부근에 여러 겹의 방어용 성을 쌓았다. 수도로 접근하는 통로에 차단용 성을 두었던 것이다. 또한 이런 전략 요충지가 격파되어 수도가 위험에 처했을 때를 대비해 수도 또한 평지성(平地城)과 산성(山城, 전쟁 시의 대피용)으로 이원화하는 도성 체제(都城體制)를 확립했다. 고구려사를 '축성(築城)의 역사'라고 말하는 것은 이처럼 많은 성을 쌓았기 때문이다. 한편, 북한에서는 고구려의 산성 체제를 요하 일대에 구축된 전연방어성(기본방어성), 수도(집안)에 이르는 중간지역(태자하 상류와 소자하 일대)의 중심방어성(중간방어성), 수도 주변의 수도방어성으로 구성된 3중 구조라고 설명한다.

지리적으로 산악지방에서 성장한 고구려는 대규모 병력을 앞세운 중국 세력에 대항하여 효과적으로 격퇴하거나 공격의 거점지로 사용하기 위해 지형을 활용한 산성을 쌓았다. 장기간의 항쟁을 해야 했으므로 산성 내에 주거용 취락도 형성했는데, 신성(현 고이산성)이나 구련성 안에 남아 있는 농경지는 성내 주민의 자급자족이 가능했을 것이라는 추정을 낳는다. 『삼국지』에서도 알 수 있듯이 공성전이 벌어졌을 때 관건은 식량이다. 포위당한 성의 경우 식량이 떨어지면 항복 이외에는 살 길이 없다. 성 안에서의 자급자족이 가능해지면 수비군은 전투에만 역량을 쏟을 수 있기 때문에 농성전에서는 식량 확보가 우선적 조건이다. 고구려 산성 내의 식량 생산은 고구려가 중국의 부단한 공격을 효율적으로 퇴치할 수 있었던 근본적인 바탕이 되었다. 중국의 고구려 정벌이 늘 실패하고 그렇게도 공략하고자 했던 신성을 당나라 군대가 단 한 번도 점령하지 못한 이유가 바로 이것이다.

고구려는 지형에 따라 크게 4가지의 산성을 축조했다. 첫째, '고로봉 식'으로 이는 고리짝 같이 4면 주위가 높은 산등으로 둘러막히고 가운데가 오목하게 생긴 지형에 축성하였다. 둘째, '산봉 식'으로 마늘의 밑둥 모양처럼 높은 산, 넓은 대지가 있고 그 둘레가 깎아지른 듯한 절벽을 이룬 지형에 쓰였다. 셋째, '사모봉 식'으로 사모(고대 관리들이 쓰던 모자의 한 가지) 모양으로 뒤에 산이 가로막히고 앞은 평지로 되어 있는 지형에서 그 등성이와 평지에 걸쳐 성을 쌓은 형태를 말한다. 마지막으로 '마안봉 식'은 말안장 모양으로 산마루의 양쪽이 높고 중간이 약간 우묵하게 들어간

지형에 축성한 것을 말하는데[15] 고구려는 전쟁이 벌어졌을 때 장병들을 안전하게 보호하고 장기전에 대비해 고로봉 식 산성 위주로 건설했다.

고로봉 식 산성의 장점은 다음과 같다. 첫째, 산 능선 또는 절벽을 따라 자연지형을 이용해 성벽을 쌓기 때문에 공격하기에는 불리하고 적을 방어하는 데에는 유리하다. 둘째, 산 능선을 따라가면서 성벽을 쌓기 때문에 겹으로 쌓을 필요가 없다. 셋째, 성 안은 우묵하게 파인 골안을 이루기 때문에 성 안에서는 쳐들어오는 적의 움직임을 잘 볼 수 있으나 성 밖에 있는 적들은 성 안을 들여다볼 수가 없다. 따라서 전투에서 전술상 유리한 조건을 조성할 수 있어 주도권을 장악할 수 있다. 넷째, 풍부한 수원과 넓은 골짜기가 있어 많은 사람들을 수용할 수 있으며 또한 전투물자들을 비축할 수 있으므로 장기전에 대처할 수 있다.

고구려는 산성을 축성하면서 돌을 4각추 형태로 잘 다듬어서 서로 잘 물리도록 쌓았는데 암반기초가 없는 부분에서는 땅을 깊이 파고 돌로 기초를 튼튼히 한 후 그 위에 큰 돌 순서로 엇바꾸어 쌓았으므로 견고한 성벽을 만들 수 있었다. 산성을 쌓을 때 지형이 고르지 않으면 현지 지형조건에 맞게 쌓았다. 지반이 좋고 나쁨에 따라 기초공사를 달리했는데, 특히 고로봉 식 산성에서는 성벽이 골짜기를 통과하는 등 지반이 나쁜 경우가 많았다. 이런 경우 인공지반을 구축하여 성벽의 안전성을 높였다. 지반이 나쁜 경우 토압이 제곱미터 당 3뉴턴에 지나지 않으므로 이를 보통 지반의 토압인 제곱미터 당 10~20뉴턴이 되도록 보강공사를 했다. 아주 지반이 연약한 경우에는 성벽이 통과할 구간의 하단부의 지반을 완전히 들어내고 거기에 직경 약 30센티미터, 길이 5~6미터의 통나무를 1~1.5미터 간격으로 놓았다. 그 위에 다시 이보다 더 굵은 직경 약 50센티미터의 통나무를 마치 철길 모양으로 약 4미터 간격으로 세로 방향에 놓았으며, 그 위에 자갈과 모래와 흙을 넣고 다진 다음 돌로 성벽을 쌓아올렸으므로 축조할 때 힘들긴 해도 매우 견고했다.

성벽의 기초 부분은 큰 바위로 밑받침을 하고 그 위에 돌을 쌓았다. 사용된 돌의 크기는 가로, 세로는 20~60센티미터. 높이는 15~40센티미터 정도이다. 성벽 축조는 위에서 아래까지 직각을 이루게 하거나 약간의 경사를 두었으며, 성벽 하단부는 굽도리벽을 조성하여 경사지게 쌓았다. 이러한 굽도리를 조성한 계단식 기단부의 축성은 협곡이나 높은 성벽을 축조할 때 적용했다. 고구려 산성으로 유명한 백암성은 성벽의 높이가 4~6미터나 된다. 고구려의 산성들이 천 년을 넘기고도 지금껏 우뚝 서 있는 이유는 이렇듯 견고한 축성방식을 이용했기 때문이다.

고구려 산성은 여러 가지 방어시설을 갖고 있다. 우선 산성은 산성 자체를 보호하고 외적을 방어하는 용도이므로 어느 정도의 필수시설을 구비했다. 우선 성문은 성의 정문으로써 출입구인 동시에 장엄한 외형을 나타낸다. 산성의 경우 입구를 제외하고는 대부분 은폐시키지만 평지성의 경우는 교통요지에 둔다. 현재 실물은 남아 있지 않으나, 대체로 2층 지붕으로 되어 있으며 2층은 망루의 역할을 한다. 성문이 중요한 것은 적에게는 가장 중요한 공격목표이기 때문이다. 당나라의 군대가 평양성을 공격할 때 고구려가 끝까지 저항할 수 있었던 것도 성문이 견고했기 때문이었다. 그러므로 공격군은 가능한 한 내부에서 반란이 일어나 성문이 스스로 열리도록 하는 계책을 주로 사용했다.

두 번째 구조물은 옹성(甕城)이다. 옹성은 성에 접근하는 적을 퇴치하기 위해 성문의 안이나 밖에 성벽을 이어 만든 시설로서 현지 지형에 맞게

백암성터. 고구려 산성으로 유명한 백암성은 성벽 높이만 4~6미터에 이른다. 견고한 축성방식 덕분에 천 년이 지난 지금도 우뚝하다.

여러 가지 특징과 모양을 갖고 있다. 고이산성 남문의 경우 성문 밖을 반원형으로 감쌌으며 국내성은 ⊂형을 하고 있고 환도산성의 경우는 성 안에 네모나게 오므렸다.

세 번째 부속시설로 치(마면)가 있는데 치는 성벽과 성문 사이에 접근하는 적을 정면과 좌우에서 격퇴시키려는 방어시설로 산성과 평지성에 모두 적용했다. 백암성의 경우 5개의 치가 남아있는데 그 크기가 6제곱미터로 각 치의 간격은 56미터였다.

네 번째 부속시설로는 적대(敵臺)가 있다. 이것은 성문 가까운 양쪽에 성벽과 같은 너비와 높이로 돌출시킨 망대(望臺)인데 성문에 다가오는 적을 정면과 좌우에서 격퇴시키는 시설물이다. 치와 적대는 성 위에서 시계(視界)와 사계(射界)를 넓히고 화살의 발사각도를 최소한도로 좁혀주어 명중률을 높일 수 있었다.

다섯 번째는 각루(角樓)이다. 이것은 성의 모서리를 지키는 시설로 성내의 전투를 지휘하는 보조지휘소 역할을 하며 성의 위엄을 나타내는 부수적인 역할도 한다.

여섯 번째, 암문(暗門)이다. 이것은 일종의 비밀통로로서 평상시에는 성벽과 같이 막아두었다가 필요시에 사용하는 것으로 암문으로 통하는 성벽 안에는 대체로 군대의 비밀집결장소로 활용할 수 있는 공지가 있다. 이러한 암문과 달리 배수구로서의 수구문이 따로 있다.

일곱 번째 시설로 여장이 있는데 이것은 성벽 위에 설치한 사격대로 성벽 위에 몸을 숨기거나 낮춘 후 접근하는 적을 사격할 수 있는 엄폐용 시설물이다. 상충부는 대개 요철(凹凸) 모양을 하고 있다. 환도산성이나 패왕조산성의 경우 여장 밑에 100미터 간격으로 네모난 구멍이 있는데 위치와 크기로 보아 노포(弩砲)를 성벽 위에 설치하고 고정시키기 위해 쓴 것으로 추정한다.

여덟 번째, 수원지(못)가 있다. 이것은 식수원의 확보를 위한 산성의 절대요건으로서 장기간의 항전을 위한 필수적인 시설물이다. 오녀산성의 천지, 용담산성의 용담, 환도산성의 음마만(飮馬灣)이 이에 해당하며, 대성산성에 100여개, 환도산성에도 2개의 못이 있는 것으로 확인되었다.

아홉 번째의 시설인 점장대(點將臺)는 성 전체를 살필 수 있는 구릉에 둔 망대로서 전투지휘소가 된다. 백암성의 경우 높게 쌓은 석축 안에 두고 있어 후세에 봉수대(熢臺)로 활용하기도 했다.

기후변화가 만리장성을 쌓게 했다

산성을 다루면서 만리장성을 거론하지 않을 수 없다. 만리장성은 중국을 대표하는 건축물이다. 마오쩌둥은 1935년 장제스에게 밀리자 공산당원들을 규합시키기 위해 만리장성을 이용했다.

'장성에 가보지 못한 사람은 대장부가 아니다(不到長城非好漢).'

'장성' 에는 대장부로서 지녀야 할 역사의식과 호연지기, 온갖 고난을 극복해내는 지혜와 노력 그리고 도전정신이 녹아 있다는 의미다. 1972년 미국 대통령 리처드 닉슨은 중국과 미국 간 외교 돌파구를 열기 위해 만리장성을 방문했을 때 이렇게 말했다.

"장성은 위대한 성벽이며, 위대한 민족이라야 이런 것을 건설할 수 있다."

물론 현재 남아 있는 만리장성은 명나라 때 세워진 것으로 보하이 만안의 천하제일관으로 상징되는 산해관(山海關)에서 출발하여 서쪽을 향하고 북경과 대동을 거친 다음 남쪽으로 흐르는 황하를 넘는다. 여기서부터는 협서성과 오르도스의 경계를 따라 남서를 향해 달리다가 다시 황하를 넘는다. 그곳부터 실크로드의 북서쪽으로 연결되어 고비사막의 천하웅관으로 상징되는 가욕관(嘉峪關)에 이른다. 지도상의 총 길이만 2700킬로미터에 달하며, 실제적인 총 길이를 확정할 수 없지만 일반적으로 5000~6000킬로미터로 추정한다.

일반적으로 만리장성은 진시황제가 건설한 것으로 알려져 있다. 진시황의 진나라는 전국시대를 통일하여 하나의 중국으로 흡수했지만 신생 통일국가였다. 진 제국을 위협하는 강력한 세력 중에 북방의 강력한 기마민족 흉노가 있었는데 진시황제는 이들의 공격에 대한 가장 적합한 수비 방법으로 만리장성을 쌓기 시작했다. 그러나 엄밀한 의미에서 만리장성은 진시황의 아이디어가 아니었다. 이미 진시황제 이전에도 수많은 전쟁이 끊이지 않았던 중국에는 수비를 위한 장성이 곳곳에 건설되어 있었던 것이다. 최초의 장성은 춘추전국시대에 산동지방에서 일어난 제(齊)나라가 중원에 있는 각 나라의 침략을 막기 위해 세웠다. 그 후 화북에 세력을 가진 연(燕)나라와 초(楚)나라 등 여러 나라가 북방 이민족의 침략을 막기 위해 장성을 건설했다. 진시황제는 중국을 통일한 뒤 북방의 흉노를 방어하기 위해 이전에 존재했던 각 나라의 성벽을 보강하거나 연결하기 시작한 것이다.

기원전 2000년경에는 중국인과 유목민을 완전하게 분리할 수 없었다는 것을 이해할 필요가 있다. 당시에는 북중국과 그보다 북쪽에 사는 주민들 간에 생활방식이 그리 크게 다르지 않았을 것으로 추정하기 때문이다. 그 당시에 중국 변방에 거주한 유목집단은 무시무시한 유목전사집단이 아니라 평화롭고 상대적으로 정착 위주의 부족을 이루고 엉성하나마 농사를 짓고 가축도 사육하면서 사냥으로 생계를 유지했을 것으로 보인다. 그런데 기원전 1500년경부터 유목민들이 살고 있던 북방 지역에 심각한 기후 변화가 일어난다. 광대한 몽골평원이 건조해지면서 결국 초원으로 변한 것이다. 이런 변화는 초기 정착민의 생활이 농경에서 유목·목축으로 바뀌도록 유도한다. 초원에 관개할 물이 사라졌다는 것은 이곳에서 농경정착생활로 식량을 조달할 수 없게 되었다는 것을 뜻한다. 북방 지역 거주민들의 생존수단은 가축 사육(특히 말과 양)과 수렵으로 바뀌었다. 더구나 가축이 먹고 사는 풀밭도 계절에 따라 변하므로 가축들이 먹을 수 있는 곳으로 이동하지 않으면 안 된다. 문제는 유목·목축생활은 당대 어느 곳보다 인구가 조밀하고 농경이 이루어지면서 엄격하게 통제되는 소위 북중국과는 다른 생활방식을 요구한다는 점이었다. 북방의 유목민들에게는 당연히 이동을 위한 빠른 기동성이 요구되었고 넓은 초지에 풀어놓은 가축을 통제하기 위해 대단히 숙련된 기마술도 필요해졌다. 생활을 가축에만 의존할 수만은 없다는 것도 문제가 되었다. 가축으로 식량과 의복 등 일상 생필품을 해결할 수는 있지만 곡물, 금속은 물론 비단 등 일반 사치품은 남쪽 중국으로부터 조달해야 했다.

기원전 1000년경이 되자 정착·농경과 유목·목축인들 간의 평화공존은 쉬운 일이 아니라는 것이 분명해진다. 이들 생존방식이 다른 두 집단 간에 가장 큰 갈등이 일어나는 지역은 중국 평원과 본격적인 초원 사이에 있는 오르도스 지방이다. 오르도스는 두 사회 사이에 끼어 있어 목축과 농경이 모두 가능한 곳이었기 때문에 두 사회 모두에게 전략적으로 매우 중요한 곳이다. 이곳을 둘러싸고 수많은 분쟁이 일어난 원인이 여기에 있다.

주지하듯이 승자가 있으면 패자가 있는 법이다. 고대 사회에서 패자의 운명은 너무나 혹독했기 때문에 패자라 할지라도 절치부심하여 과거의 실패를 만회하려고 하는 것은 당연한 일이었다. 상황에 따라 타협하거나 협상할 수도 없게 되면 남는 것은 전쟁뿐이다. 이 지역의 끝없는 전쟁을 종식시키기 위해 중국은 기원전 9세기부터 전략을 바꾼다. 장성 축조를 시작한 것이다. 당시 장성 건설은 그야말로 전폭적인 지지를 받았다. 기원전 7세기경 『시경』의 「소아」에는 당시 성벽 건설에 주민들이 얼마나 호의적인가를 알 수 있다.

'왕이 남중에게 명하여

삭방에 가서 성벽을 쌓으라고 하며

수레를 무수히 많이 내셨으니

용과 거북, 뱀 깃발의 무늬가 선명하다.

천자가 내게 명하여

저 삭방에 성벽을 쌓으라고 했다.

위엄 있는 남중이여

험윤족을 제거하시다.'

주 왕조는 명목상 기원전 256년까지 존속했지만 일찍이 실질적인 지배력을 잃었으므로 중국 제국은 쪼개져 작은 제후국들의 집합체로 변한 지 이미 오래였다. 중국 내에서 제후국 간 혈투를 벌이는 동안 북쪽에 있는 순수 유목민들은 계속적으로 세력을 키울 수 있었는데 이들 세력이 중국의 북방에 있는 제후국들과 직접 맞닥뜨리게 되었던 것이다. 몽골 초원의 생활방식은 점점 더 유목적이고 호전적으로 변하고 있었으며 유목민들을 지칭하는 호(胡)라는 용어가 처음으로 등장하던 때였다. 이제 전국시대의 중국 각국은 두 가지 결정적인 전술을 개발한다. 첫째는 유목민들과 전투할 수 있는 기술을 확보하는 것이고, 둘째는 그동안의 성벽이라는 개념을 뛰어 넘는 거대한 장성을 건설하는 것이다. 아무리 북방의 본격적인 유목민들이 마음에 들지 않더라도 중국이 살아남으려면 북방 야만인들의 실력을 인정하고 그에 대응하지 않을 수 없었다. 북방 야만인들을 가장 효과적으로 막아내는 방법은 말이 뛰어넘을 수 없고 쉽게 부술 수도 없는 높은 벽을 쌓는 일이었다. 기원전 4세기경의 진과 조, 연나라는 모두 성벽

만리장성은 북방의 야만인들을 견제하고 그들의 공격으로부터 방어하기 위해 세워진 것이다. 각성의 구조는 지역과 축조시기에 따라 다르다.

을 쌓는데 열중했다. 이 당시의 성벽은 지형의 기복, 즉 절벽, 골짜기, 좁은 개울 등 사용가능한 온갖 종류의 자연적 특징을 방어에 활용했다. 예를 들어 서북부 중국을 가로질러 내몽골까지 1755킬로미터 거리를 구불구불하게 이어가는 진나라 성벽이 토막토막 끊겨져 있는 것은 처음부터 연속으로 축조하지 않았기 때문이다. 자연적으로 방어 상의 이점이 있는 산악 지역의 경우 군데군데 초소를 세우거나 짧은 구간은 성벽을 쌓고 고갯길을 막기만 하면 되었다. 이때 천재적인 전략가가 중국에 태어나는데 그가 바로 진나라의 진시황제이다. 진나라는 북방 유목민의 전투에 재빨리 적응하여 기원전 260년경 강국인 조나라를 멸망시켰고 결국 기원전 221년 나머지 제후국들을 모두 점령했다. 진나라가 중국 천하를 처음으로 통일한 것이다. 그런 그가 만리장성을 보다 견고히 건설하고자 한 것은 당연한 일이었다.

시대에 따라 달라지는 성벽

중국의 고대 도시들은 한결같이 성벽으로 둘러싸여 있는데 이는 성벽의 효용성이 매우 높았음을 의미한다. 오늘날 중국에서 성벽의 유무와 관계없이 도시를 '성시(城市)'라고 부르는 이유도 도시는 대개 성 내를 뜻했기 때문이다.

중국이 전 국토에 걸쳐 성벽을 쌓을 수 있었던 것은 성벽을 빠르고 저렴하며 견고하게 쌓을 수 있는 건축기법을 개발했기 때문인데 이를 판축(版築)법이라고 한다. 판축이란 나무 널판이나 벽돌을 지면과 직각이 되게 양쪽에 판(版)으로 설치한 다음 그 사이에 대체로 짚이나 갈대를 섞은 흙을 다져 넣고 약 10~20센티미터 두께로 계속 쌓아 성벽의 심지가 되도록 한 것이다. 만리장성을 건설하는 데 있어서 가장 큰 어려움은 보급 문제였다. 필요한 노동력의 확보는 물론, 그들을 어떻게 먹이고 입히느냐의 문제, 그리고 필요한 재료 확보가 가장 중요했다. 당연히 각 지역에서 구할 수 있는 재료를 활용하여 만드는 것이 기본방안이 되었다. 특히 흙과 갈대 등을 섞어 다진 위에 그 지역에서 나오는 목재나 돌로 도로를 만드는 판축기법은 장성이 건축되는 거의 전 기간 동안 사용되었다.

황하 유역의 퇴적된 황토는 판축공법으로 건설하는데 적합했으나 비가 많이 오는 양자강 남쪽처럼 목책, 석재가 많이 나오는 곳은 돌과 혼용하거나 돌만으로 된 성벽을 쌓았고, 중앙아시아와 같이 건조한 지역에서는 구워서 말린 벽돌을 이용하기도 했다. 어떤 곳은 사용된 회반죽이 너무 단단해 못이 박히지 않는 곳도 있었다. 당나라의 경우 경제적인 여유가 있는 남쪽에서는 성벽을 전(磚)이라는 구운 기와로 덮기 시작했는데 이는 지역 특성상 비가 많아 성벽을 보호하기 위한 이유도 있었다. 그러나 명나라는 만리장성을 이보다 훨씬 더 견고한 시설로 만들었다. 명나라는 벽돌(전)과 석판으로 성벽을 쌓고 그 위에 250~500미터 간격을 두고 망루, 봉화대와 보루를 설치했다. 표면에 벽돌을 쌓기 위해 여러 종류의 모르타르를 사용했는데 가장 보편적으로 사용한 것은 점성이 강한 쌀풀이었다. 물론 성벽의 속을 채우거나 마감하는 재료로는 그동안 계속 사용되어 온 흙, 돌, 나무, 갈대 등을 모두 사용했다.

앞서 말했듯이 거대한 영토만큼이나 각지에서 산출되는 재료들과 환경이 달랐기 때문에 지역에 따라 축성방법이 다를 수밖에 없었다. 황하 유역의 춥고 광활한 지역에 있는 만리장성은 현재 흙으로 다져진 핵심부분만 남아 있는데 그것은 성벽 자체가 단단하게 다진 진흙 제방에 불과했기 때문이다. 그러나 중국 동부로 가게 되면 성벽의 건설이 기본적으로 달라진다. 서부의 흙으로 만든 언덕과 같은 성벽은 점차 벽돌로 된 표면으로 바뀐다. 대부분의 경우에는 그 근방의 흙으로 만든 벽돌을 구웠으나 일부 지역에서 사용된 벽돌은 현장에서 무려 80킬로미터나 떨어진 곳에서 제작되었다. 벽돌의 크기도 상황에 따라 달랐는데 큰 것은 60×24×18 센티미터에 달할 정도로 대형이었다.

가장 중요한 성벽의 높이는 지형의 특성에 따라 결정되었다. 비교적 낮고 툭 트인 지형일 경우 성벽의 높이는 산보다 다소 높은 7~8미터 정도로 건설했고, 자연적인 방어의 장점이 있는 능선 같은 곳은 1~2미터의 높이로 마감했다. 아무리 천혜의 여건을 갖추었더라도 성벽이 축조되는 기초는 반드시 돌과 벽돌층으로 평평하게 다듬었다. 성벽 꼭대기 회랑은 말을 타고 성벽 전체를 달릴 수 있도록 바닥을 포장했다. 북경 근처의 일부 구간은 성벽 위를 말 다섯 필이 나란히 달릴 수 있다. 또한 당시에는 화포와 화약이 사용되었으므로 벽돌이 사용된 곳에서는 전체 구조물 상부에 총안이 달린 톱니 모양의 흉벽이 설치되어 외적의 공격에 효율적으로 대처할 수 있었다. 명나라 장성의 특징은 높은 돈대와 망루, 보루 등이 연속적으로 설치되어 각자 다양한 기능을 가지면서 복합적인 방어 네트워크를 구성하고 있다는 점이다. 이들의 간격이 얼마인가는 주변의 지형과 안전도에 따라 달라지는데 대체로 500미터에서 4킬로미터 간격이다. 그러나 군사상 매우 중요한 곳은 30~40보마다 망루를 설치하기도 했다. 봉화대도 육안으로 볼 수 있고 큰소리를 들을 수 있는 거리에 있어야 했지만, 그렇지 못한 경우에는 연기(낮), 불빛(밤), 또는 대포로 경고를 전달했다. 봉화대의 효율은 상당히 높아 당나라 때는 위급신호가 하루에 1000킬로미터 거리를 주파할 수 있었다. 명나라도 당나라와 유사한 시스템을 차용했다고 추정하는데 당나라의 지침서는 다음과 같다.

'화로 세 개가 탑 상부에 있다. 평화 시에는 불 하나, 위험을 경고할 때는 불 둘, 전투가 실제로 일어나는 경우 불 셋을 피우며 불의 수가 아침저녁으로 달라진다.'

명나라에서는 적이 왔을 때 신호탑끼리 숫자로 소통하는 암호도 있었다. 불 하나를 피우고 대포 한 발을 쏘면 적 100명을 뜻하며, 불 둘과 대포 두 발은 500~1000명, 불 셋과 대포 세 발은 1000명 이상, 다섯 발은 1만 명 이상을 뜻했다.

명나라 장성 곳곳에서 발견되는 망루의 크기도 다양하다. 일반적으로는 성벽 높이의 두 배이지만 그 절반 높이도 있었다. 망루는 속에 창고나 봉화대, 숙소의 기능을 갖춘 것과 감시와 전투를 위한 돈대기능밖에 없는 것으로 나뉜다. 봉화대에는 다섯 명에서 열 명까지 근무했으며 감시탑이나 전투용 탑은 50명 이상을 수용하는 소규모 병영 역할을 했다. 이런 탑 중에서 가장 큰 것은 희봉구(喜峰口)에 세워진 것인데 놀랍게도 이 탑은 1만 명을 수용할 수 있었다.

현대에도 볼 수 있는 엄청난 규모의 만리장성을 건설한 것은 명나라로 그 건설비용의 규모는 당연히 천문학적이었다. 1560년대와 1570년대에 성벽을 축조하기 위한 예산은 은 6만5000냥이었다. 성벽의 공사가 대대적으로 진행되던 1576년에 지출해야 할 경비도 은 330만 냥이었다. 이는 16세기 후반 명나라 조정의 연간수입의 4분의 3을 훨씬 넘는 액수였으나 명나라 조정에서 1576년에 지출한 비용은 은 5만4600냥뿐이었다. 17세기 초에 만주에서 출현한 청나라가 중국을 쉽게 정복할 수 있었던 것을 명나라 정부가 공사만 벌려놓고 비용을 제때 지급하지 않은 것으로 추정하는 학자들도 있다. 사실상 16세기 말부터 명나라 군대는 기능이 정지된 상태였다. 정부에서 보내주는 비용도 턱없이 부족하고 조직은 엉성했으므로 막상 청나라의 정예병이 닥쳤을 때는 상대하려는 시도조차 하지 않았다. 수많은 명나라의 장성은 청나라 군이 침공할 때 다소 유리한 위치를 점할 수 있었으나 일단 방어가 뚫리면 오히려 재빠른 진군을 재촉했다. 화포와 화약으로 무장된 명나라일지라도 기동력을 위주로 한 청나라 군사 앞에 만리장성이 그 효용성을 상실한 것이다.

참고로, 고구려의 산성과 만리장성은 차원을 달리한다. 만리장성은 소

영화 〈킹덤 오브 헤븐〉의 한 장면. 예루살렘을 지키기 위해 십자군은 요소요소에 성을 쌓았는데 성이 아무리 많고 길어도 취약지점은 있게 마련이다. 일진일퇴를 거듭하던 발리안과 살라딘의 전투 역시 성벽의 취약지점을 발견한 살라딘의 승리로 끝이 난다.

위 방벽이기 때문에 적군이 장성을 넘어오지 못하게 성벽을 쌓고 요충지에 망루를 두어 적군이 나타나면 대응하는 소극적인 수비를 위주로 하므로 적군이 일단 장벽을 넘을 수만 있으면 무용지물이 된다. 실제로 만리장성이 수천 킬로미터나 되지만 북방 기마민족에게 만리장성은 크게 위협적인 존재가 아니었다. 방어가 견고한 곳을 굳이 공략하지 않고 취약지점을 찾아 손쉽게 넘을 수 있기 때문이다. 만리장성이 건설되어 있었음에도 북방 기마민족이 부단히 소위 중국을 공격할 수 있었던 요인이다. 반면에 산성은 성벽으로 둘러싸여 있지만 기본적으로 공격군을 산성에서 격퇴하기 위한 시설이다. 그러므로 산성의 위치 자체가 전략적인 장소에 건설되며 공격군이 공격할 때 농성하기에 적합한 각종 부대시설을 갖추고 있다. 〈킹덤 오브 헤븐〉의 십자군들도 예루살렘을 지키기 위해 각처에 수많은 성을 쌓았는데 대부분이 전략적 요충지대에 있는 산에 건설했다. 이슬람군이 예루살렘을 되찾기 위해 수없이 공격했으나 쉬이 성공하지 못한 이유이다.

만리장성은 보이지 않았다

1932년 만화가이자 작가이며 중국애호가인 로버트 리플리는 만리장성이 달에서도 보이는 유일한 인공건조물이라는 주장을 했는데 이 말은 근래까지도 만리장성을 이야기할 때 가장 많이 인용되는 이야기 중 하나이다.[16] 그러나 이것은 매우 과장된 이야기다. 만리장성이 아무리 길다 해도 사람이 우주 공간에서 육안으로 구별할 수 있는 최소각 범위에 들어올 정도로 그 폭이 넓지 않으면 우주에서는 고사하고 비행기 안에서 육안으로 보는 것도 쉽지 않다. 예를 들어 머리카락이 아무리 길어도 몇 미터만 떨어지면 그 폭을 식별할 수 없어서 우리가 머리카락을 분간할 수 없는 것과 마찬가지이다.

만리장성의 최대 폭은 7미터이며 사람의 최소 식별각도는 3×10^{-4}rad이다. 이 수치에 의하면 사람이 만리장성을 볼 수 있는 거리는 대략 23.3킬로미터이다. 이는 지구 표면에서 23.3킬로미터 이상 위로 올라가면 만리장성을 구별할 수 없음을 뜻한다. 23.3킬로미터는 지구의 성층권에 해당하므로 우주공간이라 할 수 없다. 결론적으로 말하면 만리장성을 볼 수 있는 높이라면 고속도로, 운하, 철도 같은 다른 인공구조물도 볼 수 있다. 중국 최초의 우주인 양이위는 2003년 10월 첫 유인우주선 '선저우 5호'를 타고 우주로 나가 21시간 23분 동안 지구궤도를 선회할 때 다음과 같이 말했다.

"만리장성은 보이지 않는다."

이유 있는 '오버',
조조의 오환 정벌

三國
志

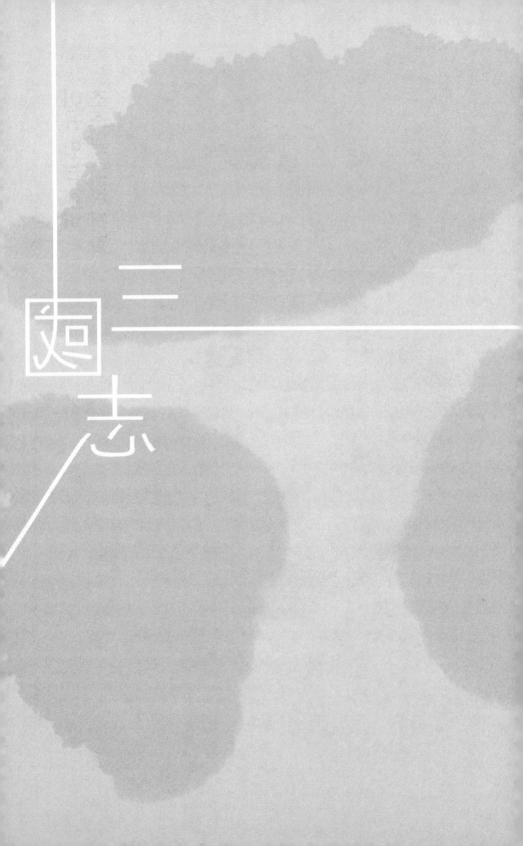
三國志

『삼국지』 초반에 잘나가던 동탁이 제거된 후 실권을 장악한 사람은 원소였다. 위나라의 실질적인 기초를 닦은 조조는 당대에선 매우 미약한 존재였다. 원소는 '사세삼공(四世三公)'의 가족 배경이* 있을 뿐만 아니라 명사 집단의 수령으로 동원할 수 있는 병력이 가장 많았다. 반면 조조의 배경은 원소에 비할 수 없었지만 그의 재주만은 원소나 다른 군벌들이 따라갈 수 없었다. 초평 3년(192년) 조조는 연주목(兗州牧)이 되어 황건적의 잔당을 토벌한 후 항복한 군졸 30여만을 흡수했다. 건안 원년(196년)에는 여남 영천 등지를 정복하여 그 세력을 예주일대로 확장하고 원소와 관도대전에서 대승한다. 조조가 여세를 몰아 원소의 아들 원상과 원희를 추격하자 그들은 당대에 중국으로 간주하지 않던 오환(烏桓 또는 烏丸)지역으로 도망 간다. 조조는 당시 동이의 요충지인 오환 지역으로 이들을 추격해 들어갔

---

* 원소의 고조부 원안은 장제 때 사도(司徒), 종증조부 원창은 사공(司空), 조부 원탕은 사공·사도·태위, 부친 원봉은 사공을 역임했다.

는데 손실이 어마어마했다. 수많은 병사가 사망했으며 심지어 그의 최고 참모 중 한 명이자 조조가 후계자로 생각한 곽가도 38세의 젊은 나이에 사망한다. 그러나 이러한 악조건 속에서도 조조의 진군은 멈추지 않았고 오환의 근거지인 유성(柳城, 현 조양)을 기어코 점령한 후 곧바로 철수한다.

여기서 의문이 생긴다. 조조가 이 전쟁에서 준마 1만 필을 오환으로부터 획득했다고는 하나, 굳이 당시에는 중국 땅이라고 여기지 않았던 오랑캐 땅에 오환과 혈투를 벌이면서까지 진격한 이유가 무엇이냐 하는 것이다. 당시 원소의 주력부대는 관도대전에서 괴멸했고, 원소가 죽자 아들들은 서로 후계자 자리를 놓고 분쟁 중이었기 때문에 사실상 큰 위협이 아니었다. 그러나 오환은 조조가 갖지 못한 것을 갖고 있었다. 조조는 당시 북방 기마민족이 갖고 있는 전력상의 비밀을 확보해야만 중원의 전투에서 기선을 제압할 수 있다고 판단한 것이다. 먼 앞일까지 내다보고 판단하는 탁월한 전술가로서 조조의 자질을 엿볼 수 있는 대목이다.

조조를 부상케 한 관도대전

『삼국지』에는 수많은 전투가 벌어지지만 그 중에서 『삼국지』의 판도를 결정하는 중요한 전투를 꼽으라면 '관도대전'과 '적벽대전'을 들 수 있다. 두 대전 모두 조조가 벌였는데 관도대전은 당대의 패자이자 황제를 자칭한 원소와의 전투이고, 적벽대전은 손권과 유비의 연합군과 벌인 전투이다. 관도대전은 조조가 당대의 실력자로 부상하는 계기가 되었으나 적벽대전은 조조가 패하여 결국 삼국을 통일하지 못하고 완전히 분리되는 결과를 초래했다. 조조가 관도대전을 벌일 당시의 전국 군벌은 각각의 지역으로 나누어져 세력을 쌓고 있었는데 형세는 대략 다음과 같다.

황하 이북에는 기주의 원소, 유주의 공손찬, 남쪽 회남의 원술, 남양의 장수, 형주의 유표, 동쪽과 동남으로는 서주의 여포, 강동의 손책, 서남에 양주의 한수와 마등, 익주의 유언, 그리고 고정된 지반은 없지만 영향력을 갖춘 유비가 있었다.

　　조조와 원소의 대결이 불가피한 상황이었으나 당시의 조조는 원소의 상대가 못되었다. 그래서 선진후원 선약후강의 공세전력을 펼친 후 원소와 대결하겠다고 생각했다. 이를 위해 오히려 원소를 헌제의 명의로 대장군으로 임명한 후 차례로 자신의 견제세력을 격파하면서 여포, 원술을 제거하고, 장수를 항복시키면서 세력을 키웠다. 반면 유주에 웅거하던 공손찬을 역경(易京, 현재의 하북성 웅현 서북쪽)에서 격파하며 하북을 통일한 원소는 허창으로 진격해 조조를 멸하고 북방을 통일하려 했다. 원소 진영 내에서는 강력한 동북방의 공손찬을 없앴으니 잠시 쉬어야 한다는 주장도 있었으나, 원소는 조조를 시급히 멸해야 중원의 패자가 될 수 있다며 정병 십여만을 끌고 황하를 건너 백마(白馬)에서 유연을 포위 공격하였다. 이때 조조는 관도(官渡)에 주둔하고 있었는데 그가 보유한 병력은 싸울 수 있는 병사가 2~3만 명에 불과했으며 군량조차 부족했다.

　　조조는 순유의 계책을 받아들여 위장으로 연진도구(延津渡口)를 넘는 척했다. 초창기 싸움에서는 조조가 승세를 탔다. 이때 관우는 유명한 안량의 목을 베는 등 활약을 보였으나, 초반에 연승을 거듭했음에도 불구하고 병력의 수적 열세를 극복하기 힘들어 결국 관도에서 원소와 결판을 내기로 했다. 하지만 원소의 참모 저수는 원소에게 조조와 싸울 필요가 없다고 말한다.

'아군은 군사는 많지만 전투력은 적보다 못합니다. 반면 조조는 양식이 부족하므로 오래 싸울 수 없습니다. 우리는 포위하되 공격하지 않으면 내부 손실도 없지만 조조는 양식 부족으로 스스로 무너질 겁니다.'

원소는 저수의 간언을 받아들이지 않고 조조를 정면공격했다. 학자들은 원소가 저수의 간언을 듣지 않은 것을 전쟁의 기본상식조차 몰랐기 때문으로 생각한다. 과거 정면공격으로 승리한 영웅들이 큰 명성을 얻은 것은 사실이므로 원소는 조조를 정면공격으로 격파했을 때 얻을 명성을 생각하고 있었다. 정면돌파로 조조를 물리치는 것이야말로 중국을 통일하는 제왕으로서의 위엄을 뽐낼 기회이기 때문이다. 문제는 원소 혼자 전투를 벌이는 것이 아니라 그의 명성을 얻어주기 위해 수많은 장병들이 소모적인 희생을 해야 한다는 것에 있었다. 위대한 장군들은 적이 미리 대비하고 기다리고 있는 전장에 무조건적으로 부대를 투입하지 않는다. 공격의 방법이 중요한 것이 아니라 승리하는 것이 중요한 이상 반드시 정면돌파가 필요한 것은 아니기 때문이다.

원소와 조조의 혈투가 벌어진 관도대전의 경우 조조는 원소의 공격을 간파하고 참호를 파고 토성을 쌓아 굳게 지키고 있었다. 영웅주의에 도취된 원소는 이를 격파하기 위해 성 아래에 토산을 쌓고 망루를 만들어 강노로 조조의 영지를 공격했다. 점점 늘어나는 피해에 고민하던 조조는 부하가 내놓은 제안을 받아들여 발석거(發石車)를 만들어 원소의 진지를 완전히 파괴하는 데 성공했다. 발석거는 큰 돌을 마치 포탄처럼 원소의 군영으로 발사할 수 있었는데 그 위력이 대단하여 벽력거(霹靂車, 벽력은 천둥을 의미)라고도 부른다. 발석거야말로 당대의 '대량살상무기'라고 볼 수 있다. 조조의 완강한 수비에 몰린 원소가 땅굴을 파서 조조의 진영을 공격하자 조조도 진지 주위로 참호를 파서 방어했다. 모두 총력전을 펼친 전투는 관도에서 1개월 동안 진행되었는데 이 전투가 역사상 가장 유명한 공성전 중 하나인 '관도지전' 또는 '관도대전' 이다.

공성전이 치열해지자 원소의 부장 허유는 원소에게 조조의 군대가 관도에 모여 있을 때 조조의 우측으로 돌아가 남부의 허창을 기습하자고 건의했다. 그러나 원소는 이때에도 정면승부를 펼쳐 조조부터 격파하겠다고 했다. 이것이 원소의 패망을 재촉했다. 특히 허유가 허창 공격을 건의하였다가 조조의 간첩으로 몰리자 허유는 조조에게 투항했고 조조에게 원소의 군수품 주둔지 오소(烏巢)를 습격하도록 건의했다. 오소에는 군량을 실은 대규모 수레 행렬이 1만여 명의 호위를 받으며 주둔해 있다는 것이다.[1] 조조는 직접 5000명의 정예기병을 이끌고 오소로 가서 원소의 수송대가 갖고 있는 양초를 태워버렸다. 원소의 생명선이 끊어져 군심이 동요되었을 때 원소는 조조의 본진을 공격했지만 역시 실패한다. 원소의 군대는 크게 패하여 기록에 의하면 사상자 7만 명을 남기고 겨우 1000여 명이 돌아갈 수 있었다고 한다.[2]

원소의 패배 이유는 세 가지로 분석된다. 첫째, 원소 진영에 기탁해 있던 유비가 몰래 도망간 일이다. 『삼국지』 전체를 볼 때 유비는 상황 판단에 매우 민감했는데 학자들은 유비가 원소 진영에서 이탈한 것은 관도대전에서 조조가 원소에게 승리할 것으로 예상했기 때문으로 추정한다. 둘째, 원소의 심복인 허유가 조조군으로 도망가 원소의 군량에 결정적으로 흠집을 냈기 때문이다. 『삼국지』에서 조조는 매우 신중하여 내색을 잘하지 않는데 허유가 도망쳐왔다는 소식을 듣자 두 손을 비비며 크게 웃고는

'이것으로 내 일은 잘 해결되었다' 고 말했다. 허유의 투항이 원소에게 얼마나 치명적이었는지를 알 수 있다. 셋째, 전세를 순식간에 역전시킨 장합의 배신이다. 장합은 원소의 가장 충실한 심복인데 곽도가 패전의 책임을 모면하기 위해 장합을 모함하자 조조의 진영으로 간다. 조조는 '한신이 유방에게 귀의한 것과 같다' 고 말하며 승리를 확신했다.

사실 이들 세 명의 손실은 원소에게는 치명상이어서 전투는 이미 끝난 것이나 다름없었다. 유비의 도망으로 외부 지원을 잃었고, 허유의 배반으로 지혜의 주머니를 잃었고, 장합의 배신으로 팔이 부러진 것이니 예상대로 조조가 대승했다.[3] 조조의 대승으로 끝난 '관도대전' 은 중국 역사상 소수의 병사로 다수를 이긴 유명한 전투 중 하나로 거론되며 공성전에서의 정면공격은 특별한 원인이 제공되지 않는 한 승리가 보장되는 것이 아님을 확실하게 보여주었다.

조조에게 패해 북으로 돌아간 원소는 건안 7년(202년) 5월에 병사하였다. 죽기 전에 원소는 막내아들 원상으로 하여금 큰아들 원담과 둘째아들 원희를 제치고 뒤를 잇게 하니 그가 곧 기주, 청주, 유주, 명주의 실권자가 된다. 조조에게 이들 일가의 분쟁은 절호의 기회였다. 조조는 곧바로 원담을 공격했는데 원상이 원담을 구원하지 않을 것으로 예상했기 때문이었다. 그러나 원상은 원담이 조조에게 항복한 후 조조와 연합하여 공격하면 자신이 치명상을 얻게 될 것을 염려해 원희와 함께 구원에 나섰다. 세 명이 연합한 것을 보고 식량도 모자라는데다 정공법으로는 아군의 피해가 많을 것으로 본 조조는 참모인 곽가의 조언에 따라 이들 서로가 불화토록 만들어 대립하게 하여 결국 자멸하게 한다. 원상과 원희는 유주로 도망가고 원담은 유표에게 구원병을 청했지만 유표가 지원하지 않자 조조와 일전을 겨루다 패한 후 전사한다.

조조의 북벌

『삼국지』에서는 원희가 유주로 도망가자 유주자사 오환촉은 조조와 싸우는 것은 의미가 없다고 생각하고 항복을 결정한다. 원희 일행은 보다 북쪽, 『삼국지』 시대에는 국으로 간주하지 않던 오환 지역으로 도망간다. 여기서 오환촉은 나관중의 가공인물이다. 원래 후한 말 원소의 부하였던 초촉이 스스로 유주 자사가 되었다가 조조에게 항복했는데 나관중이 글을 잘못보고 오환과 촉을 붙여 이런 인물을 만든 것이다. 리동혁은 초촉이 『삼국지』 초반부에 조조에게 항복했기 때문에 그 내용을 고칠 수도 없게 되었다고 적었다.[4] 한편 원소의 조카 고간이 병주에서 조조와 대결하다가 패배하고 곧바로 흉노의 선우의 땅으로 들어가 "조조가 저의 영토를 빼앗고 이제는 왕자의 지역까지 범하려 하니 저를 도와서 북방을 지켜주십시오"라며 구원을 요청한다. 그러나 흉노의 좌현왕은 "내 조조와 원수진 일이 없는데 그가 어찌 내 땅을 침범하겠느냐. 네가 나를 충동하여 조조와 원수를 맺게 하는 것이냐"라고 말하며 그의 요청을 거절했다.

선우는 '탱리고도선우(撐犁孤塗單于)'의 약어로 '탱리(撐犁)'는 터키―몽골어에서 '하늘'을 뜻하는 '텡그리(Tengri)'의 음역이며 '고도(孤塗)'는 '아들'이란 뜻으로 흉노의 왕을 뜻하는데 이들은 몽골 중앙 부분인 상원(上原) 지역에 본영을 설치했다. 본영은 선우(선우의 공식 명칭은 '천지가 낳으시고 일월이 정해주신 흉노 대선우'이다)가 직접 통치하고 동서 지역은 좌현왕과 우현왕으로 나누어 통치했다.[5]

조조와 싸우지 않겠다는 좌현왕의 말에 고간은 그의 땅을 떠났지만 상

조조의 최측근이었던 곽가는 뛰어난 지략과 혜안으로 인정받았으나 오환 정벌 도중 38세의 젊은 나이로 사망했다.

로에게 체포되어 조조에게 목이 바쳐진다. 사실상 원담과 고간이 죽었고 원상과 원희가 사막지대인 오환으로 도망갔으므로 원소의 세력은 완전히 평정된 것이나 마찬가지였다. 그런데도 조조가 원상과 원희를 추격하겠다고 하자 부하들은 그 사이 유비와 유표가 허도를 치면 낭패를 당한다며 추격 중지를 건의했으나 조조는 공격을 늦추지 않았다.

앞서 언급한 대로 조조는 동이의 본거지인 오환 지역으로 들어갔다가 참모 곽가를 잃는다. 조조가 곽가를 어떻게 생각했는지는 적벽대전에서 패배하고 나올 때의 일화를 보아도 알 수 있다.

'조조가 화용도에서 빠져나와 남군에 이르자 조인이 주연을 베풀어 위로했는데 갑자기 조조가 하늘을 바라보며 크게 통곡했다. 여러 모사들이 "승상께서는 재난을 만났을 때에도 전혀 두려워하지 않았고 지금은 안전하게 성 안으로 돌아와 군사들은 배불리 먹고 말도 사료를 충분히 먹었으며 군대를 재정비해서 원한을 갚을 수 있는데 통곡하는 이유가 무어냐'고 질문했다. 그러자 조조는 "내가 통곡을 한 것은 곽가 때문이오. 곽가가 있었다면 결코 내가 이런 큰

실수를 저지르게 하지는 않았을 것이오"라고 계속 비통해했다.'

학자들은 조조가 초창기 전투에서 승승장구할 수 있었던 것은 거의 모두 곽가의 조언을 얻었기 때문으로 생각한다. 조조의 전적을 보면 승승장구하던 시기는 곽가와 조조가 함께 있던 11년간이 거의 대부분으로 곽가가 사망한 후 조조의 군사적 성취는 거의 없었다고 해도 과언이 아니다.[6] 그러나 조조는 곽가를 잃은 후 악전고투하면서도 진군을 멈추지 않았다. 건안 12년(207년) 노룡새에서 조조는 원상과 원희가 연합한 오환, 소위 오랑캐와의 연합군과 대적하지만 또 다시 승리한다. 원상, 원희는 다시 요동 방면으로 도주하였는데 조조는 그들을 쫓지 않고 오환의 근거지인 유성을 점령한 후 철수한다.

기마민족을 확보하라

결과론이지만 조조가 요동으로 도망간 원상과 원희를 추격하지 않은 것은 공손도의 아들인 요동태수 공손강이 그들을 살해했기 때문이다. 공손강은 굳이 조조와 불화를 만들 일이 없었고 조조도 굳이 공손강과 대결하여 전력을 낭비하지 않으려 했다. 때문에 조조는 공손강에게 양평후(襄平侯)의 벼슬을 내렸고 사실상 요동 지역은 공손씨의 자치국가와 마찬가지가 되어 『삼국지』 후반부에 고구려와 함께 중요한 역할을 하게 된다.

전통적으로 삼국시대는 중국 병법의 정점에 해당하는 시기이지만 군대의 조직과 전술은 대체로 한나라 때의 조직과 전술이 주를 이루었다. 동탁이 제거된 후 곧바로 원소가 등장하여 『삼국지』의 초반 패권을 장악했는데, 그가 당대의 수장으로 추대될 수 있었던 것은 바로 오환의 기마부대를 동원할 수 있었기 때문이다. 기마부대를 자유자재로 움직일 수 있었던 동탁과 원소의 부상(浮上)은 당대의 군웅들에게 기마부대의 중요성을 각인시키는 데 큰 역할을 했다. 원소가 공손찬을 격파한 후 쉬어야 한다는 부하들의 의견을 듣지 않고 곧바로 조조를 격파해야 한다고 주장한 것은 공손찬의 연합군이라 볼 수 있는 오환의 기마부대를 접수하여 공격에 대한 자신감을 가졌기 때문이다. 조조가 세력을 더 키우기 전에 오환의 주력부대로 하여금 싹을 잘라버려야 한다는 것이 원소의 생각이었다. 조조는 처음부터 이 점을 잘 알고 있었다. 그 또한 기마부대의 중요성을 간파하고 있었다. 삼국 가운데 위나라가 오, 촉보다 전력상 우위를 점할 수 있었던 것은 중원 서북쪽에 위치했기 때문이다. 위는 전통적으로 전한 때 무제에 의해 정복된 하서주랑을 통해 서역을 관장하고 있었다. 이들 지역을 정복한 이유는 당대 전투에서 가장 중요한 군수물자인 말을 수월하게 공급할 수 있다는 데 있었다.

1세기 초 서쪽의 강족(羌族)이 한나라 무제 때 정복된 하서주랑으로 이동하여 한나라를 압박하기 시작했다. 그런데 하서주랑은 흉노와 강족이 연결되는 것을 막기 위해 반드시 필요한 곳이었다. 2세기 초에는 더욱 악화되어 강족, 흉노 등에 의해 광대한 북서 지역을 통제하는 140여 개소의 요충지를 상실했다. 이는 한나라의 서역 왕래가 차단되는 것은 물론 서역을 상실했다는 것을 의미했다. 강족은 말을 잘 타는 민족은 아니었지만 서역지방은 원래 좋은 말이 많이 나오는데다 인구도 많았으므로 기마부대를 운용하는 것이 수월했다. 실제로 동탁이 『삼국지』 초반에 기선을 잡을 수 있었던 것도 강족을 자유자재로 동원할 수 있었기 때문이다.

유비의 장군으로 촉나라를 세우는 데 큰 공을 세운 마초도 엄밀한 의미에서는 강족의 후예라고 볼 수 있다. 마초의 할아버지 마숙은 환제 때 천수난간현위(天水蘭干縣尉)로 있다가 실직 후 강족 여자와 결혼하여 마초의 아버지 마등을 낳았고 강족의 반란을 막아 정서장관이 된 사람이다.[7] 이처럼 『삼국지』에서는 전반적으로 기마민족을 어떻게 활용했느냐에 따라 세력의 균형이 좌우된다. 『삼국지』 초반에 원소가 북방 기마민족인 오환과 연합한 덕분에 주도권을 장악할 수 있었으므로 조조의 입장에서 보면 원소를 격파했다고 해도 오환은 언제든지 불씨가 될 수 있는 골치 아픈 세력이었다. 당대의 중국 측에서 볼 때 골치 아픈 세력은 오환뿐이 아니라 흉노와 선비, 고구려 등 북방 기마민족 모두였다. 원래 흉노에는 오환과 선비, 고구려 등이 모두 포함되어 있었지만 『삼국지』의 배경이 된 시기에는 흉노는 북흉노가 되어 이들과 분리된 세력으로 존재했다.[8] 이들 세 세력 중에서 가장 강력했던 고구려를 이해하면 조조가 왜 오환을 공격했는지 이해할 수 있다. 흥미로운 것은 진수가 『삼국지』 「위지동이전」에서 고구려에 대해 다음과 같이 설명했다는 점이다.

'고구려는 높은 산과 깊은 계곡이 많고 평원과 호수가 적다. 고구려 사람들은 산과 계곡을 따라 살면서 계곡물을 마신다. 좋은 밭이 없어 힘써 농사를 지어도 배불리 먹기에는 식량이 퍽 부족하다. 그들의 풍속은 음식은 절약하면서 궁전이나 주거지를 성대하게 짓기를 좋아한다. (……) 그곳 사람들의 성정은 사납고 급하며 약탈과 침략을 좋아한다. (……) 상제 · 안제 연간(106~124년)에 구려왕 궁(宮 · 고구려 태조왕)이 자주 요동군을 공격했다. 궁이 죽자 아들 백고가 즉위한 후 순제와 환제시대(126~167년)에 다시 요동군을 침범하고 신안과 거향을 약탈하였으며 또 서안평을 공격하여 도중에 대방령을 죽이고 낙랑태수의

처자식을 빼앗았다.'

위와 같은 내용대로라면 고구려가 건국되어 멸망할 때까지 거의 700여
년 동안 막강한 전력을 보유하고 중국과 대등한 위치에서 싸웠다는 것은
말이 되지 않는다. 먹는 것도 부족한 상태에서 중국이란 거대한 국가와
전쟁을 한다는 것 자체가 불가능하기 때문이다. 그럼에도 불구하고 고구
려는 존재했고 중국과 한 치의 양보도 없이 맞싸워 승리했으며『삼국지』
후반에 매우 중요한 역할까지 하게 된다. 그 비결은 무엇일까?

고구려가 사상 최강의 국가로 일어설 수 있었던 것은 고구려가 당시의
최첨단 무기를 기반으로 하는 과학국가인 동시에 다른 나라가 갖지 못한
전쟁상의 이점을 갖고 있었기 때문이다. 조조가 갖고자 한 것이 바로 고구
려 등 북방 기마민족이 갖고 있는 노하우였다. 그러나 고구려는 당시 만주
지역에 웅거하고 있는 강력한 군사제국으로 조조가 함부로 건드릴 수 있
는 상대가 아니었다. 그러므로『삼국지』는 고구려라는 거대한 제국은 건
드리지 않고 중국과 인접한 잠재세력 견제를 우선시하였는데 여기에 희생
된 것이『삼국지』초창기의 오환과 후대의 연나라를 세운 세력이다.

조조가 반드시 확보하려고 한 것, 오환이 갖고 있었던 자산이 무엇인지
알아보기 전에 오환은 북방의 기마민족으로 흉노에서 분지된 일파이며
고구려와도 밀접한 관계를 갖고 있음을 이해할 필요가 있다. 고대 중국사
에서 중요한 역할을 하는 오환, 선비, 고구려의 연계에 대해서 먼저 설명
하겠다.

고구려와 같은 흉노 소속의 선비와 오환

큰 틀에서 고구려는 중국이 오랑캐로 부르는 흉노 계열의 기마민족이었다. 흉노는 중국 북방에서 첫 유목민국가를 건설한 국가의 명칭으로 결코 단일한 민족이나 부족의 명칭이 아니다. 흉노는 몽골-투르크족의 혼합으로 추정되며 기원전 600년경부터 실크로드를 통해 철기를 받아들인 후 점점 강성해졌다. 스기야마 마사아키는 흉노가 기원전 4세기부터 여러 유목민족과 부족들을 망라하여 하나의 포괄적인 유목민집합체로 부상했다고 적었다. 특히 정벌한 지역이나 투항한 지역의 왕들을 그대로 수장으로 인정하면서 통치하는 것이 통례였으므로 흉노가 강성할 때는 수많은 다민족국가로 구성되었다.

기원전 3세기 묵특선우가 지휘하는 흉노가 동호를 격파하고 유목기마민족의 패자가 되었는데, 당시 그의 영토는 동으로는 한반도 북부(예맥조선), 북으로는 바이칼호와 이르티시 강변, 서로는 아랄해, 남으로는 중국의 위수(渭水)와 티베트 고원까지 이르렀다.[9] 묵특은 흉노의 전성시대를 연 사람이다. 당시 동호(東胡)*가 매우 강성했는데 동호는 흉노를 경멸하고 묵특의 천리마와 연지(선우의 후비)를 요구했다. 부하들이 동호의 무례함을 나무라며 그들의 요구를 거절하라고 하자 묵특은 '나라와 인접하면서 어떻게 말 한 마리와 여자를 아끼겠는가' 라며 순순히 내주었다. 이어 동호는 두 나라 사이에 있는 1000여 리의 황무지를 갖겠다고 말했다. 흉

---

* 동호(東胡)는 어떤 원어를 한자음으로 쓴 것이 아니라 '동쪽 오랑캐'를 의미하는 한자어로 추정하는데, 일반적으로는 이민족국가로 보지만 동일 문화권내에서도 고조선 외에 부여, 예맥, 진번, 임둔, 진국 등 다양한 국가가 있었다고 추정하는 견해도 있다. 사마천은 동호를 예맥조선이라고 적었다. 예맥조선족이 BC700~BC500년에 있었던 지역은 중국의 고원지대인 오르도스 지역으로 추정한다.

조조는 고구려와 같은 북방 기마민족이 지닌 독특한 노하우를 전투에 이용하기 위해 오환 정벌에 나섰다.

노에서는 신하들 중에 버린 땅이므로 주어도 좋다고 하는 자도 있었지만 묵특은 '땅은 나라의 근본이다' 라며 동호를 습격하여 왕을 살해하고 백성, 가축 등을 노획했다.[10] 패전한 동호를 대신하여 흉노가 유목기마민족의 패자가 되었는데 묵특은 자신의 치세기간에 대대적인 정복활동을 벌여 아시아 초원의 연변에 있는 거의 모든 민족을 복속시켰다. 그 당시 흉노는 그 영토가 중국의 거의 3배에 달할 만큼 큰 대제국이었다.[11] 흉노가 예맥조선이 근거한 한반도 북부까지 정복했다는 것은 흉노의 지배 영역에 한민족이 속했다는 것을 뜻한다. 주법종 교수에 따르면 고조선은 중국과는 춘추전국시대 및 진·한 교체기, 특히 위만조선시대를 전후하여 흉노로 대표되는 기마유목세력과 교류했었다고 한다.[12] 또한 스기야마 마사아키는 예맥조선 방면이 흉노의 관장 하에 있었던 시기가 먼저였고 이어그 연장선상에서 한(漢)이 한반도로 진출했을 가능성이 크다고 말했는데 이것도 흉노에게 격파된 동호가 예맥조선임을 근거로 한 것이라고 설명했다.[13] 한편 김상천 박사는 위에서 설명한 동호는 북부여를 뜻한다고 주장했고 서영수 박사는 동호를 이민족국가로 보지만 동일 문화권 내에 고조선 외에 부여, 예맥, 진번, 임둔, 진국 등 다양한 국가가 있었다고 설명했다.[14] 이 중에서『삼국지』에서 북방 기마민족으로 중요한 역할을 하는 민족은 흉노에서 떨어져 나온 선비와 오환, 그리고 고구려이다. 공손 계열의 연나라도 엄밀한 의미에서 북방 기마민족으로 흉노 계열로 볼 수 있으나『삼국지』의 구성상 다소 다르게 취급되므로 따로 설명한다.

선비는 남만주 및 시라무렌(Siramuren) 유역에서 목축·수렵 및 조방농업(粗放農耕)을 하던 목주부농(牧主副農)의 몽고계 유목민족으로 중국 고대사의 거의 전부에 관여한다고 볼 수 있다. 선비가 건립하거나 관여한 왕조는 전연(前燕), 후연(後燕), 남연(南燕), 남량(南涼), 북위(北魏), 동위(東魏), 서위(西魏), 북제(北齊), 북주(北周) 등이다. 이들이 할거하던 시대를 5호16국(五胡十六國)이라고 한다. 특히 선비의 문화는 당대(唐代)까지 존재했는데 수와 당나라의 황제들도 엄밀한 의미에서 족보를 따진다면 모두 흉노의 일파인 선비 계열이다. 수문제는 황제가 되기 전, 북주의 승상이었는데, 북주는 지금의 내몽골 지역의 음산산맥에 위치한 군사기지인 무천진 군벌로 구성원은 대부분 한족이 아닌 선비족 출신이었다. 선비족 명문가인 탁발씨 출신 독고신의 일곱째 딸은 수문제의 황후이고 넷째 딸은 당을 세운 고조의 어머니이다. 또한 당고조 이연의 황후이자 당태종의 어머니인 두황후도 선비족이다. 그러므로 수를 세운 문제의 아버지와 당을 세운 고조의 할아버지는 무천진에서 한동네에 살았다. 당고조 이연이 수 문제가 수나라를 건국하자 수나라에 동조하여 북방 민족 제압의 근거지였던 태원에서 군사령관으로 복무하다가 결국 수나라를 무너뜨리고 당나라를 세운 것이다.[15]

한편 오환도 흉노에게 격파된 동호에서 선비와 분리된 후 『삼국지』 초반 공손찬, 원소와 연합하였으나 조조의 북벌에 의해 점령당하여 조조의 돌격부대(오환돌기)로 맹활약을 한다. 사실상 조조의 강력한 전투력은 이들 오환을 포함한 북방 기마민족의 역할에서 비롯된 것이라 볼 수 있다. 이들은 삼국시대에 위나라의 선봉장으로 『삼국지』에서 큰 기여를 하지만 추후에 거란을 세우는 데 중추적인 역할을 하는 등 중국 천하를 호령하는 큰 세력으로 부상한다. 위에서 적은 대로 동호가 예맥조선이라는 것을 인정한다면 선비와 오환에 의해 세워진 이들 국가들도 한민족과 직접적인 관계를 갖고 있는 것으로 볼 수 있다.

고대의 전쟁에서 패배한 민족은 대부분 승리한 민족으로 흡수되었다. 흉노가 북아시아를 제패하자 주변의 유목민족들은 자신들이 흉노라며 '개이위흉노(皆以爲匈奴)'라고 말했고, 북아시아의 헤게모니가 흉노에서 선비로 넘어가자 북아시아의 유목민족들 모두가 '개자호선비(皆自號鮮卑)'라고 칭했다. 지배선 박사는 동호가 흉노에 격파되어 흉노 속에 동호가 포함되었고 이들로부터 선비·오환 등이 파생되었음을 감안하면 중국인들이 추정하는 흉노활동의 상당 부분이 한민족에 의해서 이루어졌다고 추정해도 무리가 아니라고 말한다.

개마무사와 전투장비

『국어대사전』에는 전쟁을 '무력으로 국가 간에 싸우는 일'이라고 간단하게 정의하고 있다. 그러나 국가 간의 전쟁은 이와 같이 간략한 설명으로 정의할 수 있을 정도로 단순하게 전개되는 것은 아니다. 전쟁만큼 복잡하고 다양한 측면을 갖고 있는 것도 없다. 비교적 단순한 전쟁이라고 해도 수많은 사람들이 참여하므로 전쟁은 매우 복잡하게 전개될 수밖에 없다. 그러므로 고구려가 수많은 전투에서 성공한 이유를 이해하려면 당시에 고구려가 운용한 전쟁의 기본요소부터 이해하는 것이 중요하다.

고구려가 사상 최강의 전력을 갖고 있었던 것은 다른 국가가 가질 수 없는 강력한 부대를 운용했기 때문이다. 그것이 바로 그 유명한 중장기병 개마무사이다. 사실상 고구려가 중국을 마음대로 활보할 수 있었던 것은 개마무사의 힘이라고 해도 과언이 아니다. 중장기병이란 말과 사람 모두 갑옷으로 중무장한 것을 말한다. 갑옷은 찰갑(札甲, 미늘갑옷)으로 가죽편에 철판을 댄 미늘을 가죽끈으로 이어 붙여 만든 것이다. 투구, 목가리개, 손목과 발목까지 내려 덮은 갑옷을 입으면 노출되는 부위는 얼굴과 손뿐이다. 발에도 강철스파이크가 달린 신발을 신는다. 말에게도 얼굴에는 철판으로 만든 안면갑을 씌우고 말 갑옷은 거의 발목까지 내려온다.

개마무사의 주된 무기는 창이다. 이 창은 보병의 창보다 길고 무겁다. 기병용 창을 삭(槊)이라 하는데 중국식 삭은 보통 4미터 정도인데 반하여 고구려군의 삭은 평균길이 5.4미터에 무게는 6~9킬로그램 정도 된다. 최강의 공격력과 장갑을 자랑하는 개마무사의 주 임무는 적진돌파와 대형 파괴다. 고구려의 개마무사가 5.4미터가 넘는 창을 어깨와 겨드랑이에 밀착시키고 말과 기사의 갑옷과 체중에 달려오는 탄력까지 모두 합하여 적에게 부딪치면 보병으로 구성된 적군의 대형은 무너지게 마련이다(물론 모든 창이 이처럼 길지는 않았을 것으로 추정한다). 이와 같이 개마무사가 밀집대형 혹은 쐐기꼴(∧) 대형으로 긴 창을 앞으로 내밀고 돌격하여 적진을 허물고 대기하던 보병 등이 신속하게 투입되어 전세를 장악하면 승패는 이미 결판 난 것이나 마찬가지이다. 하지만 전쟁에는 항상 상대가 있다. 고구려가 개마무사 등 중장경기병을 활용하여 전투에 이겼다면 상대방은 곧바로 패전한 이유를 분석하여 이에 대적할 수 있는 방안을 강구하기 마련이다.

전투의 밀집대형

개마무사의 약점은 말이 감당해야 하는 무게에 있었다. 말 갑옷의 무게가 최소한 40킬로그램, 장병의 몸무게(약 60킬로그램)와 갑옷무게를 합쳐서 80킬로그램, 기타 장비를 포함하면 적어도 130킬로그램 이상이 말 등에 실려 있었다. 이것은 항상 두 명 이상의 장정이 타고 있는 것과 비슷하기 때문에 기동성이 떨어진다. 병력이 소규모일 때는 재빠른 전진도 가능하지만 대규모 부대가 격돌할 때의 중장기병은 밀집대형을 이루며 매우 둔하게 움직일 수밖에 없다. 이런 경우 보병이 오히려 기마병에게 효율적으로 대항할 수 있다.

전쟁의 기본이 '보병' 이라는 것은 잘 알려진 사실이다. 보병이란 한 사람에게 무기 하나씩 들려주는 정도로 기본적인 전투력을 갖추는 병과이다. 더구나 보병은 경제적인 차원에서 일단 '값이 싸다' 는 것이 장점이므로 인적자원만 공급된다면 많은 숫자를 확보하는 것이 가능하다.[*] 보병의 약점은 보병 개개인의 방위력이 매우 취약하다는데 역으로 말한다면 일정한 숫자를 확보하지 못하면 보병은 별로 큰 힘을 발휘하지 못한다. 그래서 보병은 '뭉치면 살고 흩어지면 죽는다' 는 전제 아래 대열을 유지하면서 움직인다. 보병이 대열을 지어 뭉치는 것에는 또 다른 의미가 있다.

---

[*] 이 단원은 임용한 박사의 글을 많이 참조했다

적군이 몰려오거나 적에게 다가갈 때 인간은 누구나 죽음의 공포를 느낀다. 공포에 휩싸인 병사들이 제대로 싸울 리 없으므로 지휘관은 이들을 하나의 집단으로 움직일 수 있도록 모든 힘을 쏟는다. 병사들이 공포를 떨쳐버리고 자발적으로 전투에 임하도록 하는 것이다. 그런데 죽음의 공포는 생명체로서 본능이기 때문에 아무리 정신교육을 잘 시킨다 해도 쉽사리 떨쳐버릴 수 있는 성질의 것이 아니다. 그러므로 지휘관은 보병을 운용할 때 개인활동을 금지하고 대열을 짓도록 하여 심리적인 안정을 갖도록 유도한다. 한 개인으로서가 아니라 같이 싸워줄 전우가 있다면 용기가 생기기 마련이다. 보병이 대형을 유지한다는 것은 제식훈련처럼 약간 떨어져서 움직이는 것이 아니라 장병들의 어깨가 맞닿을 정도로 바짝 붙인다는 것을 뜻한다. 이른바 '밀집대형'을 이루어 대열 전체가 하나의 기계와 같이 움직이도록 하는 것이다.

밀집대형이 전투에서 얼마나 중요한 역할을 했는지는 고대 그리스군이 수적으로 압도적인 페르시아군과 벌인 전투 결과를 보아도 알 수 있다. 그리스는 페르시아군에 대항하기 위해 그 유명한 삼각밀집대형을 창안했다. 그리스군은 1개 중대를 160명으로 편성하여 한 줄에 20명씩 여덟 줄을 지어 행진했다. 그들 모두 긴 창과 방패를 갖고 밀집해서 행진을 했고 적군을 만나면 삼각형으로 벌어지면서 수비 태세에 들어간다. 울타리처럼 둘러친 방패가 장갑(裝甲)이 되었고 고슴도치 가시처럼 빽빽한 창끝은 적의 접근을 허락지 않았다. 전면에 있는 군인이 부상당하면 바로 그 자리를 뒤에 있던 장병이 채우므로 항상 전면은 삼각형으로 유지되었다. '환타생'이라고 불린 이 삼각형밀집방형진은 고대 전투사상 양측의 병력이 직접 충돌하는 평지의 보병전에서는 단 한 번도 패배하지 않았다는 전설을 갖고 있는 대형이다. 페르시아는 그리스를 침략했을 때 그리스인들의 이 같은 진형을 정공법으로는 격파시킬 수 없음을 깨닫고 직접 전투를 피하고 포위한 후 화살을 쏘거나 갈증과 허기로 지쳐 쓰러지게 하는 작전을 구사했다.

기원전 480년, 그리스의 도시국가를 침공한 수십만 명의 페르시아 대군에 맞서, 단 300명의 스파르타 전사들이 최후까지 처절한 혈투를 벌였던 '테르모필레 전투'는 역사상 가장 유명한 전투 중 하나이다. 페르시아의 크세르크세스왕이 이끄는 페르시아의 수십만 대군이 그리스를 침공하자 스파르타의 레오니다스왕은 300명의 스파르타 정예군과 700명의 테스피아인, 그리고 노예군인들을 이끌고 테르모필레 협곡을 지킨다. 크세르크세스왕은 레오니다스왕에게 항복을 권유하며 10일을 기다렸지만 이들의 결심은 굳건했다. 이후 3일에 걸쳐 협곡을 피로 물들게 한 테르모필레 전투가 벌어진다. 결국 스파르타군은 페르시아군 앞에 무릎을 꿇었지만 성과는 있었다. 이 때문에 페르시아군의 남하가 지연되었으며 그 사이에 그리스 함대는 무사히 퇴각한 후 페르시아 해군과 결전에서 승리한다.

이 역사적인 전투를 영화 〈300〉이 대형 스크린으로 옮기면서 현란한 비주얼의 서사액션극으로 변모시켰는데 이 영화에서 볼 수 있는 스파르타의 진법이 바로 밀집방형진이다. 스파르타군은 모두 전사했으나 페르시아군의 승리는 정공법으로 공격해서 얻은 것이 아니었다. 지형을 잘 아는 배신자가 협곡의 후방으로 들어갈 수 있는 길을 안내하여 후방을 공격했기 때문이다. 때문에 비록 전투에서는 패했으나 밀집대형은 역사상 가장 성공적인 진법으로 알려져 있다.

그러나 이런 밀집대형도 로마군단의 변형작전에 의해 격파되었다. 로

스파르타군의 밀집방형진을 볼 수 있는 영화 〈300〉의 한 장면. 페르시아는 결국 정공법으로는 이 진형을 무너뜨리지 못했다.

마군은 그리스군의 대형에 맞서기 위해 먼저 어린 병사들로 구성된 투창병을 내세웠다. 로마군이 사용하던 투창은 끝이 무겁기 때문에 그리스 진형의 앞 대열에서 장창을 사용하더라도 떨어뜨릴 수 없었다. 투창병들이 방진의 앞 대열과 중간 대열을 흐트러뜨리는 사이 키가 작은 로마군 병사들이 작은 단검을 들고 방진 밑으로 침입하여 공격했다. 대열이 조금씩 흐트러지기 시작하면 뒤에서 기다리고 있던 로마의 주력군이 돌진하여 방진을 무너뜨렸다. 로마군은 하나의 통일체가 아니라 소(小)대형과 백인대 등의 작은 부대로 구성된 집합체로 이들의 역할과 간격을 적절히 배치했다. 로마군은 아무리 견고한 방진이라도 침착하게 맞서 상황에 따라 변형작전을 구사하였고, 후대에는 귀갑(거북)형 이라는 유명한 밀집대형을 발명하여 유럽 세계를 제패한다.

그러나 이들 귀갑형도 백전백승을 한 것은 아니다. 로마가 운용하는 밀집대형의 위력을 잘 아는 국가는 로마군의 대형을 먼저 허물어뜨리거나 허물어지기 직전의 상태가 되도록 유도하는 작전을 세웠다. 아군이 적의 대형을 뚫고 들어가 적의 후면이나 측면을 먼저 포위하는 방식을 구사한 것이다.[16] 불패의 신화를 갖고 있던 로마의 밀집대형도 패배를 경험했는데 이들은 게르만민족 대이동을 촉발시킨 훈족(흉노)에 의해 격파되었다. 이것은 아무리 탁월한 진형을 갖고 있다고 하더라도 이를 깨뜨릴 수 있는 방법이 있다는 것을 의미한다.

보병과 경기병, 전세를 바꾸다

보병의 장점은 보병 개개인은 전투력과 기동력에서 기병보다 떨어지지만 산악지형에 취약한 기병과는 달리 어떤 지형에서든 위력을 발휘할 수 있다는 점에 있다. 더구나 보병은 기병과 달리 무장과 무기의 종류가 다양할 수 있다. 보병은 그 역할에 따라 경보병과 중장보병으로 분류되는데 경보병대의 주력은 도끼를 멘 도부수이다. 도끼는 내려치는 힘이 강해 투구를 쪼개고 갑옷을 찢는 데 매우 효과적이다. 갑옷은 창과 화살같이 찌르는 힘에는 강하지만 도끼와 같은 강한 충격을 동반하는 공격에는 취약하다. 반면 중장보병은 기병과 같이 갑옷을 입고 창과 길쭉한 방패를 든다. 이들이 최정예군으로 경보병처럼 밀집대형을 이루며 보병대열의 최전방에 배치되는 것이 기본이다. 특히 이들이 사용하는 갈고리 창은 기병을 말에서 떨어뜨리는 데 매우 효과적이라고 임용한 박사는 말한다.[17]

보병이 중장기병에 맞설 수 있는 것은 기병이 말이라는 동물을 기본으로 하기 때문이다. 말은 장애물을 싫어하고 겁이 많은 동물이다. 그러므로 말은 아무리 기수가 명령을 해도 자신을 겨누고 있는 창날이나 장애물

앞으로 무모하게 돌격하지 않는다. 또한 말은 일반적으로 자신에 의해 인명이 살상될 경우 전진하지 않으려고 한다. 또한 지형에 따라서는 기병의 활약이 크게 제한되므로 오히려 보병이 전투를 주도하기도 한다. 고구려는 개마무사의 약점을 경기병이라는 또 다른 기병을 투입하여 보완했다.

보병과 중장기병의 약점을 보완해주는 경기병이 등장하게 된 것은 현대전에서 포병대가 필요한 것처럼 궁수의 역할이 중요해졌기 때문이다. 궁수는 보병이나 기병과는 완전히 다른 성격을 갖고 있다. 보병과 기병은 양 군이 접근하기 전까지는 적에게 아무런 타격도 가하지 못한다. 반면 궁수는 적에게 접근하지 않고도 화살을 발사하여 공격할 수 있다. 즉 궁수는 보병과 기병만으로 구성된 적의 부대를 일방적으로 공격할 수 있는 장점을 갖고 있다. 궁수는 공격 때 아군을 엄호하고 수비 때는 돌격해오는 적군을 공격하는 임무를 맡는다. 고구려군은 적이 원거리에 있을 때는 궁수가 진형의 전열에 서거나 또는 중장보병의 엄호를 받으면서 사격하고 적군에 접근해서는 이선으로 후퇴하면서 사격한다. 군사강국이었던 가야가 고구려에 패배한 요인이 바로 이 경기병의 역할 때문이었다.

가야는 그 연구가 아직은 미진한 상태이지만 최근의 연구에 따르면 금관가야를 중심으로 한 연맹국가로 500년 이상 존속했고 한때 한반도 남부의 패권을 노리던 군사강국이었다. 학자들은 신라와 가야가 공존했던 초기에 해당 지역에서의 영향력은 신라보다 가야가 더 컸다고 보고 있다. 이와 같이 가야가 강국으로 발전할 수 있었던 것은 철 생산을 통해 막대한 부를 축적했고 이것을 바탕으로 군사력을 키웠기 때문이다. 가야는 병사들 대부분을 우수한 철제무기와 보호구(갑주, 투구)로 무장시켰다. 뿐만 아니라 기마부대에 철갑을 공급해 중기병을 양성했다. 그러나 가야의 중기병은 고구려와 차이가 있다. 고구려는 말까지 갑옷을 입힌 개마병사인 반면 가야는 그 당시 동아시아의 일반적인 갑옷 형태인 찰갑이 아니라 판갑을 착용했다. 찰갑은 피갑(皮甲, 가죽위에 쇠를 덧씌운 갑옷)이고 판갑은 큰 철판을 앞뒤로 이어 몸을 둘러싸는 것이다. 일반적으로 판갑을 착용한 부대를 단순히 중기병이라 하고 찰갑을 사용한 부대를 중갑기병이라고 한다. 찰갑은 창검에 대한 방어력이 다소 떨어지지만 쇳덩이들이 분리되어 있기 때문에 착용 후에도 비교적 자유롭게 움직일 수 있다. 반면에 판갑은 무기에 대한 방어력은 상대적으로 뛰어나지만 기동력에 제한이 있다. 가야의 주력은 기마병이었으며 왜(倭)군을 용병으로 이용했다. 전투가 벌어지면 장갑보병이 앞에 서고 기마병들이 뒤를 이었으며 용병인 왜군과 궁병들이 뒤를 따랐다. 그러므로 가야와 왜의 연합군은 경무장의 궁병과 창병, 중무장보병과 중기병이 혼합된 탄탄한 전투력을 갖고 있었다.

여러 해에 걸쳐 신라를 공격하던 가야가 399년 왜와 함께 신라를 공격했다. 가야의 동맹인 왜는 울산광역시 남구에 있는 태화강 입구에 상륙하여 막강한 가야의 중기병과 함께 신라군을 거의 멸망 단계까지 몰아갔다. 이때 고구려의 광개토대왕이 5만의 정예병을 급파했다. 고구려의 남쪽 전진기지인 남평양(현재의 평양)에서 경주 지방까지는 직선거리로 약 530 킬로미터인데 고구려군이 경주 지방에 도착했을 때 왜군은 신라를 약탈하는 데 여념이 없었다. 고구려군이 공격을 개시하자 왜군은 극소수만이 살아남아 도망칠 수 있었고 가야군은 왜의 패잔병을 수습하여 급히 퇴각하지 않을 수 없었다.

가야군은 고구려군을 발견하자 조금도 주저하지 않고 수천 명의 중기병으로 돌격을 감행케 했다. 그런데 그들의 앞에 나선 것은 역전의 명사 개마무사가 아니라 맥궁(貊弓, 고구려 활)으로 무장한 고구려 궁사들이었다. 가야의 중기병들은 고구려의 화살이 판갑옷을 관통할 수 없을 것으로 생각하고 돌격을 멈추지 않았다. 그러나 가야군이 고구려가 자랑하는 활의 위력을 무시한 것은 곧바로 자살 행위가 되었다. 가야의 중기병들은 하나둘씩 쓰러졌고 결국 무방비 상태가 되자 개마무사들이 뛰쳐나와 가야군을 공격했다. 그 결과 가야군은 중기병과 보병 할 것 없이 거의 모든 병력을 잃었다. 이 전투를 남해안 대전이라고 부른다. 이 전투를 통해 가야연맹의 맹주였던 금관가야는 사양길을 걸어 현재의 부산 지역에 해당하는 영토를 신라에게 내준다. 이 지역은 상업을 위주로 성장한 금관가야의 무역 중심지이기도 했다. 멸망 직전의 신라는 광개토대왕의 도움으로 기사회생, 영남 지역의 패권을 장악했으며 결국 삼국을 통일하는 강력한 국가로 발전한다.[18]

개마무사의 활동을 극대화시켜라

가야는 고구려 활의 위력을 몰라서 패배했지만 중국은 활의 위력을 잘 알고 있었다. 중무장을 한 개마무사가 등장한 것도 활의 위력 앞에 무력한 기병의 약점 때문이다. 기병은 사람보다 훨씬 체구가 큰 말을 이용해야 하므로 활의 집중공격을 돌파할 때는 말이 사람보다 화살을 더 많이 받게 된다. 군마의 부상은 기병에 치명상을 주므로 개마로 말의 외부를 감싸 부상을 방지토록 한 것이다.

개마의 효용성은 궁수가 쏜 화살이 갑옷을 뚫고 치명상을 입힐 수 있는 유효 살상거리가 약 50미터이고 절대 살상거리는 30미터 정도에 지나지 않는다는 점에서 돋보인다. 일단 화살의 유효 살상거리 안에서 비 오듯

영화 〈브레이브 하트〉. 영국의 중장갑기병이 돌진하자 월레스와 스코틀랜드군은 일정 정도 거리가 좁혀질 때까지 기다렸다가 마지막 순간에 기다란 목창을 들어 중장갑기병을 격파한다. 이는 중장갑기병의 약점을 철저하게 분석하여 대비했기 때문에 가능한 일이었다.

쏟아지는 화살망을 뚫기만 하면 궁수들은 무용지물이 될 수밖에 없다. 중국의 궁수들이 개마무사에게 집중하여 공격하더라도 화살을 발사할 기회는 한두 번밖에 돌아오지 않는데다가 기병은 5미터나 되는 창을 갖고 있으므로 궁수나 보병과의 간격이 20~30미터 거리로 좁혀지면 기병의 공격에서 빠져나갈 수 없게 된다. 개마무사가 화살을 피하는 순간 창으로 궁수를 공격할 수 있는 것이다.

가야는 고구려의 위력을 간과하여 패망했지만 중국의 경우 고구려와 수많은 전투를 치렀기 때문에 상황에 따라 임기응변하는 작전을 구사했다. 궁수의 역할에 한계가 있다는 것을 파악하고 또 다른 방비책을 준비한 것이다. 예를 들자면 영화에서 종종 보듯이 화살망을 뚫고 중장기병이 공격해올 때를 대비해 20~30미터 정도의 저지선에 각종 장애물을 설치하여 함정에 빠지도록 하는 식이다. 영화 〈브레이브 하트〉에서도 이런 장면을 볼 수 있다. 영국의 중장갑기병이 돌진하자 월레스와 스코틀랜드군은 일정 정도 거리가 좁혀질 때까지 기다렸다가 마지막 순간에 기다란 목창을 들어 중장갑기병을 격파한다. 이는 중장갑기병의 약점을 철저하게 분석하여 대비했기 때문에 가능한 일이었다.

앞에서도 설명했지만 중장기병의 경우 장갑력은 강하지만 보병에 비해 대형이 쉽게 허물어진다는 약점이 있으므로 진격이 저지되면 곧바로 대기하고 있던 보병이나 준비된 기병들이 역공에 나선다. 중장기병이 육박전에 휘말리게 되면 오히려 패배하기 십상이다. 그러므로 고구려는 개마무사에 대한 중국의 대비책을 무산시킬 수 있는 방법으로 경기병 제도를 도입했다. 경기병은 대체로 중무장하지 않고 말의 기동력과 활솜씨로 중장기병의 돌격을 엄호하고 적진을 초토화하는 임무를 담당했다. 물론 이들이 연합하더라도 보병 밀집대형의 중앙을 공격하는 것이 아니라 측면 또는 약한 부분을 공격하는 작전을 구사했다. 경기병대는 주로 맥궁으로 무장한 후 적군의 궁수와 보병을 상대로 활을 발사하여 적진을 혼란에 빠뜨리는 임무를 갖는다. 맥궁의 사정거리가 중국 활보다 긴 것은 물론 '파르티안 기사법' 으로 무장했으므로 어느 장소에서건 재빠르게 화살을 발사하고 빠지는 데 적격이다. 이 부분은 제 10장에서 다시 설명한다.

전투력이 강한 군대라 할지라도 경기병대가 공격해오면 이들과 대항하기 위해 이리저리 움직이며 체력을 소모해야 하므로 대형이 흐트러지기 십상이다. 만약 적진이 완강하여 대형이 흐트러지지 않으면 경기병대는 무리하게 충돌하지 않는다. 이럴 때 고의적으로 후퇴하는 위장술을 겸용하기도 하며 상황에 따라 집요하게 계속적으로 공격하여 한시도 쉴 틈을 주지 않는다. 가랑비에 옷이 젖고 작은 매를 당해낼 장사가 없다는 말처럼 수비군의 전투력이 떨어지면서 약점을 보이면 준비된 개마무사가 출동하여 승부를 결정짓는다. 시대는 약간 후대이지만 이들 전술은 칭기즈칸이 세계를 정복할 때 사용한 방법과 유사할 것으로 추정된다. 김상운의 글을 인용해본다.[19]

'중앙아시아를 정복한 칭기즈칸은 1223년, 제베와 수베데이로 하여금 코카서스 산맥을 넘어 러시아를 공략케 했다. 몽골군은 2만 명, 러시아군은 8만 명, 그 당시 러시아군들은 갑옷과 투구로 완벽하게 무장한 기사들이었다(중세시대 영화에 자주 나오는 장갑병을 뜻함). 몽골군은 러시아군과 교전하다가 힘이 부친 듯 이내 달아나기 시작했고 잡힐 듯하면 달아나고 잡힐 듯하면 달아나고, 무려 일주일간 달아나기만 했다. 러시아군은 추격작전을 계속하다가 행렬이 길게 늘어지기 시작했고 장병과 말 또한 지칠 대로 지쳤다. 그때 갑자기 몽골군이 일제히 멈추더니 모두 새로운 말로 갈아탔다. 공격의 선봉에는 경기마대(전투 대형을 갖춘 일급 궁수)가 섰다. 이들은 일제히 활을 쏘며 길게 늘어진 러시아군 대열을 휘젓고 돌아다녔다. 러시아군 진영은 눈 깜짝할 사이에 흐트러졌다. 그들이 혼란에 빠졌을 때 경기병대가 사라지고 순식간에 중무장한 중기마대가 나타났다. 중기마대는 가볍게 무장한 경기병과는 달리 쇠미늘 갑옷에 흉갑을 두르고 전투용 도끼와 활 2개를 갖고 다녔다. 3.6미터에 달하는 긴 창을 마치 장난감을 갖고 놀듯 자유자재로 내질렀다. 러시아군 선봉대가 무너지자 잠시 사라졌던 경기마대가 다시 나타나 러시아군 본진에 비 오듯 화살을 쏘았다. 러시아군이 우왕좌왕 아수라장으로 변하자 경기마대는 다시 중기마대에 전투를 넘기고 러시아군 후방을 차단하기 시작했다. 퇴로마저 차단당한 러시아군은 추풍낙엽으로 몽고군의 창칼에 맥없이 쓰러져갔다.'

몽골군과 고구려군의 전투가 다소 다르기는 하겠지만 기본적으로 북방 기마민족의 전투방법을 잘 보여주는 예라 하겠다. 위에서 설명된 것과 같이 중장기병대와 경기병대는 상호보완하면서 함께 출동해야만 전투효과가 배가되므로 군의 체계에 따라 중장기병과 경기병대 숫자를 조정했다. 고구려보다 후대이기는 하지만 금나라는 아예 기병대 자체를 20명의 중장기병과 활로 무장한 30명의 경기병으로 섞어 편제했다. 고구려에 대한 자료는 없지만 임용한 박사는 이와 유사한 형태를 운용했을 것으로 추정했다.

조조의 오환돌기(烏桓突騎)

조조가 확보하고자 한 것은 바로 고구려가 자랑하는 개마무사와 같은 기마부대였다. 그런데 고구려를 침공하여 이를 확보한다는 것은 사실상 어려운 일이다. 문제는 조조가 북방 세력이었던 원소를 제거하였지만 그들의 주력부대인 오환까지 격멸시킨 것은 아니라는 점이다. 그들은 중국 북방에 위치한 자신들의 영토로 돌아간 상태였다. 조조로서는 두 가지 중 하나를 선택해야 했다. 위나라를 공격하지 않는 우호 세력으로 묶어두든가 그들의 전력을 위나라의 전력으로 전환시킬 필요가 있었다. 원소가 오환을 돌격대로 활용한 것처럼 그들을 활용하는 것이다. 그러나 오환은 조조의 의도대로 순순히 따라오지 않았다. 이것이 조조로 하여금 어떤 손해를 감수하더라도 오환을 정복해야 하는 필요충분조건이 되었다. 결국 조조의 도박은 성공했고 『삼국지』에서 조조군 중에 가장 크게 맹활약한 부대가 유명한 '오환돌기(烏桓突騎)', 즉 철갑군이다.

『삼국지』에서의 철갑군은 여러 장면에서 나온다. 제갈량이 유비의 삼

아두를 구출하는 조자룡. 중국의 장판파 공원에는 당시 전투를 형상화한 이 같은 동상과 그림들이 다수 전시되어 있다.

고초려에 의해 참모로 발탁된 후 조조와 벌인 두 번째 전투를 보자. 적벽대전이 벌어지기 직전의 전투이다. 조조는 형주의 유종이 항복하자 여세를 몰아 유비를 공격했다. 제갈량은 이에 대항하기 위해 관우, 장비, 조자룡 등을 총동원하여 대적하는데 조조의 군사는 조인, 조홍이 거느리는 병사만 해도 10만 명이나 되었다. 이때의 선봉이 바로 허저가 지휘하는 유명한 3000명의 철갑군이었다. 중과부적을 맞은 유비는 백성들과 함께 철수를 시작한다. 그러나 많은 인원이 같이 움직이다 보니 속도가 나지 않았고, 곧 조조의 철갑군에게 따라잡힐 위기에 처한다. 바로 이때 『삼국지』 중에서도 대단히 유명한 장면이 연출된다.

유비가 처자식을 버리고 줄행랑을 치자 조자룡이 유비의 미부인(麋婦

시)과 아들 아두를 찾아낸다. 미부인은 아들을 조자룡에게 맡기고 우물 속에 몸을 던지고 아두를 가슴에 안은 자룡은 장판파에서 조조군과 혈투를 벌이면서 탈출을 한다. 장비는 자룡을 위해 장판교에서 혼자 조조의 대군을 맞이하면서 시간을 벌어준다. 결국 유비는 이들의 활약으로 무사히 탈출하여 적벽에서 손권과 연합하여 조조를 격파하는데 이 전투가 적벽대전이다.

조조가 유비를 추격하면서 개마무사를 동원한 것은 패주하는 유비군을 쫓아 결정타를 먹이는 데 가장 효과적인 방법이라고 판단했기 때문이다. 후대로 갈수록 조조는 개마무사의 중요성을 인식하여 철갑군의 비중을 높인다. 조조가 적벽대전의 패배를 만회하고자 수십만 명의 대군을 동원하여 손권을 공격할 때 조홍은 철갑마군, 즉 개마무사 3만 명을 동원했다고 적혀 있다. 이 숫자가 당대의 상황을 볼 때 상당히 과장되어 있다고 하지만 조조가 철갑군에 상당한 비중을 두었음은 확인할 수 있다.

중국에서 개마에 대한 기록은 188년에 처음 나오지만 고고학적으로 발굴된 최초의 증거는 『삼국지』가 끝난 302년의 고분에서 출토되었다. 그러나 이 출토품은 누벼 만든 단순한 가슴가리개 형태에 불과하기 때문에 『삼국지』에서 등장하는 위·촉·오의 철기병 또한 부분적인 앞가리개를 사용했을 뿐 고구려와 같은 장갑철기병은 아닌 것으로 추정된다. 중국은 전통적으로 기마부대보다는 보병에 주력했으므로 기마부대는 외인부대를 활용했다. 『삼국지』 전반에 걸쳐 활약하는 기마부대의 대부분은 외인부대이다. 실제로 삼국시대가 되기 전 한나라는 흉노, 선비, 오환 등을 용병으로 채용하여 국경을 지키도록 하기도 했다.

조조는 오환을 정복하기 위해 그야말로 사투를 벌인다. 엄밀한 의미에서 유목민이 거주하는 북방은 기후와 지리적인 요인 때문에 섣불리 공격해서는 성공하기가 매우 어렵다. 전한을 멸망시키고 신나라를 세운 왕망의 대장군이었던 엄우가 이런 정황을 정확하게 분석했다.

"식량과 땔나무가 부족하고 보급품을 수송하는 황소가 오래 버티지 못하는 문제 등이 겹쳐 100일 이상 원정하는 것은 불가합니다. 설사 초원에서, 100일 미만의 짧은 원정을 하더라도 긴 보급대열 때문에 적의 공격에 취약할 수밖에 없습니다."

이런 상황에서 기동력이 좋은 기마민족이 피해 다닐 경우 그들을 쫓아 전투를 벌이는 것은 사실상 불가능한 일이다. 이는 마치 그물 없이 고기를 잡는 것이나 마찬가지이기 때문이다.[20] 진수의 『삼국지』에는 당시 조조가 얼마나 악전고투했는지 기록되어 있다.

'날씨는 춥고 땅은 얼어붙었으며 황량하여 인적이 없어 연속으로 200리를 행군해도 물은 구경조차 할 수 없었다. 남은 군량미도 거의 없어 조조는 말 수천 필을 죽여 양식으로 삼고 땅을 30여 장(丈)을 파서 물을 얻어야 했다.'

그럼에도 조조는 당시 중국으로 인식하지 않았던 오랑캐 땅의 오환을 정복하기 위해 총력을 기울였다. 조조가 오환을 공격하던 여정을 다시 한번 설명한다.

당시 오환은 요동, 서요하, 북평 지역(삼군)을 총괄하는 거대한 지역으로 본영은 유성에 있었고 탑돈이 이끌고 있었다. 원소를 격파한 조조군은

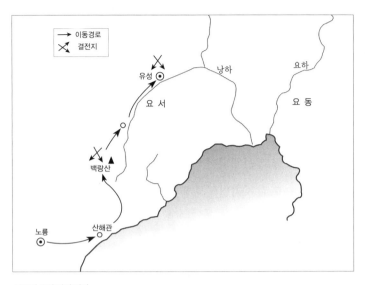

조조의 오환 정벌 여정

하북의 노룡(路隆)을 지나 북벌을 시작했으나 만리장성의 시발점인 산해
관(山海館)을 지나면서 큰 난관에 봉착한다. 산해관은 진시황대로부터의
전략적인 요충지로 소위 중국과 오랑캐의 접경지대이다. 왕망의 신나라
이후 200여 년 동안 중국인이 접근조차 하지 않았던 지역으로 길이 험한
것은 물론 곳곳에 수로 등이 설치되어 있어 수비하는 데에는 천혜의 이점
을 갖고 있다. 중국 역사상 북방 기마민족이 중국을 공격하면 했지 중국
이 북방 기마민족을 공격할 엄두를 내기는 어려웠다. 그러나 조조는 험준
한 산이 나타나면 산을 넘고 수로가 나타나면 부교 등을 설치하는 방식으
로 장애물들을 극복하면서 진군했다. 또한 당시는 접근이 불가능하다고
여겼던 대능하(大凌河)를 통과하여 드디어 오랑캐 지역인 오환 구역으로
진입했다. 처음에 탑돈은 조조의 대군이 공격해온다고 하자 대수롭지 않

게 생각했다. 대능하를 통과한다는 것은 상식적으로 불가능하다고 여겼기 때문이다. 그런데 조조군이 유성의 서남쪽 200여 리 부근의 백랑산(白浪山)에 나타났다고 하자 놀라지 않을 수 없었다. 백랑산은 오환의 중추부, 즉 요동으로 진입하는 길목으로 반드시 지켜야 하는 요충지였다. 탑돈은 서둘러 백랑산에 진지를 구축했다. 그러나 조조는 오환군이 진지를 완전히 구축하지 않고 산개되어 있는 것을 파악하고 야간에 급습했다. 탑돈은 조조의 야습으로 지리멸렬하게 후퇴하다가 조조군의 맹추격으로 말을 탄 채 목이 잘려 전사했다. 조조군은 곧바로 여세를 몰아 오환의 근거지인 유성까지 진격하였는데 이곳에서 오환의 항거는 그야말로 격심했다. 그러나 조조는 수많은 사상자를 내면서도 결국 점령에 성공했다. 그 당시 조조에 항복한 오환인은 무려 20여만 명에 달했으며 치열했던 두 전투를 중국 역사에서는 '백랑산 전투'와 '유성 전투'라고 부른다.

중국의 사가들이 조조의 오환 정벌을 중요시하는 것은 위나라가 오환의 3군을 점령했다는 의미보다 그동안 줄기차게 중국의 골칫거리였던 동북방 흉노 지역의 일부를 중국의 영토로 확보했기 때문이다. 진시황제조차 접근하지 않으려 한 땅이 중국 영토가 된 것이다. 더구나 조조가 항복한 오환돌기를 활용하여 당대의 패자가 된 것은 물론 위나라를 거쳐 진나라로 이어지는 사마소가 삼국을 통일하는 데 결정적인 계기가 된다. 중국에서 조조의 오환 정벌이 얼마나 중요시되는지는 마오쩌둥이 지은 「낭도사(浪淘沙)」의 시로도 알 수 있다.

  '천여 년이 지나서
  위 무왕(조조)이 채찍을 휘둘러

동쪽 갈석*에 유적을 남겼는데

가을 소실 바람이 다시 불고 있으니

사람이 바뀌었구나.' 21)

　이렇듯 조조가 오환을 정벌한 것은 추후 중국의 판도를 바꾸는 중요한 사건이 되는데, 이는 오환의 기본전력인 기마부대의 영향력이 당대에 그만큼 컸기 때문이다. 조조의 오환 정벌을 기점으로 비로소 중국도 자체적인 기마부대를 확보하는 전술을 사용하기 시작했다. 이것은 제갈량이 남만을 정벌하지 않을 수 없었던 근본이유도 되는데, 이는 제10장에서 자세히 설명한다.

---

* 산해관 인근으로 고조선의 근거 또는 국경으로 인식한다.

중국 삼국시대의 강자 고구려

중국에서 삼국 간의 각축이 치열하게 벌어지던 220년, 조비가 후한을 멸하고 위나라를 세운다. 이듬해 유비가 촉나라를 세웠고, 오나라의 손권은 그 다음 해인 222년 오왕이 된다. 이 와중에서 공손강의 아들 공손연은 위나라와 오나라 간의 대립을 이용하여 서기 237년에 자립, 국호를 연이라 칭한다. 이때 위나라의 왕은 조조의 아들 조비였다.

조비는 관구검을 유주자사로 임명하여 공손연을 공격케 했으나 쉽게 승부가 나지 않자 238년 제갈량의 숙적이자 위나라 최고의 전략가인 태부 사마의를 파견하여 공손 세력을 멸망시켰다. 사마의가 공손연을 격파할 수 있었던 것은 고구려의 동천왕이 주부와 대가로 하여금 수천 명을 이끌고 사마의를 지원토록 했기 때문이다. 위는 고구려에게 지원군을 요청할 때 연나라를 멸망시키면 영토를 분할하자고 했다. 그러나 연나라가 멸망하자 당초의 약속을 지키지 않은 것은 물론 고구려가 차지한 지역까지도 내놓으라고 요구했다.

동천왕은 이들의 배신을 응징하기 위해 239년부터 240년 사이에 요동군의 북부와 남부에 대한 공격을 감행했다. 242년에는 요동군 서안평 현에 다시 진격하여 현성을 함락시켰다. 서안평이 어디인가는 두 가지 의견이 있다. 첫째는 현재의 신의주 바로 건너편인 요녕성 단동현 구련성공사 첨고성(尖古城) 부근이다. 이곳은 북한과 요동을 이어주는 길목으로 지금도 이곳을 따라 심양과 장춘으로 연결되는 철도가 놓여 있을 정도로 중국에게는 중요한 요충지이다. 둘째는 요하 인근으로 현재도 서안평이라는 지명이 있는 부근이다. 학자들에 따라 이론이 있지만 요하 인근이 신의주 북방보다 합리적이라는 의견이 많다.

동천왕에 의해 중국의 길목을 점령당한 위나라는 곧바로 관구검으로 하여금 즉시 반격하여 고구려 정벌에 나서도록 했다. 현도태수 왕기와 선비족 계통으로 앞에서 설명한 흉노 계열의 오환 병력도 그에 합세했다. 이들에 대항하여 동천왕은 철기군(개마무사)

5000명을 포함하여 2만 명의 대군을 동원했다.

고구려의 1차 저지선은 양맥 지방이었는데 관구검의 군대는 이곳을 쉽게 통과한 후 비류수(혼강 상류)에서 고구려군과 대치했다. 그러나 지형지물을 적절하게 이용하는 고구려군에게 대패하여 3000여 명의 사망자를 내고 오던 길로 후퇴했다. 고구려군은 위군을 추격하여 양맥 골짜기에서 다시 위군 3000여 명을 섬멸한 뒤 계속 추격했다. 이때 고구려로서는 천추의 한이 될 대악수가 두어졌다. 동천왕이 위군의 추격에만 급급하여 철기군 5000명만 데리고 쫓아가다가 위군의 역습을 당해 대패한 것이다. 원래 대오를 잃고 마구잡이로 도망치는 군대를 섬멸하는 것은 기병의 몫이지만 기병이 단독으로 보병진지에 정면돌격한다면 상황이 어떻든 항상 위험해진다는 것이 전투의 기본상식이다. 그런데 동천왕은 위군이 궤멸 직전이라 판단하고 기병만으로 추격에 앞장섰다가 위군의 역습을 받고 만 것이다. 고구려의 철기병은 구성요원 자체가 고구려의 상층부 인원으로 고구려의 주력부대라고 볼 수 있으므로 이 패배는 고구려로서는 치명적이었다. 다행한 것은 관구검도 고구려를 더 이상 공격하지 않고 철수했다는 점이었다.

그러나 관구검은 다음해 10월 군사를 재정비한 후 또 다시 공격해왔다. 이때 고구려의 수도인 국내성이 점령되고 동천왕은 국가 지도부만 데리고 곧바로 함경도 산맥 지역인 옥저로 피신한다. 고구려의 운명은 풍전등화였다. 승세를 잡은 관구검은 고구려를 완전히 멸망시킬 기회라고 판단하고 현도태수 왕기를 시켜 동천왕을 추격케 했다. 왕기의 추적은 집요하여 드디어 동천왕은 황초령 부근으로 추정되는 곳에서 왕기의 한 부대에게 포착되었다. 공격을 받은 고구려군은 산산이 흩어졌는데 동부 출신 밀우가 결사대를 이끌고 돌진하여 적을 저지한다. 덕분에 동천왕은 고개를 넘어 도주할 수 있었다. 패잔병을 수습하여 진형을 갖춘 동천왕은 특공대를 보내 부상을 입고 적진 속에 쓰러져 있던 밀우를 구출했다. 동천왕이 결코 장병들을 헛되게 죽이지 않는다는 것을 보여주자 장병들의 사기는 충천했다. 이때 고구려의 유유가 계교를 냈다. 유유는 음식을 준비하여 적장을 찾아가 항복의사를 밝혔다. 이 정황은 『삼국사기』에 다음과 같이 적혀 있다.

"우리 임금이 대국에 죄를 짓고 바닷가로 도망하여왔으나 어찌할 수 없어 곧 진전에 항복하여 죽음을 사구(司寇, 법관)에 맡기려 하여, 먼저 소신(小臣)에게 변변치 못한 물건을 보내 군사들을 대접하도록 하셨습니다."

적장이 유유의 항복을 진심으로 믿고 그를 맞이하자 유유는 음식을 꺼내면서 그릇 속에 감추었던 단검을 꺼내 적장을 찔러 죽이고 자신도 그 자리에서 자결했다. 지휘관을 잃은 현도군은 후퇴했고 동천왕은 포위를 벗어날 수 있었다. 왕기는 그 뒤에도 동천왕을 계속 추격했지만 숙신 땅의 경계(간도 지방으로 추정됨)에서 회군했다. 왕기가 철수하자 동천왕은 수도로 귀환했으나 고구려의 근거지인 국내성과 그 일대는 크게 파손된 상태였다. 새 근거지를 위해 동천왕은 평양을 개발·확대했는데 이것이 나중에 평양이 고구려의 수도로 성장하는 계기가 되었다.

위나라는 259년에도 울지해로 하여금 고구려를 치게 했지만 양맥 골짜기에서 고구려 5000 기병의 공격을 받아 8000여 명이 살해되는 등 대패한다. 이와 같이 고구려가 위나라와 쫓고 쫓기는 혈투를 계속했다는 것은 고구려가 동북 지역에서 중국과 대등한 제국으로 성장했다는 것을 의미한다.[22]

제갈량은 왜
남만(南蠻)을
공격했을까?

三國
志

三國志

『삼국지』의 약 3분의 1은 중국인과 소위 오랑캐와의 싸움으로 채워져 있다. 앞서 설명한 위나라와 연나라의 전투도 큰 틀에서 오랑캐와의 전투라고 볼 수 있으며 이제부터 이야기할 남만(南蠻)의 맹획과의 전투도 오랑캐와의 전투임이 분명하다. 『삼국지』가 오랑캐의 이야기를 많이 다루고 있는 이유는 간단하다. 당대의 패권을 잡기 위해 부단히 오랑캐와 전투를 하였고 또한 오랑캐만이 갖고 있는 여러 가지 특성이 『삼국지』에서 중요한 역할을 하기 때문이다.

그런데 매우 의아한 것은 천하의 작전가로 알려진 제갈량의 매우 이상한 원정을 『삼국지』에서 대단히 길게 설명했다는 점이다. 『삼국지』에서 제갈량은 남만의 왕인 맹획을 7번 사로잡은 후 7번 풀어주는 소위 '칠종칠금(七縱七擒)'의 아량을 베푼다. 술래잡기와도 같은 싸움에서 제갈량은 맹획을 잡을 때마다 그를 풀어주었고, 결국 맹획은 제갈량의 신출귀몰하는 재주와 아량에 감복하여 마음으로 촉나라에 복종했다고 전해진다.

그런데 『삼국지』의 전반에 흐르는 전투 상황을 볼 때 제갈량의 행동은 이해하기 힘들다. 당대의 전투공식에 의하면 패자를 죽이거나 살리는 것은 승리자의 몫이며 패배자가 갖고 있던 영토는 승리자가 흡수하는 것이 당연한 수순이다. 제갈량의 칠종칠금으로 맹획이 마음에서 우러나는 복종을 하게 됐다고는 하나 그 과정에서 수많은 병사가 희생되어야 했다. 제갈량의 촉나라 군사는 습지와 열대우림을 돌파하는 과정에서 악전고투를 거듭하며 엄청난 희생을 치러야 했다. 만두(饅頭)가 만들어진 이유도 습지를 지나며 사람을 희생물로 삼지 않기 위해 만든 고육지계이다. 그럼에도 제갈량은 남만을 공격하면서 생긴 엄청난 피해까지 감수하고 맹획에게 다시는 반란하지 말라고 다독거리며 철수했다. 그야말로 당대의 전략가인 제갈량이 밑지는 장사를 했다는 이야기다. 지략가로 소문난 제갈량이 왜 그런 손해를 감수한 것일까?

악전고투하는 남만 정벌

『삼국지』에는 제갈량이 남만을 공격하는 이유를 다음과 같이 적었다. 제갈량이 남만 원정을 떠나겠다고하자 '읍참마속(泣斬馬謖)'으로 유명한 마속이 제갈량에게 말한다.

"남만은 중원과 거리가 멀고 산천이 험하므로 항상 마음으로 복종하지 않은지 오래입니다. 비록 오늘 승리를 거두어도 내일 또다시 반발할 것입니다. 승상의 대군이 나서면 평정이 되기는 하되 만약 군사를 돌려 북벌에 나간다면 곧바로 반발할 겁니다. 무릇 용병하는 법은 공심(公心)이 상공(上攻)법이고 공성(攻城)은 하계입니다. 그러므로 심전(心戰)이 상승이요 병전(兵典)은 하책입니다. 승상께서는 마음으로 복종하도록 하십시오."

제갈량은 마속의 건의를 받아들여 맹획을 7번이나 잡았음에도 그를 죽이지 않고 7번 풀어주었다. 마음으로 복종케 하기 위해서였다. 진수의 『삼국지』 「제갈량전」에는 이 사건을 다음과 같이 간략하게 적었다.

'제갈량은 군대를 인솔하여 남쪽으로 정벌을 나서 이해 가을, 전부 평정시켰다.'

그야말로 간단하기 짝이 없는 설명인데 『삼국지』에는 남만의 맹획이 건령태수 옹개와 연합하여 10만 명의 병사를 움직여 국경을 침입했다고 설명한다. 그러나 제갈량의 침입을 받은 맹획의 이야기는 이와 다르다. 그는 첫 번째 포로가 되었을 때 제갈량에게 다음과 같이 대든다.

"나는 대대로 이곳에 살아온 사람이다. 너희들이 무례하게 내 땅을 침범했으면서 오히려 나더러 배반했다고 하느냐."

위의 내용 중 어느 설명이 옳은지는 불분명하나 옹개가 반란을 일으켰다고 해도 제갈량이 맹획까지 공격한 것은 의아한 일이다. 맹획의 이야기처럼 제갈량이 자기 땅을 침공했다면 이에 대항하는 것은 자연스러운 일이다. 게다가 『삼국지』에도 묘사되었다시피 남만 지역은 불모지지(不毛之地)인데다 장기(瘴氣, 충토병)와 역질(疫疾, 천연두)이 유행하는 곳이므로 제갈량에게 남방 원정은 불가능한 일이었다. 그럼에도 『삼국지』의 기록에 의하면 제갈량은 무려 50만 명을 동원했고 예상대로 남만의 기후 등으로 그야말로 악전고투한다. 노수(瀘水) 하류를 건너다가 독기 때문에 상당히 많

붙잡힌 맹획. 그의 입장에서 보면 제갈량은 침략자와 다를 바 없었다. 그러나 제갈량은 맹획을 잡을 때마다 놓아준다. 이른바 칠종칠금이다.

은 장병들이 희생되었고 나는 새, 기는 짐승도 살 수 없다는 독천(毒泉)에서도 많은 군사를 잃는다. 맹획의 영토를 병합하려는 의도도 아니고 오로지 맹획을 마음으로 복종시키기 위해 이와 같이 엄청난 희생을 치렀다는 것은 비상식적인 일이다. 실제로 장사 비위가 점령한 남만의 땅에 한인(漢人) 관리를 두어 통치하자고 하자 제갈량은 다음과 같이 이야기한다.

"나도 그와 같은 생각을 했는데 세 가지 문제가 있소. 첫째 한인의 관리를 둔다면 군대가 주둔해야 하며, 둘째 이번 원정에 만인(蠻人)이 많이 죽었으므로 이들이 군대를 공격할 것이며, 마지막으로 만인은 항상 폐살(廢殺)하는 일이 많으니 서로 의심한다면 문제가 생기오. 그러므로 관리와 군대를 두지 않는 것은 서로 간섭하지 않고 무사하도록 하자는 것이오."

제갈량이 퇴각할 때도 문제가 생긴다. 물속에 있는 창신(猖神, 원귀가 된 미친 귀신) 때문에 배를 탈 수 없게 되자 맹획은 제사를 지내라고 조언한다. 제사에는 49명의 머리와 흑소(黑牛), 흰양(白羊)이 필요했다. 제갈량은 전쟁이 겨우 끝났는데 사람을 죽일 수 없다며 유명한 만두를 만들게 한다. 『삼국지』에는 소와 말을 잡아서 면(麵)으로 고기를 반죽해 만든 사람의 머리를 만두라고 했다. 제갈량이 만두를 만들어 제사 지내며 노수에 뿌리자 노수가 잔잔해져 제갈량의 군이 무사히 강을 건널 수 있었다고 한다. 송나라의 고승은 『사물기원(事物紀原)』에서 보다 구체적으로 이 당시의 정황을 적었다. 당시 남만 지역에는 사람의 목을 잘라 제사를 지내는 풍습이 있었으므로 제갈량이 이를 금지하고 양고기와 돼지고기를 밀가루로 싼 다음 사람의 머리 모양으로 만들어 제사를 지냈더니 귀신이 속아 넘어가

제갈량의 남만 정벌을 그린 청대의 연화. 제갈량은 맹획과 술래잡기에 가까운 일진일퇴를 일곱 번이나 반복하는 동안 수많은 병사를 잃어야 했다.

군대를 지나가게 했다는 것이다.[1] 이는 제갈량이 만두를 만들어야 할 정도로 남만 정벌에서 악전고투했다는 뜻인데 중국 역사학자들은 제갈량의 남만 정벌에 대해 다음과 같은 의구심을 제기한다.

'제갈량이 남만을 정복한 일은 당시의 전설로서 과대포장된 점이 있다. 예를 들면 맹획이 일곱 번 풀려났다가 일곱 번 사로잡혔다는 칠종칠금(七縱七擒) 고사는 사리에도 맞지 않는다.'[2]

사실 『삼국지』에는 나관중에 의해 역사적으로 가필된 장면이 여럿 등장한다. 그 중에서도 가장 심한 예로 거론되는 것 중에 하나가 제갈량의 남만 정벌이다. 『삼국지』에 의하면 제갈량과 맹획의 술래잡기과정은 다음과 같다.

'첫 번째는 위연에게 생포되고 두 번째는 자신의 부장인 동도나와 각 부장의 추장들에게 잡혀 제갈량에게 끌려간다. 세 번째는 마초의 사촌동생인 마대의 꾐에 빠져 붙잡혔으며 네 번째는 제갈량과 좁은 길에서 맞닥뜨렸다가 함정에 빠졌다. 다섯 번째는 연회가 벌어지는 도중 사로잡혔고 여섯 번째는 맹획이 체포된 것처럼 위장하여 거짓투항한 후 제갈량을 죽이려다 실패했고 마지막으로 역시 마대에게 생포되었다. 이에 비로소 맹획이 "일곱 번 잡았다가 일곱 번 놓아준 예가 자고로 없습니다. 제가 비록 오랑캐이지만 예의가 무엇인지 잘 알고 있습니다. 승상의 하늘같은 위엄에 우리 남쪽 사람들은 절대 배반하지 않을 겁니다"라고 무릎 꿇고 사죄했다.'[3]

문제는 '칠종칠금'의 주인공인 옹개와 맹획의 인물설정이 완전히 변형됐다는 데 있다. 만약 현대에 출판되었다면 옹개와 맹획이 명예훼손죄로 나관중을 고발했을 것이 틀림없다. 옹개는 삼국시대 익주군(益州郡, 현재 운남성 일대)의 지방 호족으로 유비 편에 섰다가 유비가 사망하자 촉에서 임명한 태수 정앙을 죽이고 오나라에 항복해 손권이 임명한 영창태수가 된 사람이다. 또한 225년 제갈량이 남방 정벌에 나서서 진군 중일 때 부하에게 피살되었으므로 사실상 제갈량과는 관련이 없다. 그럼에도 『삼국지』에서는 건녕태수로 변형되어 맹획과 손잡는 반란의 주도자로 나온다. 맹획도 억울하기는 마찬가지이다. 그는 원래 초나라의 익주군 사람으로 한나라 사람과 인근의 소수민족들로부터 신망을 얻고 있었는데 223년 태수 옹개가 오나라에 항복할 때 함께 투항했다. 제갈량에 의해 포로가 된 그는 다시 촉나라에 투항하며 어사중승 벼슬을 했다. 그러나 『삼국지』에서는 남만의 왕으로 변형되어 제갈량과 7번이나 맞서다 번번이 살아나는 장군으로 나온다. 맹획은 『삼국지』에서 제갈량을 높이기 위해 철저하게 각색된 것이다.[4]

각색이 아니라 해도 의문은 남는다. 대체 제갈량은 왜 악전고투를 감수하며 남만 정벌에 나선 것일까? 촉나라가 북쪽의 위나라와 동쪽의 오나라와 전투를 벌이기 위해서는 남쪽 대문을 철저하게 방비해 두어야 한다는 것은 전략을 잘 모르는 사람들도 잘 알 정도로 상식적인 문제이다. 하지만 촉의 남쪽에 있는 남만은 기후와 지형이 달라 함부로 정벌할 수도 없었다. 설령 정벌하더라도 제갈량의 이야기처럼 통치하는 것도 역시 만만하지 않았다. 그러므로 두고두고 속을 썩일지도 모르는 남만을 정벌한다는 것은 그에 상응하는 이유가 있어야 한다.

일반적으로 대대적인 군사력을 동원하여 인근 국가를 복속시키려는 이유는 대체로 정복된 피지배자들을 활용하여 노예 또는 병사 등 전력을 충당하는 데 있다. 그런데 포로가 된 사람들에게 승품을 제공해야 하는 것은 물론 반란이나 탈출을 방지하기 위해 항상 감시해야 한다. 한마디로 관리비용이 많이 들게 된다. 그럼에도 전쟁에 패배한 사람들을 승자가 곧바로 죽이지 않는 것은 살려두는 것이 도움이 된다고 생각하기 때문이다. 전쟁의 승자가 패배한 사람들을 활용하는 방법 중 가장 많이 사용되는 것은 전쟁이 일어났을 때 선봉대로 투입, 화살받이와 같은 소모품으로 활용하는 것이다. 그런데 이런 경우도 아군의 피해가 없이 포로로 삼을 수 있는 경우에 한한다. 그러나 남만과 같이 오지 중에 오지의 인력을 활용하기 위해 막대한 희생을 감수하면서 대대적인 군사력을 동원했다는 것은 아무래도 설득력이 부족하다. 제갈량에게는 남만을 반드시 공격해야 할 또 다른 이유가 있었다.

오랑캐의 무기가 필요하다

『삼국지』에는 오랑캐의 습속이나 장기들이 많이 등장한다. 기마술, 각궁, 동복 등도 그 중 하나다. 특히 기마술은 고대 전투에서 결정적인 역할을 했다. 조조가 위험을 무릅쓰고 오환을 정벌하고 유비군에 서량의 마초가 합류한 것은 모두 기마부대 운용 때문이었다.

서량태수 마등의 아들 마초가 유비에게 항복하기 전, 제갈량의 지휘 하에 움직이는 유비의 장군 위연과 마초의 동생 마대가 격돌한 적이 있다.

'위연과 마대가 어우러져 싸운 지 10여 합, 마대는 위연의 무예를 당할 수 없다는 듯 급히 말 머리를 돌려 달아났다. 위연이 급히 마대를 쫓았는데 홀연 몸을 피해 달아나던 마대가 급히 몸을 돌리며 활에 살을 메겨 위연의 왼편 팔뚝을 맞혔다.'

마대가 말을 타고 몸을 돌려 화살을 쏘았던 방법을 파르티안 기사법이라고 하는데 아마도 한국인이라면 모르는 사람이 없을 것이다. 고구려 고분인 무용총의 벽화를 보면 무사가 말을 달리면서 뒤로 몸을 틀어 각궁의 줄을 귀까지 당기고 짐승을 겨누어 쏘는 그림에 있다. 이 방식이 파르티안 기사법이다. 이런 자세는 경주에서 발견된 수렵문전(狩獵紋塼)에도 보이는데 이 파르티안 기사법은 기본적으로 북방 기마민족의 전형적인 고급 기마궁술이다. 이와 같은 기사법은 말만 잘 타면 되는 것이 아니다. 활

고구려 덕흥리 고분벽화. 과녁을 겨눈 채 말을 달려나가는 왼쪽 무인은 완전한 형태의 파르티안 기사법을
구사하고 있다.

이 몸을 돌려 뒤로 쏘기에 적합(만궁)해야 하고 또한 몸을 뒤로 돌릴 때 몸
이 흔들리지 않도록 하는 버팀대(등자)가 있어야 한다. 고구려 덕흥리 고
분벽화에는 사법을 연습하는 그림이 현실(玄室) 서쪽 벽에 그려져 있는데
이 그림에서도 과녁을 겨눈 채 말을 달려나가는 왼쪽 무인은 완전한 형태
의 파르티안 기사법을 구사하고 있다.

　파르티안 기사법이 개발된 것은 말 타고 활을 쏠 때의 문제점을 개선하
기 위해서다. 활을 앞으로 쏘려면 말 머리의 방해로 시야에 사각지대가
생긴다. 그러므로 말을 타고 사격할 때는 목표를 측면에서 뒤로 가도록
하고 쏘는 것이 시야도 넓고 효율적이다. 신체 구조상으로도 앞으로 쏘기

보다 뒤로 돌아 쏘는 경우가 사격 자세도 안정적이어서 명중률이 높다. 이 기술 덕분에 기사는 말을 타고 달리면서 360도 중 어느 방향으로든 화살을 날릴 수 있었다.

파르티안 기사법은 일반적으로 등자라는 획기적인 마구(馬具, 말갖춤)가 있기 때문에 가능해졌다. 마구는 모두 세 가지로 구성되어 있다. 첫째, 사람이 말 등에 올라앉기 위한 안장, 발을 딛는 등자, 말 다래 그리고 그것을 장착하는 말 띠와 띠고리이다. 둘째는 말을 다루기 위한 자갈·굴레·고삐 등이며, 셋째로 이들 기구들의 장식으로 행엽(杏葉)·운주(雲珠)·방울이 있다. 마구 중 가장 먼저 나타난 것이 말 자갈이고 가장 늦게 나타난 것은 등자이다.[5] 등자란 장시간 말을 탔을 때 생기는 다리의 피로감을 예방하기 위해 발을 받쳐주는 가죽 밴드나 발주머니를 의미한다. 등자가 발명되기 전에 말 등에 올라탄 기수는 자리가 불안정하므로 허벅지와 발로 말의 몸통을 꽉 조여서 떨어지지 않도록 힘을 주고 있어야 한다. 이래서는 노련한 기병조차 한두 시간만 말을 타고 달리면 엉덩이와 사타구니에 온통 멍과 물집이 생기기 마련이다. 또한 등자가 없는 경우 혼자 말에 오르기조차 어려우므로 기수는 다른 사람의 허리를 밟고 올라가거나 다른 사람의 부축을 받아야 했다. 상황이 시시각각으로 변하는 전쟁터에서 말 타는 것조차 어려웠으니 말의 효용은 단지 이동에만 있었다. 그러나 등자가 등장하면서 말의 역할이 대폭 늘어났다.

등자가 어떤 경로로 유럽까지 보급되었는지는 정확하게 알려지지 않았지만 대체로 7~8세기경 중앙아시아의 유목민들을 통해 전파되었다고 추정한다. 서유럽에서 기원 8세기경까지 유럽의 장수들이 말을 탄 이유는 전투장으로 가기 위한 것이다. 그들은 전장에 말을 타고 가서는 특별한 경우가 아닌 한 말에서 내려 전투에 참여했다. 그러므로 8세기 전에 기마병들이 말을 타고 공격하는 영화의 장면들은 모두 허구라 볼 수 있다.[6] 등자가 개발되자 기수는 안장에 단단하게 앉아 등자에 다리를 고정시킴으로서 달리는 중에도 상체를 자유자재로 움직일 수 있게 되었다.

삼국의 실상을 정확하게 파악하고 있던 제갈량도 당대의 전투에서 차지하는 기마무사의 중요성을 누구보다 잘 알고 있었다. 『삼국지』에서 수없이 벌어진 전투 중 적벽대전과 같은 수전, 관도대전과 같은 공성전 등을 제외하면 거의 전부가 보병과 기병의 전투였다. 특히 당대에 잠시라도 패권을 잡았던 동탁, 공손찬, 원소 등 모두 기마무사를 주력으로 삼았다.

『삼국지』를 보면 촉·오나라는 대체로 위나라와 유사한 장비를 동원하여 혈투를 벌였다. 그러나 기본적으로 북방 기마민족과 연결되어 있는 위와는 달리 촉과 오가 기동력 있는 기마부대를 확보하는 것은 간단한 일이 아니었다. 또한 촉과 오의 상황도 다소 달랐다. 엄밀한 의미에서 오나라는 지형상 수군이라는 강력한 무기를 갖고 있으므로 위와 촉에 대항할 수 있는 전투상의 장점을 갖고 있었다. 제갈량의 입장에서 보았을 때 위와 오를 제압할 수 있는 방법은 위와 같은 기마부대를 확보하는 것이었다.

당시 기마부대를 확보하는 방법은 두 가지였다. 자신이 직접 기마부대를 운용하는 것과 용병을 이용하는 것이다. 위나라의 경우 오환 등 북방 기마민족과 연접해 있으므로 어떠한 방법으로든 이들을 활용하는 것은 어려운 일이 아니었다. 또 전통적으로 중국은 흉노를 비롯하여 선비, 오환을 외인부대로 활용했다. 당대 강력한 전력을 자랑하던 위나라를 격파하기 위해 총력을 기울인 제갈량으로서는 기마부대가 빼놓을 수 없는 필수요소였다. 제갈량은 유명한 비군(飛軍)을 운용했는데 이는 기마궁수부대를 의미한다. 학자들은 제갈량이 기마부대를 확보할 수 있었던 것은 촉 진영에 서량의 마초 등이 합류했기 때문으로 추정한다.[7] 문제는 기마부대가 말만 있다고 해서 운용되는 것이 아니라는 점이다. 기마무사가 파르티안 기사법으로 화살을 쏘려면 중국의 한(漢)족이 기본적으로 사용하던 한식 활과는 분명히 다른 활을 사용해야 했다. 일반궁수들이

파르티안 기사법을 형상화한 고분 출토품. 말을 달리며 활을 쏘기 위해 고안된 파르티안 기사법은 북방 기마민족의 고급기술이었다.

사용하는 활은 기마부대에서 사용하는 것과 완전히 달랐기 때문이다.

비장의 무기 만궁

등자가 마련된 말을 타면서 흔들림 없이 뒤로 몸을 돌릴 수 있다고 하더라도 그 자세에서 화살을 날리려면 적당한 활이 있어야 한다. 활은 모양에 따라 직궁(直弓)과 만궁(彎弓)으로 구분된다. 직궁은 탄력이 좋은 나무를 적당한 길이로 잘라 양쪽에 줄을 걸어 약간 휘게 만든 단순한 형태의 활이다. 이에 비해 만궁은 활줄을 걸치지 않을 경우 보통 활이 휘는 방향과는 반대로 뒤집어져 휘게 된다. 활줄을 풀었을 때 만궁이 뒤집어져 휘는 각도는 활에 따라 다른데 한국의 전통 활인 '국궁'은 그 휘는 정도가 만궁 중에서도 가장 심하여 활줄을 풀었을 때 거의 완전한 원을 이룬다.

이런 만궁을 누가 처음으로 사용했는지에 대해서는 아직 정확하게 조사돼 있지 않지만 일반적으로 한국인의 조상인 예맥인으로 추정되고 있다. 고대 중국인들이 예맥인을 부르는 호칭인 동이(東夷)의 '이(夷)' 자는 '큰 대(大)' 자에 '활 궁(弓)' 자를 연결한 것으로 '사람이 활을 쏘는 모습'으로 설명되기도 한다. 활에 관한 고대 한국인들의 기술이 대단했다는 것은 중국 측의 사서를 보아도 알 수 있다.

『후한서』: 고구려의 별종이 소수(小水) 유역에 나라를 세웠으므로 소수맥(小水貊)이라 하였다. 그곳에서는 좋은 활이 생산되는데 이른바 맥궁이다.

『진서』: 돌로 만든 살촉과 가죽과 뼈로 만든 갑옷, 석 자 다섯 치의 단궁과 한 자 몇 치쯤 되는 길이의 고시가 있다. 그 나라의 동북쪽에 있는 산에서 산출되는 돌은 쇠를 자를 만큼 날카로운데 (그 돌을) 채취하려면 반드시 먼저 신에게 기도해야 한다. 주(周) 무왕 때 그 고시와 석노를 바쳤다.

진수의 『삼국지』「위지동이전」에도 활과 화살에 대한 기록이 있다.

① 부여: 활·화살·칼·창을 병기로 삼고 집집마다 갑옷과 휴대 가능한 무기를 갖추고 있다.

② 고구려: 고구려의 다른 성이 작은 물에 의지하여 나라를 세우고 그 이름을 소수맥이라 하였다. 소수맥은 좋은 활을 생산했는데, 이른바 '맥궁'이 그것이다.

③ 읍루: 그곳 사람들은 활쏘기에 뛰어나 사람을 쏠 때에는 모두 눈을 적중시킨다. 화살에는 독이 칠해져 있기 때문에 적중되면 모두 죽는다.

④ 예: 낙랑의 단궁(檀弓)이라 불리는 활은 이 땅에서 생산 된다.

⑤ 진한: 진한은 국명을 방(邦)이라 하고 궁(弓)을 호(狐)라 부른다.

『진서』에는 '고구려는 부견이 즉위하자 사신을 파견하여 낙랑단궁을 보냈다' 라는 기록이 있다. 여기에서 낙랑단궁은 맥궁과 같은 것으로 추정된다. 당시 중국인들이 말하던 낙랑은 한사군 중 낙랑군이 있던 곳을 뜻하는 것이 아니라 한반도 전체를 가리킨다.

군수물자가 필요하다

활은 일반적으로 단순궁, 강화궁, 합성궁으로 나뉜다. 나무 등의 단일소재로 만든 활을 단순궁이라고 하며 활채를 나무껍질이나 힘줄 등으로 감아 보강한 것을 강화궁, 여러 가지 재료를 사용하여 활채의 탄력을 극대화시킨 것을 합성궁이라고 한다.

한국의 활은 합성궁에 해당되는데 특히 활채가 활시위를 묶는 고자 부분에서 한 번 더 휘는 이중만곡궁의 일종이다. 기본적으로 조선 각궁의 재료는 물소뿔, 산뽕나무, 대나무, 소 힘줄, 벚나무 껍질 등이며 이들 재료를 밀어 부레풀을 이용하여 접합한 후 활을 만든다. 이런 활이 위력을 발휘하는 것은 궁력이 강할 뿐만 아니라 길이가 짧아 말 위에서 사격하는 데 매우 편리하기 때문이다. 한반도에서 가장 오래된 활 유물은 평양에서 출토된 뼈로 만든 고구려 활이며 고분 벽화에도 전형적인 이중 만곡궁이 그려져 있다. 각궁의 원형이 없으므로 정확하고 상세한 것은 알 수 없지만 한민족의 활이 얼마나 뛰어났는지에 대해서는 조선시대에 사용된 활로서도 알 수 있다. 조선 세조 4년(1458년)의 기록에 다음과 같은 글이 있다.

'병조에서 아뢰기를 "군사(軍士)로서 활 120근(斤)을 당기는 자를 가려서 만강대(彎强隊, 강궁을 당기는 자로 편성한 시위대)라 일컫고 행행(行幸)할 때에 시위(侍衛) 하게 하소서" 하니, 그대로 따랐다.'

활 120근(약 77킬로그램)을 당기는 사람을 만강대라는 시위대로 편성했다는 뜻인데 120근이라면 현대 양궁(약 11.3~20.4킬로그램)의 약 3~4배가량 된다. 그만큼 조선시대 활의 성능이 뛰어났다는 말도 되지만 활을 다루는 무인들의 솜씨 역시 대단했다는 것을 알 수 있다. 조선시대의 활은 그 용도에 따라서 전투용으로 사용되는 군궁(軍弓), 활쏘기 연습에 사용하는 평궁(平弓, 현재의 국궁), 의례에 사용하는 예궁(禮弓, 군궁과 동일한 재료로 활의 길이는 6척), 무과시험에 사용하는 육량궁(六兩弓, 무거운 화살인 육량시를 쏘는 활)로 나뉘는데, 이 중 군사용으로 사용되는 군궁은 이중만곡궁인 각궁으로 고대와 다름이 없을 것으로 추정한다.

각궁은 흑각(黑角), 수우각(水牛角) 등으로 불리는 물소뿔로 만드는 것이 특징이며 흑각궁(黑角弓)이라고도 부른다. 흰색이나 황색이 나는 물소뿔로 만든 것은 백각궁(白角弓), 황각궁(黃角弓)이라 불렀다. 각궁을 만들 때에는 물소뿔의 바깥쪽 한 면만 쓸 수 있고 뿔 2개로 활 한 자루를 만든다.

충남 민속박물관에 보관되어 있는 고종의 각궁. 물소뿔로 만든 각궁은 탄성이 좋아 위력이 강하고 길이가 짧아 말 위에서 쏘기에 적합하다.

때문에 각궁 제조에는 물소뿔이 대량으로 필요했다. 조선에는 물소가 없어 수입하는데 어려움이 많아 몇 차례 물소를 수입해서 남부 지방에서 키워보려고 했지만 기후가 맞지 않아 번번이 실패했다. 구하기 힘든 물소뿔을 활의 기본재료로 사용한 것은 물소뿔을 활채의 안쪽에 붙여서 당겼을 때 당시의 어떤 재료보다도 탄력이 좋고 오래 활용할 수 있었기 때문이다. 게다가 물소뿔은 가공하기도 좋고 활채의 한쪽 마디를 이음매 없이 댈 수 있을 정도로 길이가 길었다. 물론 각궁의 강력한 힘의 비밀이 반드시 물소뿔에만 있었던 것은 아니다. 민승기에 따르면 각궁은 활채의 바깥쪽에 소의 힘줄을 붙이는데 이 힘줄은 활을 당겼을 때 강한 인장력으로 활채를 당겨서 활이 부러지는 것을 막고 활의 복원력을 극대화시켜준다. 활채를 접합시키는 접착제로는 원래 소의 부산물로 얻어지는 아교가 사용되었다. 그러나 세종 전후로 민어의 부레로 만든 어교(魚膠)를 사용했다. 민어 부레풀은 접착력이 우수할 뿐만 아니라 다 마른 후에도 실리콘처럼 상당한 유연성을 유지하기 때문에 각기 다른 연신율(延伸率, 재료가 늘어나는 비율)을 가진 여러 종류의 재료를 접합시켰을 때에도 재료 간의 연신율 차이로 인한 힘의 손실이 거의 발생하지 않는다. 복합재료를 사용해서 만든 각궁이 활시위를 풀었을 때 재료 간에 풀림이 없이 완전히 반대 방향으로 휠 수 있는 것은 어교를 사용했기 때문에 가능한 것이다.

그러나 각궁에도 중요한 문제점이 있다. 물소뿔을 접착한 어교는 비가 오거나 기후가 습해지면 물을 먹어 녹아 풀어졌다. 따라서 비가 오거나 습할 때는 각궁을 사용할 수 없으며 무더운 여름철에는 활을 따뜻한 온돌방에 넣어서 보관해야 했다. 더구나 각궁은 제작하기가 매우 어려워 각궁 하나를 완성하는 데 최소한 5년 이상이나 걸렸다. 그럼에도 고구려 등 승마에 남다른 재주가 있는 기마병들이 이 같은 활을 사용한 것은 크기가 작아 다루기가 편리하고 위력이 대단했기 때문이다.

일반적으로 경기병이 사용하는 활은 매우 작다. 기병용은 보통 80센티미터(다 폈을 때의 길이이므로 실제로 사용할 때의 길이는 60센티미터)인데 위력은 사수의 힘에 따라 큰 차이가 나지만 가까운 거리에서는 갑옷도 뚫는다. 어떤 장수는 화살 한 발로 사람과 말과 안장을 함께 꿰뚫었다는 기록도 있다. 그런데 조선의 경우 물소뿔이 항상 부족했기 때문에 조금 변형된 활이 제작되었다. 후궁(帿弓)이 그것으로 이는 활 안쪽의 일부에만 물소뿔을 붙여서 만든 것이다. 물소뿔이 정 없으면 황소뿔도 사용했는데 이를 향각궁(鄕角弓)이라 한다. 그러나 향각궁은 흑각궁에 비해 위력이 떨어졌고 또한 자주 부러지기도 했다. 『만기요람』에는 흑각궁보다 향각궁이 약 30퍼센트 정도 저렴하다고 적혀 있다. 물소뿔 대신 사슴뿔을 이용한 녹각궁(鹿角弓)을 사용하기도 했다. 흑각궁은 온도와 습도를 조절해주어야 하므로 평소에 녹각궁을 사용하고 여름철에는 흑각궁 등을 사용했다. 녹각궁은 우천시에도 사용할 수 있었다. 사슴뿔은 긴 것 하나를 이음매 없이 사용했을 것으로 추측되므로 활시위를 풀었을 때 활채가 완전히 만곡되지 않았을 것이다.[8] 앞서 설명했듯이 흑각궁은 상황에 따라 사용에 제한이 있으므로 보조활도 있어야 했다. 하지만 기마무사의 기본무기는 어디까지나 흑각궁이다. 당연히 물소뿔을 어떻게 확보하느냐가 관건이 아닐 수 없다.

중국의 삼국시대도 이 같은 사정은 다르지 않다. 열대에 사는 동물인 물소가 초원지대에서 살았을 리는 만무하므로 물소뿔은 결국 태국이나 베트남, 중국 남부에서 수입하지 않으면 안 됐을 것이다. 기마민족의 필수 전투장비 제작에 꼭 필요한 물소뿔은 중요한 군수물자였으니 이를 확보하기 위해 상당한 노력을 기울이는 것은 당연한 일이다. 남만은 물소가 많은 곳이었다. 결국 제갈량으로서는 물소뿔을 확보의 보급원을 마련하기 위해서라도 위나라와의 대전에 앞서 남만을 먼저 정벌해야 했던 것이다.

물에 가라앉는 흑단

제갈량이 맹획을 3번 사로잡은 후 다시 풀어주자 맹획은 이를 분하게 여기고 다시 10여만 명의 만족들을 규합하여 제갈량을 공격할 채비를 한다. 제갈량이 맹획을 다시 사로잡을 수 있다면서 서이하(西洱河)로 갔는데, 물길은 급하지 않으나 배가 한 척도 없었다. 제갈량이 장병들로 하여금 인근에 있는 나무를 베어 뗏목을 만들어 강물에 띄우게 했으나 뗏목이 모두 물속에 가라앉았다. 결국 제갈량은 서이하 상류에 있는 대나무를 사용하여 죽교(竹橋)를 만들어 장병과 말들이 강을 건너게 한다.

여기에서 주목할 것은 나무로 만든 뗏목이 가라앉았다는 사실이다. 배를 나무로 만드는 이유는 나무가 물에 뜨기 때문인데 제갈량이 만들게 한 뗏목은 뜨지 않고 가라앉았다. 그 재료가 흑단이었기 때문이다. 흑단은 감나무과로 세계적으로 약 200여 종이 존재하는데 주로 아시아에 많이 분포해 있다. 인도, 스리랑카, 미얀마, 타이, 인도차이나, 말레이, 수마트라, 보르네오, 스라웨시 등이 주요 생산국가이다. 높이 30여 미터에 직경이 40센티미터까지 자라며. 수피(樹皮)는 일반적으로 얇고 색깔은 흑색, 녹흑색, 함호색, 암회갈색 등 흑색 계통으로 표피 내측에 흑색 띠가 있다. 내수피는 황색 또는 적색 계통이며 내측으로 있는 변재와 거의 같은 색이다. 목질은 변재, 심재의 색깔과 폭은 수종에 따라 차이가 있어 흑단, 청흑단, 호적단 등 여러 가지 종류가 있지만 대체로 흑단으로 통칭하는데 연마할 경우 광택이 난다. 흑단의 특징은 매우 무겁다는 점이다. 비중이 0.80~1.10정도이고 어떤 종류는 1.20이 넘기도 하여 물에 가라앉는다. 흑단의 사용도는 퍽 다양하다. 예로부터 고급가구를 만들었으며 흑단으로 만든 목검은 현재에도 최고로 친다.

흑단과 같이 단단한 목재의 또 다른 용도는 마차의 바퀴 제작이다. 사실상 고대 전투에서는 전차를 비롯한 마차의 역할이 매우 중요했다. 최초의 마차는 수메르인들이 발명했다고 하는데 그들은 4개의 튼튼한 바퀴 위에 네모난 상자형 차체를 얹은 육중한 차로 여러 마리 소나 오나거(야생나귀의 일종)를 매어 끌었다.

말이 끄는 전차는 기원전 1600년경에 출현했는데, 여기에는 마차를 만드는 획기적인 기술이 접목되었다. 기원전 2000년 전반기에 장인들은 열로 나무를 구부릴 수 있는 기술을 습득했다. 이 기술은 그동안 사용됐던 무거운 원반형 바퀴 대신에 살이 달린 바퀴의 사용을 가능하게 했다. 살이 달린 바퀴의 사용으로 마차 바퀴의 무게가 획기적으로 줄어들자 드디어 기동력을 가진 전차가 태어날 수 있었다. 상황에 따라 바퀴살에 가죽을 씌워 살이 부서지지 않도록 보호조치를 취했다.[9]

제갈량의 목우유마(木牛流馬)

전차는 춘추전국시대에 전쟁을 좌우할 정도로 중요했는데 한나라를 거쳐 삼국시대에 이르면 기병과 보병이 주력이 되면서 전투에서 퇴조했다. 대신 수송용으로서의 마차 활용도는 더욱 높아진다. 대규모 장병을 동원해야 하므로 이를 지원하기 위한 보급품 운반에 마차가 필수적이기 때문이다.

『삼국지』에서 제갈량은 군사병법가로서는 물론 신병기 개발에도 탁월한 재주를 보였는데 그 중에서도 유명한 것이 목우유마이다. 군수품을 운반하기 위해 만든 목우유마는 기동력이 좋아 현대의 로봇보다도 뛰어났다는 설명이 있다. 『삼국지』는 목우유마의 구조에 대해 매우 자세하게 적고 있는데 간략하게 설명하면 다음과 같다.

'목우는 배가 네모지고 머리가 구부러져 있으며 다리 하나에 발이 네 개 달려 있다. 머리는 목에서부터 나오고 혀는 배 쪽에 있다. 물건을 많이 실을 수 있으나 걸음은 느리다. 따라서 대량수송에는 사용이 가능했지만 소량운반에는 적절치 않았다. (……) 목우는 한 쌍의 원(轅, 수레 앞쪽 양옆에 대는 긴 채)을 바라보고 있으며 사람이 가면 6자리를 목우는 4걸음에 간다. 한 번에 1년치 식량을 싣고 하루 20리를 간다. (……) 유마의 갈빗대의 길이는 3자5치, 너비는 3치이며 두께는 2치3푼으로 좌우가 같다. 앞 축에 있는 두 개의 검은 구멍에서 머리

적벽공원에 있는 목우유마 조각상. 「삼국지」에 등장한 제갈량의 목우유마는 이런 모양이 아니라 바퀴가 하나달린 독특한 수레로 추정된다. 그러나 실물이 없고 기록된 문자가 난해해 정확한 고증이 불가능하다.

까지는 4치이며 지름은 2치이다. 앞다리에는 2치쯤 되는 두 개의 검은 구멍이 있는데 그곳에서 앞 축 구멍까지 4치5푼이며 너비는 1치다.'

이렇듯 구조가 상세하게 설명되어 있지만 실물이 없고 문자가 난해한 부분이 있어 아직 어느 누구도 정확하게 고증하지 못하고 있다. 그러나 당시 보편적으로 사용되던 쌍륜마차를 단륜차로 바꾼 것으로 추정하는 데는 학자들의 견해가 일치한다.[10] 현재까지 알려진 바로는 목우는 한 사람이 미는 소형 단륜차이며, 유마는 두 사람이 밀고 끄는 보다 큰 단륜차이다. 쌍륜차는 평지대에서는 활용도가 높지만 구릉지대와 산 속의 복잡한 지형에서는 사용하기 어려운 단점이 있었다. 제갈량이 위나라를 공격하기 위해 북진할 때마다 구릉 지역을 수 없이 통과해야 했으므로 군량운반은 무엇보다도 어려운 과제였다. 그래서 그는 군량수송에 유용하게 활용될 수 있는 목우유마를 설계하여 포원에게 제작하게 하였다. 『포원별전(浦元別傳)』에 의하면 소형의 목우는 한 사람의 1년치 양식을 운반할 수 있다고 한다. 목우유마는 복잡하고 험준한 구릉지대와 산속 오솔길에서 군량을 쉽게 운반할 수 있음은 물론 행군시에 각종 무기와 공성장비 등을 운반할 수 있었다. 또한 숙영시에는 진지로도 활용되었다. 이와 같은 단륜차는 명나라 때까지 전장에서 사용되었는데 서양에서는 11세기에서야 비로소 단륜차가 나타났다. 그런데 쌍륜차에서 단륜차로 바뀌면 장점도 있지만 단점도 생긴다. 필연적으로 바퀴에 부과되는 하중이 매우 커지기 때문이다.

근래 학자들은 제갈량의 목유유마는 원래 그의 부인인 황씨로부터 아이디어를 얻었음이 틀림없다고 추정한다. 제갈량의 장인은 면남(沔南)의 유명인사 황승언인데 그가 제갈량을 만나 다음과 같이 이야기했다.

"그대가 아내감을 고르고 있다는 말을 들었는데 내게 못생긴 딸이 하나 있소. 머리는 노랗고 피부는 검지만 재주가 비상해 그대와 잘 어울릴 것이오."

당시 노란 머리와 검은 피부는 양갓집 규수라기보다는 거친 일을 하는 하녀에 더 가까운 표현으로 추녀의 대표적인 특징이었다. 당대에 추녀로 알려진 황씨와 제갈량이 결혼하자 주변 사람들이 손책과 주유가 당대의 미인인 대교·소교와 결혼한 것에 빗대서 '제갈량이 배필 고르는 것만큼은 배우지 말라. 아내를 고른 것이 바로 황승언의 못생긴 딸이다'라고 조

롱까지 했다고 한다.* 결혼의 효과를 볼 때 가(可) · 감(減) · 승(乘) · 제(除)
로 설명하기도 한다. 경제력을 갖춘 두 젊은 남녀가 결합하는 것이 '가'
이고 경제력을 가진 남자(여자)가 경제력이 없는 사람을 배필로 맞는 것은
'감'이며, 배우자의 집안까지 돌보아야 하는 것이 '제'이다. 제갈량의 결
혼은 '승'이다. 황씨에게 재주가 있는데다 명문가의 딸이었기 때문이다.
제갈량은 인맥을 쌓고 학문을 닦는 데 여념이 없어서 집안일을 전적으로
처리하고 관리해줄 안주인이 필요했는데 황씨가 그에 적격이었다.

제갈량은 유비와 만나기 전에 융중(隆中)에 머물면서 소위 '융중 문화
살롱'을 열었으므로 친구들이 자주 찾아왔다. 이때 그의 집을 뻔질나게
찾았던 사람들 중에 사마휘의 가르침을 받은 방통, 서서, 맹공위, 석광원,
최주평 등이 있고 마량 · 마속 형제, 이엄, 진진, 양의, 요화 등도 있었다.
이들 중에는 쌀밥을 좋아하는 사람도 있고 국수를 좋아하는 사람도 있었
다. 그런데 제갈량의 집에 가기만 하면 손님이 오자마자 쌀밥이든 국수든
바로 차려 나오는 것이다. 이를 기이하게 여긴 손님이 부엌을 보니 나무
인형이 절구를 찧고 나무당나귀가 맷돌을 돌리고 있었다고 한다. 황씨가
정말로 '로봇'을 만들어 쌀을 찧고 '당나귀 로봇'으로 밀가루를 빻았다
면 그녀야말로 최고의 요리사이자 엔지니어요, 그녀의 부엌은 자동화 시
스템이 갖추어진 최첨단 부엌이라고 볼 수 있다. 이를 두고 송나라 시인
범성대는 『계해우형지』에서 제갈량이 훗날 목우유마를 만든 것은 부인인
황씨의 재주를 전수받았기 때문이라고 적었다.[11] 실제로 양번의 융중무
후사에 복원된 제갈량의 초가에는 황부인과 그녀가 사용했다는 로봇의

---

* 주유는 스물네 살인 198년에 소교와 혼인했고 제갈량은 200년 전후인 20살경에 결혼했다.

제갈량의 부인 황씨는 재주가 있고 머리도 좋아 부엌일에 나무인형과 나무당나귀를 활용했다고 전해진다. 현대적 개념으로 하면 로봇을 쓴 셈이다.

그림이 있다. 당대에 로봇과 같은 개념을 상상했다는 것 자체가 놀라울 따름이다.

『삼국지』에서 제갈량이 남만을 정벌한 후에 목우유마가 제작됐다는 것은 매우 주목할 만한 사항이다. 위나라와의 혈투를 각오하고 북벌을 추진하는 제갈량으로서 가장 중요한 것이 군수품의 보급이므로 목우유마에 대해서는 제갈량이 매우 이른 시기부터 생각하고 있었음이 틀림없다. 그런데 목우유마를 만들기 위한 질 좋은 자재가 남만 지역에서 생산된다면 남만에 군침을 흘리는 것은 당연한 일이다. 『삼국지』에서는 제갈량이 흑단이라는 나무의 성질을 몰랐으므로 그것으로 뗏목을 만들게 했지만 이는 나관중이 만든 이야기일 가능성이 매우 높다. 즉 제갈량이 물소와 흑단 등의 생산지가 남만이라는 정보를 알고 있었기 때문에 남만을 공격하여 군수물자를 안전하게 확보하려 했다는 설명이다. 실제로 제갈량은 맹획을 사로잡은 대가로 상당한 재물을 받는다. 『삼국지』에는 다음과 같이 적혀 있다.

'금, 은, 주(珠), 보(寶), 단(丹), 칠(漆), 약재(藥材), 소, 말 등을 바쳐 군용에 쓰도록 하고 두 번 다시 배반하지 않겠다고 맹세했다.'

군용으로 남만에서 생산되는 물소와 말은 물론 단을 제공했다고 적혀 있는데 이때의 단은 흑단으로 추정된다. 앞서 설명했듯이 제갈량은 상이한 기후와 풍토병, 고약한 지형 등으로 고초를 겪으면서까지 남만 정벌에 나서서 맹획이 완전히 촉에 복종하여 반란을 일으키지 않도록 싸움을 마무리 지었다. 제갈량과 같은 천하의 전술가가 굳이 남만의 공격에 총력을 기울였던 이유가 불분명하지만, 남만의 물소뿔과 흑단 등의 전략물자를 안전하게 확보하고자 했던 것도 그 이유 중 하나일 것이다.

삼국시대에 물소뿔이 매우 중요한 전략물자로 이해되었다는 것은 『삼국지』「오주전」에 적힌 조비와 손권의 머리싸움에서도 알 수 있다. 220년, 조조가 세상을 떠난 후 조비가 위나라의 황제가 되고 다음 해 유비가 촉나라의 황제가 되자 오나라의 손권은 놀라운 결정을 내린다. 조비에게 사신을 보내 번국(藩國)을 자처한 것으로 한마디로 더 이상 대항하지 않고 항복하겠다는 뜻이다. 손권의 항복서를 받은 조비는 손권의 항복이 진실인지 아닌지 가늠이 되지 않았다. 그러므로 손권에게 사신을 보내어 작두향, 대패(大貝), 명주, 상아, 서각(犀角, 물소의 뿔) 등을 보내라고 했다. 조비가 손권에게 정말로 항복했는지를 알기 위해 당대의 전략무기로 볼 수 있는 물소뿔 등을 보내라고 한 것이다. 조비의 뜻을 잘 알고 있는 손권의 신하들이 들고 일어났다.

"형주와 양주에서 바치는 물품들은 일정한 법도가 있는데 위나라에서 진귀한 애완물을 요구하는 것은 예의가 아닙니다. 마땅히 주어서는 아니 됩니다."

신하들이 전략물자인 물소뿔 등을 보내서는 안 된다고 말하지만 손권은 조비의 뜻대로 물건들을 보내라고 한다. 분명 물소뿔은 위나라의 전력을 증강시킬 물건이었으나 손권이 이를 허락한 것은 시급히 해결해야 할 과제가 있었기 때문이다.

사실 손권이 황제를 칭한 조비에게 예상치 않은 항복서를 보낸 것은 진짜 오나라를 넘겨주기 위한 것이 아니었다. 그것은 조비가 손권을 오왕으로 봉하고 구석(九錫)으로 삼으면서 손권의 아들을 임자(任子)로 임명하려고 하자 이를 거부한 일화로도 알 수 있다. '임자' 란 일종의 인질 제도로 당대의 임자 제도는 상당한 효과를 보았다. 자신의 자식이 가 있으니 함부로 반란을 일으키지 못하는 것은 당연한 일이다. 조비 또한 손권에게 항복한 사람의 관례대로 자식을 인질로 보내라고 했는데 손권은 이를 거절했다. 당시의 정황상 이런 거부는 항명이나 마찬가지였지만 조비도 섣불리 손권을 응징할 수 없었다. 그래서 조비는 다음 대안으로 전략물자인 서각 등을 보낸다면 손권이 진실로 자신에게 순종한다는 것을 믿을 수 있다고 말한 것이다. 손권은 장차 황제가 될 꿈을 꾸고 있었으므로 물소뿔이 당대의 가장 중요한 전략물자라는 것을 알고 있음에도 조비의 요구를 들어주기로 한다. 손권으로서는 관우의 복수를 하려는 유비의 공격을 효율적으로 막기 위해서 조비가 오나라를 침공하지 않도록 하는 것이 급선무였기 때문이다.

오의 공격을 사전에 막아 촉만 상대한다는 손권의 작전은 성공한다. 유비를 철저하게 격파하고 이릉 전투에서 승리한 222년 손권은 독자적으로 연호를 황무(黃武)로 정하면서 독립을 표방했고 229년에는 황제를 칭했다.

유비는 손권에게 호정과 이릉 전투에서 철저하게 패한 후 백제성에서 재기를 노리다가 다음 해인 223년 성도에 있던 제갈량을 불러 아들 유선(後主)의 뒷일을 부탁하고 파란만장한 일생을 마감한다. 유비의 뒤를 이은 유선은 곧바로 제갈량을 무향후(武鄕侯)로 봉하며, 제갈량은 225년 앞에 설명한 것처럼 남방으로 원정 나가 맹획을 '칠종칠금'으로 복종시켜 전략물자와 인원을 확보, 군세를 증강시킨다. 결국 제갈량이 어느 곳보다 먼저 남만으로 원정 나간 것은 227년부터 그가 죽을 때까지 벌인 북방 정벌, 즉 '육출기산(六出祁山)'을 위한 토대를 마련하기 위해서였던 것이다.

적벽대전(赤壁大戰)은
없었다

三國
志

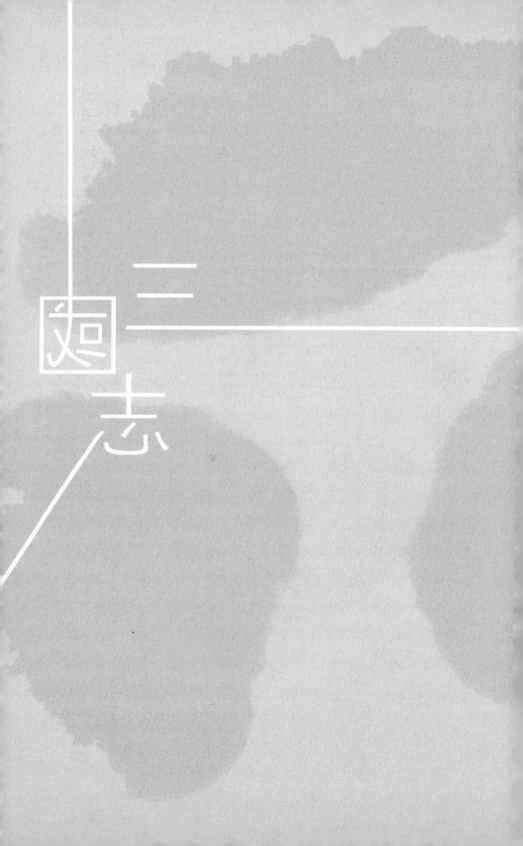

2003년 11월 7일 유네스코 제2차 회의에서 '인류구전 및 무형유산 걸작'으로 판소리가 선정되었다. 세계 무형유산으로 등록되기 위해서는 문화적 기준으로 뛰어난 가치가 있는 무형문화유산의 집합체이자 역사적, 예술적, 민족적, 사회학적, 인류학적, 언어학적, 문학적 관점에서 뛰어난 가치가 있는 대중적이고 전통적인 문화적 표현일 것을 전제로 하고 있다. 우리나라의 판소리가 이 같은 기준을 거뜬히 통과했음은 물론이다. 이렇듯 자랑스러운 우리의 무형문화유산인 판소리의 대표작 중 하나가 바로 〈적벽가〉임을 모르는 사람은 없을 것이다. 〈적벽가〉는 〈화용도(華容道)〉〈화용도타령〉이라고도 불리는데, 『삼국지』에 등장하는 '적벽대전'을 묘사한 것이다. 구전되는 판소리 중 유일하게 역사적 사건을 소재로 다루고 있어 조선 말 왕가나 양반가에서 유난히 좋아했다고 전해진다.

그런데 근래 학자들은 저 유명한 적벽대전이 없었다고 말한다. 수 세기를 내려온 판소리 〈적벽가〉의 소재인 적벽대전 자체가 존재하지 않았다니? 어디 판소리뿐인가? 적벽대전을 소재로 한 영화와 책이 이미 넘칠 만큼 나와 있다. 과연 적벽대전은 그저 나관중의 상상으로 만들어낸 이야기인가?

베스트셀러『삼국지』의 파괴력

중국 역사상 유명한 전투를 꼽으라면 어느 전투라고 단정해서 이야기하기가 매우 어렵다. 전쟁은 일반적으로 역사에 미치는 영향이 지극히 크기 때문에 시대별 전투의 성격은 물론 파급효과 등에 따라 그 역사적 가치가 달라진다. 그러나 전투사상 가장 흥미 있는 전쟁의 시기를 꼽으라면 비교적 쉽게 말할 수 있다. 한 제국 성립과정에서 일어난 '초·한전'과 한 제국 패망 이후의 '삼국쟁패'가 바로 그것이다. '초·한전'은 진시황제가 사망한 후, 한나라라는 통일제국이 성립되기까지 초나라의 항우와 한나라의 유방이 혈투를 벌인 전쟁이다. '삼국쟁패'는 그 초한전의 승자인 유방이 세운 한제국의 패망에서부터 위·촉·오의 삼국시대를 관통하는 동안 수많은 인재들이 서로 중원의 패권을 차지하려고 싸웠던 전쟁이다.

전쟁에서는 승자와 패자가 분명하게 갈리고 또 항상 영웅이 나타나지만 이 두 시대처럼 걸출한 인재들이 많이 나타난 경우는 극히 드물다. 그만큼 두 시대의 전투는 박진감 있게 벌어졌으며 그 전투들이 중국에 미치는 영향 또한 매우 컸다. 그래서인지 이 두 전쟁에 관해서는 상세한 자료가 많이 남아 있다. 물론 두 시대는 여러 면에서 서로 뚜렷한 차이가 있다. 초·한 간의 쟁패시기에는 인재가 한 편으로 몰려 있어 곧바로 통일제국이 성립될 수 있었지만, 삼국시대의 인재들은 각각 세 집단으로 나뉘어 혈투를 벌였기 때문에 중원이 통일되지 못하고 결국 삼국으로 분리되는 결과가 나타났다. 역사가들은 중국이 삼국시대로 들어갈 수밖에 없었

영화 〈적벽대전〉의 한 장면. 중국 역사상 가장 흥미진진한 전투 중 하나로 꼽히는 적벽대전은 영웅들의 지략이 부딪치는 거대한 장이나, 또 한편으로 작가적 상상력에 의해 상당히 과장된 이야기이기도 하다.

던 결정적인 요인으로 적벽에서 벌어졌다고 알려진 이른바 '적벽대전'에서 조조가 손권·유비의 연합군에게 패배한 사실을 든다. 조조는 병력 수에서 압도적으로 우세했음에도 손·유 연합군에게 패배했다. 한가지 흥미롭고도 이상한 것은 삼국시대의 수많은 전쟁기록을 담은 『삼국지』에서 유독 그 유명한 적벽대전에 대한 내용만은 불확실하기 이를 데 없다는 점이다. 원인은 두 가지다. 첫째는 중국의 정사인 진수의 『삼국지』에는 전쟁에 대한 기록이 사마천의 『사기』에서처럼 명료하지도 않을뿐더러 요약되어 있지도 않다. 둘째, 나관중의 『삼국지』의 영향이 정사인 진수의 『삼국지』보다 엄청나게 커지다보니 적벽대전에 대한 진위여부를 가릴 필요도 없이 사람들은 나관중이 그린 『삼국지』의 내용을 진실로 믿는다. 그러나 『삼국지』는 정확치 않은 사실과 허구를 교묘하게 버무려 마치 실제로 있었던 역사적 사실처럼 쓴 소설이다. 문제는 이 소설이 워낙 인기가 있다보니 독자들은 소설에 나오는 이야기가 역사적인 사실인지 아닌지 분간하지도 않고 흥미 있는 내용에만 관심을 기울인다는 점이다.

그러나 책의 내용과는 달리 『삼국지』에서 가장 중요한 전투로 알려진 '적벽대전'은 실제로 적벽이 아니라 오림에서 벌어진 전투였다. 그래서 학자들은 역사상 적벽대전이 존재하지 않았다고 단언하기도 한다.

유비가 용을 얻다

『삼국지』전반부에서 조조는 동탁과 원소 세력이 제거되자 명실상부한 후한의 실권자가 된다. 그러나 중원을 확보하려면 반드시 넘어야 할 큰 산이 남아 있었으니, 바로 유비 세력이었다. 유비는 당대의 군벌들과는 달리 특정한 거주지가 없고 출신도 돗자리를 만드는 한량에 지나지 않았지만 항상 세간의 높은 지명도를 유지하고 있었다. 그것은 그가 한제국의 황제와 같은 유씨로 소위 '족보'가 아주 좋았기 때문이다. 당대의 군벌들은 유비가 자신보다 부상하는 것만 견제할 수 있다면 그의 이름을 이용하는 것에 손해가 없다고 생각했다. 그가 돗자리를 짜던 신세였음에도 많은 곳에서 예우와 환영을 받은 이유이다. 원소가 실패한 후 유비가 형주로 나가자 유표는 직접 성 밖으로 나와 그를 맞고 상빈으로 대하기도 했다.

건안 12년(207년), 조조가 북으로 오환을 정벌하러 나서자 유비는 유표에게 이때를 타서 허현을 습격하라 말한다. 그러나 유표는 응하지 않았다. 이때 유비에게 큰 행운이 따른다. 삼고초려의 형식을 빌려 그의 제일 중요한 참모라 할 수 있는 제갈량을 얻었기 때문이다. 이때부터 『삼국지』는 온통 제갈량의 무대가 된다. 실제로 『삼국지』의 주인공은 조조, 유비,

손권이 아니라 제갈량이라는 말이 나올 정도이다. 이때 조조는 북방에서 위나라를 공격할 수 있는 강력한 기마민족인 오환을 격파하여 휘하에 편입시킨 후 삼공(三公) 제도를 폐하고 유비를 제거하기 위해 하후돈을 총대장으로 하여 박망성(博望城)으로 진출한다. 조조가 우선 유비를 격파해야 한다는 뜻을 세운 것은 자신보다 명성을 얻고 있는 유비를 계속 자라게 한다면 결국 그가 그리고 있는 큰 그림에 장애가 된다고 생각했기 때문이다. 조조의 이런 생각은 중국의 고사에서도 읽을 수 있다. 유명한 한나라의 유방과 초나라의 항우의 관계이다. 초·한 간의 전반적인 전투를 볼 때 승자는 항상 항우였고 유방은 도망다니기에 급급했다. 그럼에도 불구하고 중국을 통일한 사람은 유방인데 그 이유는 유방이 항우보다 백성들로부터 높은 신임, 즉 평판이 좋았기 때문이다. 그러므로 조조는 유비가 자신을 넘보기 전에 꺾어야 한다고 생각했다. 결론을 봤을 때 조조의 생각은 옳았다고 볼 수 있다. 조조가 유비를 공격하려고 하자 부하들은 유비에게 새로운 무기가 생겼다고 조언한다. 제갈량을 말한 것이다.

조조가 제갈량의 친구로 이름이 높았던 전략가 서서에게 제갈량의 재주가 어떠냐고 묻자 천하의 서서는 다음과 같이 말했다.

'저 같은 사람은 비교가 되지 않습니다. 제가 반딧불이의 형광(螢光)이라면 제 갈량은 호월천리(晧月千里)의 밝은 달입니다.'

나관중은 『삼국지』에서 제갈량을 주인공 중 한 명으로 설정하고 서서의 입을 통해 그를 지나칠 정도로 찬양했다. 서서는 영천 사람으로 제갈량의 '융중 문화살롱'에서 함께 교류한 친구였다. 융중이란 제갈량이 유비에게 발탁되기 이전에 기거했던 곳으로 그는 융중에서 당대의 소위 지식인들과 교류하면서 자신의 명성을 높이고 있었다. 융중 문화살롱 멤버인 서서가 유비의 책사로 제일 먼저 발탁되자 서서는 제갈량을 곧바로 천거했다. 이때 서서는 제갈량을 가리켜 부른다고 달려올 사람이 아니므로 유비에게 직접 찾아갈 것을 권했다. 유비가 제갈량의 존재를 알고 세 번 찾아가 겨우 그를 만났다는 삼고초려가 태어나게 된 배경이다.

『삼국지』에 나타나는 삼고초려는 다음과 같다. 서서의 말을 들은 유비는 제갈량을 청해 천하를 얻기 위해 관우, 장비와 함께 그의 초가집을 찾아갔다. 그러나 제갈량이 집에 있지 않아 빈 손으로 돌아갈 수밖에 없었으며 며칠 후 제갈량이 돌아왔다는 말을 들은 유비는 다시 관우, 장비와 함께 눈보라를 맞으며 찾아갔으나 제갈량이 마침 외출하여 다시 한 번 허탕쳤다. 세 번째에 비로소 제갈량을 만났는데 이야기를 나누던 유비는 제갈량이 천하의 형세를 매우 예리하게 분석하는 데 탄복했고 제갈량도 유비가 세 번이나 자신의 초가집을 찾아온 것에 감동하여 산을 내려가 돕겠다고 말한다. 유비는 제갈량을 군사로 모시고 관우, 장비에게 다음과 같이 말했다고 전해진다.

"나에게 제갈량이 있으니 물고기가 물을 만난 격이다."[1]

그러나 『삼국지』에 그려진 삼고초려에 대해서는 다소간의 이견이 존재한다. 『위략』에는 다음과 같이 적혀 있다.

'유비가 형주에 있을 때, 제갈량이 북쪽으로 유비를 찾아갔지만 유비는 제갈

유비의 제갈량 삼고초려를 그린 그림. 서서의 천거를 받아들인 유비는 무려 세 번이나 제갈량을 찾아간 후에야 그를
자신의 책사로 들일 수 있었다.

량과 면식이 있는 사람도 아닌데다가 나이 차이도 많이 나 서먹서먹하게 대했다.'*

유비와 제갈량의 만남으로 유명한 삼고초려를 근본적으로 부정하는 기록이지만 『위략』의 다음 글을 보면 유비가 제갈량을 상당히 우대한 것은 사실이다.

'처음에는 둘 사이가 서먹했지만 서로 대화를 나누고 신임하고 존경하는 사이가 되었다. 나중에 유비가 제갈량의 계책을 따르자 많은 사람들이 반발했지만 유비는 제갈량이 뛰어난 계책을 가졌음을 알고 극진히 예를 갖추었다.'

이 설명만 보면 삼고초려와 결코 모순되지 않는다. 그러므로 일부 학자들은 『위략』의 기록을 볼 때 제갈량이 스스로 북쪽으로 유비를 찾아 간 것은 물론 유비가 추후 세 번 찾아가 초빙한 것도 사실일 수 있다고 생각한다. 유비가 처음에는 의기투합하지 않았다가 나중에 제갈량의 명성을 들었고 자신의 가치를 몰라주어 약간 삐쳐 있던 제갈량을 초빙하기 위해 세 번이나 찾아가지 않을 수 없었다는 것이다.[2]

『삼국지』는 제갈량을 보다 부각시키기 위해 서서를 또 한 번 극적으로 활용한다. 서서는 208년 조조가 형주를 치자 유비를 따라 남쪽으로 달아나다가 어머니가 조조 군사에게 사로잡혔다는 말을 듣고 부득이 조조 수하로 들어간다. 그러나 서서의 어머니도 강골이라 서서가 유비를 섬기기

---

* 제갈량이 유비의 책사가 되었을 때 유비의 나이는 48세, 제갈량의 나이는 27세였다.

를 바라며 자살을 했고 이후 서서는 마음을 항상 유비에게 두고 있기 때문에 조조에게 결정적인 조언을 하지 않았다고 설명한다. 그러나 서서의 어머니가 자살했다는 것은 사실이 아니다. 이문열은 이의 원형을 『사기』에서 발견할 수 있다고 했다. 항우가 유방 휘하에 있던 장수 왕릉의 어머니를 잡아 회유하는 장면으로, 이 부분에서 왕릉의 어머니는 유방이라는 좋은 주인을 만났으니 항우에게 가지 말라며 목을 찔러 자살한다는 것이다. 나관중이 『삼국지』를 저술하면서 중국의 전체 역사를 아울러 상상력을 발휘했음을 다시 한 번 알 수 있는 사례다. 물론 그렇다고 역사를 마음대로 각색한 책임까지 사라지는 것은 아니다.[3]

서서가 조조 진영으로 들어간 후 아무런 계책도 내놓지 않고 죽는 날까지 유비에게 충성을 지켰다고 한 부분도 사실과 부합할 가능성은 희박하다. 서서가 단 한 번도 계책을 내놓지 않았다면 그가 위나라에서 우중랑장(황제의 시종관)과 어사중승(전국의 지방관들을 감찰하고 탄핵하는 직책)에 임명되지 못했을 것이다. 물론 두 관직은 제갈량에 비해 높지도 않고 낮지도 않다. 제갈량조차도 서서의 품계가 너무나 낮다고 아쉬워했다. 228년 제갈량이 북벌할 때 서서의 벼슬이 높지 않은 것을 알고 다음과 같이 말했을 정도이다.

"위나라에 인재가 그렇게도 많은가? 어찌하여 서서와 석광원 같은 사람이 중용되지 않는가?"[4]

제갈량의 조언을 거절한 유비

삼고초려 끝에 세상에 나온 제갈량은 조조의 대군이 몰려오자 실력을 발휘한다. 박망파에서 화공으로 조조의 대군을 격파한 것이다. 그런데 이역시 사실이 아니다. 『자치통감』에 의하면 박망파 전투는 건안 7년(202년)에 벌어졌는데 제갈량이 초야에서 나온 것은 건안 12년이기 때문이다. 유비도 박망파 전투는 자신이 직접 지휘했다고 적었다. 유비의 몇 안 되는 승리 중에 하나인 것이다.

유비가 유표에게 의지하고 있을 때의 일이다. 제갈량은 유비에게 유표를 공격하여 형주를 취하라 건의하는데 유비는 차마 그럴 수 없다며 이를 거절했다. 『삼국지』에서 형주는 삼국이 반드시 확보해야 할 요충지 중에 요충지로 그려지는데 그것은 형주가 '중국의 배꼽', 즉 지리적 중앙부에 있기 때문이다. 후한 말 형주는 인구가 전국 17개 주 가운데 2위인 650만 명에 달했다. 형주를 장악하면 익주는 물론 오나라를 침공하는 것도 어려운 일이 아니었다.[5]

형주가 중요하기는 위나 오도 마찬가지였다. 지형상 삼국의 중심부에 위치한 형주는 천하통일을 이루려면 반드시 확보해야 할 지역이었다. 조조는 남으로 확장해야 천하를 도모할 수 있었고 동오의 손권도 이곳까지 세력을 확장해야만 패권다툼에서 유리한 고지를 확보할 수 있었다. 그런데도 형주가 비교적 안정된 것은 유표에게 남다른 정치력이 있기 때문이다. 특히 그가 형주에 있는 19년 동안 중국은 한 치를 알 수 없는 패권다툼에 휩싸여 있었지만 형주는 비교적 안정적인 형세를 유지하고 있었다. 그럼에도 불구하고 『삼국지』에서 그의 역할은 매우 미미하게 그려져 있는데, 그것은 나관중이 당대의 영웅과 호걸에 비해 유포의 담력과 재간이 다소 부족하다고 평가했기 때문이다. 나관중은 유표를 무능한 사람의 대표주자로 묘사했다.

당시 형주의 상황을 가장 잘 꿰뚫어보고 있던 사람은 조조였다. 그는 중국을 통일하기 위해서 반드시 확보해야 할 지역이 형주임을 간파하고 있었으므로 유표만 제거하면 삼국은 저절로 통일될 수 있다고 생각했다. 더구나 조조가 반드시 제거해야 할 유비가 유표에게 의탁하고 있었으므로 형주를 접수한다는 것은 유비의 세력도 자동적으로 무력화시킬 수 있다는 것을 의미했다.

이것이 바로 적벽대전이 일어나

융중의 제갈량 동상. 나관중에 의해 적벽대전의 영웅이 된 제갈량은 8척 키에 풍모가 빼어났다고 전해진다.

는 이유이다. 그런데 상황은 전혀 엉뚱한 방면으로 흘러간다. 조조가 건안 13년 7월 대군을 동원하여 본격적인 남정에 돌입하자 유비를 포섭하여 형주를 수호하고 있던 유표가 갑자기 사망한 것이다. 유표의 뒤를 이은 사람은 큰아들인 강하태수 유기가 아니라 차남 유종이었는데 그는 곧바로 조조에게 형주와 양주를 바치겠다면서 항복의사를 밝혔다. 나이 어린 유종은 형주를 지키려는 생각을 할 정도의 재목이 아니었다. 실제로 그의 나이는 14세에 불과했다.[6] 이는 조조로서도 예상치 못한 일이었다. 제갈량이 유비에게 유표의 형주를 접수하라고 조언한 것은 이와 같은 정황을 잘 알고 있었기 때문이다. 그러나 유비는 그때까지 얻은 명성은 유씨라는 족보 때문인데 유씨를 공격할 수는 없다며 제갈량의 조언을 거절한다.[7] 결론적으로 유비의 말도 맞고 제갈량의 말도 맞다고 볼 수 있다. 결국 유비는 추후 형주를 접수하지만 형주를 접수하기까지 많은 고초를 겪어야 했다. 만약 유비가 제갈량의 건의를 곧바로 받아들였다면 『삼국지』의 역사는 다르게 전개되었을 것이다.

적벽대전 전야

형주의 유종이 조조에게 항복할 때 유비는 당시 번성(樊城)에 주둔하고 있었다. 조조의 남하를 몰랐던 유비는 조조가 완성(宛城)에 도착했다는 소식을 듣자마자 생각할 것도 없이 십수만 부대를 이끌고 퇴각한다.

유비는 우선 관우에게 병력 1만과 선박 수백 척을 주어 한수를 따라 하구(현 무한시)로 후퇴하도록 했다. 유비는 그를 따르는 백성들과 함께 강릉(江陵)으로 향했다. 강릉에는 형주의 군수물자가 비축되어 있으므로 유비가 조조와 대결하기에는 적격이었다.

조조 또한 유비의 동태가 심상치 않음을 알았다. 당초 자신이 제거하려다 실패했던 유비가 강릉을 접수하게 두면 유비에게 선수를 빼앗길 뿐만 아니라 장차 큰 후환이 될 우려가 있었다. 또한 강릉의 비축물자는 조조에게도 필요했다. 조조는 기병 오천을 이끌고 하루 밤낮에 130킬로미터나 달려 백성들과 함께 후퇴하는 유비를 쫓았다. 조조는 양양과 강릉 사이에 있는 당양(當陽)에서 유비군을 따라잡았다.[8] 조조군의 공격이 거세자 유비는 처자식까지 버리고 제갈량, 장비, 조운(조자룡) 등과 함께 수십 명의 기병만 이끌고 한진(漢津, 현 종상시)으로 도주했다.

『삼국지』의 가장 극적인 장면 중 하나가 바로 여기서 등장한다. 조자룡은 장판파에서 조조군에 포위되자 유비의 아들 아두를 가슴에 품고 단신으로 혈투를 벌이면서 겨우 탈출한다. 조자룡이 유비에게 아두를 데려가

자 유비는 아두를 내팽개치며 조
자룡의 안위를 걱정했다. 그 후
조자룡은 비록 유비와 장비, 관
우처럼 도원결의를 하지는 않았
지만 장비, 관우보다 오래 살면
서 유비의 곁을 지켰다.

장판파 공원에 세워진 장비 동상. 조자룡을 보내고
조조의 대군을 향해 포효하는 모습을 형상화했다.

유비의 패주가 성공할 수 있었
던 것은 장비의 활약도 크게 기
여한다. 『삼국지』에서는 장비가
장판교에서 혼자 버티고 서서 큰
목소리로 덤비라고 하자 조조가
퇴각한다. 용맹한 장비가 그야말
로 혼자서 조조의 대군을 물리친
것이다.

그러나 이러한 용맹함에도 제갈량은 장비에게 꾀가 없음을 한탄한다.
장비가 장판교에서 단신으로 조조의 대군과 맞섰을 때 조조가 공격하지
않은 것은 장비의 후미에 대군이 매복하고 있을 것을 우려했기 때문이다.
문제는 조조의 철수 뒤 장비가 퇴각하면서 장판교를 파괴한 것이다. 제갈
량은 만약 장판교를 끊지 않았다면 조조가 더 이상 유비를 추격하지 않았
을 것으로 생각했다. 즉, 적벽대전이 벌어졌더라도 상당히 후에 일어났을
것이라는 이야기다.

현재 장비가 조조군과 대결했다는 장판교는 사라지고 당양 제2교가 건
설되어 있다. 아쉬운 것은 장판교가 있었다는 것을 알려주는 비각이 몇

적벽대전(赤壁大戰)은 없었다 | 363

년 전 수해 여파로 사라졌다는 점이다. 그러나 이들 사건을 그린 조각상과 비석들이 당양의 장판파 공원에 세워져 있다. 『삼국지』에서는 장비가 우뚝 서서 호령하는 장판교가 매우 작은 규모로 그려지는데 장판교가 있었던 한수(漢水)는 서울의 한강처럼 매우 넓은 강이다. 공교롭게도 한수는 한강을 뜻한다.[9]

두 가지 사건은 대체로 사실로 여겨진다. 진수의 『삼국지』「조운전」에 다음과 같이 적혀 있다.

'유비가 당양 장판에서 조조에게 추격을 당하여 처자식을 버리고 남쪽으로 달아날 때 조운은 유비의 어린 아들을 껴안고 있었는데 그가 바로 후주(後主)였고 또한 감부인(甘夫人)도 보호했는데 그녀가 바로 후주의 생모였다. 이들은 모두 조운의 노력으로 재앙을 면할 수 있었다.'

진수의 『삼국지』「장비전」에도 이렇게 기록되어 있다.

'유비는 조조가 갑자기 추격해온다는 말을 듣고 처자를 버리고 달아나면서 장비에게 기병 20여 명을 거느리고 가서 후방을 막게 했다. 장비가 강물을 이용하여 다리를 끊고는 눈을 부릅뜨며 창을 잡고 말했다. "나는 장비다. 나에게 덤비는 사람들은 모두 죽음을 각오하라." 적들은 모두 감히 접근하지 못했고 결국 유비는 재앙을 피할 수 있었다.'

장비가 대갈일성으로 다리를 끊어 물이 거꾸로 흘렀다는 설도 있는데 이것이 불가능하다는 것은 누구나 알 만한 일로 전설일 뿐이다. 그런데 장비의 큰 목소리에 조조의 대군이 놀라 공격하지 않았다는 것을 보면 장비의 목소리가 얼마나 컸는지 궁금하지 않을 수 없다.[10]

인간이 들을 수 있는 가장 큰 소리의 세기는 들을 수 있는 가장 작은 소리의 세기의 1조 배까지이다. 그러나 소리 크기의 차이는 이보다 훨씬 적다. 귀가 듣는 상대적 소리의 크기를 음량이라 하고 데시벨(db) 단위로 측정한다. 데시벨은 '로그(log)눈금'을 사용하므로 10데시벨은 우리가 들을 수 있는 가장 작은 소리인 0데시벨보다 10배, 20데시벨은 100배이다. 일반적으로 집에서의 라디오 소리를 40데시벨, 집에서의 대화소리를 65데시벨, 귀에 장애를 주는 소리를 85데시벨, 매우 혼잡한 교차로는 90데시벨, 도로공사 굴착기의 소음은 100데시벨이다. 가장 큰 소음은 제트기 이륙 때 나는 소리로 140데시벨 정도이다. 인간은 일반적으로 소총사격음과 같이 120데시벨 이상의 큰 소리에 1초만 노출돼도 영구적으로 이명, 감각신경성 난청 등 음향외상을 받을 수 있다. 큰 소리가 청각신경의 가장 중요한 부위인 달팽이관의 유모세포를 손상시키기 때문이다.[11]

140데시벨에서는 고막에 통증을 느끼며 방향감각을 일시 잃는다. 140데시벨이 얼마나 높은 수치인가는 일반소음계(sound level meter)의 측정범위가 30~130데시벨인 것으로도 알 수 있다. 장비가 대갈일성으로 조조군의 추격을 막아냈다면 그 목소리가 우렁찼음은 틀림없을 것 같다. 특히 장비의 목소리가 제트기의 소음과 같을 정도인 140데시벨 이상이었다면 조조군이 방향감각을 잃고 장비를 추격하지 못했음이 틀림없다. 그러나 상식적으로 인간은 그 정도의 목소리를 낼 수는 없다. 조조가 장비의 뒤에 복병이 있을 것으로 알고 퇴군했다는 추측에 무게가 실리는 이유다.

강릉으로 향하던 유비는 조조의 추격에 놀라 처자까지 버리면서 도주하는 바람에 결국 강릉으로 들어갈 수 없었다. 유비가 강릉으로 들어가려고 한 이유는 곡량 등 군수물자가 보관되어 있기 때문인데 이곳을 포기했다는 것은 전쟁에서 절반 정도 지고 들어간다는 것을 의미한다. 소위 차포 떼고 장기를 두는 것과 다를 바 없다. 유비는 어쩔 수 없이 한수의 나루인 한진을 거쳐 장강 쪽으로 향했는데 다행히 1만여 명의 군사를 데리고 퇴각하고 있던 관우와 회합한다. 곧바로 이들은 유표의 장자이지만 유표의 후계자가 되지 못한 강하태수 유기와 합류한다. 그는 하구(夏口)에서 1만여 명의 군사를 거느리고 있었으므로 유비와 유기의 군세는 총 2만여 명이었다.

천하를 제패하기 위해 남정을 시도한 조조의 생각은 단순했다. 형주를 접수했으므로 여세를 몰아 오나라의 손권을 격파하고 더불어 유비의 잔존 세력을 제거하면 중국을 통일할 수 있다는 것이다. 유비로서는 진퇴양난이 아닐 수 없었다. 조조에게 항복할 경우 그동안 쌓아온 모든 명성을 한꺼번에 잃는 것은 물론 패배자로서 목숨조차 부지하기 어려웠다. 그러므로 유비로서는 어떠한 경우로든 조조와 대항해야 했는데 마침 오나라의 손권이 있었다.

강동의 손권은 사실 적벽대전이 벌어지기 전만해도『삼국지』에서 중요 세력은 아니었다. 당대의 패권다툼은 원소, 조조 등 강북의 실권자들 간에 벌어진데다가 강동은 전력에 있어서도 차이가 나기 때문이다. 더구나 강동을 침공하기 위해서는 반드시 거쳐야 할 형주가 방패막이 되어주었기 때문에『삼국지』초반 비교적 안정된 세력을 유지하고 있었다. 그런데 그동안 방패막이 되어 준 형주가 조조에게 항복했으므로 손권과 조조 사이의 완충지대는 사실상 사라진 셈이다. 유비가 착안한 것은 바로 이점이다. 조조와 손권 간에 언젠가 전면전이 일어나야 하는데 손권에게 힘을 실어주면 조조와 대항할 수 있다는 계산이었다.[12]

손권과 유비의 연합

결론을 말하자면 손권과 유비가 연합하여 조조에 대항하고 결국 승리하였지만 당대의 정황을 볼 때 이들이 연합하는 것이 간단한 일은 아니었다. 『삼국지』에서는 제갈량이 오나라 군진을 종횡무진하면서 탁월한 정세를 논하여 오나라 수뇌진을 설득했다고 설명한다. 한편 조조는 전혀 예상치 못한 상황에서 형주를 접수하고 자신의 취약점인 수군을 확보하자 동오공격에 자신감을 얻고 곧바로 손권에게 공갈의 의미를 지닌 다음과 같은 초항서를 보냈다.

'최근에 나는 조정의 명을 받들어 죄를 지은 자들을 정벌하고 있소. 군대의 깃발이 남쪽으로 향하자 유종은 바로 손을 들어 투항했고 형양(荊陽)의 백성들도 모두 귀순했소. 이제 나는 다시 80만 명의 수군을 동원하여 그대와 함께 그대가 머무는 오나라 땅에서 사냥이나 하며 유비를 치고 영토를 나누어 다스리며 오래 동맹관계를 맺고 싶소.'

조조가 80만 명의 수군을 동원하겠다고 했지만 조조의 모든 병력을 다 합쳐도 80만 명이 되지 않았기 때문에 이는 허장성세에 불과했다. 그럼에도 조조의 초항서가 도착하자 대부분의 신하들이 손권에게 항복하기를 권했다. 당시 강북의 세력들은 육군이 주력이므로 오나라는 수군으로 이들을 충분히 막을 수 있다고 생각했다. 그런데 조조가 형주의 수군을 접

당대의 재력가로 상당한 신망을 얻고 있던 노숙은 손권에게 위와의 전투를 간언했다.

수한 상태여서 오나라의 전술적인 이점마저 상실된 것이다. 손권의 신하들은 전투가 벌어지면 오나라가 백전백패하므로 사전에 항복하는 것이 유리하다고 건의했다. 실제로 오나라의 건국공신이자 손책이 죽은 뒤 손권의 정신적인 고문이라고도 볼 수 있는 장소조차 다음과 같이 말했다.

"조조가 천자의 이름을 빌려 사방을 정복하는데 만약 이를 막는다면 불순(不順)이 됩니다. 더구나 오가 지금까지 조조에게 항거할 수 있었던 것은 장강 때문이었는데 이제 조조가 형주를 얻었으니 장강의 험한 요새를 우리와 공유하게 되었습니다. 조조의 대군과 대적하기는 어려우니 항복하는 것이 합당합니다."

조조의 막강한 육군에 형주의 수군까지 합세했으므로 이들을 격파할 재간이 없는 만큼 차라리 일찌감치 항복하는 것이 유리하다는 것이다. 물론 오나라 중신 모두가 조조에게 항복하자고 한 것은 아니다. 손권에게 항전을 건의한 이들도 있었는데 이들의 선봉장이 노숙이다. 노숙은 유표가 죽은 것을 알고 즉시 손권에게 유비와 협력하여 조조와 대적한다면 천하를 도모할 수 있다고 건의했다. 노숙은 『삼국지』에서 매우 중요한 역할을 하는데 그를 추천한 사람은 주유였다. 주유가 손권에게 건넨 추천서는 그야말로 화려하다.

　'노숙은 자를 자경(子敬)이라고 하며 임회군 동성현 사람입니다. 모든 병서를
두루 공부했고 지략과 무용이 뛰어날 뿐 아니라 재산도 많습니다. 제가 옛날
거소(居巢)의 현장(縣長)으로 있을 때 수백 명의 부하를 이끌고 행군하던 중 임회
군에서 군량미가 떨어져 어려움을 겪고 있었습니다. 그때 노숙에게 부탁했더
니 쌀창고 한 채를 전부 제공해주었고 그 후 저는 그를 최고의 벗으로 생각하
고 있습니다. 그는 인품도 훌륭하고 부모에 대한 효심도 지극한데 다른 사람이
그를 차지하기 전에 신속하게 교섭하여 우리 군에서 영입해야 할 것입니다.'

　노숙은 당대의 재력가로서 상당한 신망을 얻고 있었는데 소호(巢湖)의
정보로부터 벼슬자리를 권유받았음에도 주유의 추천으로 손권 쪽으로 마
음을 돌렸다. 노숙 또한 손권의 진영에 합류하면서 한 사람을 추천했는데
그가 제갈량보다 다섯 살 위인 형 제갈근이다.[13] 적벽대전이 벌어질 때 제
갈근은 손권, 제갈량은 유비 측에서 싸웠으므로 두 형제가 힘을 합하여
조조에 대항했다는 설명도 과언은 아니다.

제갈량의 설득

손권은 노숙의 건의를 받아들이고 그를 형주로 파견한다. 그러나 조조의
진군이 재빨라 유종이 이미 조조에게 항복한 후였다. 손권은 설사 유비와
유기가 연합하였다고 하더라도 형주를 손에 넣은 조조에 비할 때 유비와
유기는 큰 세력이 아니라고 생각했다. 노숙의 건의대로 유비와 연합하더
라도 상황이 변했으므로 유비와 연합하는 것이 유리할지 불리할지 확실

한 판단을 할 수 없었다. 그러자 유비가 손권의 휘하에 제갈근이 있으므로 함께 손권을 설득하라고 제갈량을 사자로 파견했다. 이때 제갈량이 주유와 노숙을 만나며 『삼국지』에는 제갈량이 손권으로 하여금 조조에게 항복하지 못하도록 하는 장면을 매우 자세하게 설명했다. 제갈량이 그들을 설득하는 방법은 매우 간단했다. 오나라 집권자들의 자존심을 건드리는 것이다. 제갈량이 말했다.

> 제갈량: 조조는 본래 호색지도(好色之徒)라 오래 전부터 강동 교공(喬公)에게 두 딸이 있는 것을 알고 이들을 차지하려 했습니다. 큰딸의 이름은 대교(大喬)요 작은딸의 이름은 소교(小喬)인데 (……) 조조는 극히 화려하고 장려한 동작대(銅雀臺)를 짓고 맹세하기를 '내 사해를 소탕하고 천하를 평정하여 제업(帝業)을 이루게 될 때 강동의 이교(二喬)를 얻으면 죽어도 여한이 없겠다' 고 했습니다. 조조가 백만 대병을 거느리고 강남으로 내려오는 것은 이 두 여자를 노리기 때문입니다. 교공을 찾아가서 천금으로 두 여자를 매수하여 조조에게 보내면 조조는 반드시 군사를 이끌고 돌아갈 것입니다.
>
> 주유: 조조가 이교를 손에 넣겠다는 증거가 있습니까?
>
> 제갈량: 조조가 어린 아들 조식에게 명해서 「동작대부(銅雀臺賦)」를 지어 글 속에 천자가 되어 맹세코 이교를 취한다고 했습니다.

나관중은 제갈량의 입을 빌어 조식이 지은 「동작대부」 원문에는 '연이교어동서해(連二橋於東西兮)' 로 되어 있는데 '이교(二橋)' 를 음이 같은 아름다운 여인의 이름인 이교(二喬)로 고쳐 불러 '남이교어동남혜(攬二喬於東南)'

쓩)' 라 말했다고 적었다. 「동작대부」의 원문을 모르는 주유가 제갈량의 이 말을 듣고 발끈하며 크게 노하자 제갈량은 그의 화에 불을 붙인다.

"옛적에 흉노 선우가 자주 국경을 침범하니 한나라 천자께서는 공주까지 혼 인하는 것을 허락해서 화친한 일이 있습니다. 지금 민간의 두 여자를 조조에 게 보내는 것이 무어 그리 아깝다고 하십니까."

제갈량은 손권의 부인이 대교이고 주유의 부인이 소교인 것을 알고 그 들의 분노를 재촉하도록 유도한 것이다. 이 일화 또한 극적인 효과를 보 여주지만 역사적인 사실은 아니다. 실제로 동작대는 적벽대전이 일어나 고 2년 후에 건축되었으며 「동작대부」는 그보다도 2년 뒤에 지어졌기 때 문이다. 제갈량이 아무리 신묘하다고 해도 4년 후에 조식이 지은 「동작대 부」를 읊을 수는 없는 일이다.[14] 이때 노숙은 또 다시 손권에게 조조와 일 전을 겨루는 것이 유리하다고 설득했다. 노숙은 동오의 모든 사람이 조조 에게 항복할지언정 손권만큼은 불가하다고 말한다.

"제가 조조에게 항복하면 조조는 저를 고향으로 돌아가게 하거나 자사(刺史) 등의 벼슬을 주어 저는 금의환향할 수 있습니다. 그러나 장군이 항복한다면 갈 곳이 어디 있습니까. 잘해야 후(候)로 봉할 정도이며 시종도 겨우 두어 명에 불과할 겁니다. 신하들이 항복하자는 것은 다 자신을 위한 겁니다."

제갈량도 손권을 다음과 같이 설득했다.

'해내(海內)에 대란이 일어나 장군(손권)이 병사를 일으켜 강동을 거점하고, 유예주(유비) 역시 무리를 이끌고 한남을 수복하여 조조와 함께 천하를 다투고 있습니다. 지금 조조가 대란을 평정하여 그 위세가 사해를 진동하고 있는 것은 사실이며 유비도 이곳까지 도망했습니다. 장군이 만약 오월의 무리로 조조와 대항할 수 있으면 일찍 그와 단절하는 것이 순리이며, 만일 당해낼 수 없다고 생각된다면 병기를 버리고 갑옷을 묶어둔 후 조조에게 항복하는 것이 당연한 일입니다. 지금 장군이 밖으로는 복종의 명분을 내세우고, 속으로는 망설이며 계략을 세우지 못하니 사정은 급하되 결단하지를 못하여 화가 올 날이 멀지 않을 겁니다.'

제갈량은 손권을 설득하면서 두 가지를 강조했다. 첫째, 그는 유비가 하구로 도망쳐왔다는 사실을 감추지 않았다. 즉 유비보다 손권에게 주도권이 있음을 인정하여 유비와의 결합을 반대하는 측으로 하여금 유비가 손권을 이용하여 자신을 구하려 한다는 주장이 설득력이 없음을 강조했다. 둘째, 손권에게 결단력이 없다는 것을 암시했다. 사실 머뭇거리며 결단을 내리지 못하는 사람은 용기가 없다는 비난을 가장 싫어하는데 제갈량이 바로 손권의 취약점을 정확히 꼬집었다. 이때 손권은 제갈량에게 '만약 당신의 말이 옳다면 유비는 왜 조조에게 투항하지 않는가'를 질문했다. 그러자 제갈량은 손권의 자존심을 다시 한 번 건드린다.

'전횡은 제나라의 장사에 불과함에도 의를 지키고 욕되게 하지 아니하였습니다. 하물며 유비는 황실의 자손으로 뛰어난 재명이 세상에서 으뜸가고, 수많은 사내들이 앙모하여 바다로 물이 돌아가는 것과 같습니다. 만일 일이 이루어지지 못한다면 이는 하늘의 뜻이거늘 어찌 조조의 밑으로 들어갈 수 있겠습니까?

제갈량이 유비가 조조에게 항복할 수 없는 이유를 이와 같이 설파한 것은 고단수의 심리전이라고 볼 수 있다. 제갈량의 말은 손권이 유비와 비교할 수 없을 만큼 우위에 있지만 유비는 항복하는 것이 허용되지 않는 사람이고 손권은 항복해도 되는 사람이라는 뜻을 암시한다. 영웅으로 자처하고 있던 손권에게 제갈량의 설명은 모욕이나 마찬가지였다. 손권은 발끈하여 조조와의 결전을 다짐하면서도 작전가다운 질문을 한다. 동오는 조조에 대항한 경험이 전혀 없으므로 유비에 의지하여 조조와 대적한다는 것은 이해할 수 있으나 유비는 조조에게 이미 패했으므로 자신과 연합할 병력은 물론 장병들의 사기도 떨어졌음이 분명하지 않느냐는 것이다. 즉, 유비가 조조에 대항할 수 있는 충분한 전력을 갖고 있지 못하지 않느냐는 뜻이다. 이에 제갈량은 손권의 입맛에 맞는 대답을 한다.

'유비가 장판에서 조조에게 패하였지만, 현재 관우군과 유기의 병사를 합하면 수만이 됩니다. 조조는 장거리 행군으로 매우 지쳐 있으므로 이들을 격파하는 것은 어려운 일이 아닙니다. 또한 북방인들은 수전을 잘 모르는데다 그에게 항복한 사람(형주 수군)들은 일시에 패했기 때문에 조조의 휘하에 있는 것이지 심복한 것이 아닙니다. 그러므로 유비와 정말로 힘을 합치면 반드시 조조를 물리칠 수 있습니다.'

이것이 전력상 현저한 열세에 있음에도 유비와 손권이 연합군을 구성하여 조조군에 대항, 그 유명한 적벽대전이 벌어지게 되는 배경이다.

적벽대전은 없었다

적벽대전이 『삼국지』에서 중요하게 다루어지는 것은 장차 중국의 전체 판도를 좌우하는 중요한 전투로서의 큰 의미가 있기 때문이다. 여기에서 적벽대전이란 말이 의미하는 뜻을 알아보자. 중국인들은 한국인들에게 익숙한 적벽대전을 '적벽지전'이라고 부른다. '전'이란 회전(會戰)을 가리키는 말로 적벽은 회전이 발생한 지점이다. 예로 들자면 해하지전(垓下之戰)은 바로 초·한 양군이 해하에서 한 판 벌인 회전을 의미한다. 그러므로 '적벽지전'이란 적벽에서 발생한 한 번의 회전을 뜻한다. 적벽대전이라는 대전 자체에 이의를 제기하는 것은 적벽대전이 갖고 있는 기본적인 문제점 때문이다.

이 상황을 보다 정확하게 설명하기 위해 당시 조조 진영과 손·유 연합군 진영의 배치를 살펴보자. 우선 손권과 유비의 연합이 확정되자 곧바로 조조에 맞설 전투부대가 구성된다. 손·유 연합군 5만여 명(기록에 따라서는 7~8만여 명)은 장강을 따라 서진하여 장강 남쪽 적벽에 주둔했다. 노숙의 건의로 손권의 어릴 적 친구인 주유가 대도독으로 임명되었다. 그는 손권의 선친이 "나라 밖의 일은 주유에게 물어 결정하라"고 유언할 정도로 자질이 있는 강골이자 전략가였다. 주유도 손권에게 일단 결심이 섰으면 물러나서는 안 된다고 설득했다. 그는 북방의 조조가 말안장을 벗어나 선박에 앉아 오나라와 다투는 것은 자신의 주무기를 버리고 전투하는 것이나 마찬가지라고 지적했다. 또한 조조가 수많은 기병을 끌고 왔지만 기병의 기본 전투력인 말을 먹일 여물이 충분하지 않으므로 기병들이 제대로 활약

적벽대전을 그린 청대의 연화. 실제 전투는 적벽이 아닌 오림에서 벌어졌으나 부실한 기록으로 인해 적벽대전으로 불리고 있다.

할 수 없음을 강조했다. 게다가 조조군이 지형을 잘 몰라 악전고투하면서 내려왔으므로 질병이 발생할 수도 있다고 말했는데, 이 점이야말로 적벽대전의 승패를 가르는 중요한 문제였다. 주유는 원정군의 문제점을 원천적으로 이해하고 있었던 것이다.

반면 『삼국지』에서는 적벽대전의 모든 면이 제갈량의 의중대로 진행되었다고 설명한다. 『삼국지』에는 적벽대전에서의 제갈량의 활약상이 그 어느 곳보다도 자세하게 기술되었는데 그것은 제갈량에 의해 적벽대전의 승패가 갈리고 그 때문에 삼국이 정립될 수 있었다는 것을 강조하기 위한 것으로 보인다. 그러나 당시 제갈량의 나이는 고작 28세로 도략(韜略)과 병법에 능통하다고 하더라도 실전에 있어서는 신출내기에 불과했다. 따라서 적벽대전은 손권이 감독을 맡고 주유가 군대를 통솔했으며 유비와 유기가 행동대원으로 참가하고 제갈량은 조연에 머물렀다는 것이 정설이다.[15] 참고로 적벽대전이 벌어졌을 당시 주인공들의 나이는 각각 조조 54세, 유비 48세, 손권 27세, 주유 34세, 노숙 37세이다.[16]

부실한 정사의 기록

적벽대전은 삼국시대에 벌어진 수많은 전투 중에서 가장 중요하게 여기는 3대 전투 중에 하나이지만 실제 전투가 벌어진 곳은 적벽이 아니라 오림이었다. 적벽대전이 없었다거나 적벽대전이 아니라 오림대전이라고 설명하는 것은 그만큼 적벽대전이라 부르는 데 문제점이 많다는 것을 의미한다.

이와 같은 문제가 제기되는 것은 진수의 『삼국지』가 사마천의 『사기』와 달리 여러 부분에서 간략하게 서술한 것이 많은 탓이다. 적벽대전도 예외가 아니었다. 진수의 『삼국지』는 가장 중요한 전투인 적벽대전에 대한 종합적인 설명이 없어 전체 상황을 이해하는 데 어려움이 있다. 그렇다고 '적벽'이란 말이 전혀 없는 것은 아니다. 진수가 『삼국지』에 적벽대전을 묘사한 내용은 다음과 같다.

'조조는 적벽에 도착하여 유비와 싸웠지만 형세가 불리했다. 이때 역병이 크게 유행하여 관리와 병사들이 많이 죽었다. 그래서 조조는 군대를 이끌고 돌아왔으며 유비는 형주와 강남의 여러 군을 차지하게 되었다.'

— 『삼국지』 「무제(조조)기」

'손권은 주유, 정보 등 수군 수만을 보내 선주(유비)와 힘을 합쳐 조공과 적벽

에서 싸워 크게 이겨 그 배를 불태웠다.'

ㅡ『삼국지』「선주(유비)전」

'손권은 크게 기뻐하며 즉시 주유, 정보, 노숙 등 수군 삼만을 보내, 제갈량을 따라 선주를 뵙고 힘을 합해 조공(조조)에 대항하였다. 조공은 적벽에서 패해 군대를 이끌고 업으로 돌아갔다'.

ㅡ『삼국지』「제갈량전」

'주유와 정보를 보내 선주와 힘을 합쳐 조공과 맞서 적벽에서 조우하였다. 그 때 조공의 군대에는 이미 질병이 퍼져 있어 처음 교전하자 조공의 군대가 패 퇴하여 강북으로 후퇴하였다.'

ㅡ『삼국지』「주유전」

'주유와 정보가 좌·우독이 되어 각각 1만 명을 거느리고 유비와 함께 진격하 였는데 적벽에서 조조군을 만나 그들을 크게 격파했다. 조공이 남은 함선을 불태우고 병사를 이끌고 퇴각했다.'

ㅡ『삼국지』「오주전」

'정보와 주유가 좌우독이 되어, 조공을 오림(烏林)에서 물리쳤다.'

ㅡ『삼국지』「정황한장주진동감영수번정전」

이상이 진수의 『삼국지』에 나오는 적벽대전에 관한 기록인데 이 내용 만 보면 적벽대전이 어떻게 진행되었는지 도대체 가늠이 되지 않는다.

「선주전」에서는 조조와 적벽에서 싸워 크게 이겨 그 배를 불태웠다고 적었고 「제갈량전」에서는 조조가 적벽에서 패해 군대를 이끌고 '업'으로 돌아갔다고 적었다. 이 두 설명에 기초한다면 회전지는 '적벽'이 틀림없으며 손권과 유비의 연합군에 의해 조조가 패배하자 곧바로 북으로 돌아갔다는 것을 알 수 있다. 「주유전」에서는 쌍방이 적벽에서 조우했지만 조조가 패퇴하여 강북으로 후퇴하였는데 막상 강북이 어디인지는 설명하지 않았다. 정사에 기록된 설명만 보면 적벽대전이 적벽에서 일어났다고 해도 크게 문제가 될 것은 없다. 그런데 「정황한장주진동감영수번정전(程黃韓蔣周陳董甘徐潘丁傳)」에서는 조조를 물리친 지점은 '적벽'이 아니라 '오림'이라고 확실하게 적었다.

전투 현장을 찾는다

중국의 판도를 좌우하는 적벽대전의 위치가 어디인가조차 불분명하다는 것은 매우 의아한 일이었다. 결국 학자들이 문제해결에 나섰다. 실제 전투가 일어났다면 어디에서 일어났겠느냐를 연구한 것이다. 학자들의 결론은 다소 놀랍다. 당시의 상황을 면밀히 분석한 끝에 보니 그 유명한 적벽대전이 실제로 적벽에서 일어나지 않았고 오림에서 벌어졌음이 틀림없다는 것이다. 적벽지전(적벽대전)이 아니라 오림지전(오림대전)이 맞는다는 설명이다.

고대 전투에서 수륙양진을 펼치면서 적을 공격하는 것은 매우 중요하므로 북방의 조조 육군이 강을 따라 행군하고 조조가 접수한 형주 수군은 이들과 보조를 맞추면서 동진하였을 것으로 생각된다. 손·유의 연합군은 이들에 맞서 수군은 수군으로 육군은 육군으로 격퇴할 방안을 갖고 전투에 임했다.

　현재 호북성의 적벽시 인근의 적벽이라고 알려진 곳이 매우 중요한 전략적 위치에 있었던 것만은 틀림없다. 적벽은 서쪽으로 거슬러 올라 동정호와 파촉에 이르고 동으로는 오월과 소주·형주에 이르며 북으로는 한수 유역의 천리 평야가 보인다. 남으로는 옛 성채인 포기가 있어 강남의 지형적인 우세를 전부 포괄하므로 예로부터 전쟁의 활동 무대였다. 실제로 주유가 조조의 대군이 밀려들어오더라도 승산이 있다고 생각한 것은 연합군의 병력은 작지만 유리한 지형을 차지하고 있었기 때문이다.

　오림 또는 적벽대전이라는 이름을 붙이기 위해서는 가장 중요한 전투가 어디에서 벌어졌느냐가 관건이다. 적벽대전을 엄밀히 검토한 학자들이 적벽에서 대전이 벌어진 것이 아니라 오림에서 벌어졌음이 틀림없다고 설명하는 것은 두 가지 이유 때문이다. 우선 적벽 앞은 조조와 손·유의 수군이 격돌했다고 생각하기에는 너무나 협소하기 때문이다. 반면에 오림 앞은 바다와 같이 넓은 지역이므로 조조의 수군이 진주하기에도 적합한 것은 물론 손·유의 연합군이 진공하는데도 문제가 없다.

　적벽대전에서 양 진영 수군 간의 전투가 벌어지기 전에 손·유의 연합군은 적벽에 진주했는데 적벽은 장강 동쪽에 있고 조조는 장판을 거쳐 곧바로 강릉까지 남하해 수십만 대군을 이끌고 강 동쪽을 따라 내려가 장강의 북쪽이자 적벽에서 다소 하류로 장강의 서쪽인 오림에 주둔했다. 두 진영이 서로 장강을 마주보는 근접지역에 위치하고 있으므로 적벽 또는 오림에서 대전이 벌어졌다고 말해도 문제가 없을지 모른다. 특히 오나라의 수군 주력부대는 적벽 인근, 즉 장강 동쪽에 위치하여 발진했기 때문이다.

적벽에서 바라본 오림. 상륙전이 펼쳐진 늪지대가 너른 강 건너로 보인다.

그러나 전투 상황 전체를 볼 때 적벽보다 오림대전이라 부르는 것이 정확하다. 조조의 수군과 육군이 오림에서 주둔하고 있었다는 두 번째 이유 때문이다. 기록에 의하면 조조의 수군은 연환계에 의해 모두 철쇄로 묶어두었는데 화공으로 공격을 받아 수군의 선박들이 불에 탈 때 조조 육군의 진영까지 불이 옮겨졌다고 했다. 이는 조조의 수군과 육군이 적벽이 아니라 오림에 주둔하고 있었다는 것을 의미한다.

결론은 간단하다. 오림에 주둔하고 있던 조조의 수군이 화공으로 격멸되자 손·유의 연합군이 곧바로 오림으로 상륙작전을 감행하여 조조의 육군을 격멸했다. 적벽대전에서 수전과 육전 모두 오림에서 벌어졌기 때문에 당연히 대전이 일어난 곳은 적벽이 아니라 오림이라고 불러야 한다는 것이다.

오림에서 바라본 적벽. 온통 절벽 뿐인 협소한 지역이라 실제로 전투가 불가능한 지형이다.

　문제는 적벽대전이라는 명사가 너무나 잘 알려졌고 특히 나관중의『삼
국지』에 의해 과대포장되어 전쟁사에 종사하는 학자들조차 명칭이 부정
확한 것임을 알면서도 계속 사용해왔다는 데 있다. 이 책이 오림대전이
아니라 적벽대전으로 설명하는 이유 역시 마찬가지이다. 진수조차『삼국
지』에서 가장 중요한 적벽대전의 장소, 즉 회전 지점에 대해 엇갈리는 기
록을 했다. 적벽에서 전투가 일어난 것처럼 설명한 것은 물론「정황한장
주진동감능서번정전」에 단 한 번 조조를 오림에서 물리쳤다고 기록한 것
이다. 중국 학자들은 진수가 이와 같이 부실한 기록으로 중국 전쟁사를
오도했고 또 웃음거리로 만들었다고 비난한다.

　학자들이 각종 사료와 실제 전투가 벌어졌음직한 현장을 면밀히 검토
한 결과, 구성한 적벽대전의 전투 시나리오는 다음과 같다.

'조조는 초전에 패배한 후 즉시 강북으로 후퇴하여 잠시 오림에 주둔하며 부대를 정돈하면서 반격을 준비했다. 당시 주유는 강의 남쪽에 있었는데 주유의 부장 황개가 "지금 적이 많고 우리가 적으니 시간을 오래 끌기 힘들지만 조조의 군선을 불태우면 승리할 수 있다"고 말했다. 이에 황개가 수십 척의 배를 하나로 이어서 장작에 기름을 칠한 후 천으로 두르고 조조에게 항복하겠다고 편지를 보냈다. 조조는 정말로 황개가 투항하는 줄 알고 황개가 길게 줄이어 몰고 오는 배를 관망하고 있는데 갑자기 황개가 배를 풀고 불을 붙였다. 마침 바람이 매우 세차게 불어 조조군에게로 옮겨갔고 수많은 조조군이 희생되었다. 조조는 즉각 후퇴를 명했고 남은 배들을 모두 불살랐는데 유비와 주유 등의 육군이 곧바로 상륙작전을 감행하여 조조를 추격했다. 조조는 조인 등을 남겨 강릉성을 지키도록 하고 홀로 북으로 돌아갔다.'

적벽과 오림은 서로 마주보고 있으며 연락선으로 20~30분 거리에 있다. 중국 고대 10대 전쟁터 중 유일하게 완전히 보존된 유적이다. 적벽은 『삼국지』의 영향으로 적벽대전이 일어난 곳을 찾는 관광객들이 전 세계에서 몰리고 있어 적벽대전의 명성이 얼마나 높은지를 알 수 있다.

『삼국지』의 대전투가 벌어졌다는 적벽 인근은 현재 세 구역으로 나뉘어 적벽공원으로 단장되어 있다. 방통이 공부했다는 봉추암이 있는 금란산, 제갈량이 동남풍을 빈 배풍대가 있는 남병산, 적벽이 있는 적벽산이다. 입구에서 봉추암을 지나면 곧바로 배풍대(동풍각)와 무후사가 있는 남병산인데 이곳을 지키는 사람들은 검은 옷을 입은 도교의 도사들이다. 전하는 말에 따르면 제갈량이 바람을 부른 의식이 도교에서 온 것이라고 한다.

적벽산은 남병산과 이어져 있는데 정상에 주유의 동상과 적벽대전 기

념관이 있다. 『삼국지』에는 적벽
대전이 거의 전부 제갈량의 공으
로 되어있지만 학자들은 적벽대전
의 실제 주역은 주유라고 생각한
다.[17] 주유가 패잔병인 유비군과
동오군을 일사불란하게 지휘하지
않았다면 적벽이라는 천혜의 요새
를 선점했다 하더라도 막강한 조
조군에게 패배했을 것이라는 생각
이다. 적벽산 위에 주유의 동상이
세워진 것도 그 때문이다.

적벽공원에 세워진 주유동상. 나관중에 의해 왜
곡되긴 했으나 실제로 그는 영민하고 온화한 인
물이었다고 한다.

　『삼국지』에는 적벽대전을 승리
로 이끈 최대 공로자가 제갈량이며 주유는 제갈량에게 열등의식을 품은
속 좁은 무장(武將)으로 그려져 있지만 이는 제갈량을 신격화하기 위한 방
편일 뿐이다. 주유는 천재가 갖기 쉬운 독선과는 거리가 먼 화합의 인물
이다. 특히 미남이었던 주유는 음악에도 조예가 깊은 멋쟁이로 '주랑(周
郎, 멋쟁이)'이란 애칭으로 불렸다. 악사가 음악을 연주할 때 '주랑이 뒤돌
아보았다'고 하면 박자나 음정이 틀렸다는 뜻이다.

　적벽대전에서 유비와 손권이 조조를 상대로 대승을 거둔 데는 생각지
못한 행운도 작용했다고 알려진다. 원래 유비를 추격하던 조조는 형주를
접수하자 곧바로 동정호에서 하구의 동호로 진격하려고 했다. 조조군이
짙은 안개 속에 동호까지 가는 뱃길을 제대로 찾지 못해 동정호에서 이틀
동안 뱅뱅 돌아야 했다. 조조가 동정호에서 시간을 허비하는 동안 주유는

하구에서 장강을 거슬러 올라와 육구를 먼저 점령했다.[18] 덕분에 유비와 손권의 연합군은 전략적으로 중요한 적벽 인근을 확보하고 거대한 동호에서 수군을 조련하는 등 전투에 대비할 수 있었다는 설명이다.[19]

적벽대전이 벌어졌다는 적벽산 절벽에는 '적벽'이라는 글자가 적혀 있다. 전해지는 말로는 주유가 조조 군사를 격파한 후 승리를 자축하며 술을 마시면서 검으로 새긴 것이라고 알려지지만 당연히 이는 사실이 아니다. 적벽이라고 쓴 서체는 해서(楷書)인데 삼국시대에는 소전(小篆)과 예서(隸書)를 주로 사용했으며 해서는 당나라가 들어선 후에 나타났다.[20]

한편 적벽대전의 증거물도 오림에서 발견되어 전투가 적벽이 아니라 오림에서 벌어졌다는 것을 증빙한다. 오림 고채(古寨)에서 인골과 말의 뼈는 물론 '건안 8년'이라고 적힌 구리로 된 등자가 발굴된 것이다. 학자들은 이들 유물이야말로 적벽대전, 즉 오림대전 당시의 유적으로 추정한다.

'적벽대전'의 시작은 누구인가

마지막 질문으로 들어간다. 앞의 설명을 통해 볼 때 문제의 대전을 적벽대전이 아니라 오림대전이라고 해야 하는데도 그 동안 계속 적벽대전으로 불린 이유가 무엇일까? 무엇보다 최초로 '적벽대전'을 사용한 사람은 누구였을까? 다소 맥 빠지는 결론이지만 원인은 진수였다. 진수가 정사인 『삼국지』에서 앞에 설명한 것처럼 모호하게 기록했기 때문에 후세 사람들이 적벽에서 전투가 일어난 것으로 적었다는 것이다. 그러나 적벽대전이 더욱 유명해진 것은 나관중의 『삼국지』 때문이다. 진수는 『삼국지』에서 적벽대전에 대해 커다란 비중을 두지 않은 반면 나관중은 『삼국지』의 가장 중요한 전투로 적벽대전을 꼽았다. 문제는 나관중 역시 진수의 잘못

적벽대전의 한 장면을 형상화한 적벽공원의 조형물. 한때 중국 대륙을 삼분했던 전투의 기억은 이제 관광객들의 단골 사진촬영 장소로 변했다.

된 표현을 그대로 『삼국지』에 사용했기 때문에 모두들 오림대전이 아니라 적벽대전으로 알고 있다는 것이다. 청나라시대의 장학성은 『병신찰기(丙辰札記)』에서 다음과 같이 아쉬움을 표시했다.

'『열국지』 『금병매』 등 유명 소설은 모두 상상력에서 만들어진 픽션이므로 작가가 소설의 내용을 어떻게 끌고 가든지 큰 부작용이 없다. 그런데 『삼국지』는 70퍼센트의 역사적인 사실에 30퍼센트의 허구를 섞은 소설이다. 문제는 『삼국지』에서 가장 중요한 적벽대전을 허구의 사실에 기초하여 전개했다는 점이다. 적벽대전이라는 단어만 보면 혼란스럽기 그지없다.'

역사는 진실을 요구한다. 그런데 30퍼센트의 허구가 진실로 포장되면 그 폐해가 적지 않다. 나관중은 제갈량을 『삼국지』의 주인공 중의 하나로 만들기 위해 천재적인 군신으로 묘사했으나 이는 역사적 사실과 많이 다르다.

『삼국지』에서는 주유가 여러 차례 제갈량을 살해하려 하는 반면 제갈량도 주유의 화를 돋우어 조조에 대항토록 사주하지만 이는 사실이 아니다. 실제로 이런 상황이 연출되었다면 적벽대전은 고사하고 조조가 나타나자마자 제갈량조차 도망가거나 항복했을 것이다. 『삼국지』를 읽은 사람들은 당연히 조조와 손·유 연합군의 전투지점이 적벽이고 불타는 조조 수군의 선박은 적벽에서 전멸했다고 생각한다. 『삼국지』의 과대묘사가 적벽공원이라는 역사적 명소를 태어나게 한 것이다. 일부 역사학자들은 그래서 나관중을 정말 성의 없는 작가라고 비난한다. 그가 소설의 한 재미로 제갈량을 부각시키는 등 역사적인 사실과 다르게 적었는데 막상 베스트셀러가 되자 그가 적은 내용이 마치 진실처럼 오도되었기 때문이다. 하지만 그를 소설가로 본다면 그렇게 탓할 일도 아니다. 소설의 본령이 바로 픽션이기 때문이다. 소설가는 역사가의 진실을 최대한 잘 활용하고, 역사가는 언제나 소설가의 상상력과 창작력을 존중하여 역사적인 사실을 더욱 많이 밝혀내는 데 매진하는 것이 현명한 처사일 것이다.

동남풍을 부른

제갈량의 비밀

三國志

三國志

적벽대전을 중국사에서 중요하게 생각하는 것은 이 전투가 전체 중국사에 큰 영향을 미치기 때문이다. 적벽대전의 파급효과는 광의(廣義)와 협의(狹義)로 구분하여 설명된다.

먼저 협의의 결과를 보면 적벽대전은 군사적인 결정성을 갖지 않았다. 조조가 상대도 되지 않는 손·유의 연합군에게 패전하여 형주를 떠나 중원의 '업'으로 돌아갔지만 그의 권력기초는 적벽대전의 패배에도 흔들리지 않았다. 조조의 군사력이 여전히 손권과 유비의 군사력을 월등히 앞서 있다는 것은 그 후 조조가 다시 오나라를 침공한 것으로도 알 수 있다(213년). 적벽대전이 단기적으로는 남·북 간의 군사적 평형을 깨는 데 도움이 되지 못했다는 것이다.

반면 광의적인 측면에서의 적벽대전은 역사상 매우 큰 영향을 미쳤다. 학자들은 만약 조조가 적벽대전에서 승리했다면 신속하게 중국을 통일하는데 어떤 장애도 없었을 것이라고 확언하여 말한다. 조조가 승리했다면 후한에 이어 새로운 제국을 설립할 수 있었다는 것이다. 역사의 가정은 어리석은 일이라는 말을 떠올릴 때 어쩌면 이 같은 추측은 그저 흥밋거리에 지나지 않을 수도 있다. 그러나 이러한 상상과 추측이 재미를 넘어 사실로 취급되거나 과장된 역사가 되어 전승된다면 얘기가 좀 달라진다. 『삼국지』의 문제가 바로 여기에 있다. 『삼국지』는 적벽대전이 제갈량의 작품이라고 설명한다. 제갈량은 신출귀몰한 활약으로 적벽대전을 승리로 이끌고 심지어 수군의 공격에 절대적으로 필요한 동남풍도 빌어오며, 며칠 만에 수많은 화살까지 얻어온다. 제갈량의 이 같은 능력은 인간이 아니라 신의 경지라고도 볼 수 있는데, 사실 나관중의 『삼국지』가 세기를 이어오며 사람들의 인기를 끌 수 있는 것은 바로 그와 같은 인물 설정 때문이라 볼 수 있다. 물론 제갈량이 진짜 그런 능력을 발휘했는가는 다른 문제이다.

『삼국지』의 과학과 픽션

『삼국지』에서 나관중은 적벽대전의 중요성을 감안하여 대단히 많은 지면을 할애했다. 특히 적벽대전에서 제갈량의 역할은 그야말로 화려하다. 유비와의 연합에 반신반의했던 손권으로 하여금 조조에 대항하도록 설득했으며 조조의 수군을 화공으로 공격할 때 이에 절대 필요한 동남풍도 불게 했다. 실상 『삼국지』에서 적벽대전은 유비가 제갈량을 초빙하는 삼고초려 대목까지 포함할 경우 그 내용이 거의 5분의 1에 달한다. 당연히 나관중이 허구로 적은 내용이 많다. 때문에 적벽대전을 설명하기 위해서는 나관중의 『삼국지』에서 어느 부분이 사실이고 어느 부분이 허구인지를 분별하는 것이 매우 중요하다. 이 책은 기본적으로 『삼국지』를 읽은 독자가 대상이므로 나관중이 작가적인 허구로 작성한 부분만 중점적으로 설명한다.

먼저 『삼국지』에서는 주유가 제갈량의 능력을 볼 때 결국 손권에게 해가 될 것으로 예측하여 제갈량을 죽이려고 한다. 그 빌미로 10만 개의 화살을 단 3일 만에 만들어달라고 한다. 제갈량은 안개를 이용하여 서로 묶어놓은 20척의 배로 하여금 조조군을 공격하는 것처럼 위장하였고 이에 놀란 조조군에서 화살 10여만 대를 쏘았는데 이를 회수하여 주유에게 주었다는 것이다. 이를 초선차전(草船借箭)이라 하는데 이 이야기 자체는 공상적인 이야기가 아니다. 『삼국지』가 나오기 전의 베스트셀러인 『삼국지평화(三國志平話)』에 다음과 같이 초선차전에 관한 이야기가 적혀 있다.

'주유가 장막으로 배를 씌우라고 명했다. 조조군이 쏘는 화살이 모두 배의 왼쪽에 꽂혔다. 그러자 주유는 노 젓는 사람들에게 배를 돌리라고 했다. 배가 방향을 바꾸자 이번에는 화살이 모두 배의 우측에 꽂혔다. 주유는 화살이 가득 박힌 배를 몰고 돌아왔다. 수백만 개의 화살을 얻은 주유는 "승상, 화살 고맙소"라고 외쳤다.'

또 『위략』에는 다음과 같은 이야기가 적혀 있다.

'손권이 큰 배를 타고 적진을 정탐하는데 조조가 화살을 쏘라고 명령했다. 조조의 궁사들이 어지러이 화살을 쏘자 손권의 배 한 쪽에 집중적으로 꽂혀 배가 기울며 전복되려고 했다. 그러자 손권이 배를 돌리라고 명령해 반대쪽에 화살을 받아 배의 균형을 잡은 후 무사히 돌아왔다.'

이것이 '화살을 빌린' 이야기의 원본으로 사실은 화살을 빌리는 것이

10만개의 화살이야기를 그린 청대 연화. 나관중은 제갈량의 기지를 드러내는 일화로 활용했으나 그 주인공이 제갈량이 아닌 손권으로 되어 있다.

본래 목적이 아니었다. 화살은 소가 뒷걸음치다가 쥐를 잡은 격이나 마찬가지이다. 그런데 이 내용이 언제부터인가 주유가 화살을 빌린 것으로 각색되더니 나관중은 아예 주인공까지 바꾸어 당초부터 화살을 빌리는 용도로 포장했다. 『삼국지』에서는 제갈량이 화살 10만 개를 약속대로 갖고 오자 노숙이 놀라 제갈량을 과연 신인(神人)이라고 한다. 이에 제갈량은 다소 거만하게 다음과 같이 주유를 농락한다.

"장수 된 사람이 천문과 지리, 기문(奇門, 고대 미신의 술법 중에 하나로 군사 행동의 성패와 길흉을 예측하는 일)을 모르고 음양과 진도(陳圖)를 볼 줄 모르고, 병세(兵勢)에 밝지 못하다면 용렬한 장수입니다. 나는 3일 전에 오늘 크게 안개가 낄 것을 짐작했습니다. 주유는 열흘 동안에 10만 개 화살을 만들라고 하여 나를 죽이려

했으나 내 명은 하늘에 달려 있습니다. 주유가 어찌 나를 죽일 수 있겠습니까."

학자들은 실제로 제갈량이 볏단을 잔뜩 실은 선대를 조직했다면 다음과 같은 상황이 벌어졌을 것으로 추정한다. 첫째, 화살을 얻기는커녕 모두 불에 타 죽었을 것이다. 조조군에서 불화살 한 발만 쏘더라도 선대 전체가 불바다로 변할 것이기 때문이다. 둘째, 강에 짙은 안개가 깔려 있었다면 선대는 길을 잃고 조조 수군 진영으로 돌진했을 가능성이 있다. 선대 자체가 조조군의 공격으로 속수무책으로 당했을 것이다. 셋째 배마다 1000개가 넘는 볏단을 싣고 거기에 5000개의 화살이 박힌다면 배의 무게 때문에 속도를 낼 수 없으므로 조조군의 공격에 침몰했을 가능성이 높다.

천하의 제갈량이 이런 무모한 작전을 추진했을 리 없다. 특히 조조군이 아무리 바보라고 하더라도 북치는 곳에 10만 대의 화살을 쏠 리 없으며 안개로 아무것도 보이지 않는다면 손권의 배 역시 앞을 볼 수 없는 것이 당연하다.[1]

동남풍을 빌다

『삼국지』에서 펼쳐지는 제갈량의 활약 중 가장 흥미를 자극하는 대목은 동남풍을 부르는 부분이다. 손·유 연합군이 화공전술을 펼치려면 모든 배를 묶어놓은 조조 수군을 공격하기 위해 바람이 조조 쪽으로 불어야 했다. 때문에 동남풍이 절대적으로 필요했다. 『삼국지』는 제갈량이 제단을 쌓고 제를 지내서 동남풍을 불게 했다고 설명한다. 판소리 〈적벽가〉도 제갈량이 동남풍을 불러온 후 재빨리 주유의 살해 음모로부터 피하는 부분을 가장 강조하여 부른다.

자진모리

말이 맞지 못하야 이날 밤 삼경시에 바람이 차차 일어난다 뜻밖에 광풍이 우루루루 풍성(風聲)이 요란커늘 주유 급히 장대상에 퉁퉁 내려 깃발을 바래보니 청룡주작(靑龍朱雀) 양기각(兩旗脚)이 백호현무(白虎玄武)를 응하야 서북으로 펄펄 삽시간(時間)에 동남대풍(東南大風)이 일어 기각이 와지끈 움죽 기폭판(旗幅版)도 떼구르르 천동(天動)같이 일어나니 주유가 이 모양을 보더니 간담이 떨어지는지라 '이 사람의 탈조화(奪造化)는 귀신도 난측(難測)이다. 만일 오래두어서는 동오에 화근이매 죽여 후환(後患)을 면하리라.'

서성, 정봉을 불러 은근히 분부허되

"너희 수륙으로 나누어 남병산 올라가 제갈량을 만나거든 장단을 묻지 말고 제갈량의 상투 잡고 드는 칼로 목을 얼른 싹—미명에 당도허라. 제갈량을 지내보니 재주는 영웅이요 사람은 군자라 죽이기는 아까우나 그대로 살려두어서는 장차에 유환(有患)이니 명심불망(銘心不忘)허라!'

서성은 배를 타고 정봉은 말을 놓아 남병산 높은 봉을 나는 듯이 올라가 사면을 살펴보니 제갈량은 간디 없고 집기장사(執旗壯士)에 당풍립(當風立)하야 끈 떨어진 차일(遮日) 장막 동남대풍에 펄렁펄렁 기 잡은 군사들은 여기저기가 이만허고 서 있거날

"이놈! 군사야."

"예."

"제갈량이 어디로 가드냐?'

저 군사 여짜오되

"바람을 얻은 후 머리 풀고 발 벗고 이 너머로 가더이다."

두 장수 분을 내어

"그러면 그렇지. 지재차산중(只在此山中)이여든 종천강(從天降)허며 종지출(從地出)헐따 제 어디로 도망을 갈까."

단하로 쫓아가니 만경창파(萬頃蒼波) 너른 바다 물결은 휘홍헌디 제갈량의 내거종적(來去踪跡) 무거처(無去處)여늘 수졸을 불러

"이놈! 수졸아."

"예."

"제갈량이 어디로 가드냐?"

"아니 소졸 등은 제갈량은 모르오나 차일인묘시(此日寅卯時) 강안(江岸)의 매인 배 양양(瀁瀁) 강수 맑은 물에 고기 낚는 어선배 십리장강 벽파상(碧波上) 왈애허던 거룻배 동강(桐江)의 칠리탄(七里灘) 엄자릉의 낚시배 오호상연월(五湖上煙月) 속에 범상공(梵相公) 가는 밴지 만단(萬端) 의심을 허였더니 뜻밖에 어떤 사람 머리 풀고 발 벗고 창황분주(蒼惶奔走) 내려와 선미(船尾)에 다다르매 그 배 안에서 일원대장이 우뚝 나서난디 한 번 보매 두 번 보기 엄숙한 장수 선미에 통통 내려 절하매 읍(揖)을 치며 둘이 귀를 대고 무엇이라고 소근소근 고개를 까딱까딱 입을 쫑긋쫑긋허더니 그 배를 급히 잡어타고 상류로 가더이다."

"옳다, 그것이 공명이다."

날랜 배를 잡어타고

"이놈, 사공아!"

"예."

"네 배를 빨리 저어 공명 탄 배를 잡어야 망정 만일에 못 잡으면 이 내 장창으로 네 목을 땡그렁 비어 이 물에 풍덩 드리치면 니 백골을 뉘 찾으리."

사공들이 황겁하야

"여봐라 친구들아. 우리가 까딱 잘못허다가는 오강(吳江)의 고기밥이 되겠구

나 열두 친구야 치다리 잡아라 워겨라 저어라 저어라 워겨라 어기야뒤야 어기
야 어기 야뒤여 어어어허 어어어허어기야 엉어그야 엉어그야."

은은히 떠들어 갈 제 상류를 바래보니 강 여울 떴난 배 흰 부채 뒤적뒤적 공명
일시 분명쿠나 서성이 크게 외쳐

"저기 가는 공명선생! 가지 말고 게 머무러 내의 한 말 듣고 가오."

공명이 허허 대소허며

"너의 도독 살해(殺害)마음 내 이미 아는지라 후일보자 화보하라."

서성 정봉 못 듣는 체 빨리 저어서 쫓아오며

"긴히 헐 말 있사오니 게 잠깐 머무소서."

자룡이 분을 내어

"선생은 어찌 저런 범람(氾濫)한 놈들을 목전에다가 두오니까? 소장의 한 살 끝
에 저 놈의 배아지를 산적(散炙)꿰듯 허오리다."

공명이 만류(挽留)허되

"아니, 그는 양국대사(兩國大事)를 생각하야 죽이든 말으시고 놀래여서나 보내
소서."

자룡이 분을 참고 선미에 우뚝 나서

"이놈! 서성 정봉아. 상산 조자룡을 아느냐 모르느냐, 우리나라 높은 선생 너의
나라 들어가서 유공이 많었거든 은혜는 생각잖고 해코저 딸오느냐. 너희를 죽
여 마땅허되 양국대사를 생각허여 죽이든 않거니와 내의 수단이나 네 보아라."

가는 배 머무르고 오는 배 바래보며 뱃보 안에가 드듯마듯 장궁철전(長弓鐵箭)
을 먹여 비정비팔(非丁非八)허고 흉허(胸虛) 복실(腹實)하야 대두(大頭)를 숙이고
호무뼈 거들며 주먹이 터지게 좀통을 꽉 쥐고 삼지(三指)에 힘을 올려 궁현(弓
弦)을 따르르르르 귀밑 아씩 정기일발(精氣一發) 딱지손을 딱 떼니 번개같이 빠

른 살이 해상으로 피르르르 서성 탄 배 덜컥 돛대 와지끈 물에 풍 오든배 가로

저 물결이 뒤채여 소슬광풍(蕭瑟狂風)에 뱃머리 빙빙빙빙빙 워리렁 출렁 뒤둥

그러져 본국으로 떠나간다.'

『삼국지』의 결론은 손권의 수군이 제갈량이 불러온 동남풍을 만나지

못했다면 결코 조조에게 이기지 못했을 것이라는 것이다. 그런데 원래 제

갈량의 동남풍 빌리기는 원대의 잡극 『칠성단제갈제풍』에서 유래한다.

『삼국지평화』에도 '제갈량이 누런 옷을 입고 맨발에 머리를 풀어헤치고

왼손에 검을 들고 어금니를 부딪치며 술법을 행하자 곧 큰바람이 불었다'

고 묘사되어 있다. 나관중의 『삼국지』는 여기에 살을 붙이고 보다 극적으

로 각색한 것이다.[2]

학자들이 중점적으로 연구한 부분이 바로 이 대목이다. 조조는 건안 13

년 7월 남정을 시작하여 9월 중에 형주를 점령하고 손권이 항복할지 그렇

지 않으면 자신에게 항전할지를 한 달간 기다렸다. 그러나 조조의 예상과

는 달리 손권이 조조에게 항복하지 않고 전의를 불사르자 조조는 계속 남

진했다. 그러므로 실제 전투가 벌어진 시기는 음력 10월에서 11월 사이로

추정하는데 진수의 『삼국지』「무제기」에는 12월로 적혀 있다. 놀라운 것

은 적벽대전이 겨울에 벌어졌다면 적벽대전에서 가장 유명한 제갈량의

동남풍이 해결될 수 있다는 점이다. 과학자들은 적벽대전이 겨울에 벌어

졌다면 장강 유역의 지형적인 위치 때문에 동풍이 부는 것은 정상적인 현

상이라고 설명한다. 『삼국지』처럼 제갈량을 통해 바람을 불러올 필요가

없다는 설명이다.

필자의 답사 때도 11월 말인데도 한낮의 장강 일대엔 점퍼를 벗어야 할

만큼 기온이 올라갔는데 때마침 동남풍이 불고 있었다. 이런 기상 변화는 장강에서의 작전 경험이 풍부한 주유가 그 누구보다 잘 알고 있었던 것으로 보인다. 한마디로 주유는 동남풍이 부는 날을 대비해 출격을 준비하고 있었다고 볼 수 있다. 더욱이 조조의 함선들이 모두 쇠사슬로 묶여 있었다면 사실상 쉽게 움직일 수 없기 때문에 화공을 하더라도 반드시 동남풍의 힘을 빌어야 하는 것은 아니다. 물론 어느 쪽에서든지 바람이 불어준다면 좋겠지만 말이다. 나관중의 이야기처럼 제갈량이 바람을 빌려 조조군을 격파했다는 것은 애초부터 과장이라는 설명이다. 그러나 나관중이 어떤 연유로 제갈량이 동남풍을 불어오도록 이야기를 만들어냈는지는 의문이 든다.

이 부분에 대해서 학자들의 연구는 대체로 다음과 같다. 나관중은 겨울에 장강 유역에서 동풍이 분다는 것을 파악하고 있었으므로 제갈량을 통해 바람이 불어오도록 소설의 주요 소재로 사용했다는 것이다. 한 치도 결말을 알 수 없는 전쟁에서 기후는 흥미를 자아내기에 매우 유용한 소재이다. 그러나 인간이 동남풍을 불러왔다면 인간이 아니라 마법을 지닌 마법사라고도 부를 수 있다. 오죽하면 루쉰이 이 사건처럼 황당한 일은 없다며 "제갈량의 지혜를 그린다는 것이 거의 요괴를 그린 것처럼 보인다"라고 평했겠는가.[3]

황개의 고육지계

『삼국지』의 백미는 적벽대전에서 조조의 수군이 완전히 궤멸되었다는 것이다. 조조는 형주를 점령하고 수군을 확보하여 유비·손권의 연합군과 일전을 준비하는데, 방통(봉추)의 연환계에 걸려 모든 배를 쇠사슬로 묶는

동남풍을 비는 제갈량. 신출귀몰하는 제갈량의 대단함을 드러내는 이 일화 속에도 과학은 숨어 있다. 본래 적벽 일대에는 12월경 동남풍이 분다고 한다. 굳이 제를 올려 바람이 일기를 빌지 않아도 됐던 것이다.

치명적인 실수를 저지른다. 이때 황개가 위장 항복하여 조조를 전장에 이끌어내었다고 설명되는데, 여기에는 상당한 이유가 있다.

조조가 동정호에서 헤매느라 손권이 장강의 전략요충지인 육구와 적벽을 선점하자 조조는 적벽의 강상(江上)에서 주유의 함대와 조우하여 소규모 접전을 벌였는데 전세가 이롭지 못하자 대안의 오림으로 집결했다. 원래 조조는 겨울을 넘기고 봄에 공세를 펼치기 위해 전열을 가다듬고 있었으므로 주유가 수군으로 도발했지만 조조는 응전하지 않았다. 이때 조조는 누선과 누선을 쇠사슬로 묶은 후 뱃전을 대나무다리, 즉 주교(舟橋)로 연결하고 조선(操船)과 사격 훈련에 열중하고 있었다. 이 같은 전술은 큰 강을 사이에 두고 대치하는 당시 수군의 상용수법이었다. 수상전에서 공격시 주교를 이용해 대안의 적진으로 병사를 상륙시키고 횡대로 이어진 누선들이 적의 수영에 육박한다. 이때 횡대로 연결된 누선의 무리는 움직이는 성을 방불케 한다. 당시 대형 누선 한 척은 최고 1000명을 수용할 수 있었다. 장거리 이동 간에는 선수와 선미를 쇠사슬로 엮어 종대를 형성했는데 필자가 현장을 답사할 때도 선박 20여 척을 묶어 종대로 운항하는 모습을 볼 수 있었다.

하지만 조조가 겨울작전을 회피하고 봄을 기다릴 경우 손권의 진영에 문제가 생긴다. 조조의 의도대로 장기전에 들어가면 승산이 없기 때문이다. 그리하여 황개가 주유에게 진언했다.

'우리 군은 병력이 적어 지구전에는 견디기 어렵습니다. 적의 수군을 관찰하건대 선수와 선미가 쇠사슬로 엮여 있어 화공하면 반드시 조조를 패주시킬 수 있습니다.'

이때의 정황을 『삼국지』는 매우 자세하게 적고 있다. 유비·손권의 연합군은 처음부터 조조의 수군, 즉 형주에서 접수한 수군을 격파하기 위해서는 화공을 사용해야한다고 결론을 내리고 있었다. 이때 황개가 주유에게 '해를 넘기지 않고 조조를 도발케 하려면 조조의 지연책을 파기하도록 자신이 고육지계(苦肉之計)에 자임하겠다' 며 자원한다.[4] 황개가 다음 날 전투를 계속 미루려면 차라리 항복하는 것이 좋다고 말하여 주유를 화나게 하자 주유는 곧장 100대를 치라고 한다. 결국 신하들의 반대로 100대에서 50대로 중지되었지만 황개는 끝까지 자기 고집을 버리지 않고 주유를 욕하면서 동료들에게 끌려 나갔다. 이것이 고육지계임을 정확하게 파악한 감택이 조조에게 보내는 황개의 항복문서를 전달한다. 황개는 조조에게 다음과 같이 항복하겠다고 적었다.

'미욱한 저는 손씨 가문의 두터운 은혜를 입어 모반의 마음을 품을 수는 없습니다. 그러나 강동 6군의 미미한 세력으로 백만대군을 당해내려는 것은 전략을 무시한 무모한 생각이며 군중에서도 저와 뜻을 같이하는 자가 대다수입니다. 그런데도 나이 어린 주유가 도독이라는 지위를 빌려 재간만 믿고 닭의 알로 돌을 치는 어리석은 수작을 부릴 뿐만 아니라 참람하게 권세로 사람을 눌러 죄 없는 사람에게 형벌을 주고 공 있는 사람에게 상을 주지 아니합니다. (……) 승상께서는 성심으로 사람을 대접하시고 허심탄회하게 선비를 받아들인다는 소문이 높기에 황개는 군사를 거느려 항복을 올린 후에 공을 세워 부끄러움을 씻으려 합니다. 양초(糧草)와 거장(車仗)을 배편이 있는 대로 바치려 합니다.'

조조도 바보가 아니므로 황개의 항복문서가 거짓이라며 문서를 가져온

감택을 처형하려고 하지만 구변이 좋은 감택은 결국 조조를 설득하는데 성공한다. 물론 조조가 오나라군에 심어놓았던 첩자인 채화(가공인물)와 채중(가공인물)이 황개의 항복은 결코 거짓이 아니라는 보고서를 올렸기 때문이기도 하다. 황개가 조조에게 보낸 항복밀서에 대한 신빙성을 높이기 위한 속임수였다. 이때 봉추가 조조를 만나 전선을 흩어지지 않도록 한데 단단히 묶어놓는 '연환계(連環計)'를 사주한다. 봉추는 방통으로도 불리는데 스승인 사마휘가 제갈량과 함께 유비에게 천거한 사람이다. 방통은 조조에게 배를 쇠사슬로 한데 묶으면 큰 풍랑에서도 견딜 수 있다는 이른바 '연환지계(連環之計)'를 주장하여 조조가 이를 승낙한 것으로 묘사된다.

"장강에는 조수간만의 차가 있어 파도가 잔잔해지는 때가 없습니다. 북방의 군대는 배를 타 본 적이 없으므로 날마다 파도에 흔들리면 병에 걸리는 것이 당연합니다. 그러므로 큰 배, 작은 배를 하나로 연결하여 30척 또는 50척을 한 조로 하여 뱃머리를 쇠사슬로 연결하고 그 위에 넓은 판을 깔면 사람은 물론 말도 자유롭게 걸어 다닐 수 있습니다. 그것을 타고 적진으로 쳐들어간다면 파도 따위는 문제가 되지 않습니다."

이렇게 조조가 형주로부터 획득한 수군의 선박을 모두 하나로 묶어 이동이 불가능하게 했기 때문에 위장 항복한 황개가 화선(火船) 20척을 준비하여 항복해오는 척 하면서 불붙은 짚더미로 조조의 배를 공격하여 모든 배가 불태워 전멸시켰다는 것이다. 그러나 이것 역시 허구로 인식한다. 학자들은 당시 조조의 군사들은 북방 출신이 대다수였기 때문에 배를 타 본 적이 없으므로 뱃멀미가 심해 조조 스스로가 고안해낸 방법으로 추정

장강의 안개. 이러한 안개 속에서 지형에 익숙하지 않은 장수가 전투의 승리를 기대하기란 어려운 일이다.

한다. 방통의 연환계에 속은 것이 아니라 조조군이 스스로 배를 묶어놓았다는 것이다.

적벽대전에서 가장 중요한 관건은 화공을 할 때 바람의 방향이었다. 화공이 아무리 좋은 아이디어라고 해도 바람이 조조군이 아니라 연합군 쪽으로 분다면 실패한다는 것이다. 그러므로 제갈량이 칠성단을 쌓고 길일에 목욕재계하고 도복차림으로 하늘에 빌어 절묘한 시간에 동남풍이 불도록 했다는 것이 『삼국지』의 기본 틀이다. 학자들은 대체로 조조의 함선들이 모두 불탔다는 데에는 공감하지만 그 요인이 제갈량의 동남풍이라는 이야기는 전적으로 부정한다. 비상식적이라는 설명이다. 화공이 『삼국지』처럼 간단하지 않다는 것은 『손자병법』에 적힌 화공의 목표를 보아도 알 수 있다. ① 인마 살상, ② 군수물자 확보, ③ 적의 치중(輜重, 수레 등

운송 수단), ④ 적의 창고, ⑤ 적의 양도(糧道).

더불어 화공조건 또한 간단한 것은 아니다. 『손자병법』에 다음과 같이 적혀 있다.

'불을 사용할 때는 반드시 조건이 갖춰져 있어야 하며 불을 붙일 때도 적절한 도구와 장비가 있어야 한다. 불을 놓는 데는 때가 있고 불이 잘 타오르는 날이 있다.'

함부로 화공을 쓰다가는 오히려 역풍을 맞을 수 있다는 설명이다. 그러므로 화공은 『삼국지』처럼 대형전투보다 상황에 따라 적절히 활용하는 것이 정상이다. 『무경총요』에 적힌 화공술을 보면 고대 전투에서 여러 가지 화공이 사용되었음을 알 수 있다. 첫째는 '작행(雀杏)'이다. 적의 성 안에 있는 새를 잡아 속이 빈 은행 안에 쑥을 넣어 만든 불씨를 새의 다리에 묶은 후 황혼녘에 둥지로 돌려보내 적군의 식량창고를 불태운다. 둘째는 '행연(行煙)'이다. 성 바깥의 바람이 잘 부는 곳에 건초나 장작을 쌓아놓고 불을 붙여 연기를 만든 후 연기에 의해 성 위를 수비하는 병사들이 자리를 피할 때 이 틈을 타서 성을 공격한다. 셋째는 '연구(煙毬)'로 화약을 황호(黃蒿)에 싼 후 빨갛게 달군 송곳으로 찔러 불을 붙인 후 투석기를 이용해 적진으로 발사한다. 넷째는 '양진거(楊塵車)'로 분말 형태의 석회 등을 뿌려 적군의 입과 코를 공격하는 방법이다.

『삼국지평화』에서는 적벽대전 직전에 주유와 제갈량이 각각 손바닥에 '화(火)'와 '풍(風)'을 썼고 『삼국지』에서는 제갈량이 주유에게 '조조를 섬멸하려면 화공을 써야 하는데 동풍이 없다'고 말한다. 결국 제갈량이 동풍을 빌려오는데 성공한다는 것이 중점이지만 나관중이 제갈량의 공적을 부각시키기 위한 여러 가지 각색을 했어도 동남풍을 제갈량의 공으로 볼 수는 없다. 제갈량에게 정말 그런 재주가 있었다면 삼국을 통일하지 못하고 오장원에서 사망했을 리 만무하다.[5]

한편 조조의 수군이 불타는 요인으로는 두 가지 설이 팽팽하게 대치한다. 첫째는 손·유 연합군에 의해 불탔다는 것이고 둘째는 조조 자신에 의해 불태워졌다는 것이다. 진수의 『삼국지』 「선주전」에는 다음과 같이 적혀 있다.

'손권은 주유, 정보 등 수군 수만을 보내 선주와 힘을 합쳐 조공과 적벽에서 싸워 크게 이겨 그 배를 불태웠다. 선주가 오군과 수륙으로 진격하여 남군까지 추격했다. 당시 역병이 창궐하여 북군(조조군)이 대부분 죽게 되자 조공이 병사를 이끌고 퇴각했다.'

그런데 진수의 『삼국지』 「곽가전」에는 조조가 스스로 불태웠다고 적혀 있다.

'태조가 형주를 정벌하고 돌아오다가 파구(巴丘)에서 역병을 만나 함선을 불태웠다.'

근래 학자들은 두 가지 주장 중에서 후자의 손을 많이 들어준다. 조조가 직접 자신의 함대를 불태우고 철수했다는 것이다. 진수의 『삼국지』

「주유전」, 배송지의 주에서 인용한 「강표전」에서는 조조가 손권에게 다음과 같은 편지를 보냈다고 적혀 있다.

'적벽에서의 전투는 전염병이 생겨 내가 배를 불태우고 스스로 물러난 것인데 뜻하지 않게 주유가 이런 명예를 얻었다.'

이중텐은 조조의 편지 자체를 전적으로 믿을 수는 없지만 조조가 역병이 돌자 철수하면서 함선을 모두 불태웠다는 설을 지지했다. 결국 조조의 패배에 역병이 큰 역할을 했고 자신이 형주로부터 얻은 배들을 태우고 철수할 수밖에 없었다는 것이다.[6]

화용도 전투

적벽대전은 조조의 의도대로 진행되지 않았다. 그러므로 수군과 육군이 손·유의 연합군에게 패배하여 도망갈 수밖에 없었는데 제갈량은 이런 상황을 사전에 예상하고 있었다. 그러므로 제갈량은 조조의 도피로에 관우를 매복시켜 조조를 격멸하라고 명령한다. 조조는 제갈량의 예상대로 화용도로 도주하다가 이곳에 매복해 있던 관우에게 붙잡히지만 관우는 정에 이끌린 나머지 그냥 놓아준다. 이 장면은 『삼국지』에서 매우 중요하게 다뤄진다. 조조의 수군이 손·유의 연합군의 화공에 의해 완전히 궤멸되는 것은 물론, 조조의 영채까지 불이 붙자 곧바로 손·유의 연합군이 오림에 상륙작전을 벌여 조조의 육군을 공격했고, 조조가 즉각 퇴각하는 와중에서 화용도에서 결정적인 육전이 벌어지는 것이다. 사실상 적벽대전은 화용도에서의 패배로 막이 내린다고 볼 수 있다.

판소리 〈적벽가〉에서도 이 대목이 매우 중요한 비중으로 다뤄지는데 판소리에서 조조는 매우 비굴하게 목숨을 구하려는 가련한 모습으로 나온다. 〈적벽가〉를 〈화용도타령〉 〈화용도〉라고도 부르는 것은 바로 이때의 일을 부각시키기 때문이다. 이 상황을 놓고 조조를 제거할 수 있는 좋은 기회를 놓친 관우의 어리석음을 탓하는 사람도 있는 반면 조조가 관우를 살려주고 후하게 대접한 것 등을 들어 관우가 은혜를 갚을 줄 아는 의리의 사나이라고 말하기도 한다. 한마디로 화용도 사건은 관우의 인품을 돋보이게 하는 요소로 가미되었다는 설명이다.

화용도 이야기는 조조가 참패하며 매우 곤욕스러운 처지에 봉착한다는 부분을 강조하는데 이런 이야기는 정사에는 전혀 나오지 않고 『삼국지』에만 등장한다. 화용도 사건의 핵심은 나이 어린 제갈량이 군령을 어겼다는 죄명으로 관우를 참하려고 하지만 유비의 청으로 못이기는 척하고 관우를 살려주는 데 있다. 『삼국지』에는 관우가 조조를 정에 이끌려 결국 살려줄 것을 제갈량이 미리 짐작하고 관우로 하여금 조조와의 은원을 매듭지을 수 있도록 화용도에 매복하게 했다고 서술되어 있다. 그러나 이와 같은 사건은 나관중이 작가적인 아이디어로 삽입했다는 것이 통설이다. 문제는 조조와 관우가 조우하는 화용도 사건이 존재하지 않았다면 〈적벽가〉의 가장 중요한 소재도 성립하지 않는다는 점이다.

관우와 조조의 조우는 각색된 것이지만 『삼국지』에서는 그 정황을 비교적 자세하게 그리고 있다. 조조가 퇴각할 때는 엄동이었는데 말과 군사가 나가지 못했다. 산이 굽이진 곳에 비가 와서 땅이 패어 진흙 구덩이가 되자 말굽이 빠져 꼼짝할 수 없었다. 조조의 명에 군사들이 흙을 나르고 섶을 깔아 구덩이를 메워 행군을 하게 했는데, 이 일이 얼마나 어려웠는지 잔도(棧道)에서 죽은 사람이 부지기수요 호곡(號哭)하는 울음소리가 골짜기에 메아리쳤다고 한다. 당시 조조군의 피해가 컸던 것은 조조가 기마병에게 우선권을 주었기 때문이다. 그는 위급한 상황이 되자 기마병을 무사히 통과시키기 위해 수많은 보병들을 희생시켰다. 조조는 기마부대만 무사하다면 반드시 재기할 수 있다고 생각한 것이다. 일본인 작가 토모로로는 적벽대전을 분석한 후 손권과 유비가 불을 질러야 했던 것은 조조의 수군이 아니라 기마병이라고 적었다. 물론 조조에게도 수군은 있었지만 적벽대전의 주력은 유종에게 귀속된 형주의 수군이었다. 한마디로 당시 수군 전체가 전멸했다 하더라도 조조에게 큰 타격이 아니었다는 것이다. 화용에서 진창을 만나 고비를 넘기자 조조가 기뻐한 것은 그 때문이라는 것이다.

학자들이 화용도가 어디인지 추적하지 않았을 리 없다. 근래의 연구에 의하면 화용은 장강 북쪽 기슭의 호북성 홍호시(洪湖市) 감리현(監利縣) 중부에 있는 약 10킬로미터 정도의 도로로 본다. 더욱 상세하게 말하면 감리현을 흐르는 변하(汴河)의 조편항(曹鞭港)에서 모시진(毛市鎭)의 방조파(放曹坡)에 이르는 좁은 길이다. 필자가 현장을 답사했을 때 과거의 모습은 찾을 수 없고 입구는 거대한 목화밭으로 변해 있었지만 '화용고도(華容古道)' 라고 적혀 있는 표지석이 고대 전투 현장을 알려주었다. 학자들이 추정하는 조조의 패주 경로는 다음과 같다.

'조조는 오림에서 장강 북쪽 기슭을 따라 수륙양로로 서쪽으로 향했다. 나산(螺山), 양림(楊林)을 지나 백라기(白螺磯), 사자산(獅子山)까지 와서 수군의 배를 불태우고 상륙하여 육군과 합류했다. 주하, 변하를 지나 화용을 빠져나가 서북쪽

화용고도 표지석(위)과 현재의 강릉길(아래). 대전투가 벌어졌던 화용도는 이제 거대한 목화밭으로 변해 표지석만 덩그러니 남아 있다. 조조는 화용도 전투에서 패배한 후 강릉을 향해 도망쳤다.

으로 진로를 돌려 군량미가 집적되어 있던 강릉(江陵)을 목표로 진군했다.' [7]

백만대군 불가능하다

조조는 중국의 패권을 위해 남정에 돌입하면서 백만 대군을 동원했다고 알려져 있다. 조조가 하북의 강자인 원소를 패망시킨데다 형주를 아무런 싸움 없이 병합하면서 그야말로 백만 대군을 손에 넣고 이들 장병을 적벽 대전에 투입했다는 설명이다. 하지만 실제로 조조가 군사를 움직인 것은 20~25만 사이로 추측하며 손·유의 연합군은 유비군 1만, 유기군 1만, 동 오군 3~5만 정도로 추정한다. 주유는 전투 전에 조조의 군대가 백만이라 고 말하지만 실제로는 17만 정도라고 말했다. 그가 그와 같이 추정한 것 은 조조가 원소로부터 얻은 병사와 형주에서 흡수한 군사를 7~8만 명으 로 추정했기 때문이다.[8] 당대에 백만 명이라는 장병을 동원한다는 것이 불가능한 것은 이에 부속되는 지원군이 적어도 1.5~2배가 있어야 하기 때 문이다. 기마병의 경우 기사가 말에게 먹일 건초를 직접 해결할 수는 없 으므로 항상 하인이나 지원부대가 따라야 한다. 그러므로 장병 100만 명 을 동원하려면 총 동원되는 인원은 적어도 250만 명 정도가 되어야 하는 데 이는 현실적으로 불가능한 일이다.

중국의 과장이야 워낙 잘 알려져 있는 사실이지만 중국인 스스로도 이 를 인정한 대목이 있다. 기원전 119년 흉노와의 전투에서 기병 5만 명과 보병 수십만 명을 동원했다고 알려져 있다. 그런데 이 사실을 적은『한서 (漢書)』조차 한 번 원정에 동원된 병력은 '다 합쳐서 4만 명이었으나 10만 명으로 불렀다'라고 적었다. 중국인들이 말하는 엄청난 규모의 병력을 실 제의 숫자로 볼 수는 없는 법이다.[9] 그렇다 하더라도 조조군이 100만 명은 아닐지언정 손·유의 연합군에 비해서는 압도적으로 많은 병력이었음은 사실이다. 학자들은 조조군이 손·유의 연합군보다 최소한 3~4배가 되었다고 추정한다. 일반적으로는 고대의 전투에서 2배의 병력 차이가 난다면 병력의 열세로 승리할 수 없다고 추정한다. 한마디로 2배 이상의 군대에 승리할 가능성은 거의 없다는 뜻인데 역전의 용사인 조조가 3~4배의 병력을 동원하였음에도 패배했기 때문에 적벽대전이 더욱 유명한 것이다.

조조의 패인은 전염병

학자들이 궁금한 것은 조조에 비해 절대적인 열세인 손·유 연합군이 어떻게 승리할 수 있었던 것인가에 대한 것이다. 적벽대전에서 조조가 패배했다는 것은 그야말로 예상 밖의 일이기 때문이다.

적벽대전의 정황은 다음과 같다. 조조가 백만 대군을 이끌고 호기롭게 형주를 점령하고 손권과 대치했을 때 조조에게 계속 패배만 하던 유비는 유기와 합하여 겨우 2만 여 명의 군사만 갖고 있었다. 손권도 많아야 3~5만 명의 군사를 갖고 있었으므로 총 5~7만 명에 불과했다. 조조군이 실제로 20~25만 명이라고 하더라도 전투 자체가 이루어지지 않을 정도로 열세임에 틀림없다.[10] 앞에서 설명한 황개의 '고육계', 방통의 '연환계'에 의해 조조의 수군이 완전히 궤멸했다고 하더라도 조조의 대군이 전멸한 것은 아니었다. 조조의 수군이 완전히 패배했다고 하더라도 그건 수군의 일이지 육군이 궤멸된 것은 아니기 때문이다. 사실 조조의 수군은 형주의 수군을 인수한 것에 지나지 않으므로 조조의 주력군은 아니다. 그러므로 조조가 적벽에서 패퇴했다는 것은 적벽대전의 서전에서 패전했다는 것을 의미한다. 그런데 적벽대전을 보면 매우 이상한 점이 있다. 당시 조조가 남정할 때 동원한 병사를 20~25만 사이로 추측한다면 조조의 수군, 즉 형주의 수군이 전멸했다고 하더라도 조조의 주력부대인 육군의 병력은 그대로 존재했다는 것을 의미한다. 이 숫자는 손·유의 연합군에 비해 최소한 3~4배에 달하는 대군이다. 손·유 연합군은 오림에 주둔한 조조의 수군이 궤멸되자 곧바로 상륙작전을 벌였다. 그런데 오림에 주둔한 조조군을 상륙작전으로 격파하기 위해서는 조조군보다 최소한 5~10배의 병력을 투입하는 것이 상식이다. 물론 이런 병력을 투입한다고 해서 승리를 보장할 수 있는 것은 아니지만 상륙전의 습성상 그러하다는 것인데, 손·유의 연합군이 조조의 수군과의 전투에서 손실이 전혀 없다 하더라도 5만 명 정도의 병력이라면 조조군을 상대로 무난히 승리를 거두기 위해서는 조조의 군사가 1만여 명에 지나지 않아야 한다.[11] 학자들이 말하는 적벽대전의 대패란 수군에 이어 오림에 주둔하던 육군도 완전히 궤멸되었기 때문에 퇴각하지 않을 수 없었다는 것을 의미한다. 손·유의 연합군에 의해 전투라면 일가견이 있는 조조의 육군이 어떻게 패배한 것일까?

조조는 뛰어난 천재일 뿐만 아니라 학습도 게을리 하지 않았으며 특히 병법에 능했다. 제갈량조차 「후출사표(後出師表)」에서 '조조의 지모와 계략은 매우 남다르며, 그의 용병은 마치 손무 오기와 같이 뛰어나다'고 지적하고 있다. 남다른 자부심을 갖고 있는 제갈량이 조조에 대해 탄복했다는 것은 그만큼 조조의 지략이 뛰어났음을 말해준다. 그럼에도 불구하고 적벽대전에서 조조가 패배한 것은 부정할 수 없는 사실이다. 학자들은 그 이유를 다음과 같이 설명한다.

첫째, 조조가 손·유 연합군의 인재인 주유, 손권을 알지 못했고 제갈량의 능력도 과소평가했다는 것이다. 사실 조조는 손권에게 항복하라는 문서를 보냈을 때 형주의 유종처럼 순순히 항복할 것으로 예상했다. 당시 장소를 비롯한 동오의 신하 중에서 조조에게 항복하려는 자들이 많았는데 조조가 이를 알고 편하게 항복 받을 생각만 하여 다소 자만에 빠졌다는 것이다. 그러므로 황개가 항복한다는 것도 진실로 믿었고 만약의 사태에 대한 대비 역시 소홀했다. 이는 조조가 동오의 상황을 전혀 알지 못했기 때문이다. 조조는 패배해도 북쪽으로 돌아갈 수 있지만 동오의 경우 조조에게 패배한다면 나라가 망한다는 것을 잘 알고 있었다. 때문에 전투 초기부터 사기 면에서 조조군과 다를 수밖에 없었다. 결론적으로는 손·유 연합군이 막강한 조조의 대군에 승리할 수 있었던 주요원인은 기만(deception)과 기습(suprise) 작전 때문으로 본다. 천하의 조조도 손·유 연합군이 기만 작전과 기습으로 나오자 이에 적절하게 대처할 수 없었다.

둘째, 조조는 승리에만 집착하여 장병들의 사기를 전혀 고려하지 않았다. 전투에서 가장 중요한 것이 장병들의 사기임은 두 말 할 필요가 없다. 그런데 조조는 형주의 수군을 점령한 지 한 달밖에 되지 않았음에도 역전의 용사들인 손권의 수군과의 전투를 서둘렀다. 조조의 북방부대는 조조와 함께 동고동락한 병사들이라 그의 명령에 잘 따랐지만 형주군의 입장에서 볼 때 조조는 겨우 한 달 전에 한솥밥을 먹기 시작한 정복자에 지나지 않는다. 형주의 수군의 입장에서 볼 때는 조조는 수전에 대해서는 전혀 아는 바가 없는 장군으로 비쳐질 수 있으므로 형주의 수군이 조조의 원래의 병사들처럼 일사불란하게 그의 명령을 따르지 않았다고 보아도 좋을 것이다. 한마디로 조조군에 편입된 항복한 형주 군사들이 전의를 발휘하지 않았으므로 수군에 관한 한, 주유가 이끄는 동오군이 조조군에 비해 절대적인 우위에 있었다는 설명이다.

셋째, 앞에서도 지적했지만 조조에게는 겨울철 전투가 매우 불리했다. 조조가 전투를 시작했을 때가 동계라는 것은 적벽대전 자체가 작전상으로 매우 큰 문제가 있다는 것을 알 수 있다. 동계 전투는 만일 패배하면 고향으로 돌아가지 못할지도 모른다는 위기감을 장병들에게 심어줄 수 있다. 고대 전투에서의 동장군(冬將軍)은 장병들에게 가장 치명적인 사기 저하를 가져다준다. 동절에는 무사히 회군하는 것이 매우 어렵다는 것을 누구보다도 장병들이 잘 알기 때문이다. 어느 전투에서건 진격보다 후퇴가 더 어렵고 사상자가 많이 생긴다. 이래저래 조조군의 사기는 전투하기 전에 이미 땅에 떨어져 있었다는 이야기다.

마지막으로 학자들이 가장 주목하는 것은 진수의 『삼국지』「무제(조조)기」와 『삼국지』「주유전」에 들어 있는 관련 기록이다. 조조가 적벽에 도착하여 유비와 싸웠을 때 역병이 크게 유행하여 관리와 병사들이 많이 죽자 조조가 후퇴했다는 것이다. 종합하자면 조조군의 사기는 전투가 벌어지기 전에 이미 땅에 떨어져 있는데다 설상가상으로 질병마저 돌자 더 이상 전투할 여력이 없게 되어 조조가 서둘러 철수를 명령했다는 것이다. 진수의 『삼국지』「가후전」에서 배송지는 다음과 같은 주석을 적었다.

'적벽에서 패배는 운수 탓이었다. 실제로 역병이 크게 유행했기 때문에 맹렬하던 기세가 꺾였고, 따뜻한 바람이 남쪽에서 불어와 불길을 조장했다. 실로 하늘이 그렇게 만든 것으로 사람의 탓이 아니다.' [12]

근래 과학자들의 연구는 다방면에 걸쳐 있다. 학자들은 배송지가 붙여 둔 '실제로 큰 역병이 일어났다' 는 주석에 주목했다. 『중화의학잡지』의 이우송은 조조가 적벽 전투에서 패배한 것은 장강 유역에 만연해 있는 풍토병에 걸렸기 때문이라고 적었다. 풍토병에 걸린 장병들의 사망자가 너무 많기 때문에 조조가 직접 배에 불을 지르고 철수했다는 것이다.[13] 이중텐도 조조의 패전 원인은 제갈량의 지략보다는 실제로 조조의 군대가 얻었던 유행병일 수 있다고 지적했다. 실제로 유행병이 일어났다면 대체 어떤 유행병이냐는 것인데[14] 학자들은 이 질병이 '급성흡혈충병' 이라고 단정한다. 중국에서는 매우 잘 알려져 있는 병으로『주역』에서 '산풍고(山豊蠱)' 라고 적혀 있을 정도이다.

1975년 강릉현 봉황산(鳳凰山) 서한묘 168호에서 보존 상태가 매우 좋은 남자 시신 한 구를 발견했다. 그는 기원전 167년에 사망한 수씨로 오대부(五大夫) 벼슬을 했고 사망 당시의 나이는 60세 전후였다. 학자들이 그의 시신을 검안한 결과, 생전에 담낭염, 당석증, 흉막염을 앓았고 장내에서 흡혈충, 촌백충(寸白蟲) 알이 검출되었다.

1972년 호남성 장사(長沙) 마왕퇴(馬王堆)의 한나라 시대 무덤에서 한 여성의 미라가 발견되었다. 장사의 승상 대후 부인의 미라로 수씨보다 다소 연대가 늦지만 2100년이나 지났는데도 몸에 탄력이 있고 손발의 관절이 움직일 만큼 거의 완벽하게 보존되어 있었다. 이것이 세상을 놀라게 한 마왕퇴 미라인데 과학자들이 미라를 철저하게 조사한 결과 장의 내벽과 간장 조직에서 흡혈충 알을 발견했다.[15] 당시 최상층에 있던 수씨는 물론 대후 부인조차 이 풍토병에 걸렸다는 사실은 호북·호남 일대에 흡혈충병이 상당히 유행했음을 말해준다. 『삼국지』는 대후 부인이 사망한 지 약 300년 후에 벌어진 것으로 학자들은 이 당시에도 흡혈충병이 서민층 사이에 상당히 만연되어 있었을 것으로 추정한다.

흡혈충병은 여름에 유행하는데 적벽대전 자체는 겨울에 벌어졌다고 하더라도 조조군이 강남으로 들어간 것은 여름철이다. 조조 수군들이 익숙하지 않은 수상생활을 하다가 감염되었을 것으로 추정하는 것이다. 이 병의 잠복기는 약 한 달이므로 적벽대전의 결전 시기에 발생하여 조조군은 싸울 여력조차 없었다는 설명이다.[16] 반면에 연합군의 주력인 오나라 군대는 장강 유역을 활동 범위로 삼고 있으므로 이 병에 대해 비교적 면역력이 있었다. 치료약도 제대로 없는 전염병과 싸운다는 것은 사실상 불가능한 일이다. 조조가 전염병이 돌자 곧바로 철수한 것이야말로 오히려 현명한 결단이었다고 볼 수 있다.

주유는 남정으로 긴 여행을 한 북방의 조조의 대군과 싸워도 승산이 있다고 정확하게 판단했다. 그는 조조군이 장기간 남행으로 장병 간에 질병이 만연하여 손·유 연합군이 비록 병력 수에서는 열세이지만 승리할 수 있다고 손권을 설득했다. 그는 장강 유역의 풍토병이 조조에 치명상을 줄 수 있다고 사전에 예측했다. 그리고 그의 예상은 적중했다. 정말 전염병이 돌고 있었다면 막강한 전투력을 가진 조조라 하더라도 대안을 댈 수 없었을 가능성은 충분하다. 설령 황개의 거짓 투항으로 수군이 궤멸되었더라도 전염병이라는 초유의 사태가 없었다면 손·유의 육군이 오림에 상륙하여 조조군을 물리친다는 것은 사실상 불가능했다고 볼 수 있다.

나관중이 『삼국지』에 전염병에 대해 적지 않은 이유가 무엇인지 아직 확인되지는 않았다. 나관중이 조조군에서 전염병이 돌았다는 것을 몰랐기 때문에 『삼국지』에 질병에 대해 적지 않았을 수도 있다. 그러나 일부 학자들은 나관중이 전염병에 대해서 몰랐기 때문이 아니라 의도적으로 제외했다고 생각한다. 『삼국지』 자체가 삼국시대의 영웅담에 대한 이야

기인데 조조군이 전염병으로 장병들
이 무력했을 때 손·유의 연합군이 승
리했더라고 하더라도 영웅적인 행동
이라는 볼 수 없다고 생각했을지 모른
다. 만일 제갈량과 주유가 전염병에
걸린 조조군을 전멸시켰다고 한다면
문학적 측면에서 그다지 흥미롭지 않
을 수 있음은 사실이다.

나관중. 대단한 작가였으나 재미를 위해 많은
역사적 사실을 허구로 포장해 그의 작품은
'왜곡'의 문제에서 자유롭지 못하다.

한편, 여러 정황을 감안할 때 적벽
대전에 대한 기존 생각을 수정해야 한
다는 견해도 있다. 실제 적벽대전의
전투는 『삼국지』의 기록처럼 대단하
지 않았을 가능성도 농후하다는 설명이다. 일부 학자들의 적벽대전에 대
한 시나리오는 간략하지만 다음과 같다.

'적벽대전은 알려진 것과는 달리 대규모 전투는 벌어지지 않았다. 조조는 초
기 소규모 전투에서 패배한 것은 물론 원정군에서 질병이 퍼지자 철군을 결심
했다. 이때 선박들이 적에게 넘어가는 것을 방지하기 위해 모두 불태우고 떠
났다.'

적벽에서 유비와 제갈량의 역할

『삼국지』에서의 또 한 가지 의문은 손·유의 연합군에서 유비의 역할이
무엇이었냐 하는 것이다. 진수의 것이든 나관중의 것이든 유비는 연합군

에서 큰 역할을 하지 못한 것으로 나온다. 특히 『삼국지』의 주인공으로 나관중은 제갈량을 부각시켰고, 이에 따르는 실무 책임자로 주유를 다루었으며 작전에 동원된 군사의 대부분도 유비군이 아니라 동오군이다. 하지만 당시 손·유 연합군이 5~7만 명 정도로 추정되는데 유비의 군사는 유기의 1만 명을 합하여 2만 명에 불과하지만 적벽대전에서의 이들의 역할은 결정적이었다고 생각한다. 학자들은 조조 수군과의 수전(水戰)은 동오군이 담당하였을지라도 유비와 주유의 육군이 공동작전을 구사하여 조조를 추격하는 추격부대를 구성하지 않았다면 조조군은 궤멸되지 않았을 것으로 추정한다. 손권의 강점은 육군이 아니라 수군이며, 유비의 군대는 육전으로 전장을 누빈 정예병이기 때문이다. 진수의 『삼국지』는 적벽이라는 단어가 나오는 다섯 번의 설명 중에서 네 번이나 유비를 거론했고 손권을 두 번 거론한 것으로도 그 당시의 유비 역할이 만만치 않았음을 알려준다.

적벽대전은 손·유 연합군의 승리로 종결됐다. 그러나 이것은 손권과 유비의 새로운 시작이었다. 유비는 주유가 번성의 조인과 대치하는 사이에 유기를 형주목으로 옹립하고 공안에 주둔하며 현재 호남성의 무릉군, 장사군, 영릉군, 계양군 등 4개 군을 점령하여 판도를 넓혔다. 한마디로 재주는 손권이 부리고 과실은 유비가 따먹은 것이다. 유비는 열세한 군력을 이용하여 적벽대전에서 승리하자 실속을 차리는 데는 누구보다 앞장섰는데 이것이 결국 유비로 하여금 손권보다 앞서 황제가 될 수 있게 한 요인이다.

한편 『삼국지』의 주인공은 조조, 유비, 손권이지만 또 다른 주인공은 제갈량이다. 나관중은 『삼국지』 총 120회 중에서 약 70회에 걸쳐 제갈량을 등장시킨다. 그렇다면 제갈량이 적벽대전에서의 진정한 역할은 무엇이었을까 의심이 들지 않을 수 없다. 『삼국지』에서 제갈량은 적벽대전 당시 연장자이며 무훈이 혁혁한 관우와 장비를 수하처럼 부리는데 이는 사실과 다르다. 당시 제갈량은 군사중랑장인데 지금의 중장계급에 상당하며 그 위에 대장이 있다. 한나라 제도에 의하면 같은 장군이라도 대장군, 거기장군, 표기장군, 위장군은 재상급인 삼공과 동격이다. 그리고 전, 후, 조, 우장군은 각료급인 구경에 해당된다. 구경급은 월봉 180석(실제 연봉은 2000석 이상)인데 제갈량의 계급인 중랑장은 월봉이 100석, 연봉 1200석 정도다. 제갈량이 중랑장에 임명되었을 때 관우는 2000석의 양양태수, 장비는 의도태수, 조운은 계양태수로 임명됐다. 당시 제갈량의 나이 28세로 중랑장도 대단한 발탁이라고 볼 수 있지만 관우와 장비를 마음껏 호령할 수 있는 처지는 아니었다.[17]

학자들은 적벽대전에서의 제갈량의 가장 큰 공헌은 손권으로 하여금 전쟁을 결심토록 한 것으로 보고 있다. 앞에서 말했듯이 제갈량이 화공에 필요한 동남풍을 불게 했고 이것이 연환계와 합쳐 조조에게 패배를 안겨 준 것은 제갈량의 역할이 아니기 때문이다. 이중톈은 제갈량이 실질적인 직무를 제대로 얻지 못했던 사람이라고까지 평할 정도였다. 그는 유비가 제갈량을 그저 친구와 손님으로 대했으며 실질적인 일등책사는 방통이었다고 말했다. 물론 방통이 사망하자 유비는 제갈량에게 전적으로 의지했다고도 볼 수 있지만 유비는 제갈량에 대해 끝까지 마음을 놓지 못해 죽기 전 마지막으로 자신의 아들 유선을 부탁하는 자리에서도 다른 신하인 이엄을 배석시켰다.[18] 이엄은 젊은 시절 재주로 이름을 날렸고 형주의 유표 아래서 군과 현의 관원으로 있었는데 208년 조조가 형주를 차지한 뒤

촉으로 들어가 유장의 신하가 되었다. 213년에는 호군으로 면죽에서 유비를 막다가 항복해 비장군이 되었고 유비가 성도를 차지하자 건위태수, 홍업장군이 되었으며 그가 사망하기 1년 전 중도호가 되어 그 지위가 제갈량 다음이었다. 이엄은 231년 제갈량이 북벌하면서 기산에 주둔할 때 그 보급을 책임졌는데 장마철이 되어 운송이 불가능해지자 조정의 명령을 위조해 제갈량이 퇴군하게 만든 장본인이다. 결국 제갈량이 그를 탄핵하여 귀향 보냈는데 제갈량이 234년에 죽었을 때 그 역시 귀향지에서 병사했다.[19]

『삼국지』의 적벽대전에서 제갈량은 모든 작전을 떡 주무르듯 좌지우지하고 주유의 살해위협에서 유유히 빠져나온다. 『삼국지』의 결론은 간단하다. 나관중이 제갈량을 천하의 명장이요 신과 같은 존재로 부각시키기 위해 적벽대전을 그의 역할을 중심으로 전개한 것이라고 할 수 있다. 여기에는 나름대로 근거가 있다. 나관중은 제갈량이 실제로 적벽대전에서는 큰 역할을 하지 못했지만 결국 조조가 중국을 통일하지 못하고 삼국시대가 열리는 큰 그림을 그리는 데는 일조했다고 평가했기 때문이다. 제갈량이 유비를 만났을 때 유비에게 자신의 견해, 즉 중국을 통치하는 '청사진' 인 「융중대」를 제시하여 단번에 유비를 사로잡는다. 「융중대」의 기본은 소위 '천하삼분론' 이다. 물론 천하삼분론은 동시대의 노숙이나 감녕도 갖고 있었다. 노숙은 손권에게 "한실은 부흥할 수 없지만 그렇다고 조조를 무너뜨릴 수도 없습니다. 강동에 기반을 두고 천하의 형세를 살피십시오"라고 말했는데 이는 조조, 유표와 함께 천하를 삼분해야 함을 의미한다.

제갈량의 「융중대」는 입사지망생이 최고 경영자와의 면접에서 자신의 구상을 내놓은 소견서로 볼 수 있다. 「융중대」에서 제갈량은 유비가 대외적으로 직면한 위협과 내부의 핵심 경쟁력 등을 정확하게 분석했다. 이를 현대 기업 경영에서 활용되고 있는 SWOT 분석*에 맞먹는 국가경영도라고 볼 수 있다. 그 당시 유비는 유씨라는 장점을 갖고 부지런히 중국을 누볐으나 뚜렷한 시장을 확보하지 못하고 있었다. 당시의 중국을 보면 전국적으로 시장이 분화되었지만 조조와 손권이 선점한 시장은 함부로 건드릴 수 있는 대상이 아니었다. 그런데 형주와 익주는 시장구조가 취약했다. 제갈량은 유표가 자신의 이모부가 됨에도 그릇이 모자란다고 생각하여 유비에게 형주를 취하라고 건의할 정도였다. 그런데 적벽대전이 일어날 때 유표가 사망하자 큰아들 유기를 제치고 유종이 후계자가 된다. 유종이 곧바로 조조에게 항복하자 제갈량은 사촌형이 되는 유기에게 손권과 결합하여 조조에 대항토록 유도한다. 아무리 제갈량의 능력이 출중했다고 하더라도 제갈량의 탁월한 언변만으로 유비와 손권의 연합을 이끌어내는 것이 간단한 일은 아니다. 제갈량이 손·유 연합이라는 큰 계획을 성사시킬 수 있었던 것은 사전에 끈끈한 연이 있기 때문이다. 제갈량은 친형 제갈근의 추천을 받아 손권 휘하에서 일할 수 있었다. 실제로 제갈량이 스무 살 되던 해에 형의 추천으로 손권을 만난 일도 있었는데 이때 노숙과 함께 손권의 예우를 받았다고 기록되어 있다.[20] 손권이 제갈량의 제안을 들을 분위기가 조성되어 있었던 것이다. 그러므로 제갈량이야말로 적벽대전을 성사시킨 실무자라고도 볼 수 있으므로 『삼국지』에서 나관중이 적벽대전을 제갈량의 작품으로 만들었다는 설명이다.

---

* 기업의 강점(strength), 약점(weakness), 기회(opportunity), 위협(threat)을 분석하여 이를 토대로 마케팅 전략을 수립하는 기법

삼국시대의 수군

적벽대전에서 조조와 손·유 연합 수군 전투의 클라이맥스는 노장 황개가 고육계로 조조에게 거짓 투항한 다음 '몽충함' 20척에 인화물을 가득 싣고 장강 북쪽에 주둔하고 있던 조조의 함대로 향하는 것부터 시작한다. 조조 진영에서는 백기를 달고 오는 적함이 진실로 투항하는 것인 줄 알고 그들에 대한 대비를 하지 않는다. 동남풍이 불자 황개는 이끌던 선박들에 불을 붙여 조조 진영에 충돌하도록 했고 손·유 연합군의 예상대로 조조 수군은 순식간에 화염에 싸여 거의 모두 불에 타버렸다. 이때의 황개의 몽충함은 자살특공대 가미가제와 다름없다. 물론 일본의 가미가제와는 다른 점이 있다. 가미가제는 살아 돌아오지 못했지만 황개는 자살특공대를 투입한 후 뒤따라오던 주가(走舸, 쾌속정의 일종)에 올라타 몸을 피한다.

학자들이 궁금해하는 것은 적벽대전에 참가했던 조조의 아들 조비의 말이다. 그는 "수군을 크게 일으키니 물 위에 뜬 전함이 무려 1만 척에 달했다"라고 적었다. 전함이 1만 척이라니 과장이 심하기는 하지만 진용이 매우 장대했다는 것을 알 수 있는데 당대의 수군의 실체가 어떤지 궁금하지 않을 수 없다.

당대의 전함 규모가 상상할 수 없을 정도로 매우 컸다는 것은 여러 자료에서 보인다. 적벽대전이 끝난 지 약 70년 후 진(晉)무제가 오나라를 공격하려할 때 익주자사 왕준이 거대한 함선을 만들었는데 가로세로가 120보나 되고 2000명을 태울 수 있으며 나무로 성을 만들고 말이 드나들 수 있었다고 적혀 있다. 2000명이 탈 수 있다는 것은 과장으로 보이지만 지리학자 역도원은 저서인 『수경주』에 '손권이 사병 3000명을 실을 수 있는 큰 배를 번구(樊口) 북쪽의 만(灣)에 정박시켰다'라고 적었다. 진대의 문필가 좌사(左思)도 손권의 거함을 직접보고 "비운(飛雲)과 개해(蓋海)가 예사 크기가 아니다"라고 적었다. 비운과

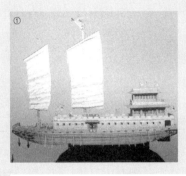

① 두함
② 몽충함
③ 누선

개해는 군함의 이름이다. 삼국시대에 실전에 사용된 선박 규모가 2000~3000명을 태울 수 있을 정도로 크다는 것을 알 수 있다. 황개가 조조군을 공격할 때 사용한 몽충함에 대한 이야기도 나온다. 동한의 유희(劉熙)는 『석명』과 『석선』에서 '좁고 긴 배를 몽동이라 하는데 적선과 충돌할 때 사용했다'고 적었다. '몽동'이 바로 황개가 이끌던 돌격함으로 몽충은 소가죽으로 장갑을 둘렀다. 속도가 빠르며 갑판 위의 선창 사면에 노창(努窓)과 모혈(矛血)이 있다.

전함에는 여장을 쌓았는데 높이가 3척이었다. 여장 아래로 노를 젓는 도공(棹孔)을 뚫었고 배 안에 5척 높이로 대를 쌓은 다음 그 위에 또 여장을 쌓았다. 삼국시대의 함선이 거대한 것은 물론 수상에서 충분한 작전을 수행할 수 있었음을 보여준다.[21]

머리말

1) 신경진, 「삼국지의 강점은 소설 만화 영화 게임 끝없이 진화하는 '창조의 샘'」, 『중앙일보』, 2008년 5월 16일.

2) 리동혁, 『본 삼국지(11)』, 금토, 2005.

3) 박종화, 『소설 삼국지』, 대현출판사, 1999.

1. 장비의 주량은 얼마나 될까?

1) 허만즈, 김하림 옮김, 『중국의 술 문화』, 에디터, 2004.

2) 구청푸 외, 『중국을 말한다(7)』, 신원문화사, 2008.

3) 구청푸 외, 『중국을 말한다(7)』, 신원문화사, 2008.

4) 제갈량편집팀, 『제갈량 문화유산 답사기』, 에버리치홀딩스, 2007.

5) 구청푸 외, 『중국을 말한다(7)』, 신원문화사, 2008.

6) 허만즈, 『중국의 술 문화』, 에디터, 2004.

7) 이동식, 『다섯 계절의 노래』, 나눔사, 2008.

8) 鄭士波 외, 『중화5000년 과학고사』, 광명일보출판사, 2005.

9) 鄭士波 외, 『중화5000년 과학고사』, 광명일보출판사, 2005.

10) 이기환, 「코리안루트를 찾아서(29), 중원에 꽃 핀 동이족의 나라」, 『경향신문』, 2008년 5월 2일; 이기환, 「코리안루트를 찾아서(28), 중산국의 위대한 문명」, 『경향신문』, 2008년 4월 25일.

11) 「음주측정기의 원리」, 『대중과학』, 제7호, 2007.

12) 이동식, 『다섯 계절의 노래』, 나눔사, 2008.

13) 이성주, 「술, 肝에만 치명타? 온몸을 갉는다」, 『동아일보』, 2002년 11월 17일.

14) 「술 마시고 얼굴 빨개지면」, 『한겨레21』, 2000년 7월 20일(제317호).

15) 이성주, 「술, 肝에만 치명타? 온몸을 갉는다」, 『동아일보』, 2002년 11월 17일.

16) 「술 마시고 얼굴 빨개지면」, 『한겨레21』, 2000년 7월 20일(제317호)

17) 김대진, 「알코올 의존증은 식욕촉진 호르몬 분비 이상」, 『과학과 기술』, 2005년 2월.

18) 민태원, 「술 마신 후 2~3일은 쉬자」, 『과학과 기술』 2003년 12월호.

19) 이성주, 「술, 肝에만 치명타? 온몸을 갉는다」, 『동아일보』, 2008년 8월 22일.

20) 박태균, 「또 필름 끊겼어 …… 잘못된 음주 습관이 문제」, 『중앙일보』, 2007년 12월 5일.

21) 최재천, 『최재천의 인간과 동물』, 궁리, 2007.

22) 이성주, 「술, 肝에만 치명타? 온몸을 갉는다」, 『동아일보』, 2008년 8월 22일.

2. 동탁의 몸으로 등(燈)을 만들다

1) 이중텐, 『삼국지 강의』, 김영사, 2007.

2) 安振民, 『正品三國』, 북경출판사출판집단, 2007.

3) 제갈량편집팀, 『제갈량 문화 유산 답사기』, 에버리치홀딩스, 2007.

4) 콜린 윌슨, 『세계 불가사의 백과(1)』, 하서, 1995.

5) 이종호, 『과학으로 여는 세계의 불가사의』, 문화유람, 2007.

6) 콜린 윌슨, 『세계 불가사의 백과(1)』, 하서, 1995

7) 〈사이언스 미스터리〉, 디스커버리 채널, 2004년 1월 28일.

8) 콜린 윌슨, 『세계 불가사의 백과(1)』, 하서, 1995.

9) 〈초자연의 과학〉, 사이언스 TV, 2008년 3월 26일.

10) 〈사이언스 미스터리〉, 디스커버리 채널, 2004년 1월 28일.

11) 정약용, 박석무 역, 『역주 흠흠신서』, 현대실학사, 1999.

3. 황제를 살린 반딧불이

1) 허두영, 「반딧불이를 살려야 하는 이유」, 『위클리 솔』, (통권 87호), 2003.

2) 마이크 토너, 「빛을 내는 신기한 생물들」, 『리더스다이제스트』, 1995년 6월.

3) 스즈키 마사히코, 『식물바이오테크놀러지』, Blue Backs, 1991.

4) 마이크 토너, 「빛을 내는 신기한 생물들」, 『리더스다이제스트』, 1995년 6월.

5) 스즈키 마사히코, 『식물바이오테크놀러지』, Blue Backs, 1991.

6) 마이크 토너, 「빛을 내는 신기한 생물들」, 『리더스다이제스트』, 1995년 6월

7) 「반딧불이 발광의 비밀은 산화질소」, 『월간 조선』, 2001년 8월,

8) 허두영, 「반딧불이를 살려야 하는 이유」, 『위클리 솔』, 통권87호, 2003.

9) 이건순, 「형광빛 나는 형질전환 닭 국내 생산 성공」, 『포토그래픽뉴스』, 2004년 7월 12일.

10) 신정선, 「대만 '형광초록빛 돼지'개발」, 『조선일보』, 2006.1.14

11) 유미지, 「가로수 선발 기준 미인대회보다 까다롭다」, 『M25』, 47호, 2008.

12) 이종호, 『노벨상이 만든 세상(화학)』, 나무의꿈, 2007.

13) 최재천, 『최재천의 인간과 동물』, 궁리, 2007.

4. 화타의 뇌수술, 가능했을까?

1) 鄭士波 외, 『중화5000년 과학고사』, 광명일보출판사, 2005.

2) 과학향기편집부, 「외과수술을 가능하게 한 마취」, 『Sci-Fun』, 2005년 4월 1일.

3) 최승일, 「관우에게도 마취제가 필요했다」, 『사이언스타임즈』, 2004년 2월 18일.

4) 데이비드 보더니스, 『일렉트릭 유니버스』, 생각의나무, 2005.

5) 모리 이즈미, 「크로퍼드 롱」, 『뉴턴』, 2004년 12월.

6) 김전, 「몸 곳곳을 누비는 통증」, 『과학동아』, 1996년 7월.

7) 나흥식, 「참을 수 없는 고통의 메커니즘」, 『과학동아』, 1996년 7월.

8) 멜러니 선스톰, 「통증치료 어디까지 왔나」, 『리더스다이제스트』, 2004년 11월.

9) 이영완, 「사자에 물린 리빙스턴 왜 아프지 않았을까」, 『조선일보』, 2004년 10월 6일.

10) 구청푸 외, 『중국을 말한다(7)』, 신원문화사, 2008.

11) 홍원식, 『중국의학사』, 동양의학연구원, 1984.

12) 구청푸 외, 『중국을 말한다(7)』, 신원문화사, 2008.

13) 강신익 외, 『의학 오디세이』, 역사비평사, 2007.

5. 온화한 영웅 유비, 사람을 먹다

1) 이은희, 『생물학 카페』, 궁리, 2002.

2) 황문웅, 『중국의 식인 문화』, 교문사, 1992.

3) 「끔찍한 인육섭취의 역사」, 『대중과학』, 2007년 제7호.

4) 제갈량편집팀, 『제갈량 문화 유산 답사기』, 에버리치홀딩스, 2007.

5) 국민대학교국사학과, 『금강문화권』, 역사공간, 2005; 이천열, 「땅끝마을에서 한양까지 다시 걷는 옛
길(10)」, 『서울신문』, 2007년 11월 5일.

6) 박상진, 『베일 속의 한국사』, 생각하는백성, 2002.

7) 「끔찍한 인육섭취의 력사」, 『대중과학』, 2007년 제7호.

8) 황문웅, 『중국의 식인 문화』, 교문사, 1992.

9) 이은희, 『생물학 카페』, 궁리, 2002.

10) 리처드 로즈, 『죽음의 향연』, 사이언스북스, 2008.

11) D. T. 맥스, 『살인 단백질 이야기』, 김영사, 2008.

12) 리처드 로즈, 『죽음의 향연』, 사이언스북스, 2008.

13) D. T. 맥스, 『살인 단백질 이야기』, 김영사, 2008.

14) 김영만, 『노벨생리의학상』, 바른사, 2006.

6. 최고의 전법 '36계 줄행랑'

1) 이종호, 『로마제국의 정복자 아틸라는 한민족』, 백산자료원, 2003; 이종호, 「게르만 민족 대이동을 촉
발시킨 훈족과 한민족의 친연성에 관한 연구」, 『백산학보』 제66호, 2003.

2) 최형국, 「군사들의 진법, 그 비밀을 풀다: 조선 초기 편」, 『인물과 사상』, 2008년 3월호.

3) 토모노 로 외, 『영웅의 역사(5)』, 솔, 2000.

4) 토모노 로 외, 『영웅의 역사(5)』, 솔, 2000.

5) 크리스 피어스, 『전쟁으로 보는 중국사』, 수막새, 2005.

6) 독고영, 『손자병법』, 청목문화사, 1986.

7) 크리스 피어스, 『전쟁으로 보는 중국사』, 수막새, 2005.

8) 크리스 피어스, 『전쟁으로 보는 중국사』, 수막새, 2005.

9) 크리스 피어스, 『전쟁으로 보는 중국사』, 수막새, 2005.

10) 시노다 고이치, 『무기와 방어구』, 들녘, 2002.

11) 段軍龍, 『중화 5000년 군사고사』, 광명일보출판사, 2005.

12) 段軍龍, 『중화 5000년 군사고사』, 광명일보출판사, 2005.

13) 베빈 알렉산더, 『위대한 장군들은 어떻게 승리하였는가』, 홍익출판사, 2000.

14) 段軍龍, 『중화 5000년 군사고사』, 광명일보출판사, 2005.

15) 크리스 피어스, 『전쟁으로 보는 중국사』, 수막새, 2005.

16) 토모노 로 외, 『영웅의 역사(5)』, 솔, 2000.

17) 오현리, 『병법 36계』, 김&장, 2008.

18) 강석균, 『30만원으로 삼국지 따라 떠나는 중국여행』, 교학사, 2005.

19) 제갈량편집팀, 『제갈량 문화 유산 답사기』, 에버리치홀딩스, 2007

20) 이중톈, 『삼국지 강의』, 김영사, 2007

7. 신출귀몰한 제갈량의 팔진법

1) 크리스 피어스, 『전쟁으로 보는 중국사』, 수막새, 2005.

2) 段軍龍, 『중화 5000년 군사고사』, 광명일보출판사, 2005.

3) 제갈량편집팀, 『제갈량 문화 유산 답사기』, 에버리치홀딩스, 2007.

4) 제갈량편집팀, 『제갈량 문화 유산 답사기』, 에버리치홀딩스, 2007.

5) 크리스 피어스, 『전쟁으로 보는 중국사』, 수막새, 2005.

6) 이중톈, 『삼국지 강의』, 김영사, 2007.

7) 段軍龍, 『중화 5000년 군사고사』, 광명일보출판사, 2005.

8) 루퍼트 셸드레이크, 『세상을 바꿀 일곱 가지 실험들』, 양문, 1999.

9) 리동혁, 『본 삼국지(11)』, 금토, 2005.

10) 이신우, 「불투명 전략」, 『문화일보』, 2008년 4월 25일.

11) 이중톈, 『삼국지 강의』, 김영사, 2007.

12) 구청푸 외, 『중국을 말한다(7)』, 신원문화사, 2008.

13) 제갈량편집팀, 『제갈량 문화 유산 답사기』, 에버리치홀딩스, 2007.

14) 구청푸 외, 『중국을 말한다(7)』, 신원문화사, 2008.

15) 제갈량편집팀, 『제갈량 문화 유산 답사기』, 에버리치홀딩스, 2007.

16) 구청푸 외, 『중국을 말한다(7)』, 신원문화사, 2008.

17) 제갈량편집팀, 『제갈량 문화 유산 답사기』, 에버리치홀딩스, 2007.

18) 이종호, 『로봇 인간을 꿈꾸다』, 문화유람, 2007.

19) 최형국, 「군사들의 진법, 그 비밀을 풀다: 조선 초기 편」, 『인물과 사상』, 2008년 3월호.

8. 공성과 수성, 그 치열한 줄다리기의 과학

1) 크리스 피어스, 『전쟁으로 보는 중국사』, 수막새, 2005.
2) 何樂爲, 『중국발현 과학기적』, 중국장안출판사, 2006.
3) 何樂爲, 『중국발현 과학기적』, 중국장안출판사, 2006.
4) 이종호, 『세계 불가사의 여행』, 북카라반, 2007.
5) 시노다 고이치, 『무기와 방어구』, 들녘, 2002.
6) 임용한, 『전쟁과 역사(삼국편)』, 예안, 2001.
7) 시노다 고이치, 『무기와 방어구』, 들녘, 2002; 編寫組, 『중국역대군사장비』, 해방군출판사, 2007.
8) 시노다 고이치, 『무기와 방어구』, 들녘, 2002.
9) 크리스 피어스, 『전쟁으로 보는 중국사』, 수막새, 2005.
10) 크리스 피어스, 『전쟁으로 보는 중국사』, 수막새, 2005.
11) 리동혁, 『본 삼국지(11)』, 금토, 2005.
12) 『삼국사기』, 권21, 보장왕 4년조.
13) 임용한, 『전쟁과 역사(삼국편)』, 예안, 2001.
14) 구청푸 외, 『중국을 말한다(7)』, 신원문화사, 2008
15) 『조선기술발전사』, 과학백과사전종합출판사, 1994.
16) 줄리아 로벨, 『장성, 중국을 말하다』, 웅진지식하우스, 2007.

9. 이유 있는 '오버', 조조의 오환 정벌

1) 크리스 피어스, 『전쟁으로 보는 중국사』, 수막새, 2005.
2) 段軍龍, 『중화 5000년 군사고사』, 광명일보출판사, 2005.
3) 이중톈, 『삼국지 강의』, 김영사, 2007.
4) 리동혁, 『본 삼국지(11)』, 금토, 2005.
5) 이종호, 『한국 7대 불가사의』, 예담, 2007.
6) 이중톈, 『삼국지 강의』, 김영사, 2007.
7) 크리스 피어스, 『전쟁으로 보는 중국사』, 수막새, 2005.
8) 크리스 피어스, 『전쟁으로 보는 중국사』, 수막새, 2005.
9) 박원길, 『유라시아 초원제국의 역사와 민속』, 2001, 519~538쪽.
10) 사마천, 『사기』; 서영수, 「고조선과 우리민족의 정체성」 『백산학보』 제65호, 2003,
11) 박원길, 『유라시아 초원제국의 역사와 민속』, 민속원, 2001, 519~538쪽.
12) 주법종, 「고조선의 영역과 그 변천」 한국사론 34, 2002.
13) 스기야마 마사아키, 『유목민이 본 세계사』, 학민사, 2000.
14) 김상천, 『고조선과 고구려 역사를 다시 본다』, 도서출판 주류성, 2003.
15) 김영종, 『반주류 실크로드사』, 사계절, 2004.

16) 김성남, 『전쟁으로 보는 한국사』, 수막새, 2005.

17) 임용한, 『전쟁과 역사(삼국편)』, 혜안, 2002.

18) 김성남, 『전쟁으로 보는 한국사』, 수막새, 2005.

19) 김상운, 『역사를 뒤바꾼 못 말리는 천재이야기』, 이가서, 2005.

20) 크리스 피어스, 『전쟁으로 보는 중국사』, 수막새, 2005.

21) 조양시교위향토교재편위외, 『朝陽歷史』, 1993.

22) 「위와의 투쟁」, 『조선일보』, 2004년 1월 19일

10. 제갈량은 왜 남만(南蠻)을 공격했을까?

1) 제갈량편집팀, 『제갈량 문화 유산 답사기』, 에버리치홀딩스, 2007.

2) 이중톈, 『삼국지 강의』, 김영사, 2007.

3) 제갈량편집팀, 『제갈량 문화 유산 답사기』, 에버리치홀딩스, 2007.

4) 리동혁, 『본 삼국지(11)』, 금토, 2005.

5) 이형구, 『발해연안에서 찾은 한국 고대문화의 비밀』, 김영사, 2004.

6) 국가과학기술자문회의, 『과학이 세상을 바꾼다』, 크리에디트, 2007.

7) 크리스 피어스, 『전쟁으로 보는 중국사』, 수막새, 2005.

8) 민승기, 『조선의 무기와 갑옷』, 가람기획, 2004.

9) 라이오넬 카슨, 『고대의 여행 이야기』, 가람기획, 2001.

10) 제갈량편집팀, 『제갈량 문화 유산 답사기』, 에버리치홀딩스, 2007.

11) 제갈량편집팀, 『제갈량 문화 유산 답사기』, 에버리치홀딩스, 2007.

11. 적벽대전(赤壁大戰)은 없었다

1) 구청푸 외, 『중국을 말한다(7)』, 신원문화사, 2008.

2) 제갈량편집팀, 『제갈량 문화 유산 답사기』, 에버리치홀딩스, 2007.

3) 배영대 외, 「적벽대전 실제 기록은 1페이지도 안 돼」, 『중앙일보』, 2008년 5월 16일.

4) 제갈량편집팀, 『제갈량 문화 유산 답사기』, 에버리치홀딩스, 2007

5) 정순태, 「삼국지 4대 결전의 현장을 가다」, 『월간조선』, 2009년 1월.

6) 구청푸 외, 『중국을 말한다(7)』, 신원문화사, 2008.

7) 제갈량편집팀, 『제갈량 문화 유산 답사기』, 에버리치홀딩스, 2007.

8) 정순태, 「삼국지 4대 결전의 현장을 가다」, 『월간조선』, 2009년 1월

9) 강석균, 『30만원으로 삼국지 따라 떠나는 중국여행』, 교학사, 2005.

10) 이중톈, 『삼국지 강의』, 김영사, 2007.

11) 이금숙, 「소총 사격한 뒤 귓속이 윙윙거려요」, 『조선일보』, 2009.01.14

12) 제갈량편집팀, 『제갈량 문화 유산 답사기』, 에버리치홀딩스, 2007.

13) 토모노 로 외, 『영웅의 역사(5)』, 솔, 2000.

14) 제갈량편집팀, 『제갈량 문화 유산 답사기』, 에버리치홀딩스, 2007.

15) 제갈량편집팀, 『제갈량 문화 유산 답사기』, 에버리치홀딩스, 2007.

16) 구청푸 외, 『중국을 말한다(7)』, 신원문화사, 2008.

17) 강석균, 『30만원으로 삼국지 따라 떠나는 중국여행』, 교학사, 2005.

18) 정순태, 「삼국지 4대 결전의 현장을 가다」, 『월간조선』, 2009년 1월

19) 강석균, 『30만원으로 삼국지 따라 떠나는 중국여행』, 교학사, 2005.

20) 구청푸 외, 『중국을 말한다(7)』, 신원문화사, 2008; 제갈량편집팀, 『제갈량 문화 유산 답사기』, 에버리치홀딩스, 2007.

12. 동남풍을 부른 제갈량의 비밀

1) 제갈량편집팀, 『제갈량 문화 유산 답사기』, 에버리치홀딩스, 2007.

2) 제갈량편집팀, 『제갈량 문화 유산 답사기』, 에버리치홀딩스, 2007.

3) 제갈량편집팀, 『제갈량 문화 유산 답사기』, 에버리치홀딩스, 2007.

4) 정순태, 「삼국지 4대 결전의 현장을 가다」, 『월간조선』, 2009년 1월.

5) 제갈량편집팀, 『제갈량 문화 유산 답사기』, 에버리치홀딩스, 2007.

6) 이중톈, 『삼국지 강의』, 김영사, 2007.

7) 토모노 로 외, 『영웅의 역사(5)』, 솔, 2000.

8) 토모노 로 외, 『영웅의 역사(5)』, 솔, 2000.

9) 크리스 피어스, 『전쟁으로 보는 중국사』, 수막새, 2005.

10) 토모노 로 외, 『영웅의 역사(5)』, 솔, 2000.

11) 제갈량편집팀, 『제갈량 문화 유산 답사기』, 에버리치홀딩스, 2007.

12) 이중톈, 『삼국지 강의』, 김영사, 2007.

13) 토모노 로 외, 『영웅의 역사(5)』, 솔, 2000.

14) 유광종, 「이중톈, 삼국지를 다시 말하다」, 『중앙일보』, 2008년 5월 16일.

15) 조일문, 『남선북마 중국대륙을 돌아드니』, 삼화출판사, 1994.

16) 토모노 로 외, 『영웅의 역사(5)』, 솔, 2000.

17) 정순태, 「삼국지 4대 결전의 현장을 가다」, 『월간조선』, 2009년 1월.

18) 유광종, 「이중톈, 삼국지를 다시 말하다」, 『중앙일보』, 2008년 5월 16일.

19) 리동혁, 『본 삼국지(11)』, 금토, 2005.

20) 제갈량편집팀, 『제갈량 문화 유산 답사기』, 에버리치홀딩스, 2007.

21) 제갈량편집팀, 『제갈량 문화 유산 답사기』, 에버리치홀딩스, 2007.

과학으로 보는
삼국지

ⓒ 이종호, 2009

초판 1쇄 2009년 4월 3일

지은이 | 이종호 펴낸이 | 강준우 기획편집 | 정지희, 김윤곤, 김수현, 이지선 교정교열 | 유민경
디자인 | 이은혜, 임현주 마케팅 | 이태준, 최현수 관리 | 김수연 펴낸곳 | 문화유람
출판등록 | 제17-332호 2002년 10월 18일 주소 | (121-839) 서울시 마포구 서교동 392-4 삼양빌딩 2층
전화 | 02-471-4439 팩스 | 02-474-1413 홈페이지 | www.inmul.co.kr | cntbooks@gmail.com
ISBN 978-89-91945-19-7 03900
값 13,800원